Menschliches Leben als Schutzgut des Strafrechts

Europäische Hochschulschriften
Publications Universitaires Européennes
European University Studies

Reihe II
Rechtswissenschaft

Série II Series II
Droit
Law

Bd./Vol. 3523

PETER LANG
Frankfurt am Main · Berlin · Bern · Bruxelles · New York · Oxford · Wien

Tanja Kaschubs-Saeedi

Menschliches Leben als Schutzgut des Strafrechts

Studien zu den Grenzen des Strafrechts im Zeitalter von Reanimations-, Transplantationsmedizin und Humanexperiment

PETER LANG
Europäischer Verlag der Wissenschaften

Die Deutsche Bibliothek - CIP-Einheitsaufnahme

Kaschubs-Saeedi, Tanja:

Menschliches Leben als Schutzgut des Strafrechts : Studien zu den Grenzen des Strafrechts im Zeitalter von Reanimations-, Transplantationsmedizin und Humanexperiment / Tanja Kaschubs-Saeedi. - Frankfurt am Main ; Berlin ; Bern ; Bruxelles ; New York ; Oxford ; Wien : Lang, 2002
(Europäische Hochschulschriften : Reihe 2, Rechtswissenschaft ; Bd. 3523)
Zugl.: Hannover, Univ., Diss., 2002
ISBN 3-631-50185-4

D 89
ISSN 0531-7312
ISBN 3-631-50185-4

www.peterlang.de

Menschliches Leben als Schutzgut des Strafrechts

Studien zu den Grenzen des Strafrechts im Zeitalter von Reanimations-, Transplantationsmedizin und Humanexperiment

Von dem Fachbereich Rechtswissenschaften der Universität Hannover zur Erlangung des akademischen Grades einer Doktorin der Rechtswissenschaften genehmigte Dissertation

Rechtsanwältin Tanja Kaschubs-Saeedi
geboren am 04.03.1973 in Hannover

2002

Das geltende Transplantationsrecht wirft neue Probleme an den Grenzen des Lebens auf. Ist der Hirntod allgemeinverbindlich als juristischer Tod des Menschen anzuerkennen oder spielt er lediglich als formelles Entnahmekriterium eine Rolle? Ist der Hirntod sicheres Todeszeichen oder steht er lediglich am Beginn eines irreversiblen Sterbeprozesses? Kann das Hirntodkriterium überhaupt als sicheres Zeichen für den Tod abgeleht werden – wie es vielfach der Fall ist – und dennoch als Entnahmekriterium anerkannt sein? Könnte auch ein Teilhirntodkriterium als sicheres Todeszeichen anerkannt werden?

Die Arbeit ist eine Suche nach verbindlichen Richtlinien insbesondere am Lebensende in Form einer juristischen Todesdefinition. Dabei wird im Rahmen der Sterbehilfediskussion die Frage untersucht, ob das Leben naturnotwendig als das höchste Gut angesehen werden muß, oder ob dem Selbstbestimmungsrecht möglicherweise der höhere Rang gebührt. Welche Antworten können Lebensrecht und Menschenwürde auf die Frage geben, ob Embryonen bei der Gewinnung von Stammzellen zu Forschungszwecken verbraucht werden dürfen oder nicht? All diese offenen Fragen führen im Grunde zu der einen: Wie sicher ist das Strafrecht an den Grenzen des Lebens?

Organtransplantation Sterbehilfe Embryonenforschung

The ruling transplantation law raises new problems at the bounds of life. Is braindeath generally binding to be acknowledged as legal death of man or just as a formal criterion of taking of. Is braindeath a secure sign of death or just the beginning of an irreversible process of dying. Could the criterion of brain death be refused as a secure sign of death at all while being acknowledged as a criterion of taking of? Could a partial braindeath criterion be acknowledged as secure sign of death?

The treatise presents the search after binding guidelines of a legal definition of death especially at the end of death. Within the scope of euthanasia discussion it will be examined, if life must be regarded as the highest property or if the right of self-determination ist even higher. Could the embryo be used for research. But the most importat question ist: How secure is criminal law at the bounds of life.

Organ Transplantation Euthanasia Research with embryos

Erstgutachter: Univ- Prof. Dr. Diethart Zielinski
Zweitgutachter: Univ.-Prof. Dr. Bernd-Dieter Meier

Tag der Promotion: 26.02.2002

Meinen Eltern
und Koroush

Vorwort

Für die Anregungen zur Beschäftigung mit dem Thema, die engagierte Betreuung der Dissertation und die ausführlichen motivierenden Gespräche danke ich herzlich meinem Doktorvater, Herrn Prof. Dr. Diethart Zielinski.

Herrn Prof. Dr. Bernd-Dieter Meier danke ich für die besonders zügige Erstellung des Zweitgutachtens.

Meinem Ehemann, Koroush Saeedi, gilt mein besonderer Dank für stets weiterführende Diskussionen zum sozialwissenschaftlichen Hintergrund der Thematik. Vor allem aber danke ich meinen Eltern, Elisabeth und Wolfgang Kaschubs, für die mir ermöglichte Ausbildung, ihre Ermutigung und Unterstützung.

Das Inkrafttreten des Transplantationsgesetzes mit der Festsetzung des Hirntodkriteriums war Anlaß für die Beschäftigung mit der Frage nach einer juristischen Todesdefinition. Die Arbeit in einer Schwerstpflegeeinrichtung und die dadurch bedingte Konfrontation mit nach schweren Schicksalsschlägen behinderten Menschen motivierte mich nachhaltig für die Suche nach Rechtssicherheit in den Grenzbereichen am Lebensende. Diesem Schwerpunkt gegenüber stellt der Exkurs in die Embryonenforschung und die Fruchtbarmachung der gewonnenen Ergebnisse für diesen Bereich in erster Linie eine Reaktion auf die aktuelle Diskussion dar und versteht sich diesbezüglich nicht als umfassende Aufzeichnung der Grenzen am Beginn des Lebens.

Hannover, im Juli 2002 — Tanja Kaschubs-Saeedi

Inhaltsverzeichnis

Abkürzungsverzeichnis

Für die in der Arbeit verwendeten Abkürzungen wird auf Kirchner-Kastner, Abkürzungsverzeichnis der Rechtssprache, 3. Auflage, Berlin – New York 1983 verwiesen.

Einleitung

Seit Ende der sechziger Jahre wird die rechtliche Grundlage der Organtransplantation in der Bundesrepublik kontrovers diskutiert. Eine gesetzliche Regelung sowie eine einheitliche Rechtsprechung wurde für notwendig erachtet, um auf der Seite der möglichen Organspender und ihrer Angehörigen Mißbrauchsängste abzubauen und auf diese Weise ausreichend Organe zur Verfügung gestellt zu bekommen. Auf der Seite der an der Transplantation beteiligten Ärzte sollte der rechtliche Rahmen ihrer Handlungsmöglichkeiten abgesteckt werden. In den siebziger und achtziger Jahren konnte jedoch aufgrund unüberbrückbar erscheinender Meinungsverschiedenheiten (insbesondere durch den Regierungsentwurf aus 1978 mit sogenannter "Widerspruchslösung"[1] - Organe können schon immer dann entnommen werden, wenn der Verstorbene nicht widersprochen hat - gegen die grundsätzlich andere Regelung der "Zustimmungslösung" aus dem Entwurf des Bundesrates[2] - eine Organentnahme ist nur dann zulässig, wenn der Verstorbene selbst zu Lebzeiten oder nach seinem Tode seine Angehörigen einem solchen Eingriff ausdrücklich zugestimmt haben) kein Transplantationsgesetz verabschiedet werden.

Nachdem die Entwürfe mit Ablauf der 8. Legislaturperiode verfallen waren, und man sich während der 9. Legislaturperiode vorerst für eine Besinnungs- und Überlegungspause entschieden hatte, in der weitere Erfahrungen gesammelt werden sollten, ist in der Sitzung des 13. Bundestages vom 25. Juni 1997[3] schließlich ein auf der Grundlage von Fraktionsentwürfen zustandegekommenes Transplantationsgesetz mit großer Mehrheit verabschiedet worden, das auch die Zustimmung im Bundesrat erhalten hat[4]. Das Gesetz ist seit dem 1.12.1997 geltendes Recht. Während der Gesetzesberatung waren die beiden Voraussetzungen für die Zulässigkeit einer Organentnahme: der Todesbegriff/-zeitpunkt und die Einwilligung in die Organentnahme sehr streitig.
Hinsichtlich des Todesbegriffs stellt sich die Frage, ob der Hirntod, auf den der wissenschaftliche Beirat der Ärztekammer als Entnahmevoraussetzung abstellt[5], als allgemeingültiger juristischer Tod des Menschen anerkannt werden soll und

1 BT-Drucksache 8/2681, zunächst BR-Drucksache 359/78, Bundesrat 465. Sitzung, Protokoll vom 10.11.1978, S. 438 ff.; Bundestag, 8. Wahlperiode, Sitzung v. 26.4.1979, Protokoll, S. 11811; 76. Sitzung des Rechtsausschusses vom 24.9.1979, Protokoll Nr. 76 (Anhörung von Sachverständigen)

2 BT-Drucksache 8/2681, S. 14 ff.; Stellungnahme des Bundesrates zum Regierungsentwurf, S. 13

3 Plenarprotokoll 13/183, S. 16401 ff.

4 Pressemitteilung des Bundesrats vom 26.9.1997; NJW-Wochenspiegel, Heft 43, 1997

5 Wissenschaftlicher Beirat der Bundesärztekammer, Kriterien des Hirntods, Entscheidungshilfen zur Feststellung des Hirntods: Dt. Ärztebl. (1982) 79, S. 45-55; (1986) 83, S. 2940-2946; (1991) 88, S. 4396-4407; (1997) 94, S. 1032-1039

kann, so daß die §§ 211 ff. StGB schon tatbestandlich nicht mehr auf Hirntote anzuwenden wären, oder ob der Hirntod lediglich als formelles Entnahmekriterium zum Zwecke der Organtransplantation, beschränkt auf den Regelungsbereich des Transplantationsgesetzes, anzusehen ist. Ein Großteil der Abgeordneten bewertete den endgültigen, nicht behebbaren Ausfall der gesamten Hirnfunktion nicht als sicheres Todeszeichen, sondern als Beginn eines irreversiblen Sterbeprozesses.[6] Obwohl das Hirntodkriterium als sicheres Zeichen für den Tod vielfach abgelehnt wurde, war es dennoch als Entnahmekriterium anerkannt. In diesem Zusammenhang stellt sich die Frage, ob es mit unserer Rechtsordnung zu vereinbaren wäre, an noch lebenden, wenn auch unaufhaltsam sterbenden Menschen - möglicherweise legitimiert durch das Ziel der Rettung todkranker anderer Menschen - tödliche Eingriffe wie Explantationen z.B. des Herzens vorzunehmen.

Unabhängig von der Frage, ob eine juristische Todesdefinition gesetzlich fixiert werden sollte, war eine klare gesetzliche Linie bzgl. Mindestvorgaben für die Organentnahme zur Vorbeugung von Ängsten vor Organspenden deshalb angezeigt, weil in einigen Ländern auch der Teilhirntod als sicheres Todeszeichen angesehen wird. In Großbritannien und Polen ist der Ausfall des Hirnstamms in Verbindung mit dauernder Apnoe (Atemstillstand) als Todeszeichen anerkannt.[7] Zudem wird in der medizinischen Wissenschaft die bereits in einigen Ländern praktizierte Entnahme von Organen nach Herzstillstand („Non-Heart-Beating Donor") diskutiert. Das Ergebnis eines Maastrichter Symposiums war, daß eine Organentnahme bereits nach 10-minütigem Herzstillstand bzw. dem Abbruch der Reanimationsbemühungen erfolgen können soll.[8] Die Universität Pittsburg praktiziert dieses Verfahren bereits zwei Minuten nach Eintritt des Herzstillstandes bei Patienten, die eine Wiederbelebung für den Fall des Herzstillstandes ablehnen.[9]

Als weitere Form eines Teilhirntodkonzepts kommt die in erster Linie von in den USA tätigen Autoren favorisierte Kortikaltodthese in Betracht, die für den Tod des Menschen auf den Tod der Person und damit auf den Verlust der kognitiven Gehirnleistungen abstellt.[10] Der australische Bioethiker Singer greift das Person-Konzept für seine Untersuchung nach einem Recht auf Leben auf und zieht daraus den Schluß, daß Neugeborene und schwerst geistig Behinderte keine Personen

---

6 BT-Drucksachen 13/4114 (Antrag Wodarg, Däubler-Gmelin u.a.), 13/6591 (Antrag v. Klaeden, Götzer, Schmidt-Jortzig u.a.), 13/2926 (Gesetzesentwurf der Fraktion Bündnis 90/Die Grünen)

7 Nickel, Die Entnahme von Organen, S. 102

8 Symposium vom 30.03.1995, Statement and Recommandations on Non-Heart-Beating Donors, ET-Newsletter 127/Juli 1995

9 Nickel, Die Entnahme von Organen, S. 88 f.

10 Veatch, p. 41; Lamb, p. 42

sind.[11] Da nach Singer jedoch nur Personen ein Recht auf Leben haben[12], stellt sich für ihn nicht nur die Frage nach einem Lebensrecht für Großhirn- bzw. Großhirnrindentote, sondern bereits für geistig schwerst Beeinträchtigte, bei denen noch kein Teil des Gehirns komplett seine Funktion verloren hat.

Für das deutsche (Straf-)Recht existierten jedenfalls vor Erlaß des Transplantationsgesetzes weder eine gesetzliche Fixierung des Todeszeitpunkts noch ein einheitlicher Todesbegriff.[13] Es wurde zum einen auf den Stillstand von Herz und Kreislauf (klinischer Tod), zum anderen auf den Ausfall der Hirnfunktionen (Hirntod), selten auf den völligen Ausfall jeglicher biologischer Lebensregung (Totaltod, Tod der letzten Körperzelle) abgestellt.[14]

Die Frage nach der Festlegung eines juristischen Todesbegriffs/-zeitpunkts hat gravierende praktische Konsequenzen. Wenn zum Beispiel wie im Fall des „Erlanger Babys" der Kreislauf und die Atmung einer hirntoten Schwangeren nur noch künstlich durch Maschinen aufrecht erhalten wird[15], und jemand unbefugt die Geräte abstellt, ist es wichtig zu wissen, ob die hirntote Schwangere noch als lebend (biologisch?, menschlich?) oder bereits als tot angesehen werden muß. Danach entscheidet sich in der gerichtlichen Praxis, ob derjenige, der die Maschinen abgestellt hat, sich eines Mordes/Totschlags oder lediglich – wenn überhaupt - einer „Sachbeschädigung" strafbar gemacht hat.

Bezogen auf den Nasciturus, der infolge des Abstellens der Maschinen ebenfalls abstirbt, stellt sich die Frage, ob hier eine strafbare Abtreibung vorliegt, falls man zu dem Ergebnis kommen sollte, die Hirntote sei eine Leiche. Kann eine Leiche schwanger sein?

Im folgenden wird untersucht werden, ob das Transplantationsgesetz eine Festlegung des Todes des Menschen bzw. seines Todeszeitpunkts getroffen hat, die für das gesamte (Straf-)Recht Gültigkeit beanspruchen kann, oder ob und wie unabhängig vom Transplantationsgesetz der Tod juristisch bestimmt werden kann. Dazu wird der Hirntod und die Hirntoddiskussion anhand von rechtlichen, historischen, anthropologischen, medizinischen und theologischen Menschenbildern sowie die Methodik der juristischen Begriffsfindung dargestellt werden. Es wird insbesondere auch auf diejenigen Stimmen einzugehen sein, die den strafrechtli-

---

11 Singer, S. 173 f.
12 Singer, S. 131
13 S/S-Eser, Vorbem. zu § 211, Rn. 16 ff. T/F, Vor § 211, Rn. 3 f. ; Deutsch, ZRP 1982, S. 174, 175; Taupitz, JuS 1997, S. 203 ff.
14 Vgl. Darstellung in LK-Dippel, Rn. 8 ff.
15 AG Hersbruck, FamRZ 1992, S. 1471

chen Lebensschutz noch vor dem Eintritt des Gesamthirntods enden lassen wollen.[16]

Ein weiterer praktischer Problembereich, der durch Beantwortung der Frage nach dem richtigen Todeskonzept gelöst werden könnte, ergibt sich im Bereich der Humanexperimente. Wenn jemand Organe nicht zum Zwecke der Transplantation, sondern zur Erforschung z.B. der Haltbarkeit von Organen entnimmt, und er dieses, um besonders frische Organe zu untersuchen, bereits vor dem Hirntod, in der Zeitspanne zwischen Teil- und Gesamthirntod tut, stellt sich in der Praxis die Frage, ob sich dieser Mediziner eines Mordes oder Totschlags i.S.d. §§ 211 ff. StGB – wenn der Gesamthirntod Allgemeingültigkeit i.S. einer Todesdefinition besäße - oder zumindest einer Störung der Totenruhe i.S.d. § 168 StGB strafbar macht. Wegen des häufig ehrenwerten Zwecks der Forschung muß man sich in der zweiten Variante fragen, ob der Maßstab „Hirntod" des Transplantationsgesetzes auch im Rahmen des § 168 StGB Anwendung finden soll, oder ob es sich, da bei der Forschung in Kliniken das Tatbestandsmerkmal „aus dem Gewahrsam des Berechtigten" meist nicht bejaht werden kann, bei den Humanexperimenten an Teilhirntoten möglicherweise um einen rechtsfreien Raum handelt.

Dann könnten (teil-)hirntote Nichtmehr-Menschen nicht nur als Organspender, sondern auch z.B. zu pharmazeutischen Tests, für gentechnische Experimente, als Gebärkörper für Schwangerschaften oder als Übungskörper für den chirurgischen Nachwuchs jederzeit in strafrechtlich unbedenklicher Weise verwendet werden. Wie bei den klassischen kalten Leichen, mit denen in Crashtests und Schießübungen experimentiert worden ist oder die im Dienst pharmazeutischer Firmen in Einzelteile zerlegt und verkauft worden sind, ließen sich auch bei den „warmen Leichen" solche Verwertungen stets unter Verweis auf ihren Nutzen für andere Menschenleben als „medizinisch notwendig" legitimieren.[17]

In diesem Zusammenhang soll der Bogen zur Sterbehilfe geschlossen und der Frage nachgegangen werden, ob und inwieweit nach den Grundsätzen der Sterbehilfe eine Organentnahme bei einem Patienten mit infauster Prognose strafrechtlich unbedenklich sein kann. Diese Frage kann sich insbesondere dann dringend stellen, wenn unrettbares Leben gegen rettbares Leben steht. Muß der Arzt den Tod eines möglichen Herzspenders selbst dann abwarten, wenn er für diesen nichts mehr sinnvoll tun kann, und wenn damit auch der in Aussicht genommene Herz-

---

16 Siehe nur Denker, NStZ 1992, S. 311 ff.; Funck, MedR 1992, S. 182 ff.; Holzgreve, Überlegungen zum Problem der Organtransplantationen von anencephalen Spendern, Bochum 1989; Beller, Czaia, Hirnleben und Hirntod, erklärt am Beispiel des anencephalen Feten, Bochum 1988

17 Grewel in: Beiheft zur Berliner Theologischen Zeitschrift (BThZ) 1995, S. 71

empfänger wahrscheinlich sterben wird? Immerhin mag Rixen[18] nach Ende einer ärztlichen Behandlungspflicht bei einem intensivmedizinisch beatmeten Patienten mit infauster Prognose in der Vorbereitung auf eine Transplantation und deren spätere Durchführung keine Lebensverkürzung erkennen, so daß mangels Verletzung des Tötungsverbotes sogar eine aktive Sterbehilfe durch Transplantation möglich erscheint. Diese Lösung würde das Leben nicht als das höchste Gut ansehen, sondern als Möglichkeit der Realisierung höherwertiger Güter wie z.B. des Selbstbestimmungsrechts, so daß es möglich würde, daß jemand unter bestimmten Umständen – bei einem unerträglichen Leidenszustand bis zum Tode - in seine aktive Tötung einwilligte.[19] In den Niederlanden wird diese Möglichkeit schon seit Jahren praktiziert und ist dort inzwischen auch gesetzlich verankert.[20]

Auf der anderen Seite stehen die Ängste der Gesellschaft vor der Ermächtigung der Ärzte zur gezielten Tötung von Patienten, wenn Berichte publik werden, nach denen Ärzte angeblich selbst gesunde Patienten, die keine Angehörigen haben, durch falsche Aufklärung und teilweise ohne ausdrückliche Einwilligung zu Forschungszwecken mißbrauchen.[21] Wenig vertrauenerweckend ist auch die Nachricht, daß in den Niederlanden die gesetzlichen Anforderungen in großem Ausmaß mißachtet werden.[22] Hier stellt sich somit erstens die Frage, ob zusätzliche Gefahren für das Rechtsgut Leben durch Zulassung der aktiven Sterbehilfe überhaupt entstehen würde, zweitens, ob man diese Gefahren durch rigide Kontrollen wirksam ausschließen oder minimieren kann und drittens, ob zum Sterben entschlossene Personen, die sich selbst nicht mehr helfen können, auch im Fall der Verneinung zusätzlicher Gefahren und positiver Bewertung von Kontrollen - angesichts eines Tabus - auf ihr Selbstbestimmungsrecht verzichten müssen.

Wenn man im Rahmen einer Transplantation bzgl. der Tötungshandlung auf das Abstellen des Respirators abhebt, kann auch über die Möglichkeit einer Zulässigkeit der Explantation im Rahmen eines Behandlungsverzichts nachgedacht werden. So ist Funck der Ansicht, für das Strafrecht existierten unterschiedliche Begriffe und Kriterien für bestimmte Exitus-Handlungen, je nach tatsächlichem Regelungsbereich (Transplantation - Hirntod; Sterbehilfe - Teil-Hirntod).[23]

Daran anschließend sollen in einem Exkurs die nunmehr gefundenen Grenzen des Lebens auf den aktuellen wissenschaftlichen Streit um die Zulässigkeit von Em-

---

18 Rixen, ZRP 1995, S. 461, 464

19 Dafür: Ruff in: Krösl/Scherzer, S. 313

20 Ach/Wiesing, in: Wiesing, S. 201; HAZ 10.04., S. 1; 11.04., S. 1-3; 12.04., S. 3; 14./15.04., S. 1

21 Hackethal, S. 315 ff., S. 482 ff.; S. 550 ff.

22 Ach/Wiesing, in: Wiesing, S. 201

23 Funck, MedR 1992, S. 182 ff.

bryonenforschung und Präimplantationsdiagnostik (PID) angewendet werden. Welche Antworten geben Lebensrecht und Menschenwürde auf die Frage, ob Embryonen bei der Gewinnung von Stammzellen zu Forschungszwecken verbraucht werden dürfen?

Hinsichtlich der Frage der Einwilligung in die Organtransplantation soll untersucht werden, ob neben der in § 4 TPG geregelten erweiterten Zustimmungslösung für den Sonderfall, daß jemand, der für eine Organspende in Betracht kommt, keine Angehörigen oder nahestehenden Personen hat, bzw. diese nicht rechtzeitig erreichbar sind oder mehr als zwei Jahre keinen Kontakt mehr zu ihm gehabt haben, der rechtfertigende Notstand des § 34 StGB oder der übergesetzliche rechtfertigende Notstand für eine rechtmäßige Entnahme herangezogen werden können.

Nach Untersuchung der strafrechtlichen Relevanz des ärztlichen Handelns im Bereich von Transplantation, Sterbehilfe und Embryonenforschung wird festgestellt werden können, ob mit Hilfe der vorhandenen oder noch zu schaffenden Regelungen Strafrechtssicherheit an den Grenzen des Lebens gegeben ist, aus der das Vertrauen der Gesellschaft resultieren kann, um das Gesetzesziel des Transplantationsgesetzes - Erhöhung der Spendebereitschaft[24] durch Rechtssicherheit – zu erreichen. Die Regelungen, die dieses Vertrauen hervorbringen könnten, wären das grundlegende Fundament und die Voraussetzung für einen menschenwürdigen Umgang mit moderner Geräte- und Biomedizin.

---

24 BT-Drucksache 13/4355, S. 1

Zum Stand und zur Bedeutung der Transplantationsmedizin

Unter Organtransplantation versteht man die Übertragung von Geweben oder Organen eines lebenden oder toten Spenders auf einen Empfänger zu Heilzwecken. Der Begriff Organ stammt von dem griechischen Wort organon = Werkzeug und wird definiert als "aus Zellen und Geweben zusammengesetztes Teil des Körpers, das eine Einheit mit bestimmten Funktionen bildet.[25] Ein erfolgreich transplantiertes Organ ist in der Lage, alle seine normalen Funktionen und Regulationen wieder aufzunehmen, weshalb es ein deutlich höheres Maß an gesundheitlicher Rehabilitation ermöglicht als dies bei einer künstlichen Organersatzmethode wie z.B. der Dialyse nach einem Nierenversagen der Fall ist. Die "künstliche Niere" kann nur die unmittelbar lebenswichtigen Funktionen wie Flüssigkeits- und Stoffwechselendprodukt-Ausscheidung übernehmen, nicht jedoch wichtige hormonelle und andere stoffwechselaktive Leistungen. Dieser Gesichtspunkt kommt insbesondere bei nierenkranken Kindern zum Tragen, die nur bei erfolgreicher Transplantation ein normales Wachstum erfahren können[26]. Hinsichtlich anderer Organe als der Niere gibt es bis dato keine künstliche Organersatzmethode, allerdings ist bereits eine Herzpumpe aus Titan in der Entwicklung, die noch in diesem Jahr erstmals zum Einsatz kommen soll. Sie wurde von dem Herzchirurg Michael Ellis de Bakey in Zusammenarbeit mit der US-Raumfahrtbehörde Nasa und dem Deutschen Herzzentrum in Berlin entwickelt. Zwischen linker Herzkammer und Hauptschlagader soll sie die Pumpfunktion des Herzens übernehmen und damit Transplantationen des Herzens in Zukunft überflüssig machen.[27]

Bei den Geweben geht es vornehmlich um die Verpflanzung von Augenhornhäuten und Gehörknöchelchen. In diesem Bereich ist die Gewinnung von Explantaten aus einem lebenden Körper sehr selten, auch wenn Augen und Ohren paarweise vorhanden sind[28], da Funktionsfähigkeit auf beiden Seiten für die Anforderungen unseres Lebens erforderlich sind. Als nicht oder nur schwach durchblutete Leichenteile ohne organspezifische Funktion, die noch bis zu 48 Stunden nach Todeseintritt entnommen werden können[29], interessiert ihre Entnahme im Themenschwerpunkt Feststellung des Todeszeitpunkts und Lebensschutz weit weniger als die Entnahme von Organen.[30]

---

25 Pschyrembel, Klinisches Wörterbuch, Stichwort Organ

26 Pichlmayr in: Eser, von Lutterotti, Sporken, Lexikon Medizin, Ethik, Recht, S. 758 f.

27 "Die Welt" vom 7. Sept. 1998, S. 12

28 Plester/Bootz, Transplantation von Gehörknöchelchen, in: Dietrich (Hrsg.), Organspende, Organtransplantationen 1985, S. 413, 418

29 Spann, Voraussetzungen der Explantation, in: Hiersche/Hirsch/Graf-Baumann (Hrsg.), S. 21, 24

30 Speziell zur Strafbarkeit der Entnahme von Geweben: Kopp, MedR 1997, S. 544 ff.

Bei den Organen sind heute Übertragungen von Niere, Herz, Leber, Lunge und Bauchspeicheldrüse möglich und bei schweren Indikationen wie der Entzündung der Filtrationskörperchen in der Niere (Glomerulonephritis), der Erkrankung des Herzmuskels (Kardiomyopathie), gefolgt von der Erkrankung der Herzkranzgefäße (koronare Herzerkrankung) oder der Leberzirrhose (bindegewebiger Umbau des Organs mit Verlust der Funktion) mangels alternativer Behandlungsmöglichkeiten auch nötig.[31]

Den größten Anteil stellen die Nierenverpflanzungen dar, gefolgt von Leber- und Herztransplantationen. Seit der ersten Nierentransplantation im Jahre 1963 sind in Deutschland insgesamt 46.956 Organe übertragen worden, weltweit über 300.000 Nieren.[32] Die Nierenverpflanzung weist auch die höchste Erfolgsquote auf. Ein Jahr nach der Transplantation funktionieren noch etwa 80-90% der übertragenen Nieren, nach zwei Jahren noch etwa 75%, nach 5 Jahren noch etwa 60-70%. Durch die Diskrepanz der steigenden Zahl der Patienten und der zur Verfügung stehenden Spendernieren - die Transplantationsfrequenz stagniert seit 1991, gepaart mit einer deutlich höheren Zahl von Neuanmeldungen nach der Wiedervereinigung - beträgt die durchschnittliche Wartezeit allerdings zwischen 3 und 5 Jahren.[33] Die Folge davon war im Jahre 1997, daß allein in Deutschland 256 Patienten wegen ihres schlechten Allgemeinzustandes durch überlange Wartezeit von der Liste gestrichen werden mußten, und 343 Patienten auf der Liste verstarben.[34]

Für die anderen Organe gilt Ähnliches. Auch ihre Verpflanzung ist ein zahlreich vorgenommenes und somit inzwischen etabliertes Verfahren (Herz: weltweit über 25.000 seit 1967, Leber: ebenfalls über 25.000 weltweit, Lunge: weltweit etwa 2000 und 1400 kombinierte Herz-Lungentransplantationen, Bauchspeicheldrüse: weltweit über 5000, seit einigen Jahren auch kombiniert mit einer Niere[35]). Bei einer guten Erfolgsrate sterben jedoch jedes Jahr immer noch hunderte von Menschen auf der Warteliste, weil nur etwa **die Hälfte** der dringend benötigten Organe zur Behandlung schwerkranker Patienten zur Verfügung stehen.[36]

Demgegenüber befinden sich auf den Intensivstationen der Krankenhäuser zahlreiche komatöse Patienten mit Hirninfarkten, Hirnblutungen, Schädelhirntraumen nach Unfällen, Hirntumoren, Mißbildungen und Geburtsschäden und durchweg medizinisch aussichtslosen Prognosen. Daher stellt sich sowohl für die Mediziner

---

31 Zu den Indikationen für eine Transplantation siehe: Eigler, MedR 1992, S. 88, 89
32 Oduncu, S. 108, Smit et al., S. 17
33 Oduncu, S. 109; Smit et al., S. 19
34 Smit et al., S. 23
35 Oduncu, S. 109 f.
36 Smit et al., S. 14

als auch für die Gesellschaft als Ganzes die Frage, unter welchen Voraussetzungen die gesunden Organe dieser Patienten in strafrechtlich unbedenklicher Weise für die Heilung anderer, schwerkranker, aber heilbarer Menschen verfügbar gemacht werden können.

1. Teil: Strafrechtliche Relevanz des ärztlichen Handelns bezogen auf den (teil-?)hirntoten Organspender

A. Die Tötungsdelikte: Grenzziehung zwischen Leben und Tod

Es leuchtet unmittelbar ein, daß ein Arzt, der einem noch lebenden Menschen dessen Herz, Lunge, Leber oder beide Nieren explantieren würde, sich eines Tötungsdeliktes strafbar machte. Die Schwierigkeit in diesem medizinischen Bereich entsteht erst dadurch, daß es heutzutage nicht mehr so einfach ist, zwischen Leben und Tod, Mensch und Leiche zu unterscheiden wie noch zu Zeiten Savignys der 1840 feststellte, der "Tod, als die Gränze der natürlichen Rechtsfähigkeit, (sei) ein so einfaches Naturereignis, daß derselbe nicht, so wie die Geburt, eine genauere Feststellung seiner Elemente nöthig mach(e).“[37]

I. Die Entstehung des Zustands des „Coma depassé“ und dessen Folgeprobleme

Seit Ende der 50er Jahre unseres Jahrhunderts ist es mit der Entwicklung von Respiratoren möglich geworden, den Verlust der Fähigkeit zu atmen längerfristig maschinell zu ersetzen. Damit hatte die Intensivmedizin es erreicht, Menschen in einem Zustand zu erhalten, der jenseits der menschlichen Vorstellungskraft liegt, und der demgemäß auch nicht in einem sprachlichen Begriff faßbar gemacht werden konnte. Die französischen Wissenschaftler Mollaret und Goulon beschrieben 1959 erstmals unter dem Begriff "Coma depassé" einen Zustand "unterhalb des Komas", welcher bei künstlicher Beatmung und erhaltener Herztätigkeit keinerlei Lebensäußerungen des Gehirns erkennen ließ, nicht umkehrbar (irreversibel) war und zwangsläufig durch Zeitablauf zu einem Herzstillstand führte.[38]

Mit zunehmender Zahl der beobachteten Fälle in den folgenden Jahren kam die Frage auf, ob diese Patienten noch als lebende Menschen oder bereits als Leichen anzusehen sind und zu welchem Zeitpunkt die Grenze gezogen werden soll. Die Beantwortung dieser Frage interessierte im Hinblick auf einen möglichen Abbruch der aufwendigen Intensivtherapie, erfuhr jedoch in der Situation, in der der Patient im Rahmen einer Organtransplantation als Spender in Frage kam, eine weitaus größere Brisanz.[39] Hierbei ergab und ergibt sich das Dilemma, daß der Patient, "so tot wie nötig, aber so lebendig wie möglich" sein soll. Würde ein Mensch nach dem Ausfall seiner gesamten Hirnfunktion noch als Lebender, wenn auch unumkehrbar Sterbender bezeichnet, könnten ihm lebenswichtige Organe nicht ent-

---

37 F.C. v. Savigny, System des heutigen Römischen Rechts, Bd. 2, 1840, S. 17

38 Mollaret P., Goulon M., Le Coma Dépassé, Rev. Neurol. 101: 5-15 (1959); Mollaret P., Bertrand I., Mollaret H., Coma Dépassé et Nécroses Nerveuses Centrales Massives., Rev. Neurol. 101: 116-139 (1959), zitiert nach Schlake/Roosen, S. 10

39 Neuhaus, Festschrift für Heinitz (1972), S. 400

nommen werden, ohne daß sich der Arzt eines Tötungsdeliktes schuldig machte. Das bedeutet, daß einerseits bei einem Organspender bewiesenermaßen der Tod zur Zeit der Explantation eingetreten sein muß, andererseits der Tod noch nicht so lange eingetreten sein darf, daß das zu explantierende Organ für den Empfänger unbrauchbar geworden ist.[40]

Damit sahen sich die Mediziner vor die Aufgabe gestellt, Methoden zur Todesdiagnostik zu finden, die eine genaue Festlegung des Todeszeitpunktes möglich machten, was zur Diagnostik des Hirntodkonzeptes führte. Eine ganz andere Frage ist die, ob und inwieweit damit in strafrechtlicher Hinsicht das Tatbestandsmerkmal "Mensch" des § 212 StGB überwunden wird.

Unter den Vertretern der Mediziner und der Juristen besteht weitgehende Einigkeit darüber, daß der Tod als ein Prozeß anzusehen ist.[41] Um den Übergang von Leben zu Tod, von Mensch zu Leiche kennzeichnen zu können, besteht jedoch die Notwendigkeit, aus der Zeitspanne von irreversiblem Stillstand von Kreislauf und Atmung über irreversiblem Aussetzen aller Hirnfunktionen bis zum Absterben der letzten Körperzelle[42] einen Zeitpunkt herauszugreifen, der als Individualtod des Menschen gelten soll.

II. Methodik der juristischen Todesbegriffsfindung: Grundlegende Unterscheidung von Todesbegriff, Todeskriterium und Todesfeststellung

Wegen der unterschiedlichen Bedeutung, die der Tod aus biologischer oder aus juristischer Sicht haben kann, ist streng zwischen der Todesfeststellung, den Todeskriterien und der Todesdefinition/des Todesbegriffs zu unterscheiden.[43]

1. Der Todesbegriff

Auf dieser Ebene sind Wertungen zu benennen, kraft derer entscheidbar wird, wieso ein Mensch tot ist oder lebt. Diese Wertungen beruhen auf unterschiedlichen Menschenbildern, die im Verlauf der Untersuchung vorgestellt werden (z.B. biologischer Ansatz = Tod des Organismus; ontologischer Ansatz = Tod der Person). Wichtige Grundvoraussetzung des Todesbegriffs ist, daß es sich bei „Tod" und „Leben" eines Menschen um rechtlich geprägte Sachverhalte handelt, der Zustand „tot" somit als **irreversible Abwesenheit von „Leben"** bezogen auf das Individuum festgelegt sein muß. Es stellt sich jedoch nicht nur die Frage, wann

---

40 Geilen, FamRZ 1968, S. 122; v. Bubnoff, GA 1968, S. 65, 66

41 Uhlenbruck, ZRP 1986, S. 210; Lüttger, JR 1971, S. 309; Käufer/Penin, DMW 1968, S. 679; Spann, MMW 1969, S. 2254; Gerlach, MMW 1970, S. 66; Geilen, Rechtsfragen der Todeszeitbestimmung, S. 286

42 Schematische Darstellung bei: Schlake/Roosen, Der Hirntod als der Tod des Menschen, S. 11

43 Bockelmann, Rechtsfragen beim Hirntod, S. 277; Horn, Internist1974, S. 557

der Mensch tot ist, sondern darüberhinaus noch grundlegender, wer oder was der Mensch überhaupt ist, was personale Identität heißt und wie Leib und Seele, Körper und Geist zusammenhängen.[44]Semantische Variationen für „Todesbegriff" sind „Todesdefinition", „Todesverständnis", „Todeskonzept".[45]

2. Die Todeskriterien

Auf dieser zweiten Ebene ist der Todesbegriff durch sinnlich wahrnehmbare Zeichen (Kriterien)/physiologische Parameter zu konkretisieren, die in vor Gerichten verifizierbarer Weise die Sachverhalte umschreiben, die den Eintritt des Todes nach Maßgabe des entwickelten Todeskonzepts erkennen lassen. Welche Kriterien lassen den – wertenden – Schluß auf die Begriffsbedeutung (hier des Todesbegriffs) zu?[46]

Zu berücksichtigen ist in diesem Zusammenhang das Bedürfnis der Strafrechtsordnung nach klarer zeitlicher Zuordnung von Geschehnissen. Da die Frage, ob ein Mensch lebt oder tot ist, im Bereich der Tötungsdelikte die Weichen für die Würdigung des Verhaltens als strafbar oder straflos stellt, muß der „Zeitpunkt des Todes" als Zeitpunkt, in dem sich der Statuswandel des Lebenden zum Leichnam strafrechtlich vollzieht, zuverlässig bestimmbar werden.[47]

Zwischen dem gewählten Todeskriterium und der Definition des Todes besteht ein enger Zusammenhang, denn das Kriterium kann nur dann Anspruch darauf erheben, valide zu sein, wenn die zugrunde liegende Todesdefinition den Zustand, den das Kriterium beschreibt, mit dem Tod eines Menschen gleichsetzt.[48]

3. Die Todesfeststellung

Bei der Todesfeststellung oder Todesdiagnostik geht es darum, Tests zu entwikkeln, mit denen das Vorliegen der Kriterien nachgewiesen werden kann. Mit Hilfe dieser Tests soll der in Todeskriterien umformulierte Todesbegriff für den Einzelfall wahrnehmbar gemacht werden.[49] Die diagnostischen Testverfahren zur Feststellung des Todes müssen dem aktuellen Stand der Wissenschaft entsprechen und den jeweiligen Zustand zuverlässig anzeigen. Ob sie das können, läßt sich nur mit medizinischen bzw. naturwissenschaftlichen, d.h. empirischen Mitteln herausfinden.[50]

---

44 Ach/Marckmann in: Wiesing, S. 303
45 Rixen, Lebensschutz am Lebensende, S. 255
46 Rixen, Lebensschutz am Lebensende, S. 257
47 Vgl. Rixen, Lebensschutz am Lebensende, S. 257
48 Ach/Marckmann in: Wiesing, S. 305
49 Rixen, Lebensschutz am Lebensende, S. 257
50 Ach/Marckmann in: Wiesing, S. 305

4. Die sachliche Zuständigkeit von Juristen oder Medizinern für die 3 Ebenen

Die Todesfeststellung ist Sache der Mediziner.[51] Sie interessiert die Juristen nur insoweit, als die Methoden zur Feststellung des Todes selbst einer rechtlichen Überprüfung bedürfen, weil sie in Rechtsgüter des Sterbenden eingreifen könnten.[52]

Für das Selbstverständnis der Medizin ist es dabei unabdingbar, die Kriterien festzulegen, die den Tod eines Menschen mit letzter Gewißheit anzeigen. Zu dem Zweck müssen Testverfahren entwickelt und empirisch hinreichend überprüft worden sein, um zuverlässig anzuzeigen, daß das jeweils angewendete Kriterium erfüllt ist. Das Kriterium wiederum muß dem Stand des Wissens, also der wissenschaftlich besten Begründung entsprechen, wenn es als Indikator für das Vorliegen der Definitionsmerkmale vertrauenswürdig sein soll.[53]

Anders sieht es aus, wenn man hinterfragt, was der Tod als Definition für die Rechtsgemeinschaft bedeutet. Der Tod als Ende des Menschseins bedeutet gleichzeitig das Ende der Rechtspersönlichkeit und somit auch das Ende des besonderen Schutzes, der ihr von der Rechtsordnung gewährt wird. Die Juristen in Vertretung für die Gesellschaft sind daher im Interesse der Rechtssicherheit dazu aufgerufen, eine möglichst klare Grenzlinie zwischen Leben und Tod, zwischen Mensch und Leiche zu ziehen[54], während der sachverständige Mediziner die Tatsachen einbringt, um die – vermittelt über begriffsangemessene Kriterien „tatsachentauglich" umformulierten – Rechtsbegriffe sinnlich wahrzunehmen. Die juristische Qualifikation des Tatsachenstoffs könne er sich aber nicht anmaßen.[55]

Die Frage, wie weit der Lebensschutz reichen soll, kann weder empirisch noch im engeren Sinne wissenschaftlich beantwortet werden, sondern nur durch Wertung im Sinne einer Adäquatheit. Somit kann eine Definition anders als die ihr zugrundeliegenden Tests und Kriterien nicht falsch oder richtig, sondern nur sinnvoll oder sinnlos, angemessen oder unangemessen, zweckmäßig oder unzweckmäßig sein.[56] Der Jurist muß allerdings die medizinischen und naturwissenschaftlichen

51 Bockelmann, Rechtsfragen beim Hirntod, S. 277; Horn, Internist 1974, S. 557

52 Für die Angiographie ausführlich: König, Todesbegriff, Todesdiagnostik und Strafrecht, S. 77 ff.

53 Oduncu, S. 144 f.; Funck, MedR 1992, S. 182; Lieser/Schleich, Am Ende menschlichen Lebens, S. 10 f.

54 Festlegung des exakten Todeszeitpunkts als "archimedischen Punkt": Geilen, Rechtsfr gen der Todeszeitbestimmung, S. 286

55 Spann, Arzthaftung: Perspektiven der Rechtsmedizin, S. 29; Rixen, Lebensschutz am Lebensende, S. 258

56 Birnbacher et al. Dt. Ärztebl. 90 (1993), S. 2170 f.; Lieser/Schleich, Am Ende menschli-

Gegebenheiten ausreichend berücksichtigen, wenn die Festlegung eines rein normativen Todeskonzeptes nicht wirklichkeits- und praxisfern ausfallen soll.

Die „Hirntod-These" bzw. die „Hirntod-Feststellung knüpft dabei an ein Menschenbild an, das das spezifisch „Menschliche" an die Gesamt-Funktionsfähigkeit des Gehirns gebunden sieht. Warum es darauf – und nicht auf den Herztod oder sonst irgend etwas – ankommt, diese Frage können die Mediziner jedoch nicht beantworten. Es ist Aufgabe der Juristen, über die Frage der Rechtssicherheit und einer begrifflichen Klarheit hinaus, in Abhängigkeit vom Menschenbild, die Wertungsrelevanz des „MENSCHSEINS" herauszustellen und zu bestimmen.

Als Ausgangspunkt dafür soll im Folgenden der Hirntod und seine Diagnose kurz dargestellt werden, im Anschluß daran die Frage aufgeworfen werden, ob und in welcher Weise der Tod des Menschen heute gesetzlich definiert worden ist und der Weg seiner Festlegung über verschiedene Menschenbilder verfolgt werden, um im Ergebnis das Tatbestandsmerkmal „Mensch" i.S.d. §§ 211 ff. StGB auszufüllen.

III. Der Hirntod und seine Diagnose

1. Das menschliche Gehirn und sein Bewußtsein

Das Gehirn ist die zentrale und oberste Schalt- und Integrationsstelle des Körpers, bestehend aus Hirnstamm, Kleinhirn und Großhirn.

Der Hirnstamm wird aus dem Verlängerten Mark (Medulla oblongata), der Brücke (Pons) und dem Mittelhirn (Mesencephalon) gebildet. Zumeist werden auch der Thalamus und der Hypothalamus zum Hirnstamm gerechnet.[57] Das verlängerte Mark stellt die Fortsetzung bzw. die Verbindung des Rückenmarks in das Gehirn dar. Die Brücke setzt das verlängerte Mark nach oben fort , das Mittelhirn bildet das vordere Ende des Hirnstamms. Im oberen Teil des Mittelhirns liegen die Leistungszentren der Hör- und Sehbahn, während der untere Teil des Mittelhirns die auf- und absteigenden Nervenbahnen aus der Brücke fortsetzt und wichtige Hirnnervenkerne enthält. Insbesondere befindet sich hier eine Region mit schwarz pigmentierten Nervenzellen (Substantia nigra), die für die Motorik und Bewegungskontrolle benötigt werden. Eine Degeneration der Neurone (Nervenzellen) in diesem Bereich führt zum Parkinsonschen Krankheitsbild, das durch grobschlächtiges Zittern, Starre und Bewegungsarmut charakterisiert ist.

Oberhalb des Mittelhirns folgen Thalamus und Hypothalamus, die wichtige Kerngebiete des Zwischenhirns darstellen, in der Dreiteilung Hirnstamm, Kleinhirn,

---

chen Lebens, S. 12; Oduncu, S. 145

57 Das Folgende nach Frick et al., Spezielle Anatomie II, S. 253-385

Großhirn aber wie erwähnt zumeist dem Hirnstamm zugerechnet werden. Der Thalamus wird als "Tor zum Bewußtsein" bezeichnet, weil er Sammel- und Umschaltstelle für alle der Großhirnrinde zufließenden sensorischen Erregungen aus Innen- und Außenwelt ist. Zudem ist er ein entscheidendes Koordinationszentrum für Geschmacks-, Eingeweide-, Gleichgewichts-, Berührungs-, Schmerz- und Temperaturempfindungen. Der Hypothalamus, eine Kerngruppe unterhalb des Thalamus bildet das wichtigste übergeordnete Zentrum des vegetativen Nervensystems. Zu seinen Aufgaben gehört die Regulation von Nahrungsaufnahme (Hunger und Sättigung), Ausscheidung, Temperatur, Wach- und Schlafrhythmus.

Zusammenfassend ist festzustellen, daß die verschiedenen Teile des Hirnstamms (Verlängertes Mark, Mittel- und Zwischenhirn) häuptsächlich vegetative Funktionen erfüllen, die für das Leben unentbehrlich sind (Atemantrieb, Steuerung der Herz-Kreislauftätigkeit, der Temperatur, der inneren Drüsen, des Salz-Wasserhaushalts, Regulation des Schlaf-Wach-Rhythmus, der Bewußtseinswachheit und -helligkeit und die zentrale Blutdruckregulation). Die Funktionen werden automatisch gesteuert, weshalb sie dem Willen des Menschen nicht bewußt zugänglich sind.[58]

Im Kleinhirn laufen aus verschiedenen Hirnregionen (Großhirn, Thalamus etc.) Vorinformationen über Bewegungsabläufe zusammen, so daß es geregelte und kontrollierte Bewegungsabläufe im Raum ermöglichen kann und das wichtigste Koordinationsystem für die Aufrechterhaltung des Gleichgewichts darstellt.[59]

Das Großhirn mit der Großhirnrinde beinhaltet den jüngsten Entwicklungsabschnitt und den größten Teil des menschlichen Gehirns. Es macht den Menschen zu einem bewußtseins- und selbstbewußtseinsfähigen Wesen, zu einem personalen Subjekt (und nicht nur zu einem biologischen Organismus), das denken, urteilen, fühlen, sprechen und sittlich handeln kann. Es ist der Gehirnabschnitt, durch den sich der Mensch einem anderen Menschen mitteilen kann. Auch wenn es deshalb sicherlich zutreffend ist, das Großhirn als hauptsächliche Voraussetzung "höherer" Hirnleistung und Sinneswahrnehmung anzusehen, zeige die aktuelle Hirnforschung andererseits, daß auch die als "niedrig" angesehenen Hirnregionen wie Hirnstamm und Kleinhirn durch vielfältige Verschaltungen an diesen Prozessen beteiligt sind.[60] So unterscheidet Stöhr zwischen quantitativem und qualitativem Bewußtsein. Unter qualitativem Bewußtsein versteht er das inhaltliche Erleben, die "Bewußtheit", worunter konkret das Denken, Entscheiden, Kommunizieren,

---

58 Schlake/ Roosen, S. 20; Oduncu, S. 28

59 Schlake/Roosen, S. 20; Oduncu, S. 39

60 Schlake/Roosen, S. 18

Handeln fällt und was der Großhirnrinde zuzuordnen ist.[61] Demgegenüber meint das quantitative Bewußtsein nach Stöhr keinen Erlebnis**inhalt** wie z.B. eine Vorstellung, ein Gefühl oder einen Gedanken, sondern eine dem Erlebnisraum zukommende **Intensität** von Wachheit und Helligkeit, vergleichbar mit der Helligkeit als Eigenschaft eines Raumes.[62] Das quantitative Bewußtsein wird den Hirnstammregionen zugeordnet und als Grundvoraussetzung für das qualitative Bewußtsein angesehen, weil inhaltliches Erleben ohne eine Grundhelligkeit - deren Bandbreite von heller Wachheit bis zu müdem Dahindämmern gehen kann - nicht möglich ist. Auf das Raumbeispiel übertragen kann somit eine Einordnung und Benennung von Gegenständen und Personen trotz vorhandener "höherer" geistiger Fähigkeiten nicht stattfinden, wenn das Licht ausgeschaltet ist.

2. Definition, Entstehung und Feststellung des Hirntodes

Der Hirntod wird definiert als Zustand der irreversibel (d.h. unumkehrbar) erloschenen Gesamtfunktion des Großhirns, des Kleinhirns und des Hirnstamms. Dabei wird durch kontrollierte Beatmung die Herz- und Kreislauffunktion noch künstlich aufrechterhalten. Naturwissenschaftlich-medizinisch ist mit dem Hirntod der Tod des Menschen festgestellt.[63]

Das Gehirn fällt vollständig und endgültig aus, wenn der Druck im Gehirnschädel den arteriellen Blutdruck übersteigt und dadurch die Hirndurchblutung zum Stillstand kommt, zum Beispiel durch ein Schädel-Hirn-Trauma, eine Blutung, einen Tumor, oder die Sauerstoff-Versorgung des Hirngewebes für mehrerer Minuten unterbrochen wird, z.B. durch einen Herzstillstand. Im ersten Fall liegt eine primäre Hirnschädigung vor, was bedeutet, daß das Gehirn direkt durch das schädigende Ereignis zerstört wird. Sekundäre Hirnschädigungen entstehen indirekt aufgrund eines Sauerstoffmangels. Als Ursachen hierfür kommen Atem-, Herz-Kreislaufstillstand, zentrale Vergiftungen und Stoffwechselentgleisungen in Betracht.[64] Da das Gehirn von allen Organen am empfindlichsten gegenüber Sauerstoffmangel reagiert, kommt es bei einer vollständigen Unterbrechung der Hirndurchblutung bereits nach ca. 3-5 Sekunden zum Bewußtseinsverlust, nach 20 Sekunden zum Null-Linien-EEG, nach 3-8 Minuten zu einer irreversiblen Schädigung der Hirnzellen, zunächst im Bereich der Hirnrinde, nach spätestens 10 Minuten auch im Hirnstamm. Dieser Wert (sog. Wiederbelebungszeit des Gehirns) markiert die Zeitspanne, innerhalb derer eine Reanimation ohne weitgehendes Absterben des Gehirns noch möglich ist. Danach ist ein Zustand erreicht, in

61 Stöhr in: Stöhr et al. (Hrsg.), Neurologische Syndrome in der Intensivmedizin, S. 8
62 Stöhr in: Stöhr et al. (Hrsg.), Neurologische Syndrome in der Intensivmedizin, S. 7
63 Stellungnahme des Wissenschaftlichen Beirats der Bundesärztekammer, Kriterien des Hirntodes, Dt. Ärztebl. 1997 (94), S. 1032-1039
64 Oduncu, S. 43

dem ein nicht umkehrbarer (irreversibler) Gewebeschaden eingetreten ist, so daß selbst eine Rezirkulation funktionell irrelevant wäre.[65]

Dieser Zustand wird nach der Stellungnahme des Wissenschaftlichen Beirats der Bundesärztekammer folgendermaßen festgestellt: Zum einen muß der Nachweis eines Gehirnschadens zweifelsfrei nachgewiesen, zum anderen der reversible Ausfall der Hirnfunktion ausgeschlossen sein. Als Ursachen eines potentiell reversiblen Funktionsverlustes des Gehirns kommen Medikamenteneinflüsse (z.B. barbiturathaltige Schlafmittel), Schockzustände, Unterkühlung, Gehirnentzündung und stoffwechselbedingte Komata (z.B. das diabetische Koma bei Patienten mit Zukkerkrankheit) in Frage.[66]

Erst wenn diese Voraussetzungen erfüllt sind, ist eine klinische Hirntoddiagnostik statthaft. Sie umfaßt den gleichzeitigen Nachweis einer tiefen Bewußtlosigkeit (Koma), eines Ausfalls aller Hirnstammreflexe (Hirnstammareflexie) sowie der spontanen Atemtätigkeit und der zentralen Herz-Kreislaufregulation.

Ein tiefes Koma liege vor, wenn der Patient keinerlei vom Gehirn abhängige Reaktion auf innere und äußere Reize zeigt. Weder Laut- noch sprachliche Äußerungen noch irgendwelche gehirnabhängigen Bewegungsabläufe sind erkennbar, ebenso keine zentrale Reaktion auch auf stärkste Schmerzen.[67]

Die Hirnstammareflexie wird durch Prüfung des Fehlens von fünf verschiedenen Reflexmustern, die die Funktion des Hirnstamms auf unterschiedlichen anatomischen Ebenen repräsentieren, nachgewiesen. Unter dem Pupillenreflex versteht man die Reaktion der Pupillen auf einen äußeren Lichtreiz. Beim Gesunden sind die Pupillen unter normalen Bedingungen rund und gleich mittelweit, auf einen äußeren Lichteinfall verengen sie sich prompt und seitengleich, d.h. sowohl auf der belichteten Seite (direkte Lichtreaktion) als auch auf der Gegenseite (indirekte Lichtreaktion). Im Zustand des Hirntods fehlt die Lichtreaktion beidseits. Die Pupillen sind weitgestellt, starr, häufig ungleich weit und entrundet. Der Hornhautreflex (Kornealreflex) fehlt dann, wenn sich Ober- und Unterlid beim Streichen über die Hornhaut mit einem Wattebausch nicht unwillkürlich zusammenschließen. Der okulo-zephale Reflex fehlt, wenn die Augen starr in ihrer Ausgangsposition verbleiben, wenn man den Kopf des Patienten rasch in eine vertikale oder horizontale Richtung bewegt. Bei einem Gesunden würden sich die Augen genau in die entgegengesetzte Richtung bewegen und erst langsam in die Mittelstellung zurückkehren. Alternativ oder zusätzlich hierzu kann eine Prüfung des kalorischen

65 Schlake/Roosen, S. 24, 26
66 Schlake/Roosen, S. 28
67 Schlake/Roosen, S. 28; Oduncu, S. 48

Vestibularis-Reflexes durchgeführt werden. Hierbei erfolgt eine Kaltspühlung der äußeren Gehörgänge bei angehobenem Kopf. Bei einem Gesunden führt eine einseitige Kaltspühlung zu einer schnellen Augenbewegung zur Gegenseite von 2 bis 3 Minuten. Bei einem bewußtlosen, noch lebenden Patienten tritt eine langsame Augenbewegung zum gespühlten Ohr ein, bei doppelseitiger Kaltspühlung eine vertikale Augenbewegung nach unten. Beim Hirntoten fehlt jede Reaktion. Auch Schmerzreize im Gesichtsbereich dürfen bei ihm nicht zu Muskelzuckungen oder Abwehrreaktionen führen. Schließlich ist bei einem Hirntoten auch kein Husten- und Würgereflex durch Reizung der Rachenhinterwand auslösbar.[68]

Im Zustand des Hirntods fehlen auch die Vitalfunktionen des Hirnstamms, zu denen die eigene (Spontan-) Atmung, die Steuerung der Herz-Kreislauftätigkeit, der Körpertemperatur, der inneren Drüsen, des Salz-Wasserhaushalts sowie die Regulation des Schlaf-Wach-Rhythmus, der Bewußtseinswachheit und -helligkeit und die zentrale Blutdruckregulation gehören. Der Stillstand der Eigenatmung wird durch den Apnoetest nachgewiesen. Dabei wird der Patient 10 Minuten lang mit 100% Sauerstoff beatmet. Danach wird die Ausatmung auf etwa ein Viertel des Ausgangswertes reduziert, wodurch im Blut ein Anstieg des Kohlendioxidgehalts bei normaler Sauerstoff-Sättigung erreicht wird. Erreicht der Kohlendioxidgehalt einen bestimmten Wert (60 mm Hg), ist eine optimale Aktivierung des Atemzentrums im Hirnstamm sichergestellt. Nach Abschalten des Beatmungsgeräts wird die spontane Atemtätigkeit über einen Zeitraum von mindestens 30 Sekunden am Apparat registriert. Setzt die Eigenatmung nach 30 Sekunden nicht ein, liegt ein definitiver Verlust der Fähigkeit zur Eigenatmung vor.[69]

Der Nachweis des endgültigen (irreversiblen) Hirnausfalls kann entweder durch eine Wiederholung des klinischen Untersuchungsbefunds nach bestimmten Beobachtungszeiten oder durch apparative Zusatzuntersuchungen erbracht werden, die eine so schwere Hirnschädigung belegen, daß sie eine Erholung der fehlenden Hirnfunktion ausschließen.[70] Unter den apparativen Zusatzuntersuchungen versteht man Verfahren zum Nachweis des zerebralen Durchblutungsstillstands und Verfahren zum Nachweis der erloschenen bioelektrischen Aktivität des Gehirns. Zu ersterem gehört insbesondere die Angiographie, d.h. die Darstellung des Hirngefäßsystems nach Injektion eines Kontrastmittels - in neuerer Zeit auch die Hirnszintigrafie (Injektion einer schwach radioaktiv markierten Substanz)[71] - zu letzterem die Elektroenzephalographie (EEG), d.h. die Messung der Hirnströme, die

---

68 Schlake/Roosen, S. 28-31; Oduncu, S. 52-59

69 Schlake/Roosen, S. 32

70 Angstwurm in: Stöhr et al. (Hrsg.), Neurologische Syndrome in der Intensivmedizin, S. 116

71 Schlake/Roosen, S. 43

sich von der Kopfoberfläche ableiten lassen und nach heutigem Verständnis durch die Aktivität der Großhirnrinde und darunterliegender Gehirnteile erzeugt werden. Die Aktivität des Hirnstamms wird durch das EEG nicht erfaßt. Bei einem Herzstillstand von bereits 20 Sekunden erlischt das EEG (Bild des "Null-Linien-EEGs"), ein Zustand der reversibel sein kann, so daß dieser Befund nur in Zusammenhang mit den klinischen Befunden den vollständigen Verlust der Großhirnrinde anzeigen kann. Zudem muß die Null-Linie über einen Zeitraum von mindestens 30 Minuten nachweisbar sein.[72]

Wenn alle diese Voraussetzungen vorliegen, und somit der Tode des Gesamthirns eingetreten ist, spricht man vom sogenannten "**dissoziierten Hirntod**". Der Begriff besagt, daß das Hirn unabhängig von und möglicherweise lange vor dem Herz seine Funktion eingestellt hat, denn nach Anwendung von Reanimationstechniken können Kreislauf und Atmung zwar ihre Funktion wieder übernehmen, eine Hirntätigkeit im Sinne von Bewußtsein kann jedoch nicht mehr auftreten.[73] Da bei diesem Zustand der wirkliche Zeitpunkt seines Eintritts aber nicht eindeutig feststellbar ist, wird der Zeitpunkt, zu welchem die endgültigen diagnostischen Feststellungen getroffen werden, dokumentiert.[74]

Daher geht es im Folgenden nicht um die Findung eines Todes**zeitpunkts**, sondern um die Frage nach einer im geltenden Recht enthaltenen Todes**definition** sowie um das Menschenbild, das hinter dieser Definition steht. Mit dem Hirntod hat man nämlich zunächst einmal nur die biologische Unterscheidbarkeit zwischen Bewußtsein und nicht mehr vorhandenem Bewußtsein festgelegt. Dieses Kriterium mag zwar handhabbar im Hinblick auf das Erfordernis von Rechtssicherheit sein, es erklärt jedoch nicht, warum dieser Kompromiß zwischen Juristen und Medizinern zum Zwecke der Transplantation von Organen auch ausreichend sein soll, um das Wertobjekt „Mensch“ zu definieren. Zum Inhalt des Begriffs „Mensch“ sagt das Hirntodkonzept nichts aus. Eine Abgrenzung des biologischen Vorgangs des Lebens zum Leben als menschlichem Vorgang ist überhaupt nicht getroffen worden. Diese Abgrenzung ist jedoch die Grundvoraussetzung für die Beantwortung der Frage, was noch biologisch lebend, rechtlich aber schon tot sein soll.

---

72 Oduncu, S. 68
73 Forster/Ropohl, Rechtsmedizin, S. 1
74 Schreiber, JZ 1983, S. 593, 596; Tolmein, Wann ist der Mensch ein Mensch, S. 118; Abbildungen des Hirntodprotokolls bei: Schlake/Roosen, S. 44; Oduncu, S. 78

IV. Die Suche nach einer Definition des Todes des Menschen durch das (Straf-)Recht unter Berücksichtigung seiner historischen, philosophischen, anthropologischen, ethischen, medizinischen und theologischen Einflüsse

Nach der Darstellung der Entwicklung der medizinischen Todesdefinition vom „Herztod“ zum „Hirntod“ soll nach Beantwortung der Frage, ob das Transplantationsgesetz bereits eine Definition des menschlichen Todes enthält, eine solche für das gesamte (Straf-)Recht gültige Definition anhand verschiedener Menschenbilder gefunden werden.

1. Die Entwicklung der medizinischen Todesdefinition

Wegweisend für fast alle Kulturen und Religionen der nachfolgenden Jahrtausende war das Menschenbild der alten Ägypter. Es war cardiozentrisch auf das Herz als Zentralorgan des Körpers ausgerichtet. Das Herz repräsentierte die "Seele" des Verstorbenen und verblieb bei den Bestattungsritualen als einziges Organ im Leichnam, während das Gehirn mittels Haken durch die Nasenhöhlen entfernt und mit den anderen Eingeweiden in separaten Behältnissen bestattet wurde. Das Ergebnis einer Herzwiegung entschied nach Vorstellung der alten Ägypter an der Schwelle zum Totenreich, welcher Platz dem Verstorbenen im Jenseits zustand.[75] Dieser Herztod blieb bis in die Zeit der Aufklärung (1750-1840) allein maßgebend, die Feststellung des Todes beschränkte sich vor allem in Kriegs- und Epidemiezeiten auf einen mehr oder minder willkürlichen Ausschluß von den "Lebenszeichen" Herzschlag, Atmung und spontanen Bewegungen.[76]

Erstmals nach erfolgreichen mechanischen Beatmungs- und Wiederbelebungsversuchen an Ertrunkenen Mitte des 18. Jahrhunderts sowie durch die Entdeckung der galvanischen Elektrizität, die 1774 zur ersten erfolgreichen Wiederbelebung durch elektrische Herzstimulation führte[77] und durch elektrische Reizexperimente an Körpern und Gehirnen gerade Verstorbener, die postmortale Muskelzuckungen zeigten[78], wurde das Dogma des Herzstillstandes als dem endgültigen Tod des Menschen in Frage gestellt.

Im 20. Jahrhundert kam es dann zu einer einheitlichen Begriffsbildung. Bis zur Mitte der 60er Jahre galt uneingeschränkt die sogenannte "klassischen Todesdefinition". Danach verstand man unter Tod den "irreversiblen Stillstand von Kreislauf und Atmung verbunden mit dem Aufhören der Tätigkeit des Zentralnervensy-

---

75 Abbildung in: Töllner, Illustrierte Geschichte der Medizin, Bd. 1, S. 113

76 Schlaake/Roosen, Historische Entwicklung, in: Der Hirntod als der Tod des Menschen, S. 9

77 Pernick, M.S., Back from the Grave: Recurring Controversies over Defining and Diagnosing Death in History, pp. 17 ff., zitiert nach: Schlake/Roosen, S. 9

78 Töllner, Illustrierte Geschichte der Medizin, Bd. 2, S. 1123

stems und gefolgt vom Absterben aller Zellen und Gewebe des gesamten Organismus". In dieser Definition war sowohl das Element des fortschreitenden Sterbeprozesses[79] als auch die Irreversibilität des Todeseintritts enthalten. Der endgültige Atmungs- und Kreislaufstillstand bot sich als definitorischer Nenner an, weil damit der Beginn der Absterbeautomatik umschrieben und der Gesamttod in einer zum damaligen Zeitpunkt therapeutisch nicht mehr erreichbaren Weise eingeleitet war.[80] Deshalb mußte schon dieser Versuch der Medizin, aus dem empirisch unzweifelhaften Absterbevorgang ein bestimmtes Ereignis herauszugreifen und die Todeserklärung auf diesen Punkt festzulegen, als eine ausschließlich teleologische Begriffsbildung verstanden werden, die mit dem medizinischen Gesichtspunkt des Therapiegedankens zusammenhing.

Auch beim Herztod handelte es sich um eine Fiktion. Man war sich weitgehend darüber im klaren, daß mit dem Herztod nicht eigentlich der Individualtod des Menschen eingetreten war, sondern durch den Herzstillstand lediglich unaufhaltsam geworden war.[81] Zu diesem Zeitpunkt war der Arzt jedoch aus rein faktischen Gründen gezwungen, die Bemühungen um das Leben seines Patienten abzubrechen, so daß diese Todeserklärung jenseits aller rechtlichen Probleme lag. **Behandlungsmöglichkeit** und **Behandlungspflicht** waren in ihr in geradezu idealer Weise vereint. Es gab weder eine abzubrechende Intensivbehandlung noch eine Transplantation. Zudem waren Atmungs- und Kreislaufstillstand besonders deutlich ablesbare Todeszeichen, an denen sich am besten eine Todesgrenze herausarbeiten ließ. Infolgedessen übernahm die Rechtswissenschaft den medizinischen Todesbegriff unter Verwechselung von Tod und Todeserklärung. Juristisch abgesichert wurde die Todeserklärung wegen der Befürchtung der Verwechselung von Tod und Scheintod lediglich durch die Vorschreibung von Wartefristen, so z.B. bei Sektion und Bestattung, um auf einen unzweifelhaft sicheren Todeszeitpunkt abstellen zu können.[82]

Minuten nach dem Herztod stirbt als dessen Folge das Gehirn ab. Selten kann die Hirndurchblutung auch schon vor dem Herzstillstand aufhören, und zwar dann, wenn der Druck im Gehirnschädel den Blutdruck übersteigt. Diese Ende des 18. Jahrhunderts als „Hirntod“ erkannte und bezeichnete Möglichkeit des Todeseintritts wurde jedoch erst praktisch wichtig gegenüber dem Tod nach Herzstillstand durch die maschinelle Beatmung und Intensivbehandlung in der 2. Hälfte unseres Jahrhunderts. Ohne diese Behandlung führt der Stillstand der vom Gehirn ange-

---

79 Geilen, Festschrift für Heinitz, S. 376
80 Geilen, Festschrift für Heinitz, S. 376
81 Stratenwerth, Festschrift für Engisch, S. 534
82 Geilen, Festschrift für Heinitz, S. 377 f.

triebenen Atmung innerhalb von Minuten zum Herzstillstand infolge Sauerstoffmangels.[83]

Aufgrund des Fortschritts der Reanimationstechnik war es nunmehr möglich, den Atmungs- und Kreislaufstillstand langfristig zu überbrücken und somit die bislang für das Leben für unabdingbar gehaltenen Organsysteme und Funktionen künstlich zu ersetzen.[84] Damit konnte in therapeutischer Hinsicht erstmals die bis dahin schicksalhafte Abfolge Atmungsstillstand - Herzstillstand - Sauerstoffmangel - Organzerstörung unterbrochen und ein Schwebezustand aufrechterhalten werden, der der Wiederherstellung der Gesundheit des Patienten dienen sollte. Solange es um eine Therapierung ging, bestand noch kein Anlaß, den bisherigen Todesbegriff zu ändern, da durch die Herz-Lungen-Maschine die Irreversibilität von Atmungs- und Kreislaufstillstand, die die entscheidende Komponente auch der bisherigen Begriffsbildung war, lediglich längerfristig herausgeschoben wurde, der Ausgangspunkt unter diesen Vorzeichen aber unberührt blieb.

Problematisch war dagegen der Fall, daß der Patient infolge der Intensivpflege einerseits nicht im Sinne eines sonst eintretenden Gesamttodes abstarb, andererseits die Spontanfunktion von Atmung und Kreislauf aber auch nicht wiederhergestellt werden konnte. Hier zeigte sich die negative Seite der neuen Behandlungsmethode. Einerseits konnte man den Patienten nicht wegen Ausbleibens der spontanen Atmungs- und Kreislauffunktion für tot erklären, weil es eine juristisch sanktionierte Reanimationsverpflichtung gab und die Versorgung des Körpers insoweit künstlich ersetzt worden war. Andererseits entstand die Sinnfrage, ob ein therapeutisch aussichtsloser Schwebezustand bis zur Grenze des technisch Möglichen verlängert werden soll, zumal dadurch Behandlungskapazitäten personeller und technischer Art zu Lasten aussichtsreicherer Fälle blockiert wurden.[85]

Neben den verbesserten Reanimationstechniken gab insbesondere der Fortschritt auf dem Gebiet der Transplantation lebenswichtiger Organe Anlaß für eine Neudefinition des Todesbegriffes. Insbesondere die erstmals am 3.12.1967 erfolgreich vorgenommene Herzverpflanzung von Mensch zu Mensch machte deutlich, daß man seinen eigenen Herztod überleben kann und umgekehrt das Herz den individuellen Tod.[86] Der individuelle Tod konnte wegen der Erforderlichkeit der Durchblutung der Organe möglichst bis zu ihrer Entnahme zur Risikoverringerung bei der Implantation mit der alten Definition, die gerade das Erliegen von Atmung

---

83 Angstwurm in: Beiheft zur Berliner Theologischen Zeitschrift (BThZ) 1995, S. 38

84 Horn, Internist 1974, S. 558; Geilen, Festschrift für Heinitz, S. 380

85 Geilen, Festschrift für Heinitz, S. 381

86 Geilen, Festschrift für Heinitz, S. 373

und Kreislauf erforderte, nicht beschrieben werden.[87] Dieser Zeitpunkt wäre für eine Organentnahme als zu spät anzusehen, da die Organe nur über eine bestimmte Wiederbelebungszeit verfügen.

Unter der Wiederbelebungszeit ist die Zeitspanne zu verstehen, die ein Organ bei völliger Unterbrechung der Blutzufuhr und damit der Sauerstoffversorgung überlebt, so daß eine vollkommene Wiederherstellung aller Funktionen noch möglich ist. Wird die Wiederbelebungszeit überschritten, sind die Störungen nicht mehr rückgängig zu machen.[88] Nach Schmidt/Thews beträgt die Wiederbelebungszeit des Gehirns 8-10 Minuten, der Niere und der Leber 3-4 Stunden und des Herzens wenige Stunden[89], nach Sternberg-Lieben beträgt die Wiederbelebungszeit des Gehirns 4-10 Minuten, die des Herzens 30-90 Minuten, in einzelnen Körperzellen können noch nach Tagen Lebensvorgänge beobachtet werden.[90]

Nachdem man nun erkannt hatte, daß der "klassische Todesbegriff" den tatsächlichen anatomischen Gegebenheiten nicht gerecht wurde, mußte man sich darüber Gedanken machen, welcher Zeitpunkt im Prozeß des Sterbens für den Tod maßgebend sein sollte. Recht schnell wurde man sich in der Zeit vor dem Transplantationsgesetz unter den Juristen in Anlehnung an die medizinischen Erkenntnisse darüber einig, daß der Tod des Gehirns, als Träger individuell bestimmter Werte, den Tod des Individuums ausmachen und damit auch eine Organentnahme erlauben sollte.[91]

Geilen jedoch beschreibt den "Hirntoten" explizit als "individuell Toten", aber noch lebendes "Organpräparat", dem man zwar Transplantate entnehmen darf, ohne daß man auf den Gedanken käme, einen "in diesem Sinne Toten" als "Leiche" anzusehen.[92] Diese Darstellung zeigt, daß mit Übernahme des Hirntodkonzepts aus der Medizin keineswegs Klarheit darüber herrschte, ob der Hirntote noch "Mensch" i.S.d. §§ 211 ff. StGB war oder nicht.

2. Todesdefinition oder Todesfeststellung durch das Transplantationsgesetz?

Durch das Inkrafttreten des Transplantationsgesetzes stellt sich die Frage nach dem Verhältnis dieses Gesetzes zu den Vorschriften des Strafgesetzbuches. Als gesundheitsrechtliches Fachgesetz verdrängt es die allgemeinen

87 Horn, Internist 1974, S. 558; v. Bubnoff GA 1968, S. 76; Geilen, FamRZ 1968, S. 122
88 Fischer/Fritsche/Pribilla, Feststellung des Todes, S. 28
89 Schmidt/Thews, S. 570 f.
90 Sternberg-Lieben, JA 1997, S. 81
91 Schreiber, JZ 1983, S. 593; Bockelmann, Strafrecht des Arztes, S. 108; S/S-Eser, Vor § 211, Rn. 18; T/F, Vor § 211, Rn. 3 f.; Geilen, Festschrift für Heinitz, S. 374 f.
92 Geilen, Festschrift für Heinitz, S. 375

(arzt)strafrechtlichen Grundsätze zur medizinischen Organverpflanzung im Wege der Spezialität.[93] Im Folgenden wird untersucht werden, ob das Merkmal „Mensch“ des § 211 StGB durch das Transplantationsgesetz definiert wird, ob sich die Regelungsbereiche dieser beiden Gesetze somit überschneiden, oder ob sie unabhängig voneinander zu sehen sind.

Dies ist nach der klassischen Methode durch die wörtliche (am Wortlaut orientierte), historische (an der Entstehungsgeschichte orientierte), systematische (an der systematischen Stellung der Norm orientierte) sowie der teleologischen (an deren Sinn und Zweck orientierte) Auslegung zu bestimmen.[94]

a) Der Wortlaut des Transplantationsgesetzes

aa) Die Erwähnung des endgültigen, nicht behebbaren Ausfalls der Gesamtfunktion des Großhirns, des Kleinhirns und des Hirnstamms

Wie oben unter III., 2. bereits gesehen, wird der Hirntod definiert als „Zustand des irreversiblen Erloschenseins der Gesamtfunktion des Großhirns, des Kleinhirns und des Hirnstamms bei einer durch kontrollierte Beatmung noch aufrechterhaltenen Herz- und Kreislauffunktion". Der in diesem Zusammenhang oft auftauchende Begriff des „dissoziierten Hirntods“ bringt zum Ausdruck, daß der Hirntod unabhängig und mit erheblicher zeitlicher Latenz vor dem Erlöschen der übrigen Körperfunktionen eintreten kann.[95]

Gemäß § 3 I Nr. 2 TPG ist die Entnahme von Organen nur **zulässig**, wenn der Tod des Organspenders nach Regeln, die dem Stand der Erkenntnisse der medizinischen Wissenschaft entsprechen, **festgestellt** ist. Gemäß Absatz 2 des § 3 TPG ist die Entnahme von Organen unzulässig, wenn nicht vor der Entnahme bei dem Organspender der endgültige, nicht behebbare Ausfall der Gesamtfunktion des Großhirns, des Kleinhirns und des Hirnstamms nach Verfahrensregeln, die dem Stand der Erkenntnisse der medizinischen Wissenschaft entsprechen, festgestellt ist. Nach § 19 I TPG wird derjenige, der gegen diese Vorschriften verstößt, mit Freiheitsstrafe bis zu drei Jahren oder mit Geldstrafe bestraft.

Durch die doppelte Verneinung in § 3 II TPG wird somit klargestellt, daß die Organentnahme unzulässig ist, wenn nicht der Hirntod festgestellt ist. Sehr fraglich ist aber, ob bei Verstoß gegen diese Regel Tötungsunrecht verwirklicht sein soll. Der Strafrahmen des § 19 I TPG (Freiheitsstrafe bis zu drei Jahren) deutet vielmehr darauf hin, daß hier gar nicht der Fall sanktioniert und überhaupt angesprochen werden soll, in dem jemand vor seinem „Tod“ explantiert wurde (eine

---

93 So Rixen, Lebensschutz am Lebensende, S. 18

94 Larenz, Methodenlehre, S. 320 ff.

95 Schlake/Roosen, S. 13 f.

Handlung, die bereits von §§ 211 ff. StGB geregelt wäre), sondern der Fall, wo die durch das TPG festgelegte Zulässigkeitsvoraussetzung des Hirntodes bei Explantation nicht festgestellt worden ist. Erwähnenswert ist in diesem Zusammenhang, daß auch die Mediziner die Hirntodkonzeption nicht für den Tod des Menschen erklären, sondern daß nach den Stellungnahmen des Wissenschaftlichen Beirats der Bundesärztekammer der nachgewiesene Hirntod ein sicheres Zeichen für den eingetretenen Tod des Menschen darstellt, der Tod des Menschen mit dem Hirntod somit lediglich naturwissenschaftlich-medizinisch festgestellt ist.[96]

Vom Wortlaut her geht es in § 3 Abs. 1, Nr. 2 und Abs. 2 nicht um die Regelung der Frage, daß der Mensch erst mit Eintreten des Hirntodes nicht mehr unter den Lebensschutz fällt, sondern darum, daß eine Organexplantation erst nach Feststellung des Hirntodes zulässig ist. Eine Todesdefinition ist nicht erkennbar. Es ist nicht gesagt worden: „Der Hirntod ist der Tod des Menschen." Es ist nicht einmal ausdrücklich gesagt worden, daß die Organexplantation nur dann zulässig ist, wenn der Mensch nicht mehr unter die Regelungen zum Schutz seines Lebens fällt. Voraussetzungen für die Zulässigkeit der Organentnahme ist lediglich, daß der Hirntod des Organspenders nach den Regeln, die dem Stand der medizinischen Wissenschaft entsprechen, auch festgestellt worden ist.

Daher gibt der Wortlaut des Transplantationsgesetzes keinen Aufschluß über die Grenzen des Lebensschutzes. Es bleibt völlig offen, ob der Hirntote bereits per se nicht mehr unter den strafrechtlichen Lebensschutz fallen soll. Möglich ist auch, daß der Hirntote grundsätzlich noch Mensch i.S.d. § 211 ff. StGB ist und daß die Regelung des Transplantationsgesetzes lediglich einen Rechtfertigungsgrund für den Fall der „Tötung des Menschen durch Organentnahme" darstellt. Möglich ist nach dem reinen Wortlaut auch, daß bereits vor Eintritt des Hirntodes die Menschqualität endet, die Organentnahme aber erst nach Feststellung des Hirntodes zulässig sein soll.

Die Überschrift des zweiten Abschnitts des Gesetzes: Organentnahme bei **toten** Organspendern schafft ebenfalls keine Klarheit. Ihr kann man vielleicht entnehmen, daß eine Organentnahme nur bei Verstorbenen zulässig ist[97], nicht aber, ob der Hirntod lediglich das **Kriterium**, den Nachweis für den Tod und damit für den Zeitpunkt der Organentnahme darstellen soll, oder ob er für das Ende des Menschseins im Sinne einer wertend gesetzten Zäsur im Sterbeprozeß (Todes**definition**), die die Rechtsordnung als klar fixierten Anknüpfungspunkt benötigt[98], stehen soll.

---

96 DÄBl (1993) 90, B-2177; (1997) 94, B-1033
97 So BT-Drucksache 13/8027, S. 8
98 Sternberg-Lieben, JA 1997, S. 81

Es handelt sich bei § 3 TPG nach seinem Wortlaut somit nur um eine Beweis- und Verfahrensregel die besagt, daß im Zweifel, wenn der Hirntod aller Wahrscheinlichkeit nach vorgelegen hat, er aber nicht entsprechend § 5 TPG dokumentiert wurde, die Strafe des §19 TPG für den Verfahrensverstoß zu verhängen ist.

bb) Die Erwähnung des endgültigen, nicht behebbaren Stillstands von Herz und Kreislauf

In rund 99 % der Todesfälle wird der Tod eines Menschen durch den Nachweis äußerer sicherer Todeszeichen (vor allem Totenflecke, Totenstarre und Fäulniserscheinungen[99]) festgestellt, die als Folge des endgültigen, nicht behebbaren Stillstands von Herz und Kreislauf eingetreten sind (Herztod).[100] Der Stillstand von Herz und Kreislauf und die daraus folgende Beendigung der Durchblutung des Gehirns führt nach wenigen Minuten zur Schädigung desselben, worauf eine gewisse Zeitspanne der Reanimierbarkeit des Herzens mit Funktionseinbußen des Gehirns folgt. Der Hirntod gilt dabei nach dem Stand der Erkenntnisse der medizinischen Wissenschaft als das irreversible Moment des Herzstillstandes – auch wenn das Herz künstlich veranlaßt noch eine gewisse Zeit weiterschlagen kann -, denn letztendlich macht er den Herztod dadurch endgültig, daß er die Zeitspanne begrenzt, innerhalb derer Reanimationsversuche sinnvoll durchführbar sind.[101] Die Wiederbelebungszeit des Gehirns ist also kürzer als die des Herzens[102], so daß der Hirntod bei Vorliegen sicherer äußerer Todeszeichen als eingetreten vorausgesetzt werden kann.

Es wird in der medizinischen Wissenschaft auch die Entnahme von Organen bei Spendern mit nicht mehr schlagendem Herzen diskutiert (Non-Heart-Beating-Donors). Danach soll eine Organentnahme bei diesen Spendern 10 Minuten nach dem Herzstillstand bzw. dem Abbruch der letzten Reanimationsbemühungen durchgeführt werden können, ein Verfahren, das in den USA von der Universität Pittsburg bei solchen Patienten, die eine Wiederbelebung für den Fall des Herzstillstands ablehnen, sogar schon 2 Minuten nach Kreislaufstillstand praktiziert wird.[103] Sowohl die Bundesärztekammer als auch die Deutsche Transplantationsgesellschaft haben sich in einer gemeinsamen Stellungnahme vom 19.10.1995 deutlich gegen diese Praktiken ausgesprochen, weil der Herzstillstand allein kein sicheres Todeszeichen sei, solange ungewiß ist, ob er unabänderlich ist und ob er bereits zum endgültigen, nicht behebbaren Ausfall der gesamten Hirnfunktion

---

99 Pschyrembel, Stichwort Todeszeichen

100 Schlake/Roosen, S. 15

101 Schlake/Roosen, S. 15

102 Angstwurm, Stellungsnahme zur Anhörung am 25.9.1996, Ausschußdrucksache 579/13, S. 9

103 Younger/Arnold, Journal of the American Medical Association, 1993, S. 2770

geführt hat.[104] In einer weiteren gemeinsamen Erklärung vom Dezember 1998 haben die Bundesärztekammer, die Deutsche Gesellschaft für Neurologie, die Deutsche Gesellschaft für Kardiologie, Herz- und Kreislaufforschung und die Deutsche Transplantationsgesellschaft die Stellungnahme vom 19.10.1995 bekräftigt.[105] Sie weisen darauf hin, daß ein Herz-Kreislaufstillstand von 10 Minuten bei normaler Körpertemperatur bisher nicht als sicherers „Äquivalent zum Hirntod" nachgewiesen ist. Er ist daher kein sicheres Zeichen für die Todesfeststellung. Ein solcher Kreislaufstillstand als mögliches aber unsicheres Todeszeichen erfüllt nicht die in § 3 I Nr. 2 TPG normierte Anforderung, den Tod nach Regeln festzustellen, die dem Erkenntnisstand der medizinischen Wissenschaft entsprechen.

Im Transplantationsgesetz ist der endgültige, nicht behebbare Stillstand von Herz und Kreislauf in § 5 Abs.1 Satz 2 erwähnt. Fraglich ist, ob aus dieser gesetzlichen Regelung dennoch eine irgendwie geartete Anerkennung des Kreislaufstillstands als Tod des Menschen abzuleiten ist.

Wie bereits erwähnt bestimmt § 3 Abs. 1 Nr. 2, daß der Tod des Organspenders nach Regeln, die dem Stand der Erkenntnisse der medizinischen Wissenschaft entsprechen, festzustellen ist. Gemäß § 5 Abs. 1 Satz 1 ist der Tod durch 2 Ärzte unabhängig voneinander festzustellen. § 5 Abs. 1 Satz 2 dagegen bestimmt, daß eine Untersuchung und Feststellung durch einen Arzt genügt, wenn der endgültige, nicht behebbare Stillstand von Herz und Kreislauf eingetreten ist und seitdem mehr als drei Stunden vergangen sind. Die Regelung stellt sich also zunächst als bloße verfahrensrechtliche Erleichterung gegenüber der Regelung des § 5 Abs. 1 Satz 1 dar. Man könnte § 5 Abs. 1 Satz 2 aber auch als verfahrensrechtliche Ausgestaltung des § 3 Abs. 1 Nr. 2 TPG begreifen, so daß es nicht völlig ausgeschlossen ist, eine in dieser Regelung liegende indirekte Anerkennung des Kreislaufstillstands nach langem Zeitablauf von deutlich mehr als 10 Minuten (3 Stunden) als gesetzlich festgelegte Todesdefinition anzuerkennen.

cc) Ergebnis

Dem Wortlaut des Transplantationsgesetzes ist somit nicht zu entnehmen, ob überhaupt ein und wenn ja, welcher Zustand gesetzlich als Tod definiert werden soll.

---

104 Dt. Ärztebl. (1995) 92, S. 2159

105 Dt. Ärztebl. (1998) 95, S. 2511

b) Historischer Wille des Gesetzgebers

aa) Zum Hirntod

Weiterhin kann der historische Wille des Gesetzgebers Aufschluß über das Verhältnis von Transplantationsgesetz und Strafgesetzbuch geben. Als Materialien für die historische Auslegung sind die Vorentwürfe, Begründungen der Anträge und Änderungsanträge sowie die Beiträge der Abgeordneten des Deutschen Bundestages in den Lesungen des TPG heranzuziehen.

Im Referentenentwurf des Bundesministeriums für Gesundheit vom 17.03.1995 war in § 5 Abs. 1 i.V.m. § 15 Abs. 1 Satz 2 der Gesamthirntod neben dem endgültigen, nicht behebbaren Stillstand von Herz und Kreislauf ausdrücklich als **Kriterium** für die Feststellung des Todes benannt[106], wenn es in § 5 des Entwurfes heißt, daß vor der Organentnahme bei einem Verstorbenen der Tod nach Regeln, die dem Stand der medizinischen Wissenschaft entsprechen, in dem nach § 15 Abs. 1 bestimmten Verfahren festzustellen ist, und § 15 bestimmt, daß bei nur noch künstlich aufrechterhaltener Atmungs- und Kreislauffunktion der endgültige, nicht behebbare Ausfall der gesamten Hirnfunktion, in den anderen Fällen der endgültige, nicht behebbare Stillstand von Herz, Kreislauf und Atmung zur Feststellung des erfolgten Todeseintritts nachzuweisen sind. Aus diesen Kriterien ergibt sich aber noch keine **Definition** des Todes, da ausdrücklich nur beschrieben wird, wie der Tod nachgewiesen werden soll und nicht, was den Tod ausmacht. Es wurde auch in diesem Vorentwurf nicht eindeutig gesagt, daß Hirntod und/oder Herztod den „Tod" des Menschen darstellen, sondern daß der „Tod" durch Feststellung von Hirntod oder Herztod nachgewiesen werden kann. Zu einem anderen Ergebnis kann man nur dann kommen, wenn man diese verfahrensrechtliche Ausgestaltung des § 5 durch § 15 des Referentenentwurfs genügen lassen will, um zu einer Definition zu kommen.

In allen Fraktionen des Deutschen Bundestages zeichneten sich im Verlauf der fraktionsübergreifenden Konsensgespräche jedoch Bedenken bereits gegen eine gesetzliche Verankerung der Kriterien für die Feststellung des Todes ab. Deshalb verzichtete der am 16.04.1996 eingebrachte interfraktionelle Gesetzentwurf für ein Transplantationsgesetz[107] auf eine solche Festlegung. Beide genannten Zustände wurden in § 5 Abs. 1 zwar erwähnt, die bewußt dafür gesetzte Lücke in § 3 Abs. 1 Satz 1 Nr. 2 des interfraktionellen Gesetzentwurfs sollte während der Gesetzesberatung ausgefüllt werden.[108]

---

106 siehe Anhang

107 BT-Drucksache 13/4355

108 BT-Drucksache 13/4355, S. 4

In diesem Zusammenhang ist dem Stenografischen Bericht des Bundestages zunächst zu entnehmen, daß es den Abgeordneten um **Rechtssicherheit** ging, um Sicherheit und Vertrauen für die Patienten, für die Angehörigen und für die Ärzte, die direkt und indirekt an der Transplantation beteiligt sind.[109]

Die historische Problematik, die zum Erlaß des Gesetzes führte, war die, daß nach den Möglichkeiten der Transplantationsmedizin, die bereits 25 Jahre zum Standard der Medizin gehörte, vielen schwerkranken Menschen das Leben gerettet oder die Krankheit jedenfalls weitgehend geheilt oder gelindert werden konnte, während die Bereitschaft zur Organspende in Deutschland immer weiter zurückgegangen war.[110] Ferner hatte Deutschland im Gegensatz zu den meisten anderen europäischen Staaten kein spezialgesetzliches Regelwerk. Die Lösung des Problems wurde darin gesehen, eine klare Rechtsgrundlage insbesondere für die Spende und Entnahme von Organen, Organteilen und Geweben (Organen) zum Zwecke der Übertragung auf andere Menschen auf der Grundlage erteilter Zustimmung zu schaffen.[111] Es ging somit darum, für Ärzte, Angehörige und auch für die Öffentlichkeit transparent zu machen, ab welchem Zeitpunkt zweifelsfrei mit der Organentnahme begonnen werden darf. Das dürfte – jedenfalls dann, wenn man die Regelung des § 216 StGB wörtlich nimmt, der selbst eine Tötung auf Verlangen verbietet, - erst dann der Fall sein, wenn der Spender sicher nicht mehr unter die Schutzvorschriften des Strafgesetzbuchs, insbesondere nicht mehr unter den Schutz der Tötungsdelikte, §§ 211 ff. StGB, fällt.[112]

Die Abgeordneten hatten sich hinsichtlich der Verfahrensweise darauf verständigt, ein sogenanntes Containergesetz einzubringen, das den Themenkomplex „**Feststellung des Todes**" ausklammerte[113], während von einem Themenkomplex „Definition des Todes" und „wann endet das Menschsein?" nicht die Rede war. Der Gesetzentwurf regelte die organisatorischen Voraussetzungen der Entnahme, Vermittlung und Übertragung lebenswichtiger Organe. Für den Nachweis der organisatorischen Voraussetzung der Entnahme war man sich uneinig, ob der endgültige, nicht behebbare **Ausfall der gesamten Hirnfunktionen** oder der endgültige, nicht behebbare **Stillstand von Herz und Kreislauf** festgestellt durch zwei dafür qualifizierte Ärzte, als maßgeblich angesehen werden sollte.[114]

---

109 Dr. Dieter Thomae (F.D.P.), Stenografischer Bericht, S. 16402
110 Problemaufriß, siehe: BT-Drucksache 13/4355, S. 1
111 BT-Drucksache 13/4355, S. 2
112 Anders aber z.B. Rixen, Lebensschutz am Lebensende, S. 373 ff., 390; Höfling, MedR 1996, S. 8
113 Abgeordneter Dr. Dieter Thomae (F.D.P.), Stenografischer Bericht, S. 16402
114 Abgeordneter Dr. Dieter Thomae (F.D.P.), Stenografischer Bericht, S. 16403

Daraus ließe sich ableiten, daß die Regelungskreise von Transplantationsgesetz und Strafgesetzbuch sich nicht überschneiden, sondern einander nachfolgen. Während das Strafgesetzbuch die Frage des Lebensschutzes für Menschen regelt, greift das Transplantationsgesetz erst dann ein, wenn es um die Frage der Entnahme von Organen und die Feststellung der Entnahmevoraussetzungen geht. Das zweite Regelungswerk hat danach mit dem Schutzgut „Mensch" nichts mehr zu tun. Es regelt demzufolge möglicherweise lediglich ein Verfahren zur sicheren Todesfeststellung, um danach die Organe entnehmen zu können.

Nicht unerwähnt bleiben soll jedoch in diesem Zusammenhang, daß eine Gruppe von Abgeordneten, darunter insbesondere die Vertreter von Bündnis90/Die Grünen sich seit 1995 gegen die Festlegung eines pragmatischen **Todeskonzeptes** gewandt haben. Ihren Gesetzesentwurf aus Herbst 1995 sehen sie als klare Absage der Gleichsetzung des sogenannten Hirntodes mit dem Tod des Menschen an.[115] Somit ging es zumindest in der Diskussion vor Erlaß des Transplantationsgesetzes um die Frage nach einer Todesdefinition bzw. wurde die Diskussion teilweise so aufgefaßt. Die Grünen jedenfalls sahen Hirntote in der Debatte als Sterbende an, die bis zuletzt Anspruch auf Schutz und Solidarität hätten. Außerdem wendeten sie sich dagegen, die Bewertung von Leben und Tod Nützlichkeitserwägungen zu unterwerfen, was Mißtrauen schaffe und wodurch eine Akzeptanz der Transplantationsmedizin verhindert werden könne. Sie sprachen von einer Vorverlegung des Todes und einer Selbstaneignung der Definitionsmacht, deren Setzungen sich die Politik nicht unhinterfragt zu eigen machen dürfe.[116]

Dem Gesetzgeber stehe es wegen der Ethik des Grundgesetzes, die keine Ethik der Interessen ist, nicht zu, einen neuen Tod zu definieren.[117]

Die Abgeordneten waren sich zudem nicht einmal darüber einig, daß ein menschliches Leben beendet sein muß, bevor Organe entnommen werden können.[118] Für einige ist das endgültige, vollständige Hirnversagen nur ein **Wendepunkt, der das Sterben unumkehrbar gemacht hat**. Dieser Wendepunkt wird von ihnen als Entnahmevoraussetzung für noch lebende Organe akzeptiert, aber eben nicht mit dem Tod gleichgesetzt.

---

115 Abgeordnete Monika Knoche (Bündnis 90/Die Grünen), Stenografischer Bericht, S. 16404

116 Abgeordnete Monika Knoche (Bündnis 90/Die Grünen), Stenografischer Bericht, S. 16404

117 Abgeordnete Monika Knoche (Bündnis 90/Die Grünen), Stenografischer Bericht, S. 16405

118 Vgl. dazu die Darstellung der Berichterstatterin Beatrix Philipp (CDU/CSU), Stenografischer Bericht, S. 16407, die diese Auffassung beklagt.

Die Frage, wann der Mensch tot ist, wird teilweise als zentrale Frage angesehen. Die Formulierung, daß der Tod des Organspenders nach Regeln, die dem Stand der Erkenntnisse der medizinischen Wissenschaft entsprechen, festgestellt wird, folge konsequent der Tatsache, daß es in den vergangenen Jahrhunderten unterschiedliche Todesfeststellungen gegeben hat. Damit sei der Gesamthirntod aber keine Erfindung der Transplantationsmedizin. Neu sei lediglich die **Nachweisbarkeit** des irreversiblen Zustandes vor dem endgültigen Herzstillstand. Es sei schlichtweg falsch zu behaupten, es handele sich bei dem Gesamthirntod um eine wertende Beschreibung.[119]

Wenn man der Frage weiter nachgeht, trifft man aber in der Begründung des letztlich angenommenen Entwurfes von CDU/CSU, SPD und F.D.P. zur Regelung der Voraussetzungen der Organentnahme bei toten Spendern auf folgende Aussagen: (§ 3) Abs. 2 Nr. 2 (TPG) legt als gesetzliche Mindestvoraussetzung für die Zulässigkeit einer Organentnahme das Gesamthirntodkriterium fest und umfaßt sowohl die **direkte Feststellung** des Gesamthirntodes unter intensivmedizinischen Bedingungen bei künstlicher Aufrechterhaltung der Atmungs- und Kreislauffunktion als auch die **indirekte** Feststellung des Gesamthirntodes anhand äußerlich erkennbarer Todeszeichen nach Eintritt des Herzstillstands gemäß den in der medizinischen Wissenschaft allgemein anerkannten Verfahren. Der Transparenz dieser Verfahrenssicherung dient die Pflicht zur Dokumentation nach Absatz 3 Satz 2.[120]

Diese Aussagen machen deutlich, daß es um die Absicherung des Transplantationsverfahrens durch Mindestvoraussetzungen geht. Eine davon ist die Nachweisbarkeit des Hirntodes, die dafür ausreichen soll. Von einer Definition des menschlichen Todes ist nicht die Rede.

Die Antragsbegründung Drucksache 13/4368 von 105 Abgeordneten der Fraktionen CDU/CSU, SPD und F.D.P. unterstützt diese Schlußfolgerung. Dort wird der Hirntod als „ein sicheres Zeichen zur Feststellung des Todes" angeführt.[121] Es geht in dem Antrag darum, eine Regelung zur „Feststellung des Todes" zu finden.[122] Dabei sei der endgültige, nicht behebbare Ausfall der gesamten Hirnfunktion ein sicheres Zeichen für den eingetretenen Tod eines Menschen. Auch der endgültige, nicht behebbare Stillstand von Herz und Kreislauf hat nach kurzer Zeit den endgültigen, nicht behebbaren Ausfall der gesamten Hirnfunktion zur Folge. An der Zuverlässigkeit der in den Empfehlungen der Bundesärztekammer ge-

---

119 Abgeordnete Beatrix Philipp (CDU/CSU), Stenografischer Bericht, S. 16407

120 54 Abgeordnet der Fraktionen CDU/CSU, SPD und F.D.P., BT-Drucksache 13/8027, S. 8

121 105 Abgeordnet der Fraktionen CDU/CSU, SPD und F.D.P., BT-Drucksache 13/4368, S. 2

122 105 Abgeordnet der Fraktionen CDU/CSU, SPD und F.D.P., BT-Drucksache 13/4368, S. 3

nannten Kriterien und Untersuchungsverfahren zur Feststellung der klinischen Zeichen bestünden keine begründeten Zweifel. Dieses im Zuge der Intensivmedizin entwickelte **Todeskriterium** liegt zudem den rechtlichen Regelungen zur Organtransplantation aller anderen europäischen Länder sowie den USA und Kanadas zugrunde.[123]

Andererseits wird in dieser Antragsbegründung auch ausgeführt, warum der Mensch mit dem Eintritt des endgültigen, nicht behebbaren Ausfalls der gesamten Hirnfunktion tot sei, nämlich weil sein Organismus dann unwiderruflich zu einer zentralen Selbststeuerung nicht mehr in der Lage sei. Jede Möglichkeit der bewußten Wahrnehmung, d.h. auch der Schmerzempfindung, des Denkens usw. sei unwiederbringlich verloren, eine Wiedererlangung des Bewußtseins ausgeschlossen. Das Gehirn sei von der Durchblutung abgekoppelt, seine Zellen zerfallen, auch wenn der übrige Körper noch künstlich durchblutet wird. Anders als andere Organe wie das Herz, Lunge und Niere usw. sei das Gehirn in seiner Funktion insgesamt weder durch technische Apparate noch durch eine Transplantation ersetzbar.[124] Darin könnte eine Definition des Todes gesehen werden, weil versucht wird zu erklären, daß der Hirntod, weil nach ihm keinerlei Bewußtseinsleistungen mehr vorhanden sind, der Tod des Menschen sei. Genausogut könnte man sich aber auf den Standpunkt stellen, es werde dadurch erklärt, warum der Hirntod das sichere Zeichen für den Tod des Menschen ist.

So wird in der Antragsbegründung weiter erklärt, daß der Ausfall nur von Teilen der Hirnfunktion nicht als Todes**zeichen** anzusehen sei.

Im weiteren wird dagegen fortgefahren mit einer Erklärung, warum die Tatsache, daß nach Eintritt des Hirntodes der übrige Körper im Falle künstlicher Aufrechterhaltung von Atmung und Kreislauf noch durchblutet ist, nicht gegen den eingetretenen **Tod des Menschen** spreche. Auch nach endgültigem, nicht behebbarem Herzstillstand (der unbestritten als Todeszeichen verstanden wird) nehme der Tod nämlich einen prozeßhaften Verlauf mit allmählichem Absterben aller Körperzellen. Und auch das Gehirn, dessen gesamte Funktion endgültig, nicht behebbar, d.h. unwiederbringlich ausgefallen ist, zerfällt auch bei künstlich aufrechterhaltener Atmungs- und Kreislauffunktion unaufhaltsam.[125] Hier könnte aber ebenfalls genausogut gesagt werden, daß der Hirntod als sicheres Todeszeichen ausreicht bzw. das sicherste Todeszeichen ist, während der Herztod, da er durch künstliches

---

123 105 Abgeordnet der Fraktionen CDU/CSU, SPD und F.D.P., BT-Drucksache 13/4368, S. 4

124 105 Abgeordnet der Fraktionen CDU/CSU, SPD und F.D.P., BT-Drucksache 13/4368, S. 4

125 105 Abgeordnet der Fraktionen CDU/CSU, SPD und F.D.P., BT-Drucksache 13/4368, S. 5

Aufrechterhalten von Atmungs- und Kreislauffunktion reversibel geworden ist, insoweit gar kein sicheres Todeszeichen mehr sein kann.

Die Quellen des Transplantationsgesetzes sind widersprüchlich, wenn einmal die Aufgabe des Gesetzgebers betont wird, eine eindeutige rechtliche Grenzziehung zwischen Leben und Tod zu bestimmen, es in den nächsten Sätzen aber wieder um den Hirntod als den maßgeblichen Punkt, die maßgebliche Zäsur im biologischen Prozeß des Absterbens des Organismus geht, der anhand medizinisch-naturwissenschaftlicher, zuverlässig feststellbarer Kriterien festzulegen sein soll, ab dem der Mensch sicher nicht mehr lebe, und das Gebot des Lebensschutzes deshalb keine Schutzwirkung mehr entfalte.[126]

Widerum für eine Gleichsetzung von Hirntod und Tod des Menschen spricht die Ausführung, daß die einzelnen medizinischen Verfahrensschritte zur Feststellung des Todes den Richtlinien der Bundesärztekammer überlassen bleiben, die insoweit den jeweiligen Stand der medizinischen Wissenschaft feststellen kann.[127] Daraus ließe sich entnehmen, daß der Hirntod unabhängig von der Art und Weise seiner Feststellung, die dem neuesten Stand angepaßt werden muß, den Tod des Menschen darstellen soll.

Nach den einzelnen Quellen des Transplantationsgesetzes, die den historischen Willen des Gesetzgebers gebildet haben, bleibt es demnach aufgrund der unterschiedlichen Auffassungen offen, ob es im Transplantationsgesetz um die Nachweisbarkeit des Todes oder um dessen Definition geht. Diese mangelnde Deutlichkeit wurde auch in der Debatte im Bundestag beklagt, wo weniger Rechtssicherheit für die Transplantationsmediziner als Ergebnis der fehlenden Gleichsetzung von Hirntod und Tod des Menschen festgestellt wurde. Weil sich der Gesetzgeber nicht zu einer eindeutigen Gleichsetzung im Wortlaut entschließen konnte, sei diese Entscheidung nicht an die medizinische Wissenschaft, sondern an die Gerichte delegiert.[128]

Als Ergebnis der vielen Meinungen kann allerdings festgestellt werden, daß nach dem in Gesetzesform gegossenen Willen der Mehrheit des Bundestages, also nach dem interfraktionellen Gesetzesentwurf von CDU/CSU, SPD und F.D.P., die Frage, was den Menschen ausmacht, wann das Menschsein endet und wie der Lebensschutz der Tötungsdelikte abgegrenzt wird, nicht unter den Regelungsbereich

---

126 105 Abgeordnet der Fraktionen CDU/CSU, SPD und F.D.P., BT-Drucksache 13/4368, S. 6

127 105 Abgeordnet der Fraktionen CDU/CSU, SPD und F.D.P., BT-Drucksache 13/4368, S. 6

128 Eckart von Klaeden (CDU/CSU), Stenografischer Bericht, S. 16414

des Transplantationsgesetzes fällt. Insofern hat der Bundestag zwar gegen die Bedenken der Grünen entschieden, die den Regelungsbereich des TPG nicht unabhängig von dem des StGB sehen wollen, indem sie den Hirntoten als Sterbenden betrachten und auf diese Weise den Vorwurf, die Bewertung von Leben und Tod Nützlichkeitserwägungen zu unterwerfen, vermeiden zu wollen. Es ging jedoch auch der Mehrheit des Bundestages gerade nicht um eine Bewertung und Definition des Todes des Menschen, sondern lediglich um die Feststellung des Hirntodes als Zulässigkeitsvoraussetzung für die Organentnahme. So unterscheidet sich in diesem Punkt das letztlich verabschiedete Gesetz auch nicht von dem Entwurf von Bündnis 90/Die Grünen, der in §§ 15 und 16[129] ganz ausdrücklich Entnahmevoraussetzungen und Feststellungen regelt und schon dadurch, daß die Begriff „Tod“ oder „tot“ nie für sich allein erwähnt werden, keine Definition des menschlichen Lebens oder seines Todes anbietet.

Auch wenn eine gesetzliche Verankerung des endgültigen, nicht behebbaren Ausfalls der gesamten Hirnfunktion als lediglich formale Voraussetzung für die Organentnahme ohne gleichzeitige Anerkennung als Todeskriterium nach der Begründung des schließlich verabschiedeten interfraktionellen Gesetzesentwurfes nicht in Betracht kommen könne[130], so ist damit noch nichts darüber gesagt, daß das menschliche Leben nicht schon vor dem Hirntod enden kann. Selbst der Herztod kann als ausgediente Todesdefinition nicht völlig außen vor bleiben, da es nach neueren medizinischen Erkenntnissen von der jeweiligen Situation abhängig ist, ob nun Hirn- oder Herztod zuerst kommen. Ohne künstliche Aufrechterhaltung der Atmungsfunktion käme der Herztod zuerst, bei künstlicher Beatmung möglicherweise der Hirntod.

bb) Zum Herztod

Wie bereits erwähnt beschrieb der am 16.04.1996 eingebrachte interfraktionelle Gesetzentwurf für ein Transplantationsgesetz[131] den Gesamthirntod und den endgültigen, nicht behebbaren Stillstand von Herz und Kreislauf in § 5 Abs. 1 Satz 1 TPG als bloßes Nachweisverfahren, während die Lücke in § 3 Abs. 1 Satz 1 Nr. 2 TPG im Laufe der Gesetzesberatung mit einer materiellen Aussage zu den in § 5 Abs. 1 Satz 1 TPG genannten Kriterien ausgefüllt werden sollte. Die Begründung dieses Entwurfs stellte darüber hinaus klar, daß der Herzstillstand allein kein sicheres Kriterium für die Zulässigkeit der Organentnahme ist, solange im Einzelfall ungewiß ist, ober er unabänderlich ist und ob er bereits zum endgül-

129 Gesetzesentwurf von Bündnis 90/Die Grünen, BT-Drucksache 13/2926, S. 5

130 105 Abgeordnet der Fraktionen CDU/CSU, SPD und F.D.P., BT-Drucksache 13/4368, S. 6

131 Gesetzesentwurf der Fraktionen CDU/CSU, SPD und F.D.P.), BT-Drucksache 13/4355

tigen, nicht behebbaren Ausfall der gesamten Hirnfunktion geführt hat oder als dessen Folge eingetreten ist.[132]

Erwähnenswert ist zudem, daß noch im Entschließungsantrag Dreßler/Seehofer[133] der Hirntod und der endgültige, nicht behebbare Stillstand von Herz und Kreislauf als sichere Todeszeichen benannt wurden, während diese Bewertung in dem letztlich in der 2. Lesung angenommenen Änderungsantrag Dreßler/Seehofer[134] zu § 3 TPG hinsichtlich des Herztodes nicht mehr enthalten ist. Der endgültige, nicht behebbare Stillstand von Herz und Kreislauf fand nur noch in § 5 Abs. 1 Satz 2 im Zusammenhang mit einer Verfahrenserleichterung (Feststellung des Todes durch einen Arzt) Erwähnung.

Demgegenüber unterlag der Änderungsantrag v. Klaeden/Wodarg, der den endgültigen, nicht behebbaren Stillstand von Herz und Kreislauf als Zeichen für den Tod, den endgültigen, nicht behebbaren Ausfall der gesamten Hirnfunktion dagegen als bloßes Entnahmekriterium verankern wollte.[135]

cc) Ergebnis

Die historische Auslegung führt zu dem Ergebnis, daß der in § 3 Abs. 2 Nr. 2 beschriebene Zustand des Gesamthirntodes als Mindestvorgabe für die Todesfeststellung zu verstehen ist, während der endgültige, nicht behebbare Stillstand von Herz und Kreislauf nicht als Zeichen für den Tod gewertet werden kann.

c) Systematische Auslegung

aa) Zum Hirntod

Für die systematische Auslegung ist von Bedeutung, daß das Transplantationsgesetz die Zulässigkeit der Organentnahme in zwei Abschnitten geregelt hat, nämlich dem zweiten Abschnitt „Organentnahme bei toten Organspendern" und dem dritten Abschnitt „Organentnahme bei lebenden Organspendern". Damit erkennt der Gesetzgeber offenbar neben einem lebenden und einem toten Menschen keinen anderen Zustand wie eine Phase zwischen Leben und Tod an.

§ 3 Abs. 1 TPG regelt die Zulässigkeit der Organentnahme bei toten Spendern. Folgende Voraussetzungen müssen – soweit in § 4 nichts Abweichendes bestimmt ist - vorliegen: Der Organspender muß in die Entnahme eingewilligt haben (Nr. 1), der Tod des Organspenders muß nach Regeln, die dem Stand der Erkenntnisse der

---

132 Gesetzesentwurf der Fraktionen CDU/CSU, SPD und F.D.P., BT-Drucksache 13/4355, Begründung zu § 5 Abs. 1, S. 19

133 105 Abgeordnet der Fraktionen CDU/CSU, SPD und F.D.P., BT-Drucksache 13/4368

134 54 Abgeordnete der Fraktionen CDU/CSU, SPD und F.D.P., BT-Drucksache 13/8027

135 106 Abgeordnete aller Fraktionen, BT-Drucksache 13/8025

medizinischen Wissenschaft entsprechen, festgestellt worden sein (Nr. 2), und der Eingriff muß durch einen Arzt vorgenommen werden (Nr. 3).

§ 3 Abs. 2 regelt demgegenüber die Fälle, in denen eine Organentnahme unzulässig ist. Fraglich ist, ob für den Abs. 2 überhaupt noch ein Regelungsrahmen übrigbleibt, da das „nur" in Abs. 1 darauf hindeutet, daß Absatz 1 bereits abschließend die Zulässigkeit und im Umkehrschluß auch die Unzulässigkeit der Organentnahme regelt.

Die hier interessierende Nr. 2 bestimmt, daß eine Organentnahme unzulässig ist, wenn nicht vor der Entnahme bei dem Organspender der endgültige, nicht behebbare Ausfall der Gesamtfunktion des Großhirns, des Kleinhirns und des Hirnstamms nach Verfahrensregeln, die dem Stand der Erkenntnisse der medizinischen Wissenschaft entsprechen, festgestellt ist. Möglich wäre es, diese Vorschrift als Konkretisierung des § 3 Abs. 1 Nr. 2 anzusehen. Da dieser auf den „Tod", der nach den Regeln, die dem Stand der Erkenntnisse der medizinischen Wissenschaft entsprechen, verweist, könnte darin dann eine Gleichsetzung des Hirntodes mit dem „Tod" des Menschen gesehen werden.

Jedoch stellt sich auch § 3 Abs. 1 Nr. 2 mehr als verfahrensrechtliche denn als materiellrechtliche Regelung dar, denn es geht um die **Feststellung** des Todes des Organspenders nach den Regeln, die dem Stand der medizinischen Wissenschaft entsprechen, geht. Wer den Hirntod als materielles Kriterium sehen will, gelangt wieder zu dem Ergebnis der Festlegung einer Mindestvoraussetzung. Eine konkretisierende Ausfüllung des Merkmals „Tod" ist darin nicht zwingend zu sehen.

Ebenso spricht der Vergleich mit der Systematik des § 5 Abs. 1 TPG, der das Verhältnis von § 3 Abs. 1 Nr. 2 und Abs. 2 Nr. 2 widerspiegelt, eher gegen die Annahme, daß § 3 Abs. 2 Nr. 2 als Konkretisierung des Merkmals „Tod" in § 3 Abs. 1 Nr. 2 zu verstehen ist. § 5 Abs. 1 Satz 1 bestimmt, daß die Feststellungen nach § 3 Abs. 1 Nr. 2 und Abs. 2 Nr. 1 **jeweils** durch zwei dafür qualifizierte Ärzte zu treffen sind, die den Organspender unabhängig voneinander untersucht haben. Das Wort „jeweils" deutet schon darauf hin, daß der Gesetzgeber von einer Eigenständigkeit der Feststellungen in § 3 Abs. 1 Nr. 2 und Abs. 2 Nr. 2 TPG ausging. Ferner wird die Eigenständigkeit durch § 5 Abs. 2 TPG noch betont, der nur für die Feststellung nach § 3 Abs. 1 Nr. 2 TPG eine Untersuchung und Feststellung durch einen Arzt genügen läßt, wenn der endgültige, nicht behebbare Stillstand von Herz und Kreislauf eingetreten ist und seitdem mehr als drei Stunden vergangen sind, auch wenn der privilegierenden Verfahrensregelung für die Auslegung des § 3 Abs. 2 Nr. 2 nach den Ergebnissen der historischen Auslegung kein großes Gewicht beizumessen ist.

Weiterhin ist § 16 Abs. 1 Satz 1 Nr. 1 TPG im Rahmen der systematischen Betrachtung noch von Bedeutung. Dort wird bestimmt, daß die Bundesärztekammer den Stand der Erkenntnisse der medizinischen Wissenschaft in Richtlinien für die Regeln zur Feststellung des Todes nach § 3 Abs. 1 Nr. 2 und die Verfahrensregeln zur Feststellung des endgültigen, nicht behebbaren Ausfalls der Gesamtfunktion des Großhirns, des Kleinhirns und des Hirnstamms nach § 3 Abs. 2 Nr. 2 einschließlich der dazu **jeweils** erforderlichen ärztlichen Qualifikation feststellt. Diese Regelung betont durch das Wort „jeweils" ebenfalls die Eigenständigkeit der beiden Bestimmungen in § 3 TPG. Nicht ganz deutlich wird jedoch, ob die „Regeln zur Feststellung des Todes" andere sind - oder im Zuge des medizinischen Fortschritts jedenfalls sein können - als die Verfahrensregeln zur Feststellung des Hirntodes. Die Erwähnung beider Regelungen spricht dafür, während die Erwähnung beider Feststellungen unter der Nummer 1 die Möglichkeit einer gemeinsamen Richtlinien zu § 3 Abs. 1 Nr. 2 und Abs. 2 Nr. 2 nahelegt. Dieser Umstand kann aber darauf zurückgeführt werden, daß nach dem heutigen Stand der medizinischen Wissenschaft der Hirntod als **sicheres Zeichen** für den Tod anerkannt ist. Damit ist jedoch nicht gesagt, daß man sich darauf festlegen wollte, daß der Hirntod unwiderruflich mit dem Tod gleichgesetzt werden sollte. Vielmehr spricht die Nennung der Regel zur Feststellung des Todes neben den Regeln zur Feststellung des Hirntodes dafür, daß man sich die Möglichkeit eines anderen Ergebnisses für ein sicheres Todeszeichen bei neuen medizinischen Erkenntnissen in der Zukunft offenlassen wollte.

Zudem geht es im Transplantationsgesetz sowohl in § 3 als auch in § 5 als auch in § 16 immer um die **Feststellung** des Todes, niemals um den Tod selbst.

bb) Zum Herztod

Da es sich bei § 5 Abs. 1 Satz 2, wo der Herztod einzig Erwähnung gefunden hat, um eine reine Verfahrensregel handelt, während wie oben festgestellt, das in § 3 Abs. 2 Nr.2 geregelte Gesamthirntodkriterium immerhin als eine Mindestvorgabe für die Todesfeststellung i.S.d. § 3 Abs. 1 Nr.2 zu verstehen sein kann, ist das Herztodkriterium bei einer systematischen Betrachtung nicht einmal als sicheres Todeszeichen, geschweige denn als Todesdefinition anzusehen.

cc) Ergebnis

Die systematische Auslegung führt somit zu keiner eindeutigen Antwort auf die Frage, ob und wie im Transplantationsgesetz der Tod des Menschen definiert worden ist. Wie gesehen sprechen Argumente dafür, daß § 3 Abs. 2 Nr. 2 als Konkretisierung des § 3 Abs. 1 Nr. 2 zu werten ist, dann aber wohl nur im Sinne einer Mindestvorgabe, d.h. der Hirntod muß mindestens festgestellt worden sein als sicheres Zeichen für den Tod. Demgegenüber läßt die systematische Betrachtung des § 5 Abs. 1 auch den Schluß zu, daß der in § 3 Abs. 2 Nr. 2 beschriebene Gesamthirntod als ein von der Todesfeststellung unabhängiges Kriterium für die Organentnahme anzusehen ist. Dennoch ist ein systematischer Zusammenhang zwischen der Todesfeststellung und der Feststellung des Gesamthirntodes dadurch zu erkennen, daß der Gesetzgeber durch die Unterteilung des Transplantationsgesetzes in Abschnitte klar zum Ausdruck gebracht hat, daß er neben einem lebenden und einem toten Menschen keinen anderen Zustand anerkennt.

d) Sinn und Zweck der gesetzlichen Regelung

Schließlich bleibt zu prüfen, ob das nach den untersuchten Auslegungsmethoden gefundene Ergebnis dem Sinn und Zweck der Norm entspricht, so daß die teleologische Auslegung des Transplantationsgesetzes bei der Beantwortung der Frage nach einer Todesdefinition durch das Transplantationsgesetz und damit nach seinem Verhältnis zum Strafgesetzbuch heranzuziehen ist.

aa) Zum Hirntod

Ziel und damit Sinn und Zweck der gesetzlichen Regelung war und ist die zivil- und strafrechtliche Absicherung der Organspende und Organentnahme zum Zwecke der Übertragung auf andere Menschen. Dabei sollen durch einen klaren rechtlichen Handlungsrahmen bestehende Rechtsunsicherheiten ausgeräumt werden und eine dadurch bedingte Zurückhaltung bei der Organspende überwunden werden.[136]

Zudem ist der Hirntod seit langem ein anerkanntes Todeszeichen in der Rechtsprechung. So geht bereits das LG Bonn in seinem Urteil vom 25.02.1970 inzident vom Hirntod als dem entscheidenden Todeszeichen aus, wenn es tatbestandlich bei der Entnahme der Leber nach festgestelltem Hirntod von einem Eingriff in die Unversehrtheit des Leichnams ausgeht.[137]

Im Fall der hirntoten Schwangeren Marion K. hat das AG Hersbruck in seinem Beschluß vom 16.10.1992 entschieden, daß die Hirntote, obwohl deren Kreislauf und Atmung in einem Krankenhaus künstlich aufrechterhalten wurden, tot im Sinne des Gesetzes sei.[138] Diese Entscheidung fand hinsichtlich der Ausführungen zum Hirntod als Todeszeichen Zustimmung in der Literatur.[139]

Der BGH hat sich bislang – soweit ersichtlich - nur in der Entscheidung des 1. Strafsenats vom 24.01.1995 mit dem Sachverhalt des eingetretenen Hirntodes

---

136 BT-Drucksache 13/4355, S. 11

137 LG Bonn, VersR 1970, S. 716

138 AG Hersbruck, FamRZ 1992, S. 1471

139 Schwab, FamRZ 1992, S. 1471; Kern, MedR 1993, S. 112

beschäftigt. Dort wurde beim Sachverhalt eines Schlages, der zu einer sofortigen Bewußtlosigkeit und später zum Hirntod führte, von einer Herbeiführung des Todes gesprochen.[140] Da der Schwerpunkt des Tenors jedoch im Rahmen der Prüfung des Tatbestandes der Körperverletzung mit Todesfolge (§ 226 StGB) beim Unmittelbarkeitszusammenhang zwischen Körperverletzung und Todesfolge lag, kann aus dieser Bemerkung kaum ein Rückschluß auf eine bewußte Todesdefinition, nicht einmal auf ein bewußt gesetztes Todeszeichen gezogen werden.

So ist der Gesamthirntod in § 3 Abs. 2 Nr. 2 TPG durch den Gesetzgeber zum Teil auch in dem Bewußtsein verankert worden, daß dieser Zustand nach den Richtlinien der Bundesärztekammer und auch nach der juristischen Rechtsprechung und Literatur zumindest als sicheres Todeszeichen anerkannt war.[141]

Die eingangs genannte Zweckrichtung der Rechtssicherheit würde ebensogut durch eine Regelung zur Todesfeststellung als auch durch eine Todesdefinition erreicht.

bb) Zum Herztod

Da das Gesetz wie gesehen mit der Zielrichtung Rechtssicherheit geschaffen wurde, und der Herzstillstand allein kein sicheres Todeszeichen für die Zulässigkeit der Organentnahme ist, solange im Einzelfall ungewiß ist, ob er unabänderlich ist und ob er bereits zum endgültigen, nicht behebbaren Ausfall der gesamten Hirnfunktion geführt hat oder als dessen Folge eingetreten ist[142], ergibt auch die teleologische Auslegung, daß der Herztod weder als sicheres Zeichen für den Tod noch als Zustand des Todes selbst verankert worden sein kann.

cc) Ergebnis

Somit unterstützt die teleologische Auslegung das bereits bei der historischen und der systematischen Auslegung gefundene Ergebnis. Es bleibt zumindest offen, ob es im Transplantationsgesetz um die Todesfeststellung oder um eine Todesdefinition geht.

e) Gesamtergebnis und Schlußfolgerung

Nach alldem existiert auch nach Inkrafttreten des Transplantationsgesetzes keine eindeutig als solche erkennbare bzw. anerkannte Todesdefinition, weder eine für den Bereich der Organtransplantation gültige, noch und erst recht keine allgemein gültige.

---

140 BGH NStZ 1995, S. 288

141 In der strafrechtlichen Literatur siehe nur: S/S-Eser, Vor § 211, Rn. 3, 18; LK-Jähnke, Vor § 211, Rn. 7 ff.; Lackner, Vor § 211, Rn. 4

142 BT-Drucksache 13/4355, Begründung zu § 5 Abs. 1, S. 19

Die zentrale rechtliche Frage, die es folglich nach wie vor zu beantworten gilt, ist die nach dem Inhalt des Tatbestandsmerkmals "Mensch" der §§ 211 ff. StGB. Selbst wenn die Systematik des Transplantationsgesetzes darauf hindeutet, daß die Feststellung des Hirntodes für den Tod des Menschen ausreichen soll und es demnach nicht mehr auf den Funktionsausfall von Herz und Kreislauf ankommen soll, kann der kardiopulmonale Todesbegriff bei der Suche nach einer Todesdefinition nicht außen vor bleiben. Denn Wissenschaft zielt auf ständige Selbst- und Fremdüberprüfung. So zählen zum Wissenschaftsbegriff des Art. 5 III 1 GG „Kritikoffenheit" und „Revisionsbereitschaft".[143] Wissenschaft kann daher „in der Gewinnung neuer.....Erkenntnisse bestehen, sie kann aber auch vorher errichtete Wissensgebäude als falsch nachweisen und damit zerstören".[144] Das Transplantationsgesetz kann somit weder maßgeblichen (Grund-)(Straf-)Rechtsschutz präjudizieren, noch rechtswissenschaftliches Nachdenken beenden.[145]

Wann endet also der Schutzbereich jener Strafvorschriften, die menschliches Leben schützen? Dieses Problem ist nicht nur für das Feld der Transplantation nichtpaarig vorhandener, lebensnotwendiger Organe sondern auch für den Bereich der Sterbehilfe von Bedeutung (Wann spätestens endet die ärztliche Behandlungspflicht?).

Was unterscheidet also das Individuum Mensch von seiner biologischen Existenz? Können die verschiedenen Gehirnfunktionen als das allein bestimmende Merkmal der Mensch-Qualität angesehen werden? Schwierigkeiten ergeben sich dabei insbesondere hinsichtlich des Interessenkonfliktes zwischen dem Schwerstkranken (z.B. dem Unfallopfer), der an einem optimalen ärztlichen Einsatz zu seiner Lebensrettung und somit an einer eher späten „Für-tot-Erklärung" interessiert sein wird und dem Organempfänger, der ein nachvollziehbares aber allein nicht hinreichendes Interesse daran hat, den Endpunkt menschlichen Lebens nicht zu spät festgelegt zu sehen, um noch vor Ablauf der je nach Organ unterschiedlichen Überlebenszeit das benötigte Transplantat in voll funktionstüchtigem Zustand erhalten zu können.[146]

3. Menschenbilder im Rahmen der (Hirn-)Todesdefinition zur Bestimmung der Grundlage eines Rechts auf Leben

Um den Begriff des Todes im Hinblick auf seine normativen Konsequenzen zu präzisieren, muß auf einer ersten Ebene jenen ethisch-normativen Begründungen nachgegangen werden, die hinter der Forderung eines radikal unterschiedlichen

143 Antoni in: K.-H. Seifert/D. Hömig, 5. Auflage, Art. 5, Rn. 27

144 Starck in: v. Mangoldt/Klein/Starck, Art. 5 Abs. 3, Rn. 222

145 Vgl. Rixen, Lebensschutz am Lebensende, S. 396

146 Sternberg-Lieben, JA 1997, S. 81

Umgangs mit toten und mit lebenden Menschen steht. Welches ist der für diese unterschiedliche Einstellung ausschlaggebende Gesichtspunkt? Wenn man das oder die fundamentalen ethischen Kriterien für die Zuerkennung eines Lebensrechtes gefunden hat, muß man sich auf einer zweiten Ebene fragen, ob man dieses Kriterium in eine Norm umsetzen kann, die für die alltägliche Moral- und Rechtspraxis tauglich ist (z.B. Rechtssicherheit und Rechtsgleichheit).[147]

Im Rahmen der Hirntoddiskussion wird zunächst auf den Zusammenhang von Person und Bewußtseinsfähigkeit sowie Person und Handlungsfähigkeit hingewiesen, wobei dem Begriff der Person eine Art Schlüsselfunktion zuzukommen scheint. Das liegt daran, daß die Frage, ob jemand oder etwas eine Person ist, in der Regel gleichgesetzt wird mit der Frage, ob jemand oder etwas ein Recht auf Leben habe, welches zu schützen ist.[148] Der Tod tritt ein, wenn der Lebensprozeß des Organismus endet, in dem Teile und tätige Organe zur Einheit des Leibes zusammengefaßt sind, so daß sich darin **ein Subjekt „verkörpert", das diesen Leib als den seinen „hat"**. Dieser leibseelische Zusammenhang heißt nach alter Tradition die Person.[149] Der Mensch als solcher ist Person.[150] Daher ist es erforderlich, zur Bestimmung des „Menschseins" vorab genauer zu bestimmen, was unter „Person" zu verstehen ist, um danach über das Grundgesetz, das Bundesverfassungsgericht, die Obergerichte und Literaturmeinungen aus den Gebieten Recht, Rechtsethik, Bioethik, Philosophie, Anthropologie und Religion den Rechtsbegriff „Mensch" wertend auszufüllen. Zunächst wird das Konzept vorgestellt, das zentral an den Begriff der „Person" anknüpft.

a) Die Kortikaltodthese

aa) Verlust der Fähigkeit zu personalem Sein

Die Anhänger der Kortikaltodthese sehen den Tod der Person im alleinigen Funktionsausfall der kognitiven Gehirnleistungen. Das Bewußtsein, das Denken, das Empfinden, das Gedächtnis oder die Fähigkeit zu zwischenmenschlichen Beziehungen machten den Menschen aus und nicht biologisch-vegetative Vorgänge wie Atmung und Kreislauf. Dabei handele es sich nur um physiologisches, nicht aber um menschliches Leben.[151] Diese anthropologisch begründete These sieht den Tod des Menschen in einer Variante im irreversiblen Verlust seiner persönlichen Identität[152], in einer anderen Variante im irreversiblen Verlust der Fähigkeit zu

---

147 Hoerster, Sterbehilfe im säkularen Staat, in: Wiesing (Hrsg.), Ethik in der Medizin, S. 317; ders. in: Neugeborene und das Recht auf Leben, S. 61
148 Oduncu, S. 157
149 Kluxen, S. 102
150 Angstwurm in: Beiheft zur Berliner Theologischen Zeitschrift (BThZ) 1995, S. 36
151 Veatch, p. 39 ff.; Lamb, p. 42
152 Lamb, p. 84

sozialer Interaktion.[153] Da diese kognitiven Fähigkeiten vom Großhirn ausgehen, sei dessen Funktionsausfall das Kriterium für den Tod des Individuums[154], unabhängig von noch funktionierendem Hirnstamm (Spontanatmung, Kreislauf, Stoffwechsel).[155] Wegen der Betonung der Funktionen des Großhirns bzw. der Großhirnrinde (cortex cerebri) wird dieser Todesbegriff als Kortikaltodthese bezeichnet.[156]

Will man den Verlust kognitiver Fähigkeiten als den Tod des Menschen bezeichnen, muß man sich darüber klar sein, welche Fähigkeiten es im einzelnen sind, die den Menschen als Person ausmachen sollen.

bb) Der Begriff der Person in der Philosophie

Eine erste substantiierte Begriffsdefinition stellt **Boethius** (ca. 480-524 n. Chr.) auf. Ihm zufolge findet sich eine Person nur bei vernunftbegabten Substanzen und ist zu definieren als "individuelle Substanz einer rationalen Natur".[157] Wesentlich seien demnach die drei Aspekte: Vernunft, Individualität und Substantialität. **Thomas von Aquin** (1225-1274) spricht von der "Herrschaft über das eigene Handeln".[158] Auch für **Descartes** (1596-1650) steht das Denken und das Problem der Erkenntnis im Vordergrund, wenn es um die Frage der menschlichen Existenz geht. In seiner Abhandlung über den "Methodischen Zweifel" zweifelt er alles an, was nicht absolut und eindeutig ist – alle Lehrmeinungen, Sinneseindrücke, eigene Vorstellungen und Ideen, moralische Überzeugungen, in gewisser Weise auch unsere Vorstellung von Gott[159] – bis er auf eine klare und eindeutige Gewißheit stößt: das zweifelnde Subjekt[160], und, da „Zweifeln" zu einer größeren Gruppe von Bewußtseinsakten („cogitare" genannt) gehört, an das „sum cogitans"[161], **das sich in Bewußtseinsakten erlebende Ich**. Cogito, ergo sum - Ich denke, also bin ich.[162]

Leibniz (1646-1712) modifiziert den cartesianischen Dualismus. Er versteht die Person als Einheit von Körper und Geist, konstituiert durch Selbstreflexion. Grundbedingung der Personalität ist hier die Fähigkeit zur Wahrnehmung des ei-

153 Englert, S. 37; Veatch, p. 38-42
154 Englert, S. 37
155 Steigleder in: Hoff/in der Schmitten, S. 107 f.
156 Wolflast, MedR 1989, S. 166; Englert, S. 36-38
157 Boethius, S. 74
158 Thomas von Aquin, Summa Theologica, I, 29, S. 1
159 Descartes, Von der Methode, S. 1-9 u. 26-27
160 Descartes, Von der Methode, S. 26
161 Descartes, Meditationen über die Grundlagen der Philosophie, S. 22
162 Descartes, Von der Methode, S. 53

genen Selbst.[163] Person ist nicht mehr wie bei Descartes etwas Vorgegebenes, sondern muß durch aktiven Vollzug des Bewußtseins geleistet werden.

Damit der Mensch denken könne, müsse sein Leib schon bis zu einem gewissen Punkt ausgebildet sein. Nach **De Solages** hoffe der Mensch vor dem Vernunftalter eigentlich nur, ein Mensch zu sein.[164] Der Schlaf kann insoweit als eine Erscheinung des Leib-Seele-Zusammenhangs angesehen werden: Mit der Stilllegung des Leibes wird die Tätigkeit der Vernunft unterbunden.[165] Der Mensch sei nicht einfach nur Seele, sondern Leib und Seele, die wie Materie und Form eine feste Einheit miteinander bildeten.[166]

Das Thema der Selbstreflexion wird später von **Locke** (1632 - 1704) aufgegriffen. Nach ihm fällt ein Individuum unter den Begriff Mensch, wenn es besondere Merkmale aufweist und nicht bereits von seinem Wesen her. Das Nichtvorhandensein oder der Verlust des Merkmals Vernunft schließe die Artzugehörigkeit aus.[167] Daher definiert Locke die Person als "ein denkendes, verständiges Wesen, das Vernunft und Überlegung besitzt und sich selbst als sich selbst betrachten kann. Das geschieht durch das Bewußtsein, das vom Denken unabtrennbar ist. Denn da das Bewußtsein das Denken stets begleitet und jeden zu dem macht, was er sein Selbst nennt und wodurch er sich von allen anderen denkenden Wesen unterscheidet, so besteht hierin allein die Identität der Person".[168]

Die Frage, was der Mensch denn nun sei, wird somit immer wieder so beantwortet, daß er letztlich **das seiner selbst gewisse individuelle Subjekt sei, das erkennend und handelnd sich die Welt zum Objekt macht.**

Lockes Personenbegriff – ebenso die Begriffsdefinitionen von Leibniz und Descartes - erweist sich insofern als problematisch, als daß die personale Identität des Menschen scheinbar auf die Erhaltung und Kontinuität des Bewußtseins reduziert wird. Sind noch nicht zurechnungsfähige Säuglinge und nicht mehr zurechnungsfähige oder vorübergehend bewußtlose oder schlafende Patienten somit keine Personen und damit auch keine Menschen?

Auch **Kant** (1724 - 1804) betont die Bedeutung des Elementes der Subjektivität für die Person des Menschen. Daß der Mensch in seiner Vorstellung das **„Ich"**

163 Leibniz, Monadologie, § 81
164 De Solages, S. 132
165 De Solages, S. 136
166 De Solages, S. 140
167 Locke, Versuch über den menschlichen Verstand, Ausg. 1975, S. 440
168 Locke, Versuch über den menschlichen Verstand, Ausg. 1975, S. 335; Ausg. 1981, S. 19 f.

haben kann, erhebe ihn unendlich über alle anderen lebenden Wesen auf Erden. Dadurch sei er Person, und durch die Einheit des Bewußtseins sei er bei allen Veränderungen, die ihm zustoßen mögen, ein und dieselbe Person.[169] Weiterhin führt Kant aus, daß die Achtung eines anderen Menschen sich aus der Achtung der Menschheit als Gattung ergebe. Der Mensch sei deshalb "verbunden, die Würde der Menschheit an jedem anderen Menschen praktisch anzunehmen".[170] Dem Menschen als Person, d.h. als Vernunftnatur, kommt dabei ein absoluter Wert zu. Person ist somit jeder Mensch aufgrund seiner Natur. Für den Personenbegriff Kants sind folglich die Achtung der Würde und ihre Gültigkeit für alle Individuen der menschlichen Gattung wesentlich. Grund der Würde ist bei ihm zwar nicht reiner Speciesismus, d.h. nicht die bloße Zugehörigkeit zur Gattung Mensch, immerhin aber das sittliche Subjekt, das allein einen Anspruch auf Würde, unabhängig von Geschlecht, Rasse, Religion, Gesundheitszustand etc. begründet.[171] Kant definiert den Begriff „Person“ dabei wie folgt: „Person ist dasjenige Subjekt, dessen Handlungen einer Zurechnung fähig sind“[172] und „Was sich der numerischen Identität seiner Selbst in verschiedenen Zeiten bewußt ist, ist sofern eine Person“.[173] Zur „Theorie des Ichs“ gehören neben dieser Einheit und Identität, die Kontinuität, die über Phasen der Bewußtlosigkeit und des Schlafs sowie über die Lebenszeit hinweg mit Hilfe des Gedächtnisses erfahren wird.[174]

Weiterhin werden als Charakteristika des Menschen als Person sein Wille und sein Lebensplan genannt. Während das Tier dem Stofftrieb verhaftet ist, der unwiderstehlichen Macht der Bedürfnisse und der Notwendigkeit der Naturgesetze unterliegt, hat der Mensch die Freiheit, sich über Naturgesetze und den Zwang der Sinnlichkeit hinwegzusetzen und sein Schicksal bewußt zu bejahen.[175] Damit in engem Zusammenhang stehen die Zunkunftsausgerichtetheit des Menschen und seine lebenslange Lernfähigkeit, während das Tier lediglich im Augenblick, im Jetzt lebt.[176]

cc) Bewußtsein, Selbstbewußtsein und das Element der „Potentialität“

Bruno de Solages sieht die Menschheit wie einen einzigen Menschen an, der „vom Kind zum Manne geworden ist, sich schon hundertmal mit denselben Problemen befaßt hat, dieselben Denkbahnen durchlaufen und im Gedächtnis die Wissenschaften und die Philosophie aufgespeichert hat, die den Lernstoff der

---

169 Kant, Anthropologie in pragmatischer Hinsicht, Werkausgabe 1980, Bd. XII, S. 407
170 Kant, Anthropologie, S. 462
171 Kant, Anthropologie, S. 434 f.
172 Kant, Die Metaphysik der Sitten, S. 22
173 Kant, Kritik der reinen Vernunft, S. 479
174 Stotz, S. 289
175 Stotz, S. 130
176 Stotz, S. 131, 199

Schule bilden." Die Aufeinanderfolge der Menschen im Verlaufe so vieler Jahrhunderte ist demnach als ein und derselbe Mensch anzusehen, der immer weiter besteht und unaufhörlich lernt. Dabei habe „das Vermögen des Menschengeistes, der die Fähigkeit besitzt, immer wieder alles in Frage zu stellen, weil sein Bildungszuwachs ihm die Probleme neu aufzuwerfen erlaubt, den fortschreitenden und damit teilweise provisorischen Charakter seiner Erkenntnis zur logischen Folge".[177] De Solages hält das Sonderwesen Mensch für nicht reduzierbar auf das tierische Wesen. Er schreibt den Tieren zwar ein **Bewußtsein** zu und weist dabei auf die Gebärden der Affen im Zoo oder das Verhalten eines Hundes hin. Doch die **Reflexion** verbleibt allein dem Menschen[178], wohingegen die Tiere nicht über einen gewissen Punkt hinauskämen. „Selbst die, die sprechen können – wie die Papageien - , sagen nichts aus sich heraus; und diejenigen, welche die erstaunlichsten Arbeiten ausführen wie die Biber und die Bienen, kommen nie darauf, wie man es besser machen könnte, sie lassen sich nicht einmal wie ein Kind anleiten, das lange vor dem sogenannten „Vernunft"-alter von ganz allein versteht, was man selbst dem intelligentesten Schimpansen noch nie beibringen konnte."[179]

Eccles und Robinson unterscheiden in ihrer Untersuchung über die Evolution des Bewußtseins strikt zwischen **Bewußtsein**, das auch sie den Tieren zugestehen, und dem **Selbstbewußtsein**, das als einzigem Wesen dem Menschen vorbehalten ist.[180] Das Selbstbewußtsein sei ein wesentliches, vielleicht das wesentlichste Charakteristikum der menschlichen Spezies. Dieses Selbstbewußtsein bedinge das Todesbewußtsein des Menschen und einen Zustand äußerster Betroffenheit im Angesicht des Todes.[181]

Das Selbstbewußtsein entwickelt das menschliche Wesen kontinuierlich. Es hat diese Fähigkeit nicht von Beginn an. Das menschliche Wesen ist bereits nach ca. vierzehn Wochen zu erkennen, die Funktion des Gehirns entwickelt sich jedoch zwischen den Stadien zum Säugling fortwährend weiter. Die Geburt ist nur eine unbedeutende Episode innerhalb dieses Kontinuums – ein Wechsel in der Atmung und im Ernährungsmechanismus. Erst im Alter von ungefähr achtzehn Monaten ist das Kind in der Lage, sich selbst im Spiegel zu erkennen. Davor hat es nicht mehr Bewußtsein als z.B. ein Schimpanse. Mit dem wachsenden Selbstbewußtsein wird das Kind erst zur menschlichen Person.[182] Es besitzt das „**Potential**", eine menschliche Person zu sein.

---

177 De Solages, S. 12 f.

178 De Solages, S. 64

179 De Solages, S. 116

180 Eccles/Robinson, Das Wunder des Menschseins – Gehirn und Geist, S. 35 f.; S. 48 ff.

181 Eccles/Robinson, S. 48

182 Eccles/Robinson, S. 36, 42, 47

Diese Unterscheidung zwischen Aktualität und Potentialität des Individuums, die auf **Aristoteles** zurückgeht, der als Begründer eines wissenschaftlichen Nachdenkens über Leben zwischen vegetativem (Pflanzen), sensitivem (Tier) und rationalem (Mensch) Leben unterschied[183], ist von grundlegender Bedeutung für die „Person-Diskussion". Letzteres rationales Leben, was für den Menschen kennzeichnend ist, wird auch Vernunftseele genannt, wobei das menschliche Leben alle drei Bereiche, den vitalen, den sensitiven sowie den rationalen Bereich umfaßt. Tiere können bisweilen Wunder vollbringen, so z.B. die Bienenwabe oder die Biberburg, und der Mensch ist darüber in höchstem Maße erstaunt. Aber seit Jahrtausenden ist kein Fortschritt zu verzeichnen. Der Mensch hingegen macht Fortschritte. Der nie befriedigte Geist scheint über ein Vermögen zur Unendlichkeit zu verfügen. Daraus nimmt er die Kraft zur unbegrenzten Erneuerung.[184] Der Mensch besitzt **Potential**, während alle anderen Lebewesen in ihrer Entwicklung festgelegt sind.

Locke, Leibniz und Descartes gründeten das Personsein auf intakte aktuelle Bewußtseinsleistungen, die zudem auch von Individuen anderer Gattungen vollbracht werden können. "Person" ist danach nicht etwas von Natur aus vorgegebenes, sondern muß durch aktiven Vollzug des Bewußtseins geleistet werden. Diese Grundlage des intakten aktuellen Bewußtseins impliziert eine gewisse Problematik, da die Konsequenz dieser Konzeption wäre, daß jeder auch nur vorübergehende Ausfall des (Selbst-)Bewußtseins (z.B. im Schlaf) zum Verlust der Person führte.

Die andere Auffassung von Kant, Aristoteles, De Solages und Eccles/Robinson knüpft die Person an die menschliche Artnatur an, ungeachtet des aktuellen Vorhandenseins oder Fehlens der Bewußtseinsfähigkeit und anderer Eigenschaften, die aufgrund der Artnatur einem Individuum zukommen müßten. Da menschliches Leben aber nicht ohne Kommunikation und Mitmenschlichkeit entstehen und bestehen kann; Sprachlichkeit sowie Verantwortungsfähigkeit als Kriterien menschlichen Lebens in Personalität angesehen werden[185], betonen sie den Aspekt des **"potentiell Menschlichen"**.

Als materielle Grundlage für unsere Personalität wird allein das Gehirn angesehen. Es sei leicht einzusehen, daß es ein Irrtum ist, die Person als etwa identisch mit der Gesamtheit von Gesicht, Körper, Gliedern usw. anzusehen, denn z.B. eine Amputation oder der Verlust des Augenlichtes verkrüppele zwar die menschliche Person, lasse ihr aber ihre eigentliche Identität. Die menschliche Person lebe selbst

---

183 Aristoteles, Politik IV, zitiert nach Oduncu, S. 162

184 De Solages, S. 123

185 Eser/von Lutterotti/Sporken – Honecker: Lexikon Medizin, Ethik, Recht, Sp. 668 f.

nach z.B. einer Nieren- oder gar nach einer Herztransplantation unverändert weiter. Aber nicht das Gehirn als Ganzes sei wesentlich, wenn es um den Sitz der bewußten Personalität geht. Die Entfernung des Kleinhirns z.B. bringt schwere motorische Behinderungen mit sich, aber die Person ist nicht betroffen. Ganz anders verhält es sich mit den cerebralen Hemisphären.[186]

Eine echte Grenzüberschreitung wird in der Entwicklung vom egozentrischen Säugling zu dem sozial eingestellten Wesen, das ein Kind darstellt, mit seinen Begriffen von Recht und Pflicht und damit seinen unbegrenzten Möglichkeiten zu personalen Beziehungen, gesehen.[187] Was wir sind, hängt davon ab, wie wirksam wir die uns gebotenen Gelegenheiten genutzt haben, um das Beste aus dem Potential unseres Gehirns zu machen. Das durch genetische Instruktionen gebildete Gehirn entwickelt sich dabei anschließend funktionell durch Lernen unter den Einflüssen der Umgebung. Während des Schlafes hat das „Ich", die Person, - von Träumen abgesehen – eine unbewußte Existenz, während beim Erwachen das bewußte Ich wieder angenommen und durch die Kontinuität des Gedächtnisses mit der Vergangenheit verknüpft wird.[188] Dennoch kann das Selbst nicht absolut mit der Kontinuität der Erinnerungen gleichgesetzt werden. Denn jemand, der an totaler Amnesie leidet, weiß vielleicht nicht, wer er ist, aber er weiß sicher, daß er ist, und deshalb, daß er im Besitz einer Selbstheit ist.[189] Die Fähigkeit zur Erinnerung ist wichtiger als die tatsächliche Erinnerung.[190]

Schlaf bedeutet nicht Aufhören von Aktivität sondern ist etwas, das vielmehr ungeordneter Aktivität gleicht. Dann und wann während der Nacht - alle zwei oder drei Stunden - tritt, wie wir wissen, eine organisierte cerebrale Aktivität auf, mit raschen Wellen niedriger Amplitude im EEG. In dieser Zeit findet der selbstbewußte Geist wieder seine Möglichkeit, von aktiven „Moduln" (Neuroneninteraktion) einen Traum mit seltsamen und sogar bizarren bewußten Erfahrungen herauszulesen. Beim Aufwachen scheint sich der selbstbewußte Geist allmählich zusammenzureißen und einige offene Moduln zu finden, eine Erleuchtung hier oder dort in musterförmiger Operation. Dann kommt das dämmernde Bewußtsein des neuen Tages in Flecken und in begrenzten Erfahrungen, es versammelt sich alles und man übernimmt den vollen wachen Tag.[191] Danach ist Person der selbstbewußte Geist, der am Körper wirkt.

---

186 Eccles/Robinson, S. 52
187 Eccles/Robinson, S. 47
188 Eccles/Robinson, S. 57
189 Eccles/Robinson, S. 67
190 Eccles in: Popper/Eccles, Das Ich und sein Gehirn, S. 138
191 Eccles in: Popper/Eccles, Das Ich und sein Gehirn, S. 446

dd) Zusammenfassung: Die menschliche Person

Im Ergebnis ist die menschliche Person somit ein potentiell vernunftbegabtes, moralisches und selbstbewußtes Wesen. Sie vermag, sich ihrer selbst in den verschiedenen Zuständen der Identität ihres Daseins bewußt zu werden. Das Merkmal der Potentialität ist deshalb besonders wichtig, weil der selbstbewußte Geist nicht zu jeder Zeit aktiv, und die Aktivität nicht unbedingt nach außen erkennbar ist. Neben diesem Selbst-Bewußtsein, der Ich-Erkenntnis, zeichnet sich die Person durch die Selbst-Kontrolle eines freien Willens, ein Gedächtnis, einen Lebensplan, damit im Zusammenhang stehend eine lebenslange Lernfähigkeit und eine Kommunikationsfähigkeit aus. Die Person besitzt die Fähigkeit, die Bedeutung einer Handlung im voraus abzuschätzen. Darauf gründen sich ihre Erwartungen und Pläne. Sie ist in der Lage, abstrakte Ideen zu kreiieren, mit ihnen umzugehen und ihnen durch Worte und andere Symbole Ausdruck zu geben.[192] Die Person steht **zumindest im Ansatz** in sich, versteht sich selbst, ist mit sich identisch, verfügt über sich selbst und wird aus sich heraus tätig, steht für sich ein, im geistigen Austausch, im Gespräch, in der Begegnung.[193]

b) Das Gesamthirntodkonzept und die Kritik der Vertreter des kardiopulmonalen Todesbegriffs

Das Gesamthirntodkonzept beinhaltet zwar die Argumentation der Kortikaltodthese als Teilhirnausfall, der Schwerpunkt der Argumentation des Wissenschaftlichen Beirates der Bundesärztekammer zur Begründung der Konzeption liegt aber auf der biologischen Komponente des Hirntodes: „Der Organismus ist tot, wenn die Einzelfunktionen seiner Organe und Systeme sowie ihre Wechselbeziehungen unwiderruflich nicht mehr zur übergeordneten Einheit des Lebewesens in seiner funktionellen Ganzheit zusammengefaßt und unwiderruflich nicht mehr von ihr gesteuert werden."[194] Der irreversible Ausfall des gesamten Gehirns bedeutet demnach den Verlust der biologischen Eigenschaften: 1. Selbst-Ständigkeit als Funktionseinheit, als Ganzes (Autonomie als Organismus), 2. Selbst-Tätigkeit als Funktionseinheit, als Ganzes (Spontaneität als Organismus), 3. Abstimmung und Auswahl von Einzelfunktionen aus der Funktionseinheit des Ganzen (Steuerung durch den Organismus), 4. Wechselbeziehung zwischen dem Ganzen als Funktionseinheit und seiner Umwelt (Anpassung und Abgrenzung als Ganzes), 5. Zusammenfassung der einzelnen Funktionen und ihrer Wechselbeziehungen zum Ganzen als Funktionseinheit (Integration).[195] Lediglich ergänzend wird darauf hingewiesen, daß der Gehirntod für den Menschen „schließlich den Verlust der

---

192 Rickels in: Piek/Unterberg, S. 12

193 Angstwurm in: Berliner Theologische Zeitschrift (BThZ) 1995, S. 36

194 Wissenschaftlicher Beirat der Bundesärztekammer, DÄBl. (1993), S. 2177

195 Wissenschaftlicher Beirat der Bundesärztekammer, DÄBl. (1993), S. 2177

unersetzlichen physischen Grundlage seines leiblich-geistigen Daseins in dieser Welt“[196] bedeute.

Demgegenüber wird in einer Erklärung von vier deutschen wissenschaftlichen Gesellschaften zum Hirntod deutlich stärker die Bedeutung des Verlusts der körperlichen Grundlage für die geistige Ebene des Menschen thematisiert: „Beim Menschen ist das Gehirn zudem die notwendige und unersetzliche körperliche Grundlage für das stofflich nicht faßbare Geistige. Wie auch immer der menschliche Geist, die menschliche Seele und die menschliche Person verstanden werden: Ein Mensch, dessen Gehirn abgestorben ist, kann nichts mehr aus seinem Inneren und seiner Umgebung empfinden, wahrnehmen, beobachten und beantworten, nichts mehr denken, nichts mehr entscheiden. Mit dem völligen und endgültigen Ausfall der Tätigkeit seines Gehirns hat der betroffene Mensch aufgehört, ein Lebewesen in körperlich-geistiger oder leiblich-seelischer Einheit (der Mensch als bewußtseinsfähiges Lebewesen) zu sein. Deshalb ist ein Mensch tot, dessen Gehirn völlig und endgültig ausgefallen ist.“[197]

Die Befürworter des Gesamthirntodkonzepts sehen das sinnvolle und integrierte Zusammenwirken und Funktionieren der verschiedenen Organsysteme des Körpers als das Hauptcharakteristikum des menschlichen Lebens an.[198] Dieser biologische Tod drücke sich nicht durch einen Stillstand von Wachstums- und Stoffwechselvorgängen in allen Organen und Zellen aus - sonst könnten selbst Jahrtausende alte Mumien, in denen immer noch Enzymaktivitäten nachgewiesen werden, als "lebend" angesehen werden[199] - sondern durch den Zusammenbruch ihrer Wechselbeziehungen und den Verlust ihrer Integration. Der Organismus hat damit aufgehört ein Lebewesen zu sein, und die nachfolgenden Leichenerscheinungen wie Starre, Totenflecken und Fäulnis sind nur späte Folgen des eingetretenen Todes, nicht aber Kriterien für dessen Eintritt. Wenn Kritiker argumentierten, "der Mensch sei noch nicht ganz tot, wenn nur sein Gehirn abgestorben sei", übersähen sie den Unterschied zwischen **dem Ganzen als Einheit und dem Ganzen als Summe seiner Bestandteile, zwischen bloß lebendem Gewebe und dem Leben des Menschen.**[200] Bei einem künstlich beatmeten Hirntoten leisten die Teile das Ganze, während beim Lebenden die Teile vom Ganzen her bestimmt werden. Das Gehirn stellt somit bei rein biologischer Betrachtung den Garanten für die Identität und Integrität eines menschlichen Individuums zu einem einheitlichen Ganzen

---

196 Wissenschaftlicher Beirat der Bundesärztekammer, DÄBl. (1993), S. 2177

197 Deutsche Gesellschaft für Anästhesiologie und Intensivmedizin; Deutsche Gesellschaft für Neurochirurgie; Deutsche Gesellschaft für Neurologie; Deutsche Physiologische Gesellschaft, S. 7

198 BT-Drucksache 13/4368, S. 4

199 Oduncu, S. 178

200 Oduncu, S. 179; Schlake/Roosen, S. 14

dar.[201] Mit Feststellung des Hirntods, also des unumkehrbaren Verlusts des Bewußtseins *und* der Integration von Körperfunktionen durch Funktionsausfall von Groß- Klein- sowie Hirnstamm (Gesamthirntod)[202], sei die ganzheitliche Existenzweise des Lebewesens zu Ende gegangen, das Lebewesen als Individuum sei tot.[203]

Weiterhin wird in diesem Zusammenhang angeführt, daß alle Lebensmerkmale bei höheren Lebewesen von der intakten Hirnfunktion abhingen. Nur so sei die Selbständigkeit, Selbsttätigkeit und Spontaneität des Organismus als Ganzem gewährleistet. Wenn Autonomie und Spontaneität verloren seien, handele es sich bei dem betroffenen Menschen nur noch um eine künstliche bzw. künstlich aufrechterhaltene vegetative Existenz.[204]

Neben dieser Ansicht gibt es weiterhin die Extremposition der grundsätzlichen Gegner selbst eines Gesamthirntodkonzeptes, die auch heute noch an den Herz-Kreislauf-Tod anknüpfen möchten. Diese Position soll dem Gesamthirntodkonzept im folgenden durch ihre Kritik gegenübergestellt werden.

Jonas als Vertreter des alten kardiopulmonalen Todesbegriffs (Herztod) ist zum Beispiel der Ansicht, daß die Organtätigkeit nicht stets spontan sein muß, wenn sie zum Leben gerechnet werden soll. Sie könne auch dann zum Leben gerechnet werden, wenn sie von außen künstlich induziert und aufrechterhalten wird. Irreversibilität des Aufhörens der Organfunktion kann sich zum einen auf die Funktion selbst beziehen, zum anderen auf ihre Spontaneität. Das Aufhören der Organfunktion kann folglich irreversibel im Hinblick auf die Spontaneität sein, jedoch reversibel im Hinblick auf die Funktion selbst. In einem solchen Fall muß die verlorene Spontaneität durch äußere Induktion, z.B. durch einen Herzschrittmacher ersetzt werden. Wichtig dabei sei die Herztätigkeit als solche, nicht, ob sie künstlich oder spontan hervorgerufen wird. Kein Arzt würde es wagen, einen solchen Patienten für tot zu erklären.[205]

Ein ähnliches Argument findet sich bei Meran und Poliwoda.[206] Es wird ein Gedankenexperiment verfolgt, in dem das Gehirn durch äußere Reizung seine Aktivität wieder aufnehmen kann. In diesem Fall würde man sicherlich nicht lange

---

201 Birnbacher in: Hoff/in der Schmitten, Wann ist der Mensch tot?, S. 28, 34 ff.
202 Sternberg-Lieben, JA 1997, S. 82
203 Angstwurm, in: Hoff/in der Schmitten, Wann ist der Mensch tot?, S. 46; Oduncu, S. 180; Schlake/Roosen, S. 14; Geilen, FamRZ 1968, S. 127; Lüttger, JR 1971, S. 313
204 Angstwurm in: Hoff/in der Schmitten, Wann ist der Mensch tot?, S. 44; Birnbacher in: Hoff/in der Schmitten, S. 34; Bundesärztekammer 1988, S. 123
205 Jonas, Hans: Technik, Medizin und Ethik, S. 228 f.
206 Meran/Poliwoda in: Hoff/in der Schmitten, Wann ist der Mensch tot?, S. 75

über die Spontaneität oder Nichtspontaneität der Hirntätigkeit nachdenken, sondern den Menschen als lebend ansehen.

In die gleiche Richtung geht die Kritik, daß es auch andere Organe als das Gehirn gibt, die für das integrierte Funktionieren des Organismus notwendig sind, wie etwa die Leber zur Entgiftung des Blutes. Außerdem wird darauf hingewiesen, daß es mit Hilfe der modernen Apparatemedizin heute möglich ist, das koordinierte Funktionieren des Organismus auch bei Patienten mit völlig zerstörtem Gehirn aufrechtzuerhalten.[207]

Dabei wird jedoch übersehen, daß sämtliche Gehirnfunktionen eben nicht künstlich ersetzt werden können wie die Nierenfunktion durch die Hämodialyse oder die Funktion der Bauchspeicheldrüse durch die Gabe von Insulin. Die Bewußtseinsleistungen der Großhirnrinde können nicht ersetzt werden. So ist jeder Versuch, künstliche Intelligenz und künstliches Bewußtsein herzustellen, in den letzten 30 Jahren kläglich gescheitert. Anstatt der für die Jahrtausendwende angekündigten Maschinen, die alle Leistungen unseres Gehirns bei weitem übertreffen sollten, brachten die milliardenschweren Investitionen nur elektronische Schildkröten hervor, die schon Mühe haben, eine Treppe zu überwinden.[208]

Aber auch die Hirnstammfunktionen können nicht ersetzt werden. Wenn durch Beatmung der Herzmuskel in Gang gesetzt wird, ist die Herzfunktion ersetzt worden und nicht die Hirnfunktion. Im Gehirn passiert durch künstliche Beatmung gar nichts. Der Hirnstamm wird dadurch nicht dazu angetrieben, den Herzmuskel in Gang zu setzen, sondern es wird direkt auf den Herzmuskel eingewirkt. Aufgrund von Sauerstoffmangel abgestorbenes Hirngewebe kann auch durch Rezirkulation nicht wieder funktionstüchtig gemacht werden.[209] Es können also nur die Funktionen der einzelnen Systeme isoliert ersetzt werden, nicht aber das Funktionieren des Organismus als sinnvoller Einheit. Zwar kann man sagen, der Organismus funktioniert auch ohne Gehirn weiter, wenn dieses apparatemedizinisch ersetzt wird, es ist aber fraglich, ob es sich dabei noch um funktionierendes **menschliches** Leben handelt und nicht nur noch um biologisches Leben. Daher ist der Ersatz der Nierenfunktion oder anderer Organe etwas anderes als der Ersatz der Hirnfunktion durch die Apparatemedizin. Während der Ersatz aller anderer Organe sehr wohl zum Zweck der Erhaltung menschlichen Lebens geeignet ist, ist das beim bloßen Ersatz der Gehirnfunktion eben nicht unbedingt der Fall.

---

207 Green/Wikler in: Cohen/Nagel/Scanlon (Hrsg.), S. 57
208 Enzensberger in: Der Spiegel, Nr. 23/01, S. 219
209 Schlake/Roosen, S. 26

Von den Stimmen, die auch den Gesamthirntod zur Feststellung des Todes des Menschen nicht ausreichen lassen wollen, wird insbesondere der Fall des "Erlanger Babys" als Argument gegen ein "Zerbrechen des Gesamtorganismus bei Ausfall der Hirnfunktion" angeführt.[210]

Der Fall war folgender: Nachdem die 19jährige Marion Ploch am 5.10.92 bei einem Pkw-Unfall schwerste Schädel-Hirn-Verletzungen erlitten hatte, wurde sie in die Erlanger Universitätsklinik eingeliefert, wo eine massive Hirnschwellung und eine offene vordere Schädelbasisfraktur, nach drei Tagen alle klinischen Zeichen eines dissoziierten Hirntodes festgestellt wurden. Der klinische Befund wurde durch ein EEG sowie den Nachweis eines zerebralen Durchblutungsstillstands bestätigt. Eine Organentnahme kam nicht in Betracht, weil Marion Ploch sich zu Lebzeiten ablehnend hierzu geäußert hatte. Inzwischen war bei der Hirntoten aber eine Schwangerschaft festgestellt worden, die trotz des Unfalls vollkommen intakt war. Sie entsprach zu diesem Zeitpunkt etwa der 15. Schwangerschaftswoche. Folglich handelte es sich dabei bereits um einen Fetus (ab der 12 Schwangerschaftswoche mit Abschluß der embryonalen Organentwicklung). Mit den Möglichkeiten der modernen Frühgeborenenmedizin haben Frühgeborene ab der 26. Schwangerschaftswoche eine Überlebenschance von 50 %.[211] Ein Abstellen des Beatmungsgerätes hätte somit unweigerlich zum Tod des Kindes im Mutterleib geführt. Die Ärzte beriefen sich auf das Lebensrecht des ungeborenen Kindes und hielten die Schwangerschaft durch Fortführung der intensivmedizinischen Behandlung aufrecht. Nach problemlosem Verlauf über 5 Wochen, kam es zu einem Spontanabort, welchem einige Stunden zuvor ein Fieberanstieg sowie Zeichen einer pneumonischen Infektion im Körper der hirntoten Mutter vorausgegangen waren.

Mit der Totgeburt sah Jonas die Leichnamsthese als noch wirksamer widerlegt an als mit dem Fortgang der Schwangerschaft. Hinsichtlich der Schwangerschaft hatte er bereits bemerkt, daß es schlimm bestellt wäre um den Fötus, wenn man die "Mutter" lediglich als Konglomerat von Organen betrachtete. Insbesondere der funktionierende Stoffwechsel spreche gegen die Betrachtung als Brutkasten und Leichnam.[212]

Dem ist jedoch entgegenzuhalten, daß der Stoffwechsel bei einem Hirntoten nicht schon aufgrund der Beatmung quasi von selbst, sondern erst durch äußere Zufuhr von Elektrolyten, Vitaminen, Spurenelementen und Flüssigkeitssubstituenten wie

210 Jonas, Hans in: Hoff/in der Schmitten, Wann ist der Mensch tot?, S. 21 ff.

211 Schlake/Roosen, S. 66; Oduncu, S. 95

212 Jonas, Hans in: Hoff/in der Schmitten, Wann ist der Mensch tot?, S. 22

z.B. Blut oder Blutkomponenten funktioniert.[213] Außerdem ist für die Aufrechterhaltung einer Schwangerschaft keine komplexe Hormonregulation mit intakter Funktion der Hypophyse (Hirnanhangdrüse) oder gar des übergeordneten hypothalamischen Zentrums im Gehirn der Schwangeren erforderlich, da der Fötus bereits über eine eigene Hormonproduktion verfügt und sogar den mütterlichen Organismus über die Placentaschranke hormonell mitversorgen kann.[214]

Noch weniger leuchtet es Jonas jedoch ein, daß es ein "Leichnam" gewesen sein soll, der da ein Fieber entwickelt, wenn bei einem darin eingeschlossenen Organismus etwas schiefgeht, und daß es der Uterus einer "Toten" sei, der dann die Kontraktionen vollführt, die das nun tote Kind ausstoßen. Der spontan abortierende Leib habe rückläufig jenem Augenschein des rosig durchbluteten Leibes recht gegeben.[215]

Das Fieber kann aber unabhängig von intakten Strukturfunktionen des Gehirns entstehen. Die Regulation des Wärmehaushalts beim Menschen wird von verschiedenen Systemen gesteuert, neben dem Hypothalamus auch vom Rückenmark. Beim Hirntod fällt die Funktion des Hypothalamus aus, weshalb die feine Abstimmung von Wärmeabgabe und Wärmedämmung aussetzt. Der Verlust wird durch eine Grobregulation der Körpertemperatur durch das verbleibende subzerebrale System auf Rückenmarksebene auszugleichen versucht. Der Fieberanstieg der Marion Ploch resultierte folglich daraus, daß die zuviel produzierte Wärme nicht abgegeben werden konnte.[216] Demzufolge ist das Fieber ursächlich auf das Fehlen einer Hirnfunktion zurückzuführen.

Ebenso läßt sich der Abort jenseits jeder Ebene neuronaler Integration als Folge einer Kontraktion der autonom angeregten glatten Uterusmuskulatur erklären.[217] Sie ist dem Gehirn nicht vollständig unterworfen, wodurch Kontraktionen der Muskulatur als örtliche Reaktion auf verschiedene chemische Substanzen erfolgen kann. Dies läßt sich mit entfernter Uterusmuskulatur im Reagenzglas besonders gut deutlich machen.[218]

Mit den traditionellen Vorstellungen vom Tod wie sie im kardiopulmonalen Todesbegriff und bei der Frage nach dem Verhältnis von Körper und Seele/Geist zum Ausdruck kommen, ließe sich die Gesamthirntodformulierung durchaus ver-

---

213 Deutsche Stiftung Organtransplantation, Organspende eine gemeinsame Aufgabe, Kapitel: Aufrechterhaltung der Homöostase, S. 3
214 Schlake/Roosen, S. 68
215 Jonas, Hans in: Hoff/in der Schmitten, Wann ist der Mensch tot?, S. 23
216 Schlake/Roosen, S. 68; Oduncu, S. 97
217 Schlake/Roosen, S. 68
218 Oduncu, S. 97 f.

einbaren. Ihr zufolge besteht das Spezifikum des Lebens weder allein in der Geistigkeit und der Fähigkeit zu bewußt-personalem Sein, noch in den rein vegetativen Funktionen des Körpers. Weil vielmehr nur beide Komponenten zusammen den Menschen ausmachten, ist auch nur bei unwiederbringlichem Verlust beider der Mensch tot. Da es das Gehirn ist, das als zentrales Organ beide Funktionen steuert, kann man entweder sagen, daß mit seinem Tod die Trennung von Körper und Seele eintritt oder der häufig kritisierte Dualismus von Körper auf der einen und Gehirn/Geist auf der anderen Seite[219] gar nicht besteht, weil man nicht entscheiden muß, ob der Körper oder der Geist bei einem Menschen das wesentliche Merkmal ausmachen soll, wenn eine Leib-Seele-Einheit insofern besteht, als daß der menschliche Geist/seine Seele seine/ihre körperliche Grundlage im Gehirn findet.[220]

Genaugenommen sind mit den biologischen Auswirkungen des irreversiblen Hirnfunktionsverlustes auf den Organismus aber Hirnstammfunktionen angesprochen. Da diese Funktionsausfälle intensivmedizinisch ersetzbar sind, argumentieren auf der einen Seite die Befürworter eines Teilhirntodkriteriums im Sinne eines an höheren Hirnfunktionen orientierten Todeskonzeptes, daß sich die erloschenen Hirnstammfunktionen nicht als Todesdefinition eigneten. Sie nehmen dies zum Anlaß, den Tod des Menschen durch den Ausfall nicht ersetzbarer Funktionen zu definieren. Bewußtsein und Kognition seien derartige spezifisch menschliche und unnachahmliche Leistungen, daß sie, selbst wenn es gelänge, sie in Zukunft technisch zu ersetzen, sie dennoch nicht adäquat den von der betreffenden Person selbst hervorgebrachten Funktionen wären.[221] Auf der anderen Seite kritisieren die Vertreter des kardiopulmonalen Todesbegriffs, die Erhebung des Gehirns als entscheidende Instanz zur Aufrechterhaltung menschlichen Lebens sei aus neurobiologischer Sicht, die Leben als Netzwerk verstehe, in dem alle Organe arbeitsteilig zur Herstellung und Erhaltung beitrügen, ungerechtfertigt.[222]

Letzterem ist entgegenzuhalten, daß es sich bei der Suche nach einer Todesdefinition anhand von Menschenbildern um die Suche nach einer normativen Setzung handelt, so daß eine neurobiologische Sichtweise bei einem solchen Unterfangen keine Rolle spielt.

Ein gewisser Einklang des Gesamthirntodkonzepts mit der herkömmlichen Todesfeststellung des kardiopulmonalen Standards läßt sich darüberhinaus dann feststellen, wenn man auf die wechselseitige funktionelle Abhängigkeit von Herz,

219 Meran/Poliwoda in: Hoff/in der Schmitten, Wann ist der Mensch tot?, S. 74
220 Oduncu, S. 181
221 Vollmann, S. 41 f.
222 Vgl. Roth/Dicke in: Hoff/in der Schmitten, Wann ist der Mensch tot?, S. 53

Lunge und Gehirn abstellt. Ein Herzstillstand führt in kürzester Zeit zum Absterben des Gehirns aufgrund von Sauerstoffmangel, der Tod des Gehirns umgekehrt in kurzer Zeit zum Herz-Lungen-Stillstand, auch bei künstlicher Stimulation des Herzens.[223] Und bei einem irreversiblen Herz-Atmungsstillstand, unter künstlicher Aufrechterhaltung der Herz-Lungen-Funktion stirbt das Gehirn ebenfalls in kurzer Zeit.[224] Diese Fakten legen den Schluß nahe, daß der Tod des Gehirns schon von jeher das entscheidende physiologische Kriterium des Todes war und lediglich lange Jahre nicht als solches erkannt wurde.

Der Tod wurde durch das Hirntodkonzept folglich nicht neu definiert. Es gab und gibt danach vielmehr nur einen Tod, da nach Herz-Kreislauf-Stillstand durch Sauerstoffmangel spätestens nach 10 Minuten auch der Hirntod eintritt. Er kann mit Hilfe des Hirntodkonzepts lediglich früher diagnostiziert werden.[225]

Die unabdingbare Revision der "klassischen Herztoddefinition" zeigt sich zudem dadurch, daß für Herzoperationen die Herztätigkeit vorübergehend vollständig stillgelegt werden muß. Im Fall einer Herztransplantation muß der Kreislauf ohne das Herz rein maschinell für mehrere Stunden im Körper des Organempfängers aufrechterhalten werden, bis das neue Herz eingepflanzt worden ist und seine Tätigkeit wieder von selbst aufnehmen kann. Folglich kann der Herzstillstand für sich nicht mehr in jeder Situation den Tod anzeigen. Außerdem zeigt ein Herzschlag nicht immer sicher, daß ein Mensch noch lebt. Hängt die weitere Tätigkeit des Herzens nämlich ausschließlich von der maschinellen Beatmung ab, ohne daß ein Hirnkreislauf noch besteht, so besteht nach der Gesamthirntodthese auch kein menschlicher Organismus als Funktionseinheit mehr. Mit dem Absterben des Gehirns als übergeordneter und zusammenfassender Integrations- und Regulationszentrale der physiologischen Vorgänge im menschlichen Körper geht nach dieser Auffassung die stoffliche Grundlage für all das verloren, wodurch der Mensch als bewußtseins- und selbstbewußtseinsbegabtes Wesen, als Person und Individuum in dieser Welt lebt.[226]

Würde der Herztod weiterhin als alleiniger Tod des Menschen angesehen, hätte dies ferner zur Konsequenz, daß schon bei Stillstand der Atmungs- und Kreislauftätigkeit die Pflicht zu weiteren Lebenserhaltungsmaßnahmen bei dem ja bereits als tot zu betrachtenden Patienten entfallen würde, und damit die künstliche Reanimation im Belieben des Arztes stünde. Andererseits würde die Behandlungspflicht grundsätzlich so lange andauern, wie Atmung und Kreislauf noch

---

223 United States President's Commission, Defining Death, S. 17

224 sog. respirator brain, United States President's Commission Defining Death, S. 23

225 Oduncu, S. 186

226 Oduncu, S. 186

funktionsfähig sind, und dies selbst dann, wenn inzwischen der totale Hirntod eingetreten wäre.[227] Wenn man dagegen auf den Organtod des Gehirns abhebt, so besteht einerseits die Pflicht zu künstlicher Reanimation, solange die Hirnfunktionen noch nicht total erloschen sind, andererseits endet aber die Lebenserhaltungspflicht spätestens dann, wenn der Hirntod eingetreten ist, unabhängig von der möglicherweise noch intakten Kreislauftätigkeit dieses "lebenden Organpräparats".[228] Insgesamt wäre daher der Lebensschutz heutzutage durch das Hirntodkonzept weiter gefaßt als durch den Herz-Kreislauf-Tod.

Die Untersuchung von Herz- und Lungenfunktion hat allerdings als Kriterium zur Überprüfung des "Hirntods" auch heute noch seine Berechtigung, vor allem in den Fällen, in denen Patienten nach Herzstillstand nicht reanimiert und künstlich beatmet werden, was immer noch in der überwiegenden Zahl der Todesfälle so ist.[229]

Als Folge des Verlustes integrativer Steuerungsfunktionen des Gehirns kommt es nach der Gesamthirntodthese schließlich zu einem "Zerbrechen" des Gesamtorganismus und zu einem fortschreitenden Verlust der Organisation anderer Organsysteme. Dieser Prozeß vollzieht sich zeitlich zwar nicht punktuell, aber auch keineswegs unbegrenzt. Bei den meisten Patienten tritt ein Herzstillstand nach wenigen Tagen bis maximal einer Woche ein. Wenn es auch in Einzelfällen erheblich längere Weiterbehandlungszeiten gegeben hat (bis zu 107 Tage), sei es dennoch eine Irrmeinung zu glauben, die moderne Intensivmedizin könne einen hirntoten Leichnam geradezu beliebig lange "weiterlaufen" lassen.[230] Diese Erfahrungen verdeutlichen das biologische Ende des Menschen mit Absterben seines Gehirns.

Erstaunlich ist, daß die Hirntodkritiker die Transplantation auch lebensnotwendiger, nichtpaariger Organe nach irreversiblem Ausfall des Gehirns unter bestimmten Voraussetzungen (insbesondere der Einwilligung des Spenders), obwohl sie diesen Zustand nicht als Tod des Menschen anerkennen, trotzdem zulassen wollen.[231] Damit würde letztlich eine Kategorie geringerwertigen Lebens geschaffen. Dieses Leben dürfte durch Eingreifen des explantierenden Arztes möglicherweise aktiv beendet werden. Diese Auffassung erblickt in der Transplantation einen speziellen Rechtfertigungsgrund für den Eingriff in das Lebensrecht. Insoweit hätte die in § 216 StGB vertypte Einwilligungssperre zumindest de lege ferenda keine Gültigkeit mehr. Hierin läge eine problematische Abstufung des nachgeburtlichen Lebens durch Güterabwägung Leben gegen Leben und ein Einbruch in die von der

227 S/S-Eser, vor § 211, Rn. 16
228 Geilen, JZ 1968, S. 150
229 Defining Death, S. 59
230 Schlake/Roosen, S. 14 f.
231 Rixen, ZRP 1995, S. 464 ff.; Höfling, Universitas 50 (1995), S. 363

Strafrechtsordnung bislang verfügte Tabuisierung von Fremdverfügungen über menschliches (nachgeburtliches) Leben.[232]

Dem kann nicht entgegengehalten werden, der Sterbende könne für den Fall seines Hirntodes statt der einen Todesart (Tod nach Absetzen der Intensivtherapie) eben eine andere Form seiner Lebensbeendigung wählen (Tod durch Organentnahme). Zwar kann sich ein Sterbender im Hinblick auf § 223 StGB unerwünscht gewordener ärztlicher Hilfe erwehren, seinen Wunsch nach aktiver Lebensverkürzung hingegen darf ihm sein Arzt wegen 216 StGB de lege lata jedenfalls nicht erfüllen.[233] De lege ferenda ist diese Vorgehensweise wegen der Drittnützigkeit der Tötung, durch die menschliches Leben fremden Interessen verfügbar gemacht würde, auch bei konsentierter Tötung zwecks Organentnahme verfassungsrechtlich bedenklich. Zu beachten ist, daß bei der Sterbehilfe eine teleologische Reduktion des § 216 StGB bezogen auf die indirekte oder passive Sterbehilfe lediglich im Interesse des Rechtsgutinhabers, der seinem Leiden ein Ende setzen will, in Erwägung gezogen wird.[234]

Die Vertreter des kardiopulmonalen Todesbegriffes wie z.B. Rixen halten das Transplantationsgesetz für verfassungsrechtlich bedenklich, wobei sie fälschlicherweise davon ausgehen, daß es den Hirntod als Tod des Menschen definiere.[235] Dennoch muß in diesem Zusammenhang untersucht werden, ob das (Gesamt-) Hirntodkonzept – oder wenn nicht, welches andere Konzept - mit dem Begriff „Mensch" i.S.d. Art. 2 II S. 1 GG in Einklang steht. Dieser Frage wird im folgenden Abschnitt nachgegangen.

c) Das Menschenbild des Grundgesetzes

Wie gesehen ist die Kritik der Vertreter des kardiopulmonalen Todesbegriffs insbesondere nach den Ereignissen um das „Erlanger Baby" aufgekommen und hat dazu geführt, daß die Hirntodkonzeption von Hirnforschern, Medizinern, Ethikern und Theologen angezweifelt worden ist.[236] Eine verfassungsrechtliche Kritik hat in der Folgezeit zuerst Wolfram Höfling vorgelegt. Er kommt zu dem Ergebnis, daß der hirntote Mensch im Grundrechtssinne lebe.[237] Inzwischen wird die Positi-

---

232 Schreiber in: Gehirntod und Organtransplantation, Berliner Theologische Zeitschrift, Beiheft 1995, S. 118; Sternberg-Lieben, JA 1997, S. 86

233 So auch: Sternberg-Lieben, JA 1997, S. 86

234 Siehe dazu ausführlich unten B., IV.

235 Rixen, Lebensschutz am Lebensende, S. 382 ff.

236 Insbesondere die Beiträge in: Hoff/In der Schmitten (Hrsg.) Wann ist der Mensch tot? Reinbek bei Hamburg 1995

237 JZ 1995, S. 26 ff.; MedR 1996, S. 6 ff.; Universitas 1995, S. 357 ff.

on, der die Gleichung „Hirntod=Tod des Menschen“ zweifelhaft erscheint, von einigen sogar als die „im Vordringen befindliche Auffassung“[238] bezeichnet.[239]

Die Kritik bezieht sich auf eine Verwechselung des in naher Zeit sicher eintretenden Todes mit dem bereits eingetretenen Tod. Die Motivation dafür sei eine pragmatische, nämlich die Lösung des Knappheits- und Verteilungsproblems der Intensivmedizin und der Organe zu Transplantationszwecken.[240] Das verfassungsrechtliche Argument für die Ansicht, daß der Hirntote noch ein lebender Mensch sei, ist zum einen die Verpflichtung zu einem weiten Tatbestandsverständnis des Art. 2 II GG. Das Schutzgut Leben sei nicht nur an seinem Beginn[241], sondern auch an seinem Ende extensiv auszulegen.[242] Die untergeordnete, anthropologische Begründung des Hirntodkonzepts, die „Geistigkeitstheorie“, wird ferner als verfassungsrechtlich fragwürdig angesehen, da es nach dem Schutzgut des Lebensgrundrechts auf den Grad der Lebensfähigkeit ebensowenig ankommen dürfe wie auf ein bestimmtes Potential an Kognitivität, Selbstbewußtsein, Selbststeuerung usw.[243]

Fraglich ist, inwieweit der verfassungsrechtliche Begriff „Leben“ identisch ist mit dem Begriff „Mensch“ i.S.v. §§ 211 ff. StGB. Schon ein Vergleich des § 218 StGB mit dem § 211 StGB macht deutlich, daß offenbar eine Abstufung der Schutzwürdigkeit des Rechtsguts „menschliches Leben“ denkbar ist, auch wenn das Bundesverfassungsgericht seine Entscheidung bezüglich § 218 StGB – wie noch genauer dargestellt werden wird - mit der verfassungsrechtlichen Schutzpflicht für das Leben i.S.v. Art. 2 II GG begründet.

Grundsätzlich ist dazu zu sagen, daß der Grundrechtsteil des Grundgesetzes als objektive Werteordnung unter anderem das Strafrecht beeinflußt.[244] Schon deshalb ist eine Untersuchung des Lebensgrundrechts im Hinblick auf die Frage nach dem Inhalt und nach dem Ende des menschlichen Lebens erforderlich. Redeker sieht den Einfluß sogar so, daß die Grundrechtsordnung das Strafrecht präge und überlagere.[245] Die „Wechselbeziehung von Verfassungsrecht und Strafrecht“[246], läßt sich zum Beispiel im Pönalisierungsgebot des Art. 26 I 2 GG, in der Abschaffung der Todesstrafe des Art. 102 GG oder dem Verbot der Doppelbestrafung in

---

238 Wagner/Brocker, ZRP 1996, S. 226
239 Siehe zuletzt auch Rixen, Lebensschutz am Lebensende, S. 23 ff.; 343
240 Höfling, MedR 1996, S. 6
241 BVerfGE 88, 203, 251
242 Höfling, JZ 1995, S. 31 f.; MedR 1996, S. 7
243 Höfling, MedR 1996, S. 7
244 G. Müller, S. 405
245 Redeker, NJW 1996, S. 3266
246 Vgl. S/S-Eser, Vor § 1, Rn. 29

Art. 103 III GG unmittelbar festmachen. Mittelbar ist das Strafrecht durch die Verfassung schon wegen seiner Zugehörigkeit zum öffentlichen Recht beeinflußt. Für das Lebensgrundrecht trifft den Staat als Grundrechtsgaranten eine Schutzpflicht.[247] Um seiner Schutzpflicht zu genügen, muß der Staat insbesondere ausreichende Maßnahmen normativer Art ergreifen, die zum Erreichen eines wirksamen Schutzes führen.[248] Nicht zuletzt geschieht dies durch den Erlaß oder die Beibehaltung strafgesetzlicher Bestimmungen, die Tötungshandlungen bei Strafe verbieten, da die Achtung und grundsätzliche Unverletzlichkeit menschlichen Lebens die Grundlage für ein geordnetes Gemeinschaftleben bildet.[249] Der verfassungsrechtliche Rang des Rechtsguts des menschlichen Lebens kann im allgemeinen Rechtsbewußtsein durch den repressiven Schutz des Strafrechts, das die Tötung anderer umfassend mit Strafe bedroht, gegenwärtig bleiben.[250] Die strafrechtlichen Tötungsdelikte sind gleichsam der verlängerte Arm der Verfassung bei der Verwirklichung des grundrechtlichen Lebensschutzes, auch wenn das Wort „Leben“ im Tatbestand der Tötungsdelikte nicht ausdrücklich vorkommt. In dem Wort „tötet“ ist es implizit enthalten, denn wer tötet, beendet Leben. Dabei entspricht es der spezifisch strafgesetzlichen Regelungstechnik, im Tatbestand genau die Verhaltensweise zu umschreiben, die dem Verhalten, das von der dem Strafgesetz vorgelagerten Verhaltensnorm, um deren Geltungssicherheit es geht, gefordert wird, widerspricht.[251]

Deshalb sind die Vorschriften der §§ 211 ff. StGB Maßnahmen normativer Art, die das grundrechtliche Gebot des Lebensschutzes umsetzen.[252] Daher kann und muß der grundrechtliche Lebensschutz Aufschluß über die Frage nach dem Tatbestandsmerkmal „Mensch“ der Tötungsdelikte geben, hier konkret nach der Frage, ob ein (teil-)hirntoter Mensch getötet werden darf.

aa) Das Recht auf Leben

Das Grundgesetz hat in Artikel 2 II das Leben und die körperliche Unversehrtheit mit Höchstwert ausgestattet. Sie sind Voraussetzungen für die Ausübung der anderen Grundrechte.[253] Mit dem Lebensschutz nicht zu vereinbarende Todeskonzeptionen wären zwingend Eingriffe in das Leben. Es wäre müßig, deren verfassungsrechtliche Zulässigkeit im Rahmen des möglichen zukünftigen Gesetzesvorbehalts des Art. 2 II GG überhaupt in Erwägung zu ziehen, da ein abstraktes Zu-

---

247 BVerfGE 88, 203 (251); 79, 174 (201); 77, 170 (226); 56, 54 (73 ff.); 53, 30 (57); 39, 1 (42); BVerfG NJW 1987, 2287; 1983, 2931 (2932).

248 BVerfGE 88, 203 (261); NJW 1996, S. 651

249 BVerfGE 88, 203 (257 a.E.)

250 Sog. Positive Generalprävention, BVerfGE 88, 203 (272) zum ungeborenen Leben.

251 Zur Unterscheidung von Verhaltens- und Sanktionsvorschriften, Lagodny, S. 79 ff.

252 Rixen, Lebensschutz am Lebensende, S. 331

253 BVerfGE 39, 1, 42 = NJW 1975, S. 575; BVerfGE 46, 164 f. = NJW 1977, S. 2255

Tode-Definieren des Menschen im Rahmen eines Gesetzes, egal zu welchem Zweck, angesichts des Gedankens eines umfassenden Lebensschutzes, des hohen Rangs des Rechts auf Leben, aufgrund des Verhältnismäßigkeitsprinzips und im Hinblick auf Art. 19 II GG niemals zu rechtfertigen ist.

Wie bereits gesehen, ist der Tod im Transplantationsgesetz nicht definiert worden. Allerdings wurde der Gesamthirntod als Mindestvorgabe für die Todesfeststellung – zumindest im Zusammenhang mit einer nachfolgenden Organentnahme – gesetzlich festgeschrieben. Damit hat der Gesetzgeber letztlich eine Grenze zwischen Leben und Tod markiert. Auch eine solche Regelung ist im Hinblick auf Art. 2 Satz 1 GG auf ihre Verfassungsmäßigkeit hin zu überprüfen.

Um die Grenzen des Lebensschutzes nicht zu verwischen und nicht in diffuse Abwägungsprobleme zu geraten, ist es dogmatisch am saubersten, die Möglichkeit des Endes menschlichen Lebens bereits im Rahmen des Schutzbereichs des Art. 2 II 1 GG zu klären. Da es bei der Erarbeitung eines verfassungsrechtlichen Todeskonzepts um die Frage geht, bis zu welchem Zeitpunkt Art. 2 II 1 GG überhaupt anwendbar ist, bewegte sich eine etwaige, allgemein anzuerkennende Todeskonzeption im Schutzbereich des Lebensrechts.[254] Indem der Tod nämlich das Ende des Lebens markiert, bestimmt er notwendigerweise den Zeitpunkt, ab dem der Schutzbereich des Art. 2 II 1 GG nicht mehr einschlägig ist.[255]

Anhaltspunkte, was genau unter menschlichem Leben zu verstehen ist, und wie das Rechtsgut im Rahmen einer Güterabwägung zu behandeln ist, enthält Art. 2 GG jedoch nicht. Daher werden auch zur Ermittlung des Inhalts des Art. 2 II 1 1. Alt. GG die in ihrer Ausrichtung auf die zu interpretierende Norm unübertroffenen[256] klassischen Auslegungskriterien, also die grammatische, historische, systematische und teleologische Methode anzuwenden sein. Heranzuziehen sind somit neben Wortlaut und Entstehungsgeschichte des Rechts auf Leben, der systematische Zusammenhang, in dem die Norm steht, sowie deren Zweck.

(1) Der Grundsatz des absoluten Lebensschutzes

Bei der Organtransplantation kann es zu einer Kollision von Leben mit einem anderen Leben kommen. Auf der einen Seite steht das Leben des Spenders, mag es sich auch in einem reduzierten Zustand befinden. Auf der anderen Seite stehen Leben und Gesundheit des Organempfängers, dessen Allgemeinzustand ebenfalls erheblich verringert ist.

---

254 Steiner, S. 11
255 Starck in: v. Mangoldt/Klein, Kommentar zum Grundgesetz, Art.2 II, Rn. 144
256 Starck, Handbuch des Staatsrechts, Bd. VII, § 164, Rn. 23

Da Art. 2 II 1 GG jedem Menschen das Recht auf Leben und körperliche Unversehrtheit garantiert und dort, wo menschliches Leben existiert, ihm Würde zukommt, ohne daß es darauf ankommt, ob sich der Träger dieser Würde bewußt ist und sie selbst wahrzunehmen weiß[257], folgt aus Art. 2 i.V.m. Art. 1 GG der Grundsatz eines absoluten Lebensschutzes.[258] Dies bedeutet für den „geborenen Menschen" i.S.d. Strafrechts, daß auch das Leben des „Todgeweihten", unheilbar Kranken oder Sterbenden der Rechtsordnung nicht weniger Wert ist als das Leben eines Menschen, der noch gerettet werden kann. Auf Lebensfähigkeit, Lebenswert, Lebenserwartung und Überlebenschance des Einzelnen kommt es nicht an.[259] Der Mensch ist folglich ohne Rücksicht auf seine gesellschaftliche Wertschätzung oder soziale Funktionsfähigkeit zu schützen. Lebensunwertes menschliches Leben kennt das Gesetz nicht.

Zu überlegen ist aber, ob das Leben des „Todgeweihten" überhaupt noch als menschliches Leben bezeichnet werden kann. Wenn man das verneinte, könnte man folgern, daß dann das nur noch biologische Leben des Spenders zugunsten des menschlichen Lebens des Empfängers aufgeopfert werden könnte. Dazu muß man aber erst einmal wissen, welche Voraussetzungen das Grundgesetz an die Menschqualität knüpft. Sind es Bewußtseins-, Vernunfts- und Verstandesleistungen oder ist bereits die biologische Existenz ausreichend?

Da die Verfassung in Art. 2 II 1 GG das Recht auf Leben garantiert, muß jede rechtliche Abgrenzung von Leben und Tod notwendigerweise von diesem Grundrecht mitbestimmt sein, das einen wichtigen Ausgangspunkt von Überlegungen zu der Grenze und damit auch zu den Eigenschaften menschlichen Lebens darstellt.

(2) Der Beginn menschlichen Lebens

(a) Darstellung

Im Gegensatz zum einfachen Recht, das die Bedeutung der Geburt als Rechtsereignis stets ohne Diskussion anerkannt hat[260], hat sich die Verfassungsrechtswissenschaft unter dem Grundgesetz ausführlich mit der Problematik des Beginns menschlichen Lebens – allerdings nur des Beginns und nicht des Endes - beschäftigt. Wenn man der Frage nachgeht, was menschliches Leben ist und was den Menschen ausmacht, kann die Untersuchung des Beginns allerdings genauso

257 BVerfGE 39, 1, 41

258 LK-Jähnke, vor § 211, Rn. 6; Wessels, Strafrecht, BT 1, § 1, Rn. 2, S. 1; Starck in: v. Mangoldt/Klein, Art. 2, Rn. 139; Jarass/Pieroth, Art. 2, Rn. 44, 47, 53

259 S/S-Eser, Vor §§ 211 ff., Rn. 14; LK-Jähnke, vor § 211, Rn. 6; Lackner, vor § 211, Rn. 5; BGHSt 7, 287, 288; Mitsch, JuS 1995, S. 787, 790

260 Für das Bürgerliche Recht: § 1 BGB: Vollendung der Geburt; Für das Strafrecht: Erste Eröffnungswehe: BGH 32, 194 m. Anm. Hirsch, JR 85, 335; T/F, vor § 211, Rn. 2

aufschlußreich sein wie die Untersuchung des Endes des Zustands „menschliches Leben".

Im 1. Abtreibungsurteil[261] hat das Bundesverfassungsgericht genauso wie die Europäische Menschenrechtskonvention in Art. 2 I MRK die Frage offen gelassen, ob unter das „Recht jedes Menschen" auch bereits der Embryo zu fassen ist.[262] Es wurde eine Schutzpflicht „aus dem objektivrechtlichen Gehalt der grundrechtlichen Normen erschlossen".[263] Auch die zweite Entscheidung stützt sich auf diese Schutzpflicht, die ihren Grund in Art. 1 I GG habe.[264]

Beide Entscheidungen sprechen vom „Lebensrecht des Ungeborenen"[265], als sei die Frage nach der subjektiv-rechtlichen Grundrechtsträgerschaft im bejahenden Sinne entschieden. So hatte die Entscheidung von 1975 die Subsumtion des nasciturus unter das Tatbestandsmerkmal „jeder" in Art. 2 II GG zunächst mit der tautologischen Begründung bejaht, die „Sicherung der menschlichen Existenz gegenüber staatlichen Übergriffen wäre sonst unvollständig.[266] Die extensive Auslegung entspreche dem Grundsatz „wonach in Zweifelsfällen diejenige Auslegung zu wählen sei, welche die juristische Wirkungskraft der Grundrechtsnormen am stärksten entfalte".[267] Ob die menschliche Existenz „vollständig", d.h. auch in ihrer vorgeburtlichen Form geschützt werden sollte, war aber gerade die Streitfrage.

Ein weiteres Argument des Bundesverfassungsgerichts für die These, die Leibesfrucht müsse als selbständiges Rechtsgut unter den Schutz der Art. 1 I und 2 II 1 GG stehen, war die Tatsache, daß der Entwicklungsprozeß des menschlichen Individuums von der Empfängnis bis weit über die Geburt hinaus ein kontinuierlicher Vorgang ist. Daraus wurde gefolgert: „Deshalb kann der Schutz der Verfassung weder auf den ‚fertigen' Menschen nach der Geburt noch auf den selbständig lebensfähigen nasciturus beschränkt werden".[268] Das positive Recht zeigt jedoch deutlich, daß die Möglichkeit, unter dem Gesichtspunkt bestimmter Zielvorgaben bestimmte Markierungspunkte festzulegen, nicht durch die Tatsache ausgeschlossen wird, daß es zwischen zwei Extrempunkten in der Realität keine deutlichen Einschnitte, sondern lediglich fließende Übergänge gibt. Diese Markie-

---

261 BVerfGE 39, 1, 36 ff.
262 Vgl. Österreichischer Verfassungsgerichtshof in: Europäische Grundrechtezeitschrift 1975, 74, 77 f.
263 BVerfGE 39, 1, 42
264 BVerfGE 88, 203, 251
265 BVerfGE 39, 1, 48; 88, 252, 254
266 BVerfGE 39, 1, 37
267 BVerfGE 39, 1, 38
268 BVerfGE 39, 1, 37

rungspunkte unterliegen zwar in ihrer präzisen Fixierung einer gewissen Willkür, sind jedoch in etwa durch die Zielvorgaben determiniert. Beispiele hierfür sind der Beginn der Heiratsfähigkeit, der politischen Wahlfähigkeit oder der allgemeinen „Rechtsfähigkeit" des Menschen im Sinne des Zivilrechts, die gemäß § 1 BGB für das menschliche Individuum genau an dem Punkt – nämlich bei der Geburt – beginnt, an dem das Bundesverfassungsgericht mit seinem Argument meint, jeden normativen Einschnitt schon aus prinzipiellen Gründen ausschließen zu müssen.[269]

So wird auch vom Bundesverfassungsgericht im Ergebnis ein Unterschied gemacht zwischen vor- und nachgeburtlichem Leben. Der Grund dafür kann einmal in der widerstreitenden Grundrechtsposition der werdenden Mutter gesehen werden, zum anderen möglicherweise aber auch darin, daß das Leben des nasciturus noch keine Bewußtseinsleistungen aufweist. Diese sind lediglich für die Zukunft entwicklungsfähig.[270]

Nur das zweite Arguments kann im Hinblick auf die Suche nach dem fundamentalen rechtsethischen Argument für die Grenze zwischen Leben und Tod einen Anhaltspunkt bieten, da das Bundesverfassungsgericht mit der Unterscheidung zumutbarer und unzumutbarer Belastungen einer Schwangerschaft Erwägungen aufstellt, die sich im Hinblick auf das Grundrecht „Leben" an sich verbieten. Die Tötung eines Menschen kann unter rechtsethischen Gesichtspunkten nicht ausnahmsweise zulässig sein, wenn sein Weiterleben einem anderen nicht „zumutbar" wäre – bestenfalls unter rechtspolitischen Gesichtspunkten.

Hinter der Problematik stehen zwei unterschiedliche Auffassungen vom Beginn menschlichen Lebens. Wird der Mensch erst zum Menschen, wenn er in seinem vor- bzw. nachgeburtlichen Leben bestimmte Entwicklungsstufen durchlaufen hat[271], oder ist er vom frühesten Zeitpunkt seiner Entwicklung an - der Verschmelzung der beiden Kerne von Ei- und Samenzelle - als menschliches Wesen zu betrachten?[272]

Nach der ersten Auffassung lassen sich verschiedene Zeitpunkte angeben, ab wann vom Menschen im eigentlichen Sinne des Wortes zu sprechen ist. Eine mögliche Terminierung reicht von der Einnistung (Nidation, Implantation) der Morula (maulbeerähnliches Gebilde des Keimes) in die Schleimhaut der Gebärmutter über die Bildung des Gehirns, die Geburt bis zum Erkennen vernünftigen Handelns im

---

269 Hoerster, JuS 1989, 172, 173
270 Kluge, S. 13; BVerfGE 88, 203, 251 f.
271 So Mittermaier 1847, S. 627; Anm. 4 zu § 392
272 Feuerbach 1820, S. 350

Kleinkindalter. Bei der zweiten Auffassung finden sich diese unterschiedlichen Zeitbestimmungen zwar nicht, jedoch wird teilweise davon ausgegangen, daß zwar der Keimling als *menschliches Wesen* anzusprechen sei, dieses menschliche Wesen sich aber erst während der Fetalperiode, im Kleinkindalter oder noch später zur *Person* entwickelt.[273]

Es wird somit deutlich, daß eine Unterscheidung zwischen **„menschliches Wesen"** und **„Mensch im eigentlichen Sinne"** gemacht wird, wobei sich letzterer durch die **Personeigenschaft** auszeichnet.

Das vorgeburtliche Leben wird - wie insbesondere das zweite Abtreibungsurteil[274] zeigt – nicht absolut geschützt. In dem Urteil hält es das Gericht für zulässig, der verfassungsrechtlich gebotenen Schutzpflicht für das Leben Ungeborener in den ersten 12 Wochen der Schwangerschaft - bis zum dritten Monat sind die möglichen Komplikationen eines lege artis durchgeführten Abbruchs jedenfalls nicht gravierender als die einer Geburt, Gesundheit und Leben der Schwangeren durch eine Abtreibung somit nicht beachtenswert gefährdet[275] - auch durch ein „Beratungsschutzkonzept" zu genügen, das trotz negativer Aussichten (Beratung der Schwangeren, an der sie sich gar nicht zu beteiligen braucht[276]) den Schwangerschaftsabbruch befristet von der Strafbarkeit (Art. 103 II GG) ausnimmt.[277]

Diese Festlegung erstaunt angesichts des Umstandes, daß sich das 2. Fristenregelungsurteil zunächst ausdrücklich auf das 1. Fristenregelungsurteil stützt, indem es nachdrücklich dessen Vorgabe bestätigt, daß der Nasciturus sich **nicht zum Menschen,** sondern **als Mensch** entwickelt. Dem Ungeborenen komme Menschenwürde (Art. 1 GG) zu (Leitsatz 1 der 2. Entscheidung), die keine ausgebildete Personalität voraussetze. Der ungeborene Mensch habe ein eigenes, unveräußerliches Lebensrecht (Art. 2 II 1 GG), das nicht erst durch Annahme seitens der Mutter begründet werde.[278]

Im Gegensatz dazu weicht das Gericht vom 1. Fristenregelungsurteil im Ergebnis grundlegend ab, indem es gegen das „Beratungsschutzkonzept" keine verfassungsrechtlichen Einwände erhebt. Wenn der Nasciturus ein Mensch ist, der unter den Schutz des Lebensrecht fällt, müßten sich als logische Konsequenz jedoch verfassungsrechtliche Einwände gegen Abtreibungen ergeben. Folglich ist das Urteil in

---

273 Kluge, S. 13
274 BVerfGE 88, 203 ff.
275 Hoerster, JuS 1989, 172, 178
276 Eser, JZ 94, S. 509
277 BVerfGE 88, 203, 336
278 BVerfGE 88, 203, 251 f.

sich widersprüchlich, was lediglich vorsichtige Schlußfolgerungen hinsichtlich der Frage, was den Menschen ausmacht, zuläßt.

Das „individuelle, in seiner genetischen Identität und damit in seiner Einmaligkeit und Unverwechselbarkeit bereits festgelegte, nicht mehr teilbare Leben, das sich als Mensch entwickelt[279], hat somit kein Grundrecht auf Leben in dem Sinne, wie es für „Menschen" gilt. Menschliche Embryonen, deren „Lebensrecht" von der Rechtmäßigkeit der Umstände ihrer Zeugung oder von der Zumutbarkeit ihrer Existenz für die werdende Mutter abhängt, sind noch nicht als ein Mitglied der Gemeinschaft anerkannt. Mittels der fristgebundenen Indikationen hat das Bundesverfassungsgericht generelle Durchbrechungen des Tötungsverbots vorgenommen, die mit der postulierten Menschqualität der Embryonen und Föten nicht zu vereinbaren sind.[280]

Man kann also aus dem Ergebnis des 2. Fristenregelungsurteils nicht schließen, daß es sich in den ersten 12 Schwangerschaftswochen nicht um menschliches Leben handelt, wohl aber, daß dieses menschliche Leben geringeren Schutz genießt, als das Leben nach der Geburt. Dogmatisch einwandfrei begründet werden kann dies auch nicht durch die oft getroffene Unterscheidung zwischen **„artspezifischem menschlichen Leben"** und **„individuellem menschlichen Leben"**[281], wobei an letzteres aufgrund der Personeigenschaften die Rechte des Wesens geknüpft sind. Nach diesem Denkmodell wird von einem Lebewesen ausgegangen, das von Anfang an nichts anderes als ein Mensch ist, vom eigentlichen Menschsein aber erst gesprochen, wenn sich das Individuum auf seine anthropologischen Merkmale (z.B. Rationalität, Selbst- und Zukunftsbewußtsein) zu besinnen vermag und sie zu Leitlinien seines Handelns macht.[282] Auch wenn die dafür zuständigen Gehirnareale - Großhirn und Großhirnrinde – sich bereits ab der 5. bzw. ab der 7. Schwangerschaftswoche über das Urhirn zu wölben beginnen, ist damit noch keinerlei Bewußtheit verbunden. Zwar kann der Fötus über die Großhirnrindenfunktion Berührungs-, Bewegungs-, Hör- Geschmacks- und andere Reize wahrnehmen, seinen Körper somit fühlen und sich wiederholende Sinnesreize auch wiedererkennen, dieses Wiedererkennen ist jedoch ein rein körperlicher Vorgang, der lediglich dazu führt, daß der Fötus einzelne Bewegungen oder bestimmte Körperreaktionen schneller, gerichteter, intensiver ausführen kann als beim ersten Mal.[283] Die anthropologischen Merkmale des Individuums sind jedoch nicht plötzlich mit der Geburt vorhanden, während das Potential für Rationalität, Selbst- und Zu-

279 BVerfGE 88, 203, 251 f.
280 Jerouschek, JZ 1989, S. 280
281 Kluge, S. 9
282 Kluge, S. 9
283 Krüll, Die Geburt ist nicht der Anfang, S. 82, 87

kunftsbewußtsein wiederum bereits in der Zygote angelegt ist, von wo aus eine kontinuierliche Entwicklung stattfindet. Daher vermag die Meinung von Sass[284] nicht zu überzeugen, wenn er als Voraussetzung für das menschliche Lebensrecht an personale Fähigkeiten wie Kommunikation, Bewußtsein und Selbstbewußtsein anknüpft und als Beginn des Lebens deshalb den Zeitpunkt der ersten Synapsenbildung zwischen den isolierten Nervenzellen der Großhirnrinde als biologisches Korrelat zum personalen Leben des menschlichen Individuums (frühestens am 70. Tag nach der Befruchtung) herausstellt. Demzufolge soll vom 70. Tag der Empfängnis an dem werdenden menschlichen Leben der volle rechtliche Schutz und die ungeteilte ethische Solidarität und Achtung bedingungslos entgegengebracht werden. Das Lebenskriterium Synapsenbildung dieser Konzeption führt aber nicht zu den Lebensvoraussetzungen Selbstbewußtsein und Kommunikationsfähigkeit auf der Ebene der Lebensdefinition – jedenfalls nicht unmittelbar. Die Kortexzellen sind zunächst noch völlig ungeordnet und müssen erst einmal durch Aktivitäten „ihren" Platz finden.[285] Ein aktuelles Ich-Bewußtsein erlangt der Mensch erst im Alter von ca. 18 Monaten.[286] Wenn auf ein potentielles Ich-Bewußtsein abgestellt werden sollte, hätte Sass das menschliche Lebensrecht konsequent bereits mit der Verschmelzung von Ei- und Samenzelle zuschreiben müssen und nicht erst mit dem 70. Tag danach.

Somit handelt es sich bei der heutigen rechtlichen Regelung des Lebensschutzes des vorgeburtlichen Menschen im Strafgesetzbuch im Ergebnis um einen abgestuften Lebensschutz, um eine Einschränkung des Lebensrechts i.S.v. Art. 2 II 3 GG, welche sich nur aus dem notwendigen Interessenausgleich zwischen Mutter und Embryo und der daraus folgenden subjektiven Konfliktsituation der Schwangeren erklären.[287] Die 2. Bundesverfassungsgerichtsentscheidung ist damit zu ergebnisorientiert, als daß sie für Ableitungen hinsichtlich der Merkmale menschlichen Lebens sehr ergiebig sein könnte.

Selbst in dem am weitesten gehenden „Entwurf eines Gesetzes zum Schutz der ungeborenen Kinder" wurde die Abtötung der Eizelle vor ihrer Einnistung in die Gebärmutter von der Strafbarkeit ausgenommen. Darin hieß es:"§ 219 a – Begriffsbestimmung – Handlungen, deren Wirkung vor Abschluß der Einnistung des befruchteten Eies in der Gebärmutter eintritt, gelten nicht als Tötung eines ungeborenen Kindes im Sinne dieses Gesetzes".[288] Die Frühphase erscheint nicht schutzfähig, da diese Phase für die Frau subjektiv gar nicht erfahrbar ist.[289] Damit

---

284 Sass, Wann beginnt das Leben?, in: Wiesing (Hrsg.), Ethik in der Medizin, S. 165

285 Krüll, S. 82

286 Krüll, S. 239 f.

287 S/S-Eser, Vor § 218 ff., Rn. 5

288 BT-Drucksache 12/1179, S. 16

289 S/S-Eser, Vor §§ 218ff., Rn. 27

ist festzustellen, daß von keiner gesellschaftlich relevanten Gruppe ein Lebensrecht von Anfang an, um des Daseins, um seiner selbst willen angenommen wird.

Im Gegensatz zu anderen Ländern wird dieser Schluß in Deutschland jedoch nicht in aller Deutlichkeit gezogen. Der U.S. Supreme Court z.B. verwarf die Vorstellung, der Fötus sei bereits eine „Person" und damit Träger des Grundrechts auf Leben.[290]

Um den logischen Widerspruch zu vermeiden, ließe sich als Ausweg das Modell eines abgestuften Lebensschutzes ausbilden.[291] Starke Bedenken gegen eine Unterscheidung von Menschen mit einem Lebensrecht zweiter Klasse besteht aber vor dem Hintergrund der Art. 1 I, 2 II und 3 I GG. Daß der nasciturus Menschenrechtsträger sein soll, aber nicht wie ein Mensch behandelt wird, verletzt schon den Grundsatz, daß jeder Mensch gleich viel und überhaupt als Träger der Menschenwürde etwas wert ist.

Wer andererseits ein Lebensrecht erst an ausgebildete Personeigenschaften knüpfen will, kann - jedenfalls auf der Ebene dieses Kriteriums - ein Lebensrecht erklärter- und wegen der Ausbildung der Personeigenschaften (eigenes Lebensinteresse) auch begründetermaßen nicht wirklich vor dem vierten Monat nach der Geburt annehmen.[292]

Eine weitere Meinung postuliert einen moralischen Beginn der Lebens ab dem Zeitpunkt, ab dem der Nasciturus zu subjektiven Empfindungen fähig ist.[293] Begründungen moralischer Pflichten zur Rücksichtnahme stellten schließlich im allgemeinen auf das subjektive Wohlergehen anderer ab. Um von einem subjektiven Wohl sinnvollerweise sprechen zu können, bedürfe es aber eines Minimums an Empfindungsfähigkeit. Auf kognitive oder voluntative Fähigkeiten komme es für die moralische Betrachtungsweise nicht an, wie das Beispiel der intelligenten Maschine zeigt[294], die deshalb keinen Lebensschutz genießt. Im Anschluß an Leist sollen unter „Empfindungen" bereits solche Zustände verstanden werden, die als angenehm oder unangenehm, lustvoll oder schmerzhaft gekennzeichnet werden können.[295] Solche bewußten Empfindungen setzen umfassend im zweiten

---

290 410 U.S. Supreme Court Law Reports 113, 157 (1973)

291 Hilgendorf, MedR 1995, S. 396

292 Hoerster, Neugeborene und das Recht auf Leben (1995), S. 22

293 Leist, Eine Frage des Lebens, Kapitel V., S. 133 ff.; Hoerster, Ein Recht auf Ausbildung künftiger Wünsche?, Archiv für Rechts- und Sozialphilosophie 1992, S. 104 ff.; Leist, Lebensganzes oder Lebenswunsch?, Archiv für Rechts- und Sozialphilosophie 1992, S. 94 ff.

294 Leist, Eine Frage des Lebens, S. 72 f.

295 Leist, Eine Frage des Lebens, S. 74

Schwangerschaftsdrittel ein.[296] Vor der Entwicklung der Empfindungsfähigkeit besteht kein Anhaltspunkt für die Annahme *eigener* Interessen des Embryos, die nicht nur von außen zugeschrieben werden. Lebewesen ohne Empfindungen und Bewußtsein haben kein subjektives Wohl und keine Interessen[297], auch kein Interesse daran weiterzuleben. Nur wer Schmerz empfinden kann, habe auch ein Interesse daran, ihn zu vermeiden.[298]

Aus den Beteuerungen hinsichtlich eines vorgeburtlichen Lebensrechts kann man somit in diesem Kontext lediglich ableiten, daß Lebensrecht und Menschenwürde nach den Fristenregelungsurteilen des Bundesverfassungsgerichts auf der Ebene des Kriteriums nicht unbedingt eine ausgebildete Personalität voraussetzen. Aus pragmatischen Gründen im Hinblick auf die kollidierenden Grundrechtspositionen der Frau wird aber auf der Normebene das Leben des nasciturus weniger geschützt. Der Gesetzgeber ist grundsätzlich nicht verpflichtet, das ungeborene genauso wie das geborene Leben zu schützen.[299] Da das Bundesverfassungsgericht aber im ersten Abtreibungsurteil festgestellt hat, daß „die von Anfang an im menschlichen Sein angelegten potentiellen Fähigkeiten genügen, um die Menschenwürde zu begründen“[300], ist auf der Ebene des Konzeptes für die Festlegung eines Menschenbildes davon auszugehen, daß **potentielle Personalität** zur Begründung eines Lebensrechts - das jedem Wesen, das Menschenwürde besitzt, wegen des Erfordernisses, es nicht zum Objekt zu degradieren[301], um es etwa im Interesse der Gemeinschaftsgebundenheit zum nur dienenden Instrument zu machen, zukommen muß - nicht nur genügt, sondern auch erforderlich ist.

Der Einwand der potentiellen Personalität dient teilweise dazu, ein umfassendes Lebensrecht für den Nasciturus zu fordern, denn die Position des potentiell bereits vorhandenen Menschen besage weiter, daß es in jedermanns Interesse sei, in der Vergangenheit nicht abgetrieben worden zu sein. In der Formulierung von Hare lautet das Argument:“Wenn wir froh sind, daß niemand die Schwangerschaft beendete, die zu unserer Geburt führte, dann sind wir aufgefordert, keine Schwangerschaft zu beenden, die zur Geburt einer Person führen würde, mit einem Leben wie dem unsrigen“.[302] Danach wäre Abtreibung im allgemeinen deshalb falsch, weil sie das Entstehen einer Person verhindert, nicht aufgrund dessen, was dem Fötus selbst angetan wird.[303]

---

296 Leist, Eine Frage des Lebens, S. 143
297 Leist, Eine Frage des Lebens, S. 142
298 Dworkin, S. 27
299 BVerfGE 39, 1, 45
300 BVerfGE 39, 1, 41
301 BVerfGE 50, 167 (175) = NJW 1979, 1160
302 Hare, Abtreibung und die Goldene Regel, in: Leist, S. 139
303 Hare, Abtreibung und die Goldene Regel, in: Leist, S. 154

Dieser Einwand auf der Grundlage der Potentialität unterstellt jedoch, was er zu belegen vorgibt, denn wie ein Beispiel von Dworkin deutlich macht, ist er nur aus der Sicht eines später tatsächlich lebenden Menschen richtig: "Es ist in meinem Interesse, daß mein Vater am Tag vor meiner Zeugung nicht auf eine lange Geschäftsreise ging. Doch hätte er es getan, hätte auch das damals gegen niemandes Interesse verstoßen, da es....niemanden gegeben hätte, dessen Interesse dies hätte schaden können.[304] Bei der Abtreibung kann das Potentialitätsargument gerade nicht einen Schaden des nasciturus im Hinblick auf den späteren Menschen begründen, denn auf der Grundlage dieses Arguments gäbe es keinen späteren Träger von Menschenwürde, dessen Interessen schon vorher zu achten wären.

(b) Ergebnis

Im **Ergebnis** ist somit festzuhalten, daß es einen eindeutig verfassungsrechtlich bestimmbaren Beginn des „Lebens" aufgrund der inneren Widersprüche der Fristenregelungsurteile nicht gibt. Lediglich als verfassungsrechtliches Kriterium dafür, was das Rechtsgut „Leben" an sich ausmachen soll, bleibt festzuhalten, daß - abseits aller Pragmatik - von der Idee, die hinter dem Rechtsgut steht, Menschenwürde – und damit ein Recht auf Leben - schon demjenigen Wesen zugebilligt wird, das potentiell in der Lage ist, sich zur Person zu entwickeln.[305] Den Zeitpunkt der Geburt dabei als Moment des Übergangs zur Menschqualität i.S.v. §§ 211 ff. StGB zu sehen, ist jedoch wiederum rein pragmatisch und damit willkürlich, denn der nasciturus entwickelt sich noch nicht mit der Geburt zum Individuum. Da aber niemand genau sagen kann, wann sich die „Person" entwickelt, braucht man zum Zwecke der Rechtssicherheit einen Zeitpunkt, ab dem bestimmten Handlungen bestimmte Rechtsfolgen zuzuordnen sind.

Zum Verhältnis des Begriffs „Leben" in Art. 2 II GG zum Begriff „Mensch" in §§ 211 ff. StGB kann an dieser Stelle gesagt werden, daß der Begriff „Leben" formell weiter geht, da auch das vorgeburtliche menschliche Leben davon umfaßt ist. Materiell beinhalten jedoch beide Begriffe die Kernideen der „Potentialität" und der „Personalität".

---

304 Dworkin, S. 30

305 Vgl. BVerfGE 39, 1, 41

(c) Vergleich der Abtreibungsproblematik mit der Situation am Lebensende nach dem kardiopulmonalen Todeskonzept: Die pragmatische Zäsur

Das Problem der **pragmatischen Zäsur** beim Beginn des „Menschseins“ taucht möglicherweise an dessen Ende spiegelbildlich wieder auf. Dort könnte man exakt zwischen artspezifischem und individuellem menschlichen Leben unterscheiden, wobei der Hirntod die Zäsur an deren Grenze sein könnte. Vor dem Hirntod würde individuelles Leben und damit ein „Mensch“ existieren, nach dem Hirntod ein lediglich artspezifisches Leben, das nicht mehr den Begriff des Menschen ausfüllen könnte. Diese Lösung wäre dogmatisch sauber im Vergleich zum Lösungsvorschlag der Vertreter des kardiopulmonalen Todeskonzepts, die in einem Hirntoten noch einen lebenden, aber unumkehrbar sterbenden Menschen sehen wollen, bei dem die Organentnahme unter den Voraussetzungen des Transplantationsrechts gerechtfertigt sein könnte. Dieses Konzept widerspricht dem heutigen Transplantationsrecht, das nur für Lebende und Tote, nicht aber für Sterbende Regelungen trifft.[306] So wie das Abtreibungsrecht nicht als Rechtfertigungsgrund bzw. Zulässigkeitsvoraussetzung für die Beendigung von menschlichem Leben entworfen worden ist, ist es auch das Transplantationsrecht nicht. Es geht vielmehr um die Ausfüllung des Begriffs des „menschlichen Lebens“, in dieser Untersuchung um die Ausfüllung des Tatbestandsmerkmals „Mensch“ in §§ 211 ff. StGB.

(3) Das Ende menschlichen Lebens

Es ist zunächst zu prüfen, welche Vorgaben die Verfassung selbst für den Begriff des Endes menschlichen Lebens bietet. Im Grundgesetz findet sich keine ausdrückliche Bestimmung des Todesbegriffs. Eine verfassungsgemäße Definition des Todes ist somit nur unter Berücksichtigung des in Art. 2 II 1 GG verankerten Rechts auf Leben zu gewinnen, aus dessen Gewährleistung sich begriffsnotwendig ergibt, bis zu welchem Zeitpunkt dessen Schutzbereich zum Tragen kommt.[307] Hierbei ist grundsätzlich der Rahmencharakter der Verfassung zu berücksichtigen[308], so daß sich aus ihr nur **Mindestkriterien** ergeben können.

(a) Leben und Tod als normativ-wertender Begriff

Die medizinische Entwicklung hat gezeigt, daß es angesichts der Prozeßhaftigkeit des Sterbens schwierig ist, den Todesbegriff zu bestimmen. Schon deshalb kann nicht von einem rein naturwissenschaftlichen-deskriptiven Verständnis im Sinne der einfachen empirischen Feststellbarkeit des Todes[309] ausgegangen werden.

---

306 A., IV., 2., c)

307 Höfling, JZ 1995, S. 26, 31

308 Starck, Handbuch des Staatsrechts, Bd. VII, § 164, Rn. 5; Böckenförde, NJW 1976, S. 2089, 2091

309 So aber Podlech in: AK, Art. 2 II, Rn. 9

Wann menschliches Leben endet ist gerade deshalb nicht alleinige Entscheidung der Medizin oder Biologie, sondern bedarf der Wertung durch das Recht.[310] Damit ist der Begriff des menschlichen Lebens und dessen Endes genauso wenig „natürlich" wie alle anderen vom Recht erfaßten Tatsachen. Er wird vielmehr vom Recht begrenzt und damit auch geschaffen.[311] Bei näherer Auslegung des Lebensrechts ist allerdings zu ermitteln, inwieweit die medizinischen Kenntnisse juristisch maßgeblich sind.

Zu untersuchen ist nunmehr, welche körperliche Daseinsform mit dem Begriff „Leben" in Art. 2 Abs. 2 GG umschrieben wird. Dies ist nach der klassischen Methode durch die grammatische, historische, systematische und teologische Auslegung zu bestimmen.[312]

(b) Die grammatische Auslegung: Leben als biologischer Status des Menschen

Nach der grammatischen Auslegung muß zunächst der nach dem allgemeinen Sprachgebrauch[313] übliche Sinn der Formulierung „Jeder hat das Recht auf Leben" erfaßt werden.

Die Bezeichnung „Jeder" kann sowohl „jedes menschliche Wesen" als auch „jeder geborene Mensch" bedeuten. Sie wurde wie gesehen vom Bundesverfassungsgericht im Sinne der ersten Alternative verstanden.[314] Die Voraussetzung, daß nur „Menschen" Inhaber des Lebensgrundrechts sein können, ergibt sich bereits aus der Systematik der Verfassung, da der Verfassunggeber Art. 2 Abs. 2, Satz 1 GG zwischen Art. 1 Abs. 1 Satz 1, Abs. 2 und Art. 3 Abs. 1 GG plaziert hat, die vom „Menschen" bzw. den „Menschenrechten" sprechen.

Art. 2 II 1 1. Alt. GG umfaßt somit das menschliche Leben. Damit ist zu erforschen, wann menschliches Leben endet, ob einzelne Zellen oder Zellverbände einzelner Teile des Menschen noch unter den Schutz des Art. 2 II GG fallen. Die Begriffe „Mensch" oder „Jeder" sind per se nicht eindeutig genug, um bei der Entscheidung, ob der (Teil-) Hirntote ein Mensch ist oder nicht, jeden Zweifel zu beseitigen.

Nach üblichem Sprachgebrauch beschreibt Leben das körperliche Dasein oder die physische Existenz des Menschen.[315] Damit ist die Bewertung von Leben nach der

---

310 Schreiber in: Hoff/in der Schmitten, S. 424, 427; Heun, JZ 1996, S. 213, 214
311 Leisner, Das Recht auf Leben, S. 21
312 Larenz, Methodenlehre, S. 320 ff.
313 Zippelius, Methodenlehre, S. 43 f.; Larenz, Methodenlehre, S. 324
314 BVerfGE 39, 1, 37; 88, 203, 251
315 Maunz/Dürig, Art. 2 II, Rn. 5; Starck in: von Mangoldt/Klein, Art. 2 II, Rn. 129; Wernike

gesellschaftlichen Bedeutung einer Person ausgeschlossen.[316] Es ist somit nach Art. 2 II 1 1. Alt. GG nicht möglich, dem Menschen aufgrund eines sozialen Ereignisses wie zum Beispiel eines Unfalls mit Bewußtseinsverlust das Recht auf Leben abzusprechen, obwohl er noch handeln könnte und Lebensäußerungen von sich gibt.

Auf der anderen Seite läßt sich aus Art. 2 II 1 GG unter Beachtung des üblichen Sprachgebrauchs herleiten, daß ein bereits verwester menschlicher Körper nicht mehr unter die Lebensschutzgarantie fällt.

Der Wortlaut bietet somit Maßgaben dafür, wann ein Mensch unzweifelhaft noch lebt oder aber spätestens tot ist.

Die eigentliche Grenze menschlichen Lebens, die auch in Zweifelsfällen Gültigkeit hat, läßt sich aber mit dem Wortsinn des Begriffs Leben nicht bestimmen. Für das Ende menschlichen Lebens ist vielmehr eine normative Wertung erforderlich.

(c) Die historische Auslegung

Um weitere Kriterien des Todes des menschlichen Individuums zu erlangen, ist auf die Entstehungsgeschichte des Rechts auf Leben einzugehen. Insofern hat Art. 2 II 1 Alt. 1 GG in der deutschen Verfassungsgeschichte keine ausdrücklichen Vorläufer[317], was daher rühren könnte, daß das Recht auf Leben früher als besonders gesteigerte Form persönlicher Freiheit aufgefaßt wurde.[318]

Die ausdrückliche Fixierung eines Rechts auf Leben im Grundgesetz ist als Reaktion auf die Mißachtung menschlichen Lebens durch das NS-Regime zu sehen.[319] Wie die Abschaffung der Todesstrafe ist sie ein Bekenntnis zum grundsätzlichen Wert des Menschenlebens und zu einer Staatsauffassung, die lebensvernichtenden Praktiken und der Bewertung von Leben als lebensunwert, eine Absage erteilt.[320] In den Unterlagen des parlamentarischen Rats sucht man allerdings vergeblich nach Äußerungen dazu, wann das Recht auf Leben enden soll. Für die Ermittlung eines verfassungsmäßigen Todesbegriffs gibt die Entstehungsgeschichte also wegen des Tabus des Todes wenig Aufschluß. Vor dem historischen Hintergrund des

---

in: BK, Art. 2 GG, Anm. 2 b)

316 Maunz/Dürig, Art. 2 II, Rn. 10

317 Maunz/Dürig, Art. 2 II, Rn. 8; Das Lebensrecht garantierten allerdings schon die vo grundgesetzlichen Landesverfassungen von Hessen, Rheinland-Pfalz und Württemberg-Hohenzollern, vgl. Steiner, Schutz des Lebens, S. 1

318 vgl. Fink, S. 86 f.

319 Schmidt-Bleibtreu/Klein, Art. 2, Rn. 20a; AK-Podlech, Art. 2 II, Rn. 2; Maunz/Dürig, Art. 2 II, Rn. 8

320 BVerfGE 39, 1, 36 f.; BGH NJW 1983, S. 1371, 1374

Grundgesetzes läßt sich aber immerhin feststellen, daß das Recht auf Leben gemäß Art. 2 II 1 1. Alt. GG jedenfalls da verletzt ist, wo behinderten oder todkranken Menschen angeblich zum Wohl der Allgemeinheit das Lebensrecht generell abgesprochen wird.

(d) Die systematische Auslegung

(aa) Das Leben als Höchstwert

Im Hinblick auf die Stellung des Rechts auf Leben im Verfassungsgefüge fällt zunächst Art. 102 GG ins Auge, der mit der Abschaffung der Todesstrafe eine rechtsstaatliche Konkretisierung des Art. 2 II 1 1. Alt. GG darstellt.[321] Die Vorschrift hat für die Bestimmung eines verfassungsmäßigen Todesbegriffs insofern Relevanz, als hier auf Verfassungsebene die schon in Art. 2 II 1 (i.V.m. Art. 1 I GG) getroffene Grundentscheidung bestätigt wird, daß das Leben jedes Menschen heilig ist, das menschliche Leben nicht zum bloßen Mittel für staatliche Zwecke reduziert und auch von Seiten des Staates nicht ausgelöscht werden darf.[322] Das Verbot der Todesstrafe stellt neben der ausdrücklichen Garantie des Rechts auf Leben sowie der Tatsache, daß das Leben als grundlegender biologischer Status natürliche Voraussetzung und Quelle für die Ausübung der Grundrechte bildet sowie vitale Basis der Menschenwürde ist[323] ein weiteres Argument dafür dar, daß das menschliche Leben innerhalb der grundgesetzlichen Ordnung einen Höchstwert einnimmt.[324]

(bb) Sachliche und persönliche Allgemeinheit des Todesbegriffs

Das Recht auf Leben in Zusammenhang mit dem allgemeinen Gleichheitssatz des Art. 3 und der Menschenwürdegarantie des Art. 1 I GG begründet das Erfordernis eines einheitlichen, für alle Menschen in allen Rechtsgebieten gleichen Todesbegriffs.[325] Der Gleichheitssatz wäre dann verletzt, wenn willkürlich, d.h. ohne zureichenden sachlich vertretbaren Grund vergleichbare Sachverhalte ungleich und verschiedenartige Sachverhalte gleich behandelt würden.[326] Es ist folglich als Zielvorgabe angezeigt, eine Definition des Todes oder Bestimmung des Endes menschlichen Lebens zu finden, die nicht etwa nach den Umständen des Versterbens oder den Zwecken, zu denen die Todesbestimmung erfolgt, differenziert. Die Umstände ihres Versterbens unterscheiden die menschlichen Wesen nicht hinsichtlich ihrer Subjektqualität. Als im Rahmen dieser Arbeit naheliegendes nicht den Erfordernissen genügendes Beispiel wäre die Erarbeitung eines speziell auf

---

321 Maunz/Dürig-Scholz, Art. 102, Rn. 12; AK-Azzola, Art. 102, Rn. 48

322 Schmid, Erinnerungen, S. 376

323 BVerfGE 39, 1, 42

324 BVerfGE 39, 1, 42; 46, 160, 164; 49, 24, 53; v. Mangoldt/Klein-Starck, Art. 1 I, Rn. 67

325 Kloth, Rechtsprobleme der Todesbestimmung, S. 15 f.; ebenso, allerdings ohne Aufdeckung der verfassungsrechtlichen Notwendigkeiten: Kunig, Jura 1991, S. 415, 418

326 Jarass/Pieroth, Art. 3, Rn. 11

potentielle Organspender zugeschnittenen Todesbegriffs denkbar, der im Interesse der sterbenskranken Patienten auf der Warteliste für eine Transplantation eine möglichst frühe Todeserklärung potentieller Spender ermöglichst, beispielsweise bereits mit Einsetzen der Bewußtlosigkeit.

Die Unzulässigkeit eines rein utilitaristischen Todesbegriffs ergibt sich jedoch bereits unmittelbar aus Art. 1 I GG, der durch die Garantie der Menschenwürde eine Herabwürdigung des Menschen zum bloßen Objekt untersagt.[327] Nach dieser Objektformel (dazu noch näher unten im Rahmen der teleologischen Auslegung) darf ein Mensch niemals Mittel zum Zweck fremder Interessen sein, sondern muß immer zugleich als Subjekt, d.h. als Zweck an sich, behandelt werden.[328] Verfassungsrechtlich nicht haltbar wäre es deshalb, für Intensivpatienten, die als Organspender in Betracht kommen, den (Teil-)Hirntod als maßgebend anzusehen, bei Menschen, die zu Hause versterben, aber weiterhin auf den Herztod abzustellen. Eine Lösung, die die Anwendung verschiedener Todesbegriffe auf ein und dieselbe Person erlaubt, - also etwa für den Abbruch der Intensivbehandlung oder die Organentnahme auf den (Teil-)Hirntod abstellt, die anderen Rechtsbereichen (Erbrecht) ausgelösten Rechtsfolgen aber vom Zeitpunkt des endgültigen Herz-Kreislauf-Stillstandes abhängig machen will - wäre ebenfalls unzulässig. Letzteres könnte zwar im Zeitpunkt der Einwilligung in die Organentnahme durch Angehörige sinnvoll sein, um deren erbrechtliche Erwartungen im Zusammenhang mit der Einwilligung auszuschließen. Da im Rahmen der Explantation lebenswichtiger Organe der Herz-Kreislauf-Stillstand jedoch unausweichlich eintreten wird, wären diese Erwartungen der Angehörigen auch dann nicht ausgeschlossen, sondern bezögen sich lediglich auf eine minimal fernere Zukunft. Daher muß es darum gehen, einen Todesbegriff zu finden, der so zweifelsfrei das Ende des menschlichen Lebens markiert, daß von seiner Feststellung an ohne weiteres alle denkbaren Rechtsfolgen abhängig gemacht werden können.

Die Situation am Ende des Lebens ist insofern nicht mit dem gespaltenen Rechtsschutz am Lebensbeginn zu vergleichen, der auf den kollidierenden Rechtsgütern der schwangeren Frau – Achtung ihrer Menschenwürde (Art. 1 I GG), Recht auf Leben und körperliche Unversehrtheit (Art. 2 II GG) sowie ihr Persönlichkeitsrecht (Art. 2 I GG) – und der untrennbaren Verbindung von Mutter und Kind („Zweiheit in Einheit") beruht.[329] Am Ende des Lebens bildet der Mensch keine untrennbare Einheit mit anderen Menschen, so daß es verfassungsrechtlich gerade nicht zu rechtfertigen wäre, z.B. ab dem Hirntod – rechnete man ihn grundsätzlich

---

327 BVerfGE 87, 209, 228, zurückgehend auf Kant, Grundlegung zur Metaphysik der Sitten, S. 52 ff.; grundlegend: Dürig, AöR 81 (1956), S. 117, 127

328 Giesen in: Festschrift für Mikat, S. 55, 64

329 BVerfGE 88, 203, 252 ff.

zum Leben des Menschen – von einem reduzierten Rechtsschutz auszugehen, der entsprechend § 218 StGB einer verfassungsimmanenten Rechtfertigung zugänglich wäre.

Zur Vermeidung von Mißverständnissen wäre es auch wenig ratsam, die rechtliche Regelung der Todesbestimmung zum Teil eines Transplantationsgesetzes zu machen. Andernfalls könnte argumentiert werden, daß die Todesdefinition aufgrund ihrer systematischen Stellung eben nur für Transplantationen gelte, für andere Lebenssachverhalte aber ein anderer Todesbegriff maßgeblich sei.[330]

(cc) Eindeutigkeit des Todesbegriffs

Ferner muß der juristische Todesbegriff eine eindeutige Grenzziehung zwischen Leben und Tod ermöglichen. In der juristischen sowie in der ärztlichen Entscheidungspraxis ist es notwenig, aus dem biologischen Prozeß des Sterbens[331] einen bestimmten Punkt herauszugreifen, von dem ab der Mensch nicht mehr als Lebender behandelt werden muß, da der Lebensschutz ab diesem Punkt keinen Geltungsanspruch mehr besitzt.[332] Das ergibt sich schon im Hinblick auf das Rechtsstaatsprinzip des Art. 20 III GG, dessen wesentlicher Bestandteil unter anderem die Gewährleistung von Rechtssicherheit ist.[333]

Weiterhin folgt aus diesem Erfordernis der eindeutigen Grenzziehung, daß der juristische Todesbegriff ein endgültiges Urteil über Leben oder Tod des Menschen ermöglichen muß. Eins seiner Merkmale muß daher die **Unumkehrbarkeit** des Verlustes des für entscheidend erachteten Charakteristikums des Lebens sein.[334]

(dd) Feststellbarkeit anhand zuverlässiger objektiver Kriterien

Aus Beweisgründen und aus dem Erfordernis der eindeutigen Feststellung des Todeszeitpunkts ergibt sich, daß der Eintritt des Todes bzw. das Ende des menschlichen Lebens anhand zuverlässiger objektiver Kriterien darstellbar und überprüfbar sein muß.[335] Nur solche objektiven Testverfahren und Untersuchungen können Vertrauen in den Todesbegriff schaffen. Da dies eine naturwissenschaftlich-empirische Beurteilung auf der Grundlage des menschlichen Körpersystems ist, fällt die Kompetenz der Durchführung und Weiterentwicklung der Testverfahren in den Bereich der medizinischen Wissenschaft.

---

330 So auch: Capron/Kass, 121 University of Pennsylvania Law Review 87-118, 116-117 (1972)

331 Maßhoff, MMW 1968, S. 2474

332 Geilen in: Festschrift für Heinitz, S. 393; ders. Rechtsfragen, S. 158; Neuhaus in: Festschrift für Heinitz, S. 397; Lüttger JR 1971, S. 312

333 BVerfGE 2, 380, 403; 7, 194, 196

334 LK-Jähnke, vor § 211, Rn. 7; Lüttger, JR 1971, S. 312; Maßhoff, MMW 1968, S. 2475

335 Lüttger, JR 1971, S. 313; Geilen, Rechtsfragen, S. 171-176; Kaiser, S. 47; Kramer, S. 45

(ee) **Ergebnis**

Nach der systematischen Auslegung des Grundrechts auf Leben muß der zu findende Todesbegriff das menschliche Leben als Höchstwert berücksichtigen, für alle Menschen innerhalb aller Rechtsgebiete gleich sein und außerdem eindeutig anhand zuverlässiger objektiver Kriterien feststellbar sein.

(e) **Teleologische Auslegung**

(aa) **Das Leben des Individuums**

Die Auslegung von Wortlaut, Entstehungsgeschichte und Systematik des Rechts auf Leben hat im Schwerpunkt erwiesen, was ein mit der Verfassung übereinstimmender Todesbegriff nicht enthalten darf, nämlich ein Werturteil über ein Menschenleben. Im Wege der teleologischen Auslegung soll nun versucht werden, positive Richtlinien für das menschliche Leben und den daraus folgenden Todesbegriff zu finden. Mit der Teleologie ist zu ermitteln, wie eine Norm auf die neue Tatsachenkonstellation einer bisher nicht erörterten Problematik vernünftigerweise wirken soll.[336]

Im Rahmen der grammatischen und historischen Auslegung von Art. 2 II S. 1, 1. Alt. GG wurde festgestellt, daß das Lebensrecht nicht isoliert an bestimmte soziale oder einzelne körperliche und geistige Fähigkeiten geknüpft werden darf. Vielmehr ist der Mensch als psychisch-biologische Einheit geschützt.[337] Da alle Grundrechte immer auf die entsprechenden Grundrechtsträger als Personen bezogen sind, kann das Recht auf Leben seinem Sinn und Zweck nach nur für das menschliche Individuum als Ganzheit gelten. **Bei einem künstlich beatmeten Patienten muß es einen Zeitpunkt geben, ab dem dieser als menschliches Individuum nicht mehr lebt, sonst könnte man auch funktionierende Apparate mit einem hieran angeschlossenen Toten mit menschlichem Leben gleichsetzen.** Dann wäre das Leben ohne die Frage nach dem Menschen allein an das Funktionieren dieser Apparate geknüpft. Aufgrund der Möglichkeit, menschliche Organe zu verpflanzen und menschliches Leben durch die Apparatemedizin zu verlängern oder aufrechtzuerhalten, ist man aber gezwungen, die schwierige Unterscheidung zwischen lebendem Gewebe und Leben des Individuums zu treffen.[338] Es sei denn, man möchte das Leben des Menschen im Sinne von Art. 2 II 1 GG als bloße Existenz einzelner Zellen verstehen.

Ein verfassungsmäßiger Todesbegriff hat sich folglich daran zu orientieren, wann der Mensch selbst als Ganzes, als Individuum stirbt, denn damit ist der Zustand erreicht, der einzig mit dem Tod gemeint sein kann: ein absoluter, totaler, unum-

---

336 Zippelius, Methodenlehre, S. 47 f.; Larenz, Methodenlehre, S. 332

337 BVerfGE 56, 54, 74 f.: Der Mensch als Einheit von Leib, Seele und Geist.

338 Geilen, FamRZ 1968, S. 127; Lüttger, JR 1971, S. 313

kehrbarer und nicht manipulierbarer Endpunkt des Lebens, der den Gedanken der Irreversibilität des Sterbens (auch des biologischen Lebens) und das Ende einer möglichen ärztlichen Therapie beinhaltet.[339]

Charakteristisch für das Leben eines Individuums ist die Fähigkeit zur Selbsterhaltung eines Organismus.[340] Im Unterschied zu bloß vegetativem Zelleben, zeichnet sich ein individuelles Lebewesen dadurch aus, daß es eine eigene Identität besitzt, indem es eine nach außen abgrenzbare, in sich geschlossene Ganzheit bildet, die sich selbst gestaltet und reguliert.[341]

Damit ein menschliches Individuum vorliegt, müssen zusätzlich noch die spezifisch menschlichen Eigenschaften hinzukommen. Dabei kann einmal auf die Eigenschaften des Personbegriffs wie Bewußtseinsfähigkeit usw. verwiesen werden. Zum anderen lassen sich aber auch aus der Verfassung selbst bei einer Gesamtschau der einzelnen Grundrechte diese bestimmten Eigenschaften ableiten. Die Menschenrechte beinhalten z.B.: Die Menschenwürde (Art. 1 I GG), das Selbstbestimmungsrecht (Art. 2 I GG), die Religionsfreiheit (Art. 4 GG), die Berufsfreiheit (Art. 12 GG) usw. Diese Garantien weisen darauf hin, daß das Grundgesetz von einem Menschenbild ausgeht, bei dem der Mensch Entscheidungen für sein Leben auf der Grundlage der Eigenschaften des Personbegriffs zumindest potentiell treffen kann.

In diesem Zusammenhang soll auf die Menschenwürde und das Selbstbestimmungsrecht ausführlicher eingegangen werden.

(bb) Die Menschenwürde und das Selbstbestimmungsrecht

Das Recht auf Leben hat auch einen besonders sichtbaren Menschenwürdegehalt. Leben ist nach einer anschaulichen Wendung des Bundesverfassungsgerichts[342] die vitale Basis der Menschenwürde und wird somit auch vom Würdeschutz des Art. 1 I GG erfaßt.

Die Verankerung des Selbstbestimmungsrechts in Art. 2 I i.V.m. 1 I GG zeigt, daß sich das Grundgesetz einen Menschen vorstellt, der seine Angelegenheiten selbst in die Hand nimmt. Sobald die Entscheidungen und Forderungen des Menschen kein kohärentes Selbstgefühl und keine erkennbaren Ziele widerspiegeln, hat er

339 LK-Jähnke, Vor § 211, Rn. 7

340 Roth/Dicke in: Hoff/in der Schmitten, S. 51, 52

341 Bonelli in: Schwarz/Bonelli, S. 83, 86 ff., 92 f.; Schwarz in: Schwarz/Bonelli, S. 3, 6 ff.

342 BVerfGE 39, 1, 42

das Vermögen eingebüßt, das zu schützen Sinn des Selbstbestimmungsrechts ist.[343]

Die mit dem Selbstbestimmungsrecht eng zusammenhängende individuelle Menschenwürde bedeutet das Recht und die ethische Pflicht der Menschen, sich den fundamentalsten Fragen über den Sinn und Wert ihres eigenen Lebens selbständig zu stellen, allein ihrem Gewissen und ihren Überzeugungen verpflichtet. Es setzt eine Kompetenz voraus „aus echten Präferenzen, einer bestimmten Charakterstruktur oder einem bestimmten Selbstgefühl heraus" handeln zu können.[344] Dabei ermöglicht die Selbstbestimmung die spezifisch menschliche „Fähigkeit, Leben auf der Grundlage eines deutlichen Gefühls für die eigene Persönlichkeit und das, was für diese wichtig oder unwichtig ist, zu gestalten."[345]

Nicht die biologische Spezieszugehörigkeit, sondern die Zubilligung von Rechten, ohne die der Einzelne nicht als solcher ernst genommen wird, ist danach der Ausgangspunkt einer sinnvollen Verwendungsweise des verfassungsrechtlichen Würdebegriffs. In der freiheitlichen Demokratie ist die Würde des Menschen in dem Sinne geschützt, daß der Mensch „eine mit der Fähigkeit zu eigenverantwortlicher Lebensgestaltung begabte Persönlichkeit" ist. Es wird von ihm aufgrund seiner Fähigkeiten erwartet, seine Interessen und Ideen mit denen der anderen auszugleichen, wobei ihm aufgrund seiner Würde eine möglichst weitgehende Entfaltung seiner Persönlichkeit gesichert werden muß.[346]

Das Gebot der Unverletzlichkeit der Menschenwürde liegt allen Grundrechten zugrunde, denn sie verbürgt dem Menschen, „dem Würde kraft seines Personseins zukommt", einen „allgemeinen Achtungsanspruch".[347]

So kennzeichnet das Bundesverfassungsgericht den Menschen in einigen Entscheidungen als geistig sittliche Person[348] bzw. als autonome sittliche Persönlichkeit.[349] Mit „sittlichem Wesen" ist zunächst gemeint, daß der einzelne Mensch auf die Werte des Guten hingeordnet ist.[350] Diese Hinordnung ist aber nicht als Determination sondern als Freiheit, zwischen Gut und Böse zu wählen und zu entscheiden zu verstehen.

---

343 Dworkin, Die Grenzen des Lebens, S. 312
344 Dworkin, S. 230, 313
345 Dworkin, S. 311
346 BVerfGE 5, 85, 204
347 BVerfGE 30, 173, 194
348 BVerfGE 6, 32, 36; 45, 187, 227
349 BVerfGE 12, 45, 53
350 Müller/Halder, Philosophisches Wörterbuch, Stichwort „Sittlichkeit"

Die autonome Persönlichkeit oder Eigenständigkeit gehört zur Menschenbild-Formel der Investitionshilfe-Entscheidung.[351] Sie bedeutet die Fähigkeit zu eigenverantwortlicher Lebensgestaltung. Notwendiges Korrelat dieser Fähigkeit ist das Selbstbestimmungsrecht wie es im Volkszählungs-[352] und Gegendarstellungsurteil[353] konkretisiert ist. Dabei geht es um die Befugnis des Einzelnen, selbst zu entscheiden, wann und innerhalb welcher Grenzen persönliche Lebenssachverhalte und Informationen offenbart werden.

(cc) Die Objektformel

Aus einem weiteren Blickwinkel wird das verfassungsrechtliche Menschenbild und damit Sinn und Zweck des Lebensrechts dieses Menschen durch die sogenannte Objektformel[354] beleuchtet. Sie gibt an, wann die Grenze eines zulässigen Eingriffs in die menschliche Freiheit überschritten und mithin der Eigenwert des Menschen verletzt ist. In einer Entscheidung aus dem Jahre 1979, in der das Gericht darüber zu befinden hatte, ob die Abschiebung eines straffällig gewordenen Ausländers u.a. auch aus generalpräventiven Gründen mit dem Grundgesetz vereinbar ist, stellte es fest, daß es der menschlichen Würde widerspreche, den Menschen zum bloßen Objekt des Staates zu machen oder ihn einer Behandlung auszusetzen, die seine Subjektqualität prinzipiell in Frage stelle.[355]

Die Objektformel geht auf Kant zurück, der in seiner Grundlegung zur Metaphysik der Sitten schreibt: „Handle so, daß du die Menschheit in Deiner Person, als in der Person eines jeden anderen jederzeit zugleich als Zweck, niemals bloß als Mittel brauchst."[356]

(dd) Der Sozialbezug des Menschen

Schließlich wird der Mensch vom Bundesverfassungsgericht als der Gemeinschaft bedürftig geschildert, er ist auf Kommunikation angewiesen[357], da sich nur im Miteinander mit anderen die Persönlichkeit des einzelnen entfalten kann.[358] Daraus leitet das Bundesverfassungsgericht Konsequenzen für die Freiheit des einzelnen ab. Wegen der Gemeinschaftsbezogenheit des Menschen ist die menschliche Freiheit nicht "prinzipiell unbegrenzt."[359] Das Menschenbild des Grundgesetzes

---

351 BVerfGE 4, 7, 15 f.
352 BVerfGE 65, 1, 41 ff.
353 BVerfGE 63, 131, 142
354 Zum ersten Mal in BverfGE 7, 53, 57; des weiteren BVerfGE 9, 89, 95; 27, 1, 6; 28, 386, 391 etc.
355 BVerfGE 50, 166, 175
356 Kant, Grundlegung zur Metaphysik der Sitten, S. 52
357 BVerfGE 65, 1, 44
358 BVerfGE 50, 290, 353 f.
359 BVerfGE 45, 187, 227

ist vielmehr das der in der Gemeinschaft stehenden und ihr vielfältig verpflichteten Persönlichkeit.[360] Worin die vielfältigen Verpflichtungen des einzelnen gegenüber der Gemeinschaft bestehen, wird jedoch nicht ausreichend konkretisiert, lediglich mit Ausführungen zur allgemeinen Wehrpflicht wird der Begriff der „der Gemeinschaft verpflichteten Persönlichkeit" verknüpft.[361] Da davon jedoch nur männliche Staatangehörige im wehrfähigen Alter betroffen sind, erklären diese Ausführungen nicht hinreichend, worin die vielfältigen Verpflichtungen des Menschen gegenüber der Gemeinschaft bestehen.

bb) Ergebnis

Zusammenfassend ist somit festzustellen, daß das Menschenbild des Grundgesetzes in seiner Konkretisierung durch das Bundesverfassungsgericht als Hauptcharakteristika den Eigenwert der Person und die menschliche Sozialgebundenheit beinhaltet. Diese Werte müssen mindestens potentiell noch vorhanden sein.

Da das Gehirn, dessen Funktion nicht ersetzt bzw. künstlich substituiert werden kann[362], die Aufgabe der Integration des Leibes und der Informationsverarbeitung wie Wahrnehmung des Körpers und der Umgebung, Austausch von Gedanken, Erzeugen von Bewegungen und Gesten wahrnimmt[363], das Großhirn bzw. die Großhirnrinde für die Personeigenschaften wie Bewußtseinsfähigkeit, Denkfähigkeit und Kommunikationsfähigkeit zuständig ist, könnte man anhand des Menschenbildes der Verfassung zu folgender Definition des Todes des Menschen kommen: Das Leben des menschlichen Individuums endet **spätestens** mit irreversiblem Ausfall seiner Großhirnrinde als Träger der spezifisch menschlichen Eigenschaften bzw. vor Ausbildung der Großhirnrinde mit dem Abschneiden der Chance auf deren potentielle zukünftige Funktionsfähigkeit.

Möglicherweise endet das menschliche Leben nach den aufgezeigten Vorgaben der Verfassung aber auch bereits vor dem Großhirntod, bei menschlichen Wesen, die die Eigenwerte der Person bereits irreversibel vor dem endgültigen Verlust der Großhirnfunktion in ihrer Gesamtheit verloren haben, etwa Sterbende oder geistig Schwerstbehinderte. Eine solche Auffassung, die im Anschluß vorgestellt werden soll, vertritt Dencker.

Die Kritiker dieser Auffassungen, die der Meinung sind, selbst der (Gesamt-) Hirntote sei noch ein lebender Mensch i.S.d. Grundgesetzes, ziehen demgegenüber nicht die Konsequenz, daß keine Explantation vom noch lebenden Hirntoten

---

360 BVerfGE 12, 45, 51

361 BVerfGE 12, 45, 51

362 Spittler, Universitas 1995, S. 319 f.

363 Spittler, Ethik in der Medizin 1995, S. 139

möglich sein soll, sondern sind der Ansicht, bei vorheriger Zustimmung des Betroffenen sei eine Organentnahme zulässig.[364] Damit setzen sie die Situation vor einer Explantation lebenswichtiger Organe mit der Situation vor einer Sterbehilfe gleich. Eine Verbindung zur Sterbehilfe ist insbesondere durch die gemeinsame Grundvoraussetzung des irreversiblen Prozesses gegeben.[365] Wenn man diesen Gedanken aufgreift, ist es für die übergeordnete Frage nach der strafrechtlichen Relevanz des ärztlichen Handelns bezogen auf die Explantation vom (gesamt-)hirntoten Organspender von Interesse zu untersuchen, welche Grenzen Rechtsprechung und Rechtslehre bei der Beantwortung der Frage nach der Zulässigkeit der Sterbehilfe setzen, und ob diese Regeln auf die Organexplantation übertragbar sind. Dann verschiebt sich die Untersuchung des strafrechtlichen Lebensschutzes im Wirklichkeitsbereich der Organexplantation allerdings von der Findung eines Menschenbildes, das den Schutzbereich des Rechtsgutes Mensch ausfüllt, auf die Bestimmung der Grenzen der deliktischen Handlung „Tötung eines Menschen". Da diese Fragen nicht zum Schutzbereich des Rechtsgutes Mensch gehören, sollen sie nach Klärung der Grenze von Leben und Tod eines Menschen in einem Sonderkapitel unten unter B. diskutiert werden.

d) Die Meinung Denckers: Der Tod des Menschen als Abschneiden einer weiteren Lebenschance

Eine Ansicht, die das Ende des Menschen und damit das Ende seines Lebensschutzes bereits vor Eintritt des Kortikaltodes ansiedelt, vertritt Dencker. Für ihn[366] endet das menschliche Leben bereits vor dem (endgültigen) vollständigen Funktionsverlust derjenigen Hirnregionen, die für die höheren geistigen Leistungen wie (Selbst)Bewußtsein und Kommunikation zuständig sind. Seiner Meinung nach müßte der Erfolg der Tötungsdelikte bereits dann als eingetreten konstatiert werden können, wenn das Opfer 1. irreversible, schwere Hirnverletzungen aufweist, die 2. zwangsläufig zum endgültigen Erlöschen der gesamten Hirntätigkeit binnen kurzer Zeit führen, bei 3. schon eingetretener dauerhafter Bewußtlosigkeit des Opfers.[367] Er beruft sich zur Stützung seiner These auf eine Entscheidung des BGH vom 12.2.1992.[368] Es war über folgenden Sachverhalt zu entscheiden:

Dem Opfer wurden zunächst von einem Ersttäter mit einem Hammer schwere Schädelverletzungen beigebracht, die für sich allein bereits zum Tode geführt hätten. Ein Zweittäter verkürzt jedoch zu Verdeckungszwecken diesen Sterbeprozeß, indem er das Opfer am Türgriff aufhängt, was zu dessen Strangulierungstod

364 Höfling, JZ 1995, S. 33; ders. MedR 1996, S. 8; Rixen, Lebensschutz am Lebensende, S. 390

365 Rixen, Lebensschutz am Lebensende, S. 157

366 NStZ 1992, S. 311 - 315

367 Denker, NStZ 1992, S. 313

368 NStZ 1992, S. 333

führt. Jede Handlung hätte für sich allein den Tod herbeigeführt, die letztere lediglich schneller als die erstere. Das bewußtlose Opfer, das "alsbald danach" auch ohne Strangulierung jedenfalls gestorben wäre, befand sich in "einem Zustand der Bewußtlosigkeit als Vorstadium des unabwendbar bevorstehenden Todes" schon am "Beginn des Sterbens" - also offenbar in einem Zustand irreversibler Bewußtlosigkeit. Er war somit zwar noch nicht tot, aber auch nicht mehr zu retten.

Dieses Abschneiden einer weiteren Lebenschance möchte Denker nun mit dem Tod gleichsetzen, indem er das Rechtsgut Leben in einem solchen Fall nicht mehr für schützenswert und den Erfolg der Tötungsdelikte als bereits eingetreten erklärt.[369] Er wehrt sich gegen die Fixierung des strafrechtlichen Erfolges "Tod" auf einen bestimmten (Zeit-) "Punkt" im Rahmen eines physiologischen Geschehens und betont den Prozeß zwischen "Leben" und "Sterben", dessen Übergänge und Stadien sich genausowenig als vorgegeben erfassen ließen wie der Prozeß am Beginn des Lebens. Der letzte Funke von Hirntätigkeit habe ebensowenig Prägnanz wie z.B. der letzte Herzschlag.
Die Rede vom strafrechtlichen Todeszeit-"punkt" hänge zusammen mit der im Strafrecht verbreiteten Auffassung, nach der strafrechtlich relevante Erfolge Ereignisse in der realen Welt und durch abstrakte Beschreibung des jeweiligen Ereignischarakters definibel seien. Dies zeige sich im Hirntodkriterium. Wie für jeden Erfolg gelte jedoch auch für den strafrechtlichen Todeserfolg, daß er vollständig nicht als Ereignis begriffen werden kann, sondern nur als Beschreibung einer (negativen Wert-)Differenz. Danach sei der Erfolg der §§ 211 ff. StGB nicht im (Hirn-)"Tod" eines Menschen zu sehen, sondern in einer "**Lebensverkürzung**".[370] Nicht das Verursachen eines konkreten Todeserfolges (z.B. "Strangulierungs-" oder "Hammerschlag"-Tod) sei töten im Sinne dieser Tatbestände, sondern das Abschneiden einer Chance zu weiterem Leben. Nach früheren medizinischen Erfahrungen fehlte diese weitere Lebenschance bei Herz-Kreislauf-Stillstand, nach heutigen Erkenntnissen bei Verlust der Hirnfunktionen, da dann kein menschlich bewußtes Leben mehr möglich ist.

Unaufhaltsam verlöschendes, infolge irreversiblen Bewußtseinsverlustes geschädigtes Leben braucht der Arzt nicht zu erhalten. Er darf es durch Abschalten von Erhaltungssystemen beenden.[371] Er tötete dann deshalb nicht, weil das, was er nicht ermöglicht bzw. "abschaltet" für den Patienten keinerlei Chance auf ein weiteres "Leben im materialen Sinne" mehr enthalte, obwohl noch Hirnstromaktivitäten meßbar sein könnten. Solche physiologischen Funktionen vor dem endgültigen "Hirntod" seien unter bestimmten Voraussetzungen kein durch die Tö-

---

369 Dencker, NStZ 1992, S. 314
370 So auch SK-Horn, § 212, Rn. 22 m.w.N.
371 Lackner, Vor § 211, Rn. 8 m.w.N.

tungstatbestände strafrechtlich geschütztes Leben mehr, das Herbeiführen dieser Voraussetzungen sei dann seinerseits schon vollendetes Töten.[372] Konsequenterweise könne das Beenden dieser Restfunktionen dann nicht als vom objektiven Tatbestand der Tötungsdelikte erfaßt angesehen werden, weswegen die Strangulierungshandlung des zweiten Täters in dem vom BGH entschiedenen Fall nicht als Tötungshandlung hätte eingestuft werden können, wäre er Mitangeklagter gewesen.

Den Konsequenzen, die Transplantationsmediziner aus dieser rechtlichen Konsequenz ziehen könnten, sollten arztrechtliche Regelungen begegnen, nicht strafrechtliche. Es handele sich zwar bei einer Explantation zum Zeitpunkt einer infausten Prognose, die mit dem passiven "Abbrechen" von Erhaltungsmaßnahmen nicht ohne weiteres vergleichbar sind[373], um eine beängstigende "Tabu"-Verletzung, die aber nicht die Qualität einer Tötungshandlung beinhalte.[374] Die Strafandrohung der Tötungsdelikte sei dementsprechend zu hoch für solche Tabuverletzungen.

Bei einer bereits eingetretenen dauerhaften Bewußtlosigkeit besitzt das Individuum nicht mehr die Potentialität des Menschlichen, auch wenn noch Resthirn- und auch Restgroßhirnfunktionen vorhanden sein sollten. Dencker knüpft somit ebenfalls an den Verlust der potentiellen Bewußtseinsleistungen des Menschen an.

e) Die Hirnstammtodformulierung: Verlust der Fähigkeit zur Spontanatmung und zu bewußtem personalen Sein

Die in Großbritannien und Polen anerkannte Hirnstammtodformulierung[375] sieht den Ausfall der Funktion des Hirnstamms in Verbindung mit dauerhafter Apnoe als maßgeblich für das Ende des menschlichen Lebens an. Wie das Gesamthirntodkonzept, das den Tod von Hirnstamm und Großhirn als Todeszeichen verlangt, beruht auch die Hirnstammtodformulierung auf dem Gedanken, daß das Spezifikum des menschlichen Lebens weder allein im biologischen Funktionieren von isolierten Körperfunktionen noch ausschließlich im Vorhandensein kognitiver Fähigkeiten zu sehen sei. Da beide Komponenten in ihrem Zusammenspiel den Menschen erst ausmachten, trete der Tod des Menschen mit dem unwiderruflichen Verlust der Fähigkeit zur Spontanatmung als der maßgeblichen Körperfunktion und dem Verlust der Fähigkeit zu bewußtem personalem Sein als der maßgeblichen kognitiven Fähigkeit ein.[376] Mit dem Verlust der Fähigkeit zu bewußtem

---

372 Dencker, NStZ 1992, S. 314

373 Dazu näher unten unter B. die Entscheidung des BGH zur Sterbehilfe (BGHSt 40, 257 ff.)

374 Dencker, NStZ 1992, S. 315

375 Nickel, S. 102

376 Lamb, S. 48-50; Skegg, S. 189-190

personalem Sein ist hier die Fähigkeit zu einer Grundwachheit gemeint (s.o. III., 1.), ohne die die höheren kognitiven Fähigkeiten der Großhirnrinde nicht zum Tragen kämen.

Es kann dabei nur die Fähigkeit, das Potential zu Atmung und Bewußtsein gefordert werden und nicht deren tatsächliche Ausprägung, da sonst Patienten bei einer Operation am offenen Herzen zum Beispiel, deren Herzstillstand kontrolliert herbeigeführt wurde und die aufgrund der Narkose bewußtlos sind, tot wären. Diese Patienten atmen aber nach Beendigung des Eingriffs wieder spontan und sind bei Bewußtsein. Die Fähigkeiten hierzu hatten sie nie verloren. Weil diese beiden Funktionen vom Hirnstamm kontrolliert werden, stelle nach dieser Auffassung der Tod des Hirnstamms den Tod des Menschen dar.

f) Das Konzept Peter Singers: Der Präferenz-Utilitarismus

In der aktuellen Diskussion um den Personenbegriff wird das Konzept des australischen Philosophen und Bioethikers Peter Singer am häufigsten diskutiert.[377] Singer sieht als Grundlage für die Zuschreibung eines Lebensrechts von der Artnatur des Menschen gänzlich ab und schreibt allen empfindungsfähigen Lebewesen, die einen bestimmten Empfindungsgrad erreichen, die Eigenschaft "Person“ zu. Den Personbegriff führt er auf das lateinische Wort „persona“ zurück, das Wort für die Maske, die die Schauspieler im antiken Drama trugen. Indem die Schauspieler eine Maske benutzten zeigten sie an, daß sie eine Rolle spielten. In der Folgezeit erhielt „Person“ dann die Bedeutung eines Menschen, der eine Rolle im Leben spielt, eines Handelnden.[378]

Nach Singer gibt es Menschen, die keine Personen sind, wie es auch Personen gibt, die keine Menschen sind. Er gründet seinen Personenbegriff auf der Abwägung bzw. Gleichbehandlung von Interessen. Im Vordergrund steht hierbei das fundamentale Interesse, Schmerz- und Leidempfindung zu minimieren, Glück und Lust zu maximieren.[379] Die Fähigkeit zu leiden ist jene entscheidende Eigenschaft, die einem Lebewesen einen Anspruch auf gleiche Interessenabwägung verleiht. Als Träger dieses Interesses kommen nach Singer prinzipiell alle empfindungsfähigen Lebewesen in Frage. Nur dann sei das grundlegende Prinzip der Gleichheit der existierenden Wesen auf eine vernünftige moralische Basis gestellt.[380]

---

377 z.B. Hoerster, Neugeborene und das Recht auf Leben, S. 29 ff.; Schwerdt, Eine Ethik für die Altenpflege, S. 29 ff., Hallaschka, S. 10 ff.

378 Singer, S. 120

379 Singer, S. 124

380 Singer, S. 82 ff.

Die biologischen Fakten, an die unsere Gattung gebunden ist, sollen dagegen keine moralische Bedeutung haben, wenn es um den Schutz des Lebens geht. Die gegenteilige Ansicht gehe auf das Christentum zurück, das eine spezifisch theologische Motivation hatte, die Wichtigkeit der Zugehörigkeit zur Species zu propagieren: Der Glaube, alle von menschlichen Eltern geborenen seien unsterblich und zu ewiger Seligkeit oder immerwährender Qual vorherbestimmt. Mit diesem Glauben bekam das Töten eines Homo sapiens eine schreckliche Tragweite, weil dadurch ein Wesen seinem ewigen Schicksal überliefert wurde. Ein zweites christliches Argument gegen die Tötung eines Menschen sei der Glaube, daß der Mensch durch die Schöpfung durch Gott dessen Eigentum sei. Einen Menschen zu töten sei deshalb dieselbe Sünde gegen Gott wie gegen einen Herrn, dessen Sklaven man tötet.[381]

Diese christlich geprägte Annahme des Lebensrechts aufgrund der Artzugehörigkeit brächte uns in dieselbe Position wie die Rassisten, die denen den Vorzug geben, die zu ihrer Rasse gehören.[382] Rassisten verletzen das Prinzip der Gleichheit, indem sie bei einer Kollision ihrer eigenen Interessen mit denen einer anderen Rasse den Interessen von Mitgliedern ihrer eigenen Rasse ein größeres Gewicht beimessen. Wenn ein Wesen leidet, verlange es aber das Gleichheitsprinzip, daß sein Leiden ebenso zähle wie das gleiche Leiden eines anderen Wesens. Ist ein Wesen dagegen nicht fähig, Freude oder Glück oder Leid zu erfahren, dann gibt es auch nichts zu berücksichtigen.[383]

Über das bewußte, zum Leid und zur Freude fähige Wesen stellt Singer das **selbstbewußte Wesen** mit den Indikatoren des Mensch- und Personseins: Selbstkontrolle, Sinn für Zukunft, Sinn für Vergangenheit, die Fähigkeit mit anderen Beziehungen zu knüpfen.[384] Nur diesem Wesen wird ein absolutes Lebensrecht zugesprochen. Der Fötus, das neugeborene Kind und das schwerst geistig behinderte Kind hätten diese Eigenschaften nicht.[385]

Wenn ein Wesen unfähig sei, sich selbst als in der Zeit existierend zu begreifen und somit einen Sinn für die eigene Zukunft zu haben, bräuchte nicht auf die Möglichkeit Rücksicht genommen werden, daß es wegen der Verkürzung seiner künftigen Existenz beunruhigt sein könnte.[386] Daher mache es, was den Lebensschutz angeht, keinen Unterschied, ob man eine Schnecke oder ein neugeborenes Kind töte, weil beide Wesen gleich unfähig sind, den Wunsch zu überleben an

---

381 Singer, S. 122
382 Singer, S. 121
383 Singer, S. 85 f.
384 Singer, S. 118
385 Singer, S. 119
386 Singer, S. 124 f., 130 f.

ihre Zukunft zu richten.[387] Ein Neugeborenes ist nicht imstande, sich selbst als ein Wesen zu sehen, das eine Zukunft haben kann oder nicht. Daher hat es auch keinen Wunsch weiterzuleben. Wenn ein Recht auf Leben auf der Fähigkeit beruhen muß, weiterleben zu wollen, und nur Vernunftbegabte und selbstbewußte Wesen diese Fähigkeit haben[388], dann könne nach Singer weder ein Neugeborenes noch ein aufgrund von Hirnverletzungen geistig zurückgebliebener Mensch ein Recht auf Leben haben. Diese Wesen zu töten, hieße nicht, daß man das Prinzip des Respekts vor der Autonomie verletze.[389] Das Leben eines Wesens, das keine bewußten Erlebnisse hat, verfüge über keinen Wert an sich.[390]

Nach den Grundsätzen des **klassischen Utilitarismus** hätte allerdings auch die Tatsache, daß Wünsche für die Zukunft unerfüllt blieben, wenn Menschen sterben, keine unmittelbare Bedeutung. Wenn man sofort stirbt, spielt es für die Summe von Lust oder Leid, die man erfährt, keine Rolle, ob man irgendwelche Wünsche für die Zukunft hat. Ein Verbot, Menschen zu töten, könnten klassische Utilitaristen daher nur aus dem indirekten Grund verteidigen, daß ein Verbot das Glück der Menschen steigert, die anderenfalls darüber beunruhigt sein müßten, möglicherweise getötet zu werden. Grund für das Verbot wäre dann allerdings nicht das dem Opfer zugefügte Unrecht, sondern dessen Wirkung auf andere.[391] Bezogen auf die Summe von Lust und Leid in der Welt wären danach auch selbstbewußte Wesen/Personen jederzeit ersetzbar.

Singer dagegen will dem Unterschied zwischen lediglich bewußten und selbstbewußten Wesen durch seine Version des **Präferenz-Utilitarismus**, den er auf die Personen anwenden will, mehr Gewicht beimessen. Diese Version des Utilitarismus beurteilt Handlungen nicht nach ihrer Tendenz zur Maximierung von Lust und Minimierung von Leid, sondern nach dem Grad, in dem sie mit den Präferenzen der von den Handlungen oder ihren Konsequenzen betroffenen Wesen übereinstimmt. Die Interessen einer Person werden als das genommen, was sie, nach Abwägung aller relevanten Fakten vorzieht. Eine Handlung, die der Präferenz eines Wesens entgegensteht, ohne daß diese Präferenz durch entgegengesetzte Präferenzen ausgeglichen wird, ist danach moralisch falsch. Eine Person zu töten, die es vorzieht weiterzuleben, ist unrecht. Für einen Präferenz-Utilitaristen ist die Tötung einer Person in der Regel schlimmer als die Tötung eines anderen Wesens, weil Personen in ihren Präferenzen sehr zukunftsorientiert sind.[392]

387 Singer, S. 123
388 Singer, S. 123 ff.
389 Singer, S. 134
390 Singer, S. 128
391 Singer, S. 124 f.
392 Singer, S. 128 f.

Ein Wesen, daß sich nicht selbst als eine Entität mit einer Zukunft sehen kann, kann dagegen keine Präferenz hinsichtlich seiner eigenen zukünftigen Existenz haben. Es kann lediglich eine Präferenz für das Aufhören eines Zustandes, der als schmerzlich oder bedrohend empfunden wird, haben. Das Verhalten eines Fisches am Angelhaken z.B. legt es nahe, Fische nicht mit dieser Methode zu töten, aber es liefert keinen präferenz-utilitaristischen Grund dagegen, Fische mit einer Methode zu töten, die sofort zum Tod führt, ohne Schmerz und Elend zu verursachen, da der Fisch nicht fähig ist, seine eigene künftige Existenz der Nicht-Existenz vorzuziehen.[393]

Nach diesem Konzept wäre es somit moralisch gerechtfertigt, neugeborene Kinder, aber auch Alte oder Behinderte, sobald sie durch Unfall oder altersbedingte Gehirnzersetzung einen Zustand der Bewußtlosigkeit bzw. der Unfähigkeit zu Bildung von Wünschen und Präferenzen für die eigene Zukunft erreicht haben, zu töten, da sie ihre Personeigenschaften und damit ihr Lebensrecht verloren hätten. Auf der anderen Seite gälten gesunde und ausgewachsene Schimpansen und Delphine als Personen, wodurch es ein moralisches Unrecht darstellte, sie zu töten. Bloß biologisches Leben sei im Gegensatz zu biografischem Leben ersetzbar.[394]

Singers Auffassung geht hinsichtlich der Abwägbarkeit der Präferenzen und Interessen unter den Wesen über die Lehren von Kant, Lockes, Descartes usw. weit hinaus. Nach seiner Definition von „nur bewußtem Wesen" sieht er es als „richtig" an, wenn eine Präferenz zum Weiterleben, die vernichtet wird, durch die Erhaltung einer lustvolleren, höherwertigeren oder auch durch die Erhaltung der Präferenzen mehrerer Individuen, ausgeglichen würde. Wendet man dieses Konzept zum Beispiel auf die Organtransplantation an, so kommt man zu dem Ergebnis, daß – nach Singers Definition von nur bewußtem Leben - durch die Aufteilung der Organe eines z.B. schwerst geistig behinderten/altersdementen Wesens auf mehrere andere, geistig gesunde Wesen die Präferenz des „Spenders" vielfach aufgewogen würde. Bei einer „Person" wäre eine solche Aufteilung jedenfalls dann moralisch gerechtfertigt, wenn die „Person" in ihrem Leben mehr leidvolle als lustvolle Erlebnisse hätte und daher keine Präferenz hinsichtlich ihres Überlebens hat. Wer zu beurteilen hat, wo die Grenze liegt - insbesondere dann, wenn der Betroffene nicht mehr die Einsichtsfähigkeit besitzt, sich insoweit einzulassen – bleibt jedoch offen.

Für Babys gilt, daß es falsch wäre, dem Baby rückblickend ein Interesse am Leben zuzuschreiben. Das Baby könne nicht die Entwicklung zu der Art von Wesen vorhersehen, das die Person später ist. Die Person könne sich auch nicht an das Baby

---

393 Singer, S. 129
394 Singer, S. 166

erinnern, es gäbe insoweit keine mentalen Verbindungen. Die Fortsetzung der Existenz könne nicht im Interesse eines Wesens liegen, das nie die Vorstellung eines fortdauernden Selbst gehabt habe.[395] Der Aspekt der **Potentialität** spielt in Singers Konzept somit keine Rolle. Probleme im Zusammenhang mit schlafenden oder bewußtlosen Menschen vermeidet Singer jedoch durch die Formulierung, um ein Recht auf Leben zu haben, müsse man wenigstens irgendwann die Vorstellung einer fortdauernden Existenz (gehabt) haben. Der Wunsch, das Leben fortzusetzen ende nicht, wenn man einmal nicht bewußt an diese Dinge denke.[396] Offen bleibt, ob diese Aussage auch für irreversibel Komatöse gelten würde oder für Menschen, die erst durch ein später in ihrem Leben liegendes Ereignis eine schwere geistige Behinderung erworben haben.

Für von Geburt an geistig schwer behinderte Wesen sieht Singer allenfalls ein indirektes Argument für ein Lebensrecht in der Wirkung ihrer Tötung auf deren Angehörige.[397]

Der Fötus, der, was sein Überleben angeht, völlig von der Mutter abhängig sei, habe schon deshalb kein von ihren Wünschen unabhängiges Lebensrecht.[398] Zudem besitzt er eben nicht die für Singer moralisch relevanten Eigenschaften wie Rationalität, Selbstbewußtsein, Bewußtsein, Autonomie, Lust- und Schmerzempfinden.[399] Seine Zugehörigkeit zur Species Homo sapiens werde allenfalls dann wichtig, wenn man ihn als potentielles, reifes menschliches Wesen betrachte. Zwar treffe zu, daß die potentielle Rationalität, das potentielle Selbstbewußtsein usw. eines fötalen Homo sapiens weit über das hinausgeht, was eine Kuh oder ein Schwein aufzuweisen haben, daraus folgt nach Singer jedoch nicht, daß der Fötus deshalb einen größeren Anspruch auf Leben hat.[400] Es gebe keine Regel, die besagt, daß ein potentielles X denselben Wert oder alle Recht von X hat. Wer ein lebendes Huhn in kochendes Wasser werfe, handele viel schlimmer als jemand, der dasselbe mit einem Ei mache.[401]

Ab wann aber soll der Fötus dann Schutz genießen? Nach Singer sei es vernünftig, den frühestmöglichen Zeitpunkt der Empfindungsfähigkeit als Grenze anzusetzen. Da der Teil des Gehirns, der mit Schmerzempfindung oder allgemeiner mit Bewußtseinsbildung in Verbindung steht, die Großhirnrinde ist, und diese bis zur 18. Schwangerschaftswoche nicht so weit entwickelt ist, daß sich synaptische

---

395 Singer, S. 132
396 Singer, S. 133
397 Singer, S. 173
398 Singer, S. 184
399 Singer, S. 197
400 Singer, S. 198 f.
401 Singer, S. 199

Vorgänge in ihr abspielen, gibt es davor kaum einen vernünftigen Grund für die Annahme, daß ein Fötus vor schädigenden Eingriffen – z.B. der Forschung – zu schützen sei. Vor der 18. Schwangerschaftswoche durchgeführt sei ein Schwangerschaftsabbruch somit moralisch neutral. Auch zu einem späteren Zeitpunkt vorgenommen und mit Schmerz verbunden, könnten Schwangerschaftsabbrüche gerechtfertigt sein, wenn sich dadurch größeres Leid verhindern ließe, etwa indem das Leben eines Kindes gerettet werden könnte, das an einer Störung des Immunsystems leidet, oder indem man bei einer älteren Person die Parkinsonsche oder Alzheimersche Krankheit erfolgreich behandelt, wofür sich fötales Gewebe besonders gut eigne.[402]

Das Argument der Beunruhigung anderer Personen in der Gesellschaft, das indirekt gegen das Töten von Personen spreche, lasse sich auf Föten und auch auf neugeborene Säuglinge nicht anwenden, da sich die Person dadurch nicht bedroht fühlte. „Sind wir einmal alt genug, um diese Vorgehensweise zu verstehen, sind wir bereits zu alt, um von ihr bedroht zu werden.“[403] Ab wann aber ist der geborene Mensch dann zu schützen? Selbst wenn man mit zwei- oder dreijährigen Kindern spreche, sei es gewöhnlich sehr schwierig, ihnen eine zusammenhängende Vorstellung vom Tod zu entlocken. Wenn Rechte auf dem Spiel stünden, sollten wir uns nach Singer aber lieber auf der sicheren Seite irren. Daher ist es für Singer durchaus nachvollziehbar – angesiedelt auf der Ebene der Rechtsordnung und Gesetzgebung – das Gesetz über Mord weiterhin bereits unmittelbar nach der Geburt anzuwenden, weil diese die einzige scharfe, deutliche und leicht verständliche Grenzlinie darstelle. Aus rein moralischen Gründen jedoch trete das volle gesetzlich verankerte Recht auf Leben nicht **mit der Geburt** in Kraft, sondern erst etwa **einen Monat nach der Geburt** – unter Zugrundelegung eines hohen Sicherheitsspielraums.[404]

Einen Säugling zu töten, dessen Eltern das nicht wollen, stehe widerum auf einem anderen Blatt.[405] Würden zur Welt gekommene Wesen bis ca. 1 Monat danach nicht als Wesen mit einem Recht auf Leben betrachtet, könnten die Eltern behindert zur Welt gekommener Kinder dagegen wesentlich freier mit den Ärzten eine Entscheidung treffen, die das Gesamtwohl der Familie zur Grundlage hätte.[406] Sowohl nach dem Klassischen als auch nach dem Präferenz-Utilitarismus hätte das geschädigte Neugeborene kein eigenständiges Lebensrecht. Der Klassische Utilitarismus ließe eine Zurückweisung des geschädigten Kindes zugunsten eines

---

402 Singer, S. 213 ff.
403 Singer, S. 221
404 Singer, S. 223
405 Singer, S. 224
406 Singer, S. 243

potentiellen gesunden Kindes zu.[407] Der Präferenz-Utilitarismus würde auf eine Bilanz von Glück und Unglück für das Leben mit der Behinderung abstellen, die von außen aufgestellt werden könnte, da das Kind selbst noch nicht in der Lage ist, sich selbst als eine distinkte Entität mit einem eigenständigen Leben zu betrachten. Daher gelte für Neugeborene oder noch frühere Stadien des menschlichen Lebens – und nur für sie – die Ersetzbarkeit als eine moralisch akzeptable Option.[408]

Der Einwand, es sei Unrecht, einen Fötus oder ein Neugeborenes zu ersetzen, weil dadurch heute lebenden Behinderten suggeriert werde, ihr Leben sei weniger lebenswert als das Leben derer, die nicht behindert seien, greife nicht, da das hieße, die Realität zu verkennen, leugnete man, daß im Durchschnitt gesehen, eine Behinderung den Lebenswert mindere.[409]

Singer gesteht somit ein eigenständiges Lebensrecht, unabhängig vom Willen anderer – insbesondere der Eltern – nur aktuellen Personen, ab 1 Monat nach der Geburt zu. So konsequent dieses Konzept auch auf den ersten Blick ist, man sollte sich dennoch vor Augen halten, daß Singer mit seiner Darlegung nicht die Absicht verfolgte, den Status der Menschen zu senken, sondern den der Tiere zu heben mit dem Ziel, ihnen ebensolche Rücksichtnahme angedeihen zu lassen, wie sie heute gegenüber den geistig behinderten Menschen üblich ist.[410] Er schließt auch nicht aus, daß es richtig sein kann, mit Rücksicht auf die Eltern oder aus normativen Gründen den Behinderten ein Lebensrecht zuzusprechen, materiell gesehen hätten sie allerdings seiner Überzeugung nach vor dem Hintergrund seines Personverständnisses keines.

g) Das Konzept Norbert Hoersters: Die Interessentheorie

Norbert Hoerster untersucht die Frage nach einem Lebensrecht für die menschliche Leibesfrucht unter rechtsethischen Gesichtspunkten. Dabei geht er davon aus, daß sich de lege lata der Begriff „jeder" in Art. 2 II 1 GG sowohl als „jedes menschliche Wesen" als auch im Sinne von „jeder geborene Mensch" verstehen läßt. Seine Untersuchung setzt sich zur Klärung der Frage nach den Grenzen des Menschseins ein eindeutige Aussage de lege ferenda zum Ziel.[411]

---

407 Singer, S. 240
408 Singer, S. 241
409 Singer, S. 241
410 Singer, S. 109 f., S. 176
411 Hoerster, JuS 1989, S. 173

aa) Mitglieder der biologischen Gattung „Mensch"

Zunächst wirft er die Frage auf, ob die Mitgliedschaft in der biologischen Gattung „Mensch" eine hinreichende Begründung für ein Lebensrecht darstellen kann. Die menschliche Leibesfrucht sei ohne Zweifel vom Zeitpunkt der Befruchtung an ein individuelles, eigenständiges Mitglied der biologischen Gattung „Mensch" und nicht bloß ein Teil der Mutter, der sich im Moment der Geburt plötzlich in ein menschliches Individuum verwandelt.[412] Folglich wäre es zwingend, dem nasciturus ein Lebensrecht einzuräumen, wenn die bloße Zugehörigkeit zur biologischen Gattung „Mensch" ausreichte zur Begründung eines solchen Rechts.

Nach Hoerster ist es jedoch völlig willkürlich, die bloße Zugehörigkeit zu irgendeiner biologischen Art oder Gattung zur Grundlage der Einräumung eines Lebensrechts zu machen, nicht weniger willkürlich als die bloße Rassenzugehörigkeit oder die bloße Geschlechtszugehörigkeit als Anknüpfungspunkt für die Einräumung irgendwelcher Rechte. Insofern stimmt er mit Singer völlig überein. Mit Recht habe man in der Moralphilosophie ein solches Vorgehen – in Analogie zu dem in der Bevorzugung einer bestimmten Rasse liegenden „Rassismus" als „Speziesismus" gebrandmarkt. Schwarzen oder Frauen beispielsweise das politische Wahlrecht zu versagen, wäre nur dann legitim, wenn nur Weiße oder nur Männer aus biologischen Gründen eine hinreichende politische Einsichtsfähigkeit besäßen.[413] So wurde die Anknüpfung von Rechten an die Zugehörigkeit zu einer Gattung als „Speziesismus" gebrandmarkt.[414]

Daher müsse man sich fragen, wenn z.B. das Wahlrecht an die politische Einsichtsfähigkeit geknüpft ist, welche Fähigkeiten und Eigenschaften im Hinblick auf das Lebensrecht relevant sind, welchen Angehörigen der Gattung „Mensch" man aus gutem Grund ein Lebensrecht einräumen sollte.[415]

bb) Fühlende Wesen

Hoersters nächster Ansatz für die Begründung eines Lebensrecht ist das fühlende Wesen mit ausgebildetem Zentralnervensystem und Bewußtsein. Ein solches schmerzempfindliches Wesen sei der Nasciturus etwa mit Beginn des fünften Lebensmonats. Sofern jedoch die Eigenschaft, ein fühlendes Wesen zu sein, als ausreichender Grund für die Einräumung eines Lebensrechts angesehen werden soll, müßte man konseqenterweise nicht nur dem Nasciturus im späteren Stadium seiner Existenz, sondern auch vielen Tieren ein entsprechendes Lebensrecht einräu-

---

412 Hoerster, JuS 1989, S. 174

413 Hoerster, JuS 1989, S. 174

414 Singer, S. 82 ff.

415 Hoerster, JuS 1989, S. 174

men, eine Konsequenz, die jedenfalls den moralischen und rechtlichen Traditionen der abendländisch-christlichen Gesellschaft vollkommen widerspräche.[416]

Zudem fehle es an hinreichend positiven Gründen, einem bloß fühlenden Wesen ein Lebensrecht einzuräumen, da es, wenn es keine darüber hinausgehenden Bewußtseinsqualitäten besitzt, nicht über den jeweiligen Augenblick hinaus lebt, womit es durch einen schmerzlosen und unvorhergesehenen Tod in seinem Daseinsempfinden und damit in seiner Lebensqualität nicht beeinträchtigt werde. Insbesondere leide es nicht bereits darunter, daß in der Gesellschaft, in der es zu leben hat, keine Norm existiert, die seine Tötung verbietet. Folglich bestehe auch kein ersichtlicher Grund, einem bloß fühlenden Wesen zuliebe eine solche Norm in Geltung zu setzen und ihm durch Gewährung eines eigenständigen Lebensrechtes ein möglichst langes Leben zu sichern.[417]

Hinsichtlich der Verneinung der Frage nach einem Lebensrecht für fühlende Wesen stimmt Hoerster somit im Ergebnis weiterhin mit Singer überein, wenn Singer auch Tieren gerade ein Lebensrecht zugestehen will, weil er sie nicht nur unter die fühlenden, sondern unter die personalen Wesen subsumiert.[418]

cc) Personale Wesen

Unter einem personalen Wesen bzw. einer Person versteht Hoerster ein Wesen, daß nicht nur im Augenblick lebt, sondern das Bewußtsein seiner Identität im Zeitablauf hat. Es besitzt nicht nur wie ein Tier Vergangenheit und Zukunft, sondern versteht sich dank seines Ichbewußtseins als dasselbe Wesen mit Vergangenheit und Zukunft. Außerdem ist es dank seiner Rationalität in der Lage, seine Zukunft planend zu gestalten. Ein in diesem Sinne personales Wesen habe Bedürfnisse und Interessen, die über sein momentanes Dasein weit hinausgehen, insbesondere ein Interesse daran, möglichst lange zu leben.[419] Solche Wesen können demnach bereits in der Gegenwart unter der Vorstellung künftigen Todeseintritts massiv leiden. Ein menschliches Leben in einer Gesellschaft, die das gegenseitige Töten freigibt, verlöre für jedermann radikal an Qualität.[420]

Hoerster zufolge gibt es folglich einen guten Grund für die Einräumung eines Lebensrechts für personale Wesen. Nicht einmal bei einem Neugeborenen, das man problemlos beobachten kann, ist jedoch ein Anzeichen von aktueller, d.h. gegen-

---

416 Hoerster, JuS 1989, S. 175
417 Hoerster, JuS 1989, S. 175
418 Singer, S. 147 ff.
419 Hoerster, JuS 1989, S. 175
420 Hoerster, JuS 1989, S. 175

wärtig vorhandener Personalität erkennbar. Der Nasciturus wird daher erst recht nicht vom Lebensrecht erfaßt.[421]

dd) Potentiell personale Wesen

Auf dieser Grundlage kommt Hoerster dann dazu, einen Grund für die Gewährung eines Lebensrechts an potentiell personale Wesen zu suchen.[422] Der spezifische Grund, den er für die Einräumung eines Lebensrechts an aktuelle Personen angeführt hat, treffe auf potentielle Personen nicht zu, da eine bloß potentielle Person noch nicht den Wunsch habe, auch in Zukunft zu existieren. Sie könne durch die Aufhebung eines Tötungsverbots so wenig Angst erfahren wie ein Tier. Das Überlebensinteresse könne nicht zurückdatiert werden, da es ein späteres Überlebensinteresse des Neugeborenen, falls das Neugeborene als Neugeborenes getötet wird, überhaupt nicht gäbe.[423] Anderenfalls müsse man konsequenterweise für jeden, einen gegenwärtigen oder zukünftig lebenden Fötus die Abtreibung ablehnen.[424]

Diesen Gedanken in alle Vorlaufstadien des Fötus weiterverfolgend sieht Hoerster die Forderung eines Lebens- und Befruchtungsrechtes jeder bereits lebenden Eizelle im Rahmen des der betreffenden Frau Möglichen und Zumutbaren und ist der Meinung, vom Standpunkt des „Opfers" könne man dieser Konsequenz auch nicht durch die These zu entgehen versuchen, das bloße Unterlassen einer Befruchtung könne mit dem positiven Tun einer Abtreibung keinesfalls gleichgesetzt werden.[425] Man könnte dieser Konsequenz jedoch dadurch entgehen, daß bis zur Befruchtung noch zu viel passieren muß, damit selbst eine potentielle Person entsteht. Vor der Verschmelzung von Ei- und Samenzelle ist der sich selbst programmierende Mechanismus nicht gestartet, der zu einem Wesen führt, das als Träger des Rechtsguts Leben überhaupt in betracht kommen kann. Bis vierzehn Tage nach der Befruchtung kann man noch nicht einmal sagen, ob aus dem Embryo ein oder zwei Individuen entstehen werden.[426] Die Vorstellung, das Lebensrecht durch das Element der Potentialität auf einen Zeitpunkt vor der Befruchtung ausdehnen zu müssen, ist zu weit hergeholt.

Auch Hoersters weitere Beispiele zum Beleg, daß ein Individuum, das bestimmte Rechte aufgrund seines aktuellen Status hat, diese nicht bereits aufgrund seines potentiellen Status gehabt zu haben braucht, muten vor dem Hintergrund, daß das Recht auf Leben in der Debatte steht, eher seltsam an: Der Thronfolger eines le-

---

421 Hoerster, JuS 1989, S. 176
422 So offenbar BVerfGE 39, 41
423 Hoerster, Neugeborene und das Recht auf Leben, S. 18
424 Hoerster, JuS 1989, S. 176
425 Hoerster, JuS 1989, S. 176
426 Singer, S. 179

benden Königs habe keineswegs bereits gegenwärtig alle die Rechte, die der König hat. Und ein Sechzehnjähriger besitze keineswegs jenes politische Wahlrecht, das er in einigen Jahren haben werde.[427] Bei dem Recht auf Leben, das die Grundlage für die genannten Rechte darstellt, kann die Verneinung eines Lebensrechts für potentielle Personen das Lebensrecht der späteren aktuellen Person vereiteln, während die Verneinung des Wahlrechts für einen Sechzehnjährigen nicht zur Folge haben kann, daß die Person das Recht nicht später verwirklichen kann. Das Recht auf Leben garantiert eine stringente Entwicklung, um alle anderen Rechte überhaupt wahrnehmen zu können. Daher ist es mit den von Hoerster in diesem Zusammenhang genannten Beispielen für Rechte nicht vergleichbar.

Hoersters Ansicht nach braucht jemand, der ein Recht auf Leben hat, nicht zuvor ein Recht darauf zu haben, jenen Status der Person zu erreichen, der ihm dieses Recht auf Leben erst verschafft, da aktuell keine Interessen am Weiterleben vorliegen, die seiner Auffassung nach Grund des Lebensschutzes sind.[428]

Hinsichtlich der potentiellen Personalität als Grund für ein Recht auf Leben stellt sich allerdings noch die von Hoerster nicht beantwortete Frage, ob es einen Unterschied macht, wenn Wesen, die einmal eine aktuelle Person waren, nur vorübergehend ihre Personeigenschaften verlieren. Gibt es im Zustand der Bewußtlosigkeit noch ein Recht auf Leben? Immerhin haben diese Wesen einmal ein Interesse am Weiterleben gehabt. Dieses Interesse wurde durch das Schicksal möglicherweise nicht endgültig verletzt, wenn es potentiell wieder aufleben könnte. Außerdem könnte es zur Beunruhigung einer jeden existierenden Person beitragen, wenn sie wüßte, daß sobald ihr Wunsch nach Weiterleben auch nur vorübergehend durch Bewußtlosigkeit erlischt, von ärztlicher Seite her nicht alles zur Genesung Mögliche getan werden muß, da kein Lebensschutz mehr besteht. Durch diese Vorstellung könnte die aktuelle Lebensqualität sinken. Daher ist es fraglich, ob es Ärzten in dieser Situation erlaubt sein soll, ein Recht auf Leben zu verneinen. Ändert sich etwas, wenn das Koma irreversibel ist? Dann gibt es keine potentielle Personalität mehr. Kann man im Koma möglicherweise noch von aktueller Personalität sprechen?[429]

Die Problematik seiner Auffassung, wenn man sie auf Kleinkinder anwendet, sieht Hoerster durchaus. Das typische menschliche Überlebensinteresse bei einem Kleinkind mit ersten Spuren des Ich-Bewußtseins und damit der Fähigkeit zu Zukunftsbezogenen Wünschen setze nicht in einem bestimmten Alter in vollem Umfang und Gewicht urplötzlich ein, sondern entwickele sich in einem allmählichen,

427 Hoerster, JuS 1989, S. 176
428 Hoerster, JuS 1989, S. 177
429 dazu unten i), bb)

dauernden Prozeß, der mit Beginn des vierten Lebensmonats (nach der Geburt) frühestens beginne.[430] Davor habe ein Neugeborenes zwar gewisse Wünsche – etwa den Wunsch zu trinken, das daraus resultierende Lebensinteresse sei jedoch weder kontinuierlicher Natur, noch habe es ein größeres Gewicht als der jeweils eine Wunsch, dessen Erfüllung es dient. Das Neugeborene kann noch nicht wollen, daß es nicht nur gegenwärtig, sondern etwa auch am kommenden Tag zu trinken bekommt. Das typisch menschliche Überlebensinteresse basiere jedoch auf den zukunftsbezogenen, nicht auf den gegenwartsbezogenen Wünschen des Menschen.[431] Nach Hoerster hat das Neugeborene somit jedenfalls kein für die Einräumung eines Rechts auf Leben relevantes Überlebensinteresse.

Daraus will Hoerster aber nicht – wie er es konsequenterweise tun müßte - schließen, daß geborene Menschen erst ab dem vierten Lebensmonat ein Recht auf Leben haben, sondern der Beginn des menschlichen Lebensrechtes dürfe ihm zufolge nicht später als mit dem Zeitpunkt der Geburt angesetzt werden, weil sonst in der Praxis auch das Leben von Kindern, die bereits ein Überlebensinteresse besitzen, in Gefahr geriete.[432]

Eine Rechtsordnung könne sich nicht damit begnügen, ihren Zielvorstellungen einfach durch gleichlautende Normen Ausdruck zu geben, z.B.: „Es ist verboten, einen Menschen mit Beginn seiner Personwerdung zu töten". Diese Norm wäre im Blick auf die soziale Realität und das Normbefolgungsverhalten realer Bürger unpraktikabel. Die Zielvorstellungen müßten vielmehr in solche Normen umgesetzt werden, die für den durchschnittlichen Bürger im Hinblick auf sein konkretes Verhalten einigermaßen leicht verständlich und befolgbar sind. Nur so erreiche die Rechtsordnung eine möglichst weitgehende Verwirklichung ihrer Ziele in der Realität – auch wenn nicht jede einzelne Handlung, die dadurch von der betreffenden Norm erfaßt werde, auch von der betreffenden Zielvorstellung gedeckt sei. Die Grenze der Geburt sei in diesem Sinne praktikabel, weil sie auch der Dümmste in der Praxis relativ leicht anwenden und sich somit normgemäß verhalten könne.[433] Daß jemand ein Dreimonatskind irrtümlich noch für einen Fötus halten könnte, ist ausgeschlossen. Daher sei die Geburtsgrenze offenbar eine Grenze, die einen optimalen Schutz aller menschlichen Individuen, die bereits ein Überlebensinteresse haben könnten, sicherstellt. Demgegenüber gebe es sowohl historische als auch ethnologische Belege dafür, daß eine prinzipiell erlaubte Kindstötung sich praktisch kaum auf die ersten Woche oder Monate nach der Geburt begrenzen ließe, sondern zumindest in Einzelfällen auch auf Kinder jenseits der

---

430 Hoerster, Neugeborene und das Recht auf Leben, S. 45

431 Hoerster, a.a.O., S. 15 f., 22

432 Hoerster, a.a.O., S. 49

433 Hoerster, JuS 1989, S. 178

Dreimonatsgrenze übergreife. Wer das allgemeine Verbot der Kindstötung aufhöbe, müsse also mit der Möglichkeit rechnen, daß Kleinstkinder generell in der Gesellschaft nicht mehr ebenso wie ältere Kinder oder Erwachsene um ihrer selbst willen geschützt und respektiert würden. Daher solle es in Rechtsordnung und Sozialmoral folgende Norm nicht geben: „Jeder Mensch, der das Alter von drei Monaten vollendet hat, besitzt das Recht auf Leben".[434]

Diese Überlegungen beziehen sich jedoch auf die Ebene der eindeutigen Nachweisbarkeit von Lebensinteressen und ihrer Umsetzung in eine Norm, nicht aber auf die eines materiellen Lebensrechts. Materiell ist weder die Geburt noch das Lebensalter, sondern allein das Vorliegen eines Überlebensinteresses der eigentliche Grund für die Einräumung eines Lebensrechtes. Alter bzw. Geburt haben lediglich die Funktion eines äußeren Anknüpfungspunktes, der in der Praxis die größtmögliche Respektierung des Lebensrechtes von menschlichen Individuen mit einem Überlebensinteresse gewährleisten soll.[435] Daher hat nach Hoerster nicht nur die Normalgeburt, sondern auch die Frühgeburt ab der frühestmöglichen natürlichen Lebensfähigkeit (Lungenreife, nach ca. 28 Wochen Leben ohne Beatmung möglich) ein Recht auf Leben, bzw. einen Schutz vor Tötung.[436]

ee) Ergebnis und Vergleich mit Singer

Hoerster vertritt somit eine Interessentheorie, die einem fundamentalen Interesse des Individuums an seiner Existenz selbst dient, das unmittelbar durch Gewährung oder Nichtgewährung dieses Rechts betroffen wird.[437]

Die Tatsache, daß ein Individuum ein Recht auf Leben hat, schließt somit aus, daß dieses Individuum im Interesse anderer getötet wird, nicht dagegen, daß ihm im eigenen Interesse aktiv oder passiv zum Tode verholfen wird.[438] Insoweit stimmt Hoerster mit Singer überein. Einig sind sie sich auch insofern, als beide das Element der Potentialität in ihrem Menschenbild ablehnen.[439]

Die Unterschiede liegen zum einen in der Zuschreibung der Personeigenschaften. Während Hoerster der Auffassung ist, der Mensch sei das einzige empirisch bekannte Wesen, das Personalität besitzt[440], schreibt Singer Personalität gerade auch den Tieren zu, um deren Interessen es ihm in erster Linie geht.[441] Zum anderen

---

434 Hoerster, Neugeborene und das Recht auf Leben, S. 23, 28
435 Hoerster, a.a.O., S. 50
436 Hoerster, a.a.O., S. 51ff., 58
437 Hoerster, a.a.O., S. 46
438 Hoerster, a.a.O., S. 48
439 Hoerster, JuS 1989, S. 176 f.; Singer, S. 233 ff.
440 Hoerster, JuS 1989, S. 178
441 Singer, S. 147 ff.

kritisiert Hoerster an Singers Konzept, daß dieser – jedenfalls im Hinblick auf den Umgang mit geschädigten Neugeborenen - die Zuerkennung eines Lebensrechtes nicht nur materiell, sondern auch formell erst einen Monat nach der Geburt ansetzen will.[442] Darin sieht Hoerster unnötige Dammbruchsgefahren für das allgemeine, unverzichtbare Menschenrecht auf Leben enthalten.

Es sei nicht möglich, Kinder im ersten Lebensmonat schutzlos zu lassen, ohne damit automatisch auch den Schutz von Kindern jenseits der Dreimonatsgrenze zu gefährden. In einer zentralen Frage wie der um Leben und Tod könnten Rechtsordnung und Sozialmoral einer Gesellschaft nicht isoliert voneinander betrachtet werden. Optimaler Lebensschutz setze vielmehr inhaltliche Übereinstimmung beider Normenordnungen voraus. Es sei realistischerweise nicht anzunehmen, daß der Durchschnittsbürger, von dessen Akzeptanz die Sozialmoral abhänge, sich die Einmonatsgrenze zu eigen machen werde. Ein Kriterium wie das Überlebensinteresse sowie die Frage nach dessen Beginn überforderten ihn. Generell wäre eine Kindstötung nicht mehr gleichbedeutend mit der Tötung eines Menschen – ohne Rücksicht auf Alter, Status oder Wert des Opfers ein Verbrechen.[443] Die Kindstötung könne sich auf diese Weise leicht zu einer zwar unerfreulichen, gleichwohl den Eltern im Konfliktfall offenstehenden Möglichkeit, sich von der Sorgelast für ein Kind, das sie nicht wünschen zu befreien, entwickeln. Der Übergang zwischen einer prinzipiell erlaubten Kindstötung im Säuglingsalter zu einer verbotenen Tötung eines Menschen würde als gleitend empfunden werden, bei schwerer elterlicher Konfliktlage selbst die Tötung eines zwei- oder dreijährigen Kindes nicht mehr als Tabu betrachtet werden.[444]

In diesem Zusammenhang kritisiert Hoerster auch den von Singer bezogen auf geschädigte Neugeborene angewendeten klassischen Utilitarismus, für den bei jeder Normbegründung nicht nur die Interessen der unmittelbar von der Norm Betroffenen, sondern prinzipiell die Interessen sämtlicher – ob mittelbar oder unmittelbar – von der Norm Betroffener zählen. Er hält es für eine sehr bedenkliche Konsequenz für jedes Kind, wenn für das Recht auf Leben nicht nur das Überlebensinteresse des unmittelbar von der Tötung betroffenen, sondern auch die Interessen seiner Eltern sowie der Gesellschaft grundsätzlich berücksichtigt werden. Das Recht auf Leben dürfe nicht das Ergebnis einer grundsätzlichen Verrechnung gegebenenfalls entgegenstehender Interessen, abhängig vom Alter des Kindes auf der einen und seiner sozialen Wertschätzung auf der anderen Seite sein.[445]

---

442 Singer, S. 223, 241
443 Hoerster, Neugeborene und das Recht auf Leben, S. 42 f.
444 Hoerster, a.a.O., S. 43
445 Hoerster, a.a.O., S. 45 f.

Dennoch bestehen zwischen Singers und Hoersters Menschenbild grundsätzliche Ähnlichkeiten, da beide eine Interessentheorie vertreten, die sich in den allermeisten Fällen gleicht. Singer ist grundsätzlich kein Vertreter des Klassischen, sondern des Präferenz-Utilitarismus, der – bis auf die Ausnahme, wenn es um geschädigte Neugeborene geht – ebenfalls nicht sämtliche Interessen optimieren, sondern die fundamentalen Interessen des Individuums betonen will. Da Hoerster dafür plädiert, Individuen im eigenen Interesse (bei leidvoller, hoffnungsloser Lage des Betroffenen) – aktiv oder passiv – töten zu dürfen[446], ist er im Grunde selbst Vertreter eines Präferenz-Utilitarismus.

Nach Hoersters ethischer Grundkonzeption steht keinem einzigen Fötus, Frühgeborenen oder Neugeborenen **um seiner selbst willen** das Recht auf Leben zu, weil keines dieser Wesen ein relevantes Überlebensinteresse hat. Ihnen wird lediglich zum Schutz älterer Kleinstkinder ein Recht auf Leben im Sinne eines pragmatischen Rechtsschutzes zugestanden.[447] Darüberhinaus müßten selbst die auf die Welt gekommenen Wesen ohne Lebensrecht wie zum Beispiel die Frühgeburten vor der 28. Woche dann geschützt werden, wenn seine Eltern auf diesen Schutz nicht ausdrücklich verzichten. Dies ergebe sich aus dem starken Interesse, das Eltern am Leben und Gedeihen ihrer Kinder gewöhnlich – ganz unabhängig von ihrem Entwicklungsstand – haben.[448] Hier bedient sich Hoerster sogar eines Arguments, das in die Konzeption des klassischen Utilitarismus gehört, das er aber wohl deshalb nicht als störend empfindet, weil der Lebensschutz dadurch erweitert und nicht beschränkt wird.

Die Essenz aus Hoersters Konzeption ist somit: 1. Jedem geborenen menschlichen Wesen mit einem Gesamtalter von mindestens 28 Wochen steht ein Recht auf Leben aufgrund einer pragmatischen Sicherungsfunktion zu, damit materiell kein Person-gewordenes Kind aus dem strafrechtlichen Schutzbereich herausfällt. Seine Tötung ist strafrechtlich zu verbieten. 2. Jedes menschliche Wesen, das danach kein Recht auf Leben besitzt, darf aufgrund des Interesses am Leben des Kindes nicht ohne Einwilligung seiner Eltern getötet werden.

h) Leben und Tod des Menschen im christlichen Verständnis

Für den christlichen Glauben ist das menschliche Leben als Pilgerschaft und Durchgang zum ewigen Leben aufzufassen. Dieses Wissen stelle den Menschen vor die Frage, wie er sein Leben angesichts des sicheren Todes verstehen, und welchen Sinn er ihm geben will. Der Mensch als einziges Wesen, das sich seiner

---

446 Hoerster, a.a.O., S. 48

447 Hoerster, a.a.O., S. 63

448 Hoerster, a.a.O., S. 65

Endlichkeit bewußt ist, handele dann klug, wenn er seines kommenden Todes eingedenk bleibt und die ihm gegebene Zeit verantwortungsbewußt nutzt.[449]

Die katholische Soziallehre beschreibt das menschliche Wesen in ihrem zentralen Begriff als „Person", wobei zwei Momente des Personbegriffs unterschieden werden, die Individual- und die Sozialnatur des Menschen. Die Individualnatur des Menschen umfaßt beide Schichten des Menschen als Leib-Geist-Wesen. Im Bereich der Natur, der stofflichen Welt ist der Mensch „Individuum", d.h. er ist von anderem Seienden abgrenzbar. In seiner „Individualisierung" im Bereich des Geistes besteht das Kennzeichen des Menschen als „Person", das ihn von allen anderen Geschöpfen unterscheidet und seine besondere Stellung in der Schöpfung Gottes begründet.[450] Hierbei knüpft die katholische Soziallehre an die Definition von Boethius („Persona est rationalis naturae individua substantia" – Person ist der unteilbare Selbst-Stand eines geistigen Wesens) an.[451] Zu dieser Definition des Personenbegriffs gehört, daß der Mensch als ein Wesen verstanden wird, das mit der Fähigkeit zu Selbstbewußtsein und Selbstverfügung mit Vernunft und Freiheit begabt ist.[452] Diese philosophischen Kriterien werden von der katholischen Soziallehre mit biblischen Aussagen über das Wesen des Menschen in Beziehung gesetzt. Die Offenbarung kennzeichnet die Person als Ebenbild Gottes (z.B. Gen 1, 26: „Laßt uns den Menschen machen als unser Ebenbild, uns ähnlich"). Damit ist gesagt, daß dem Menschen abbildlich das verliehen wurde, was Gott selbst als dem absoluten Geist zukommt: Erkennen und Wollen, die Befähigung zu Selbstbewußtsein und Selbstverfügung. Danach liegt der letzte Grund der Personalität des Menschen darin, daß er geschöpfliches Abbild seines unendlichen göttlichen Urbildes ist.[453]

Ergänzt wird die Individualnatur des Menschen nach katholischer Soziallehre durch die Sozialnatur des Menschen. Daher haben alle Formen von Gemeinschaft – so z.B. der Staat – ihre Wurzeln in der sozialen Natur des Menschen.[454]

Nach dieser Auffassung wäre der (irreversibel) Bewußtlose oder noch nicht zu Bewußtsein Gekommene seiner Ausrichtung auf das ewige Leben beraubt. Er wäre noch nicht/nicht mehr in der Lage, seinem Leben einen Sinn zu geben, oder seine Zeit verantwortungsbewußt, selbstbewußt und selbstverfügt zu nutzen.

---

449 Organtransplantation, Erklärung der Deutschen Bischofskonferenz und des Rates der Evangelischen Kirche in Deutschland, S. 21 f.

450 Rundfunkbotschaft v. Pius XII., vom 24. Dezember 1942, in: Utz/Groner, Aufbau und Entfaltung des gesellschaftlichen Lebens; Soziale Summe Pius XII., I. Band, S. 227

451 Müller/Halder (Hrsg.), Philosophisches Wörterbuch, Stichwort ‚Person'.

452 Klüber, Katholische Soziallehre, S. 739 f.

453 Pius XII., zitiert nach Klüber, Katholische Soziallehre, S. 342

454 Rommen, Der Staat in der katholischen Gedankenwelt, S. 104 ff.

Folglich wäre seine Pilgerschaft in diesem Zustand beendet oder hat bei den Neugeborenen noch nicht begonnen, was den Schluß zuließe, daß die Bestimmung des Menschenlebens als Vorbereitung auf das ewige Leben hier nicht, vorübergehend nicht oder noch nicht gegeben ist.

So würdigt die christliche Morallehre die Organspende von Toten vom christlichen Verständnis des Todes und vom Glauben an die Auferstehung aus. Dabei wird als erwiesen angesehen, daß das irdische Leben eines Menschen mit Feststellung des Hirntodes unumkehrbar zu Ende ist. Eine Rückkehr zum Leben sei dann auch durch ärztliche Kunst nicht mehr möglich. Dabei sei gewiß, daß bei unserem Tod mit unserem Leib auch unsere körperlichen Organe alsbald zunichte werden, die Erwartung der Auferstehung der Toten und des ewigen Lebens aber nicht an der Unversehrtheit des Leichnams hängt, sondern der Glaube vertraue darauf, daß der gnädige Gott aus dem Tod zum Leben auferweckt.[455] Weiterhin sei gewiß, daß unser Leben Gottes Geschenk ist, das er uns anvertraut hat, um ihm die Ehre zu geben und anderen Menschen zu helfen. Diese Bestimmung unseres Lebens gelte nicht nur bis zum Sterben, sondern möglicherweise über den Tod hinaus. Aus christlicher Sicht sei die Bereitschaft zur Organspende nach dem Tod daher ein Zeichen der Nächstenliebe und Solidarisierung mit Kranken und Behinderten.[456]

Mit dem Gesamthirntod fehle dem Menschen die unersetzbare und nicht wieder zu erlangende körperliche Grundlage für sein geistiges Dasein in dieser Welt. Der unter allen Lebewesen einzigartige menschliche Geist sei körperlich ausschließlich an das Gehirn gebunden. Ein hirntoter Mensch könne nie mehr eine Beobachtung oder Wahrnehmung machen, verarbeiten oder beantworten, nie mehr einen Gedanken fassen, verfolgen und äußern, nie mehr eine Gefühlsregung empfinden und zeigen, nie mehr irgendetwas entscheiden. Nach dem Hirntod fehle dem Menschen zugleich die integrierende Tätigkeit des Gehirns für die Lebensfähigkeit des Organismus: die Steuerung aller anderen Organe und die Zusammenfassung ihrer Tätigkeit zur übergeordneten Einheit des selbständigen Lebewesens, das mehr und etwas qualitativ anderes ist als eine bloße Summe seiner Teile. Hirntod bedeute also etwas entscheidend anderes als nur eine bleibende Bewußtlosigkeit, die allein noch nicht den Tod des Menschen ausmache.[457]

---

455 Organtransplantation, Erklärung der Deutschen Bischofskonferenz und des Rates der Evangelischen Kirche in Deutschland, S. 23

456 Organtransplantation, Erklärung der Deutschen Bischofskonferenz und des Rates der Evangelischen Kirche in Deutschland, S. 26

457 A.a.O., S. 18

Damit übernahm die christliche Morallehre den Gesamthirntod grundsätzlich zumindest als reales Zeichen des Todes einer Person an und damit den biologischen Ansatz der Bundesärztekammer. Materiell wird jedoch im Ergebnis auf die Fähigkeiten des menschlichen Großhirns (Kortikaltod) abgestellt.

Dieser 1990 getroffene theologische Konsens ist inzwischen durch Stimmen zerbrochen, die betonen, daß mit dem Hirntod zwar der Punkt der Irreversibilität des Sterbens markiert sei, nicht unbedingt jedoch das Ende des Sterbens. Damit distanziert man sich jedoch weder von den Erklärungen aus dem Jahre 1990, noch wird deutlich, ob die christliche Morallehre den Hirntoten nicht doch (wenn auch nicht im theologischen Sinne, aber durchaus für die Ordnung des staatlichen Rechts) als tot betrachtet und die Abwehr einer Gleichsetzung des Hirntodes mit dem Tod des Menschen nur die theologische Begrenztheit des Hirntodkonzepts verdeutlichen soll – nicht aber seine Unverbindlichkeit unter den irdischen Bedingungen der konkreten Rechtsordnung.[458]

Für die christliche Hoffnungsgewißheit vom endgültigen Sieg des Lebens über den Tod ist die Frage des Todeszeitpunkts ohne sachlichen Belang.[459] Nach der christlichen Wertung des irdisch-leiblichen Lebens des Menschen gibt es höhere Werte, um derentwillen unter Umständen die Hingabe des eigenen Lebens einen Sinn und Wert erhalten kann. Seit den Ursprüngen des christlichen Glaubens wurde die freiwillige Hingabe des eigenen Lebens um der Überzeugung oder um des Bekenntnisses des Glaubens willen als höchste Form menschlicher Vollendung gewertet. Nach christlichem Verständnis hat das irdisch-leibliche Leben somit keinen absoluten Wert und ist damit auch nicht absolut unantastbar. Es steht im Dienste des Zieles des gesamten menschlichen Lebens: der religiös-sittlichen Entfaltung der Person und der Realisierung des Liebesgebotes. Insofern kommt dem Leben nur ein relativer Wert zu – relativ, d.h. bezogen auf den höheren Wert des Sinnzieles menschlichen Lebens und des endgültigen Heiles.[460]

Es wäre daher als heroischer Akt sittlich durchaus vertretbar, daß jemand zur Rettung des Lebens eines anderen seine Bereitschaft erklärt, das eigene Leben zu verkürzen oder zu opfern. Sittlich vertretbar wäre nach Gründel auch, wenn jemand, der an einer unheilbar schweren Krankheit leidet und dessen Tage gezählt sind, sich zu einer Spende lebenswichtiger Organe bereit erklärt. Eine andere Frage sei jedoch, ob und auf welche Weise eine solche Bereitschaft tatsächlich verantwortbar realisiert werden kann. Es wird in diesem Zusammenhang als schwie-

---

458 Siehe die ausführliche Darstellung bei Rixen, Lebensschutz am Lebensende, S. 170 ff., insbesondere S. 81, 84

459 Dantine in: Krösl/Scherzer, S. 315

460 Gründel in: Krösl/Scherzer, S. 323 f.

rig, wenn nicht geradezu unmöglich angesehen, dem Arzt eine solche Aufgabe, d.h. die Tötung eines kranken Wesens um der Rettung eines anderen willen zuzuweisen.[461]

Unabhängig von dieser Anerkennung oder Nichtanerkennung eines Konzepts bleibt jedoch das Bild des Menschen, gesehen aus dem Blickwinkel der christlichen Morallehre. Dieses Menschenbild kann man mit medizinischen Zuständen vergleichen und dadurch feststellen, ob die gefundene Schablone noch auf diesen Zustand paßt. Deckungsgleichheit wäre materiell im Zustand des Kortikaltods gegeben. Mit diesem zerfiele die Leib-Seele-Geist-Einheit[462] Mensch. So heiße Sterben auch: „den Geist aufgeben."[463]

i) Wann ist der Mensch tot?: Zusammenfassende Darstellung und Ergebnis

In der Diskussion um den Tod des Menschen lassen sich zusammenfassend im wesentlichen vier Strategien identifizieren: eine ontologische, eine biologische, eine biologisch-ontologische mit Schwerpunkt auf dem biologischen Aspekt und eine moralisch-ethische.

Ein größerer Unterschied besteht zwischen der moralisch-ethischen Strategie auf der einen Seite wie sie von Singer, Hoerster und zum Teil von der christlichen Morallehre vertreten wird und der rein ontologischen (Kortikaltodthese, Philosophie, z.T. christliche Morallehre), biologischen (kardiopulmonaler Todesbegriff) sowie der biologisch-ontologischen (Gesamthirntodkonzept und Hirnstammtodkonzept) Strategie auf der anderen Seite. Die moralisch-ethische Strategie zielt genuin nicht auf das Ende der Existenz eines bestimmten Individuums, sondern z.B. auf die Frage, welcher moralische Status Schwerstbehinderten oder Menschen im (irreversiblen) Koma oder Wesen wie dem Fötus oder dem Neugeborenen zukommt bzw. wie die Interessen solcher Menschen gegen die Interessen möglicher Organempfänger abgewogen werden können. Die anderen Strategien gehen demgegenüber davon aus, daß es bei der Definition des Todes um das Ende der Existenz eines bestimmten Individuums geht. Während der biologische Ansatz den Tod des Menschen mit dem Tod des Organismus als Ganzem identifiziert, rückt der ontologische Ansatz den Tod der Person in den Mittelpunkt. Der biologisch-ontologische Ansatz stellt folgerichtig eine Kombination aus Tod des Organismus und Tod der Person dar.

---

461 Gründel in: Krösl/Scherzer, S. 325
462 a.a.O., S. 326
463 Siegmung in: Krösl/Scherzer, S. 333

Wie die Frage, wann ein Mensch tot ist, letztlich zu beantworten ist, hängt von unserem Menschenbild bzw. von dem Menschenbild unserer Zeit, unseres Kulturkreises ab und damit letztlich von der Frage ab, wie Leib und Seele, Körper und Geist zusammenhängen. Unser Menschenbild ist das Produkt unserer Gesellschaft. Wir haben es entworfen. Es konstituiert unsere Welt, aus der wir es hervorbringen.

Die vorangegangene Darstellung unterschiedlicher Menschenbilder zeigte ein deutliches Übergewicht zugunsten des Person-Ansatzes. Abgesehen von dem kardiopulmonalen Konzept, spielt die „Person" in jeder anderen Strategie eine Rolle, bei den Philosophen, der Kortikaltodthese und der christlichen Morallehre sogar die Hauptrolle. Das Spezifikum des Menschseins (insbesondere in der Leistungsgesellschaft) sind die kortikalen, kognitiven Eigenschaften, die beim Menschen im Vergleich zu allen anderen Lebewesen sowohl quantitativ als auch qualitativ viel weiter ausgeprägt sind. Der größte Teil der menschlichen Neokortex ist nicht spezifisch und dient offenbar der unfaßbar komplexen Verknüpfung sämtlicher Bereiche. Daher ist die menschliche Großhirnrinde in viel größerem Maße unspezifisch als die von anderen Säugetieren. Was immer den Menschen vom Tier unterscheidet, scheint also mit diesen Teilen der Kortex zu tun zu haben.[464]

So sehr sich Singer auch bemüht, bei bestimmten Tiergruppen sämtliche Bewußtseinsstufen der Person nachzuweisen – so z.B. ein Ich-Bewußtsein bei Schimpansen, die in der Taubstummen-Sprache kommunizieren können[465], bis hin zum Todesbewußtsein bei Elefanten und Wölfen[466] – so bleiben immer noch kognitive Fähigkeiten übrig, die nur die „menschliche Person" besitzt. Schon bei dem von Singer festgestellten Todesbewußtsein könnte man einwenden, daß ein Tier möglicherweise zwar erfahren kann, daß ein anderes Wesen neben ihm tot ist, doch ist diese Erfahrung für dieses Tier auch übertragbar? „Tod" ist ein Symbol, eine in Sprache gefaßte Vorstellung, die vom konkreten Erleben abgelöst und auf alle Lebewesen übertragbar ist.[467] Darüberhinaus besitzt der Mensch einen umfassenden Lebensplan[468] und insbesondere die Fähigkeit zur Reflexion, die Grundlage allen Fortschritts ist, da immer wieder alles in Frage gestellt und damit verändert wird.[469]

Was den Zusammenhang von Leib und Seele/Geist und Körper als Indikator für das passende Menschenbild angeht, so bilden diese entweder eine untrennbare

[464] Krüll, S. 40, 86
[465] Singer, S. 148
[466] Singer, S. 159
[467] Vgl. Krüll, S. 247
[468] Stotz, S. 130
[469] De Solages, S. 64

Einheit (Monismus) oder sie stehen getrennt nebeneinander (Dualismus), entweder ohne jede Verbindung (Parallelismus) oder mit Interaktionswirkung.[470] Die Vorstellung einer untrennbaren Einheit paßt gerade nicht in die Zeit der Intensivmedizin, in der bei Absterben des Gehirns unter Aufrechterhaltung der Kreislauffunktionen das Auseinanderfallen von Geist und Körper, Leib und Seele deutlich wird. Dafür spricht auch, daß der Geist nicht mit dem Körper zur Ruhe kommen muß, anderenfalls könnte es keine Träume geben. Eine All-Einheits-Lehre dieser Art implizierte zudem die Annahme notwendiger Kausaldetermination durch Naturgesetzlichkeit und die völlige Aufgabe von Willensfreiheit, Individualität und jeder Art psychophysischer Wechselwirkung.[471]

Leib und Seele stehen somit grundsätzlich dualistisch nebeneinander, wobei die radikalisierte Form dieser These, die jede Art von Wechselwirkung und Verursachung als Schein verwirft (Parallelismus) und jede scheinbare gegenseitige Beeinflussung mit einem wunderbaren Eingreifen Gottes erklärt, nicht den Beobachtungen in der Realität entspricht.[472] Zum Beispiel sind Hospitalismus- und Marasmus-Syndrome bei Kindern, die ohne Eltern und ohne Ersatzpersonen sind, nur durch Wechselwirkungen zwischen Körper und Geist zu erklären. Weil sie kein liebevolles Gesicht mehr zu sehen bekommen, erstarrt ihr Blick (Hospitalismus), weil sie nicht/nicht mehr in den Arm genommen werden und spüren, nicht gewollt zu sein, versteift und verkrampft sich ihr Körper (Marasmus-Syndrom) bis zum Tod.[473] Daß sich unsere Gefühle und Erfahrungen „verkörpern" zeigt sich bei allen psychosomatischen Krankheiten ebenso wie bei den Therapieerfolgen durch Imagination, Symbolisierungen und Fantasiereisen z.B. bei Krebs. So ist es möglich, sich die Krebsgeschwulst im eigenen Körper vorzustellen, sie sich zu symbolisieren und dann über sprachlich-symbolische Bilder einen Stillstand oder sogar einen Rückgang des krebserzeugenden Prozesses zu erreichen.[474] Es besteht somit offenbar eine Interaktion zwischen Körper und Geist. Nun gilt es, darzulegen, warum der Geist über den Körper herrscht, die beiden Attribute der menschlichen Existenz somit nicht etwa in umgekehrter Rangfolge stehen und auch nicht gleichberechtigt sind.

Die Vorherrschaft des Geistes bzw. der Person – insbesondere bei menschlichen Wesen – ergibt sich daraus, daß der Mensch ohne jede positive Ansprache durch die Umwelt – wenn auch langsam – sterben muß, obwohl der Körper keine schwerwiegenden Krankheiten aufweist. So überleben z.B. Kinder, die Mißhand-

470 Siehe Übersicht bei Stotz, S. 10 ff.
471 Stotz, S. 15
472 Vgl. Stotz, S. 14
473 Krüll, S. 183
474 Krüll, S. 268

lungen ausgesetzt sind - die für sich genommen nicht lebensbeendend sind - nur dann, wenn es neben dem Terror noch „Inseln des Wohlseins" gibt, auf die sie immer wieder hoffen können. Der Mensch kann extremes Leid nur dann ertragen, wenn er wenigstens gelegentlich Erfahrungen von Wohlsein macht. Ein anthropologischer Erklärungsansatz dafür ist die These der Rückerinnerung an das verlorene Wohlsein in der uterinen Welt vor der Geburt, die Lebenswillen und Lebenskraft gibt. Wenn alle Fäden zu jener Welt abgeschnitten sind, sei das Leben nicht mehr lebbar.[475]

Es ist also die geistige Eigenschaft des Lebenswillens, die ein Grunderfordernis dafür darstellt, daß der Körper am Leben bleibt. Unter dieser Prämisse wird erklärbar, warum es der Intensivmedizin trotz allen Fortschritts nicht gelingt und nicht gelingen kann, den Körper von (Groß-)Hirntoten ewig weiterlaufen zu lassen.[476] Das äußere Erscheinungsbild dieser Wesen kann nur für einen begrenzten Zeitraum darüber hinwegtäuschen, daß kein Geist/kein Individuum mehr vorhanden ist, das sich im Leib verkörpert und diesen dadurch steuert. Eine Herrschaft des Geistes über den Körper belegen auch die körperlichen Ausfall-Phänomene im Zustand des Apallischen Syndroms, in dem bei funktionierendem Hirnstamm eine funktionelle Leitungsunterbrechung zwischen dem Großhirn bzw. der Großhirnrinde, die die Personeigenschaften tragen, und den übrigen Hirnregionen vorliegt. Die Extremitäten werden in einer typisch verkrümmten Stellung gehalten, ohne Fähigkeit zu einer bewußten, zielgerichteten Motorik.[477]

Somit trägt auch der Leib-Seele-Zusammenhang folgendes erstes Ergebnis: Der Mensch ist tot mit dem Ende seiner Personeigenschaften. Aus dem festgestellten Leib-Seele-Zusammenhang ergibt sich bereits einiges für die Beantwortung der nun folgenden Frage.

aa) Personsein des Menschen: Aktualität oder auch Potentialität?

Im Ergebnis ist noch ungeklärt, ob nur aktuell vorhandene, also **aktive** Personeigenschaften den Menschen konstituieren, oder ob auch potentielle Personeigenschaften, also die generelle **Fähigkeit** und **Funktion**, eine Person zu sein, ausreichend ist.

Singer und Hoerster haben dies wie gesehen verneint[478], in der Philosophie[479] und auch in der Entscheidung des Bundesverfassungsgerichts zum Schwangerschafts-

---

475 Vgl. Krüll, S. 183, 185 f.

476 Nickel, S. 90

477 Schlake/Roosen, S. 60 f.

478 Singer, S. 132 f., 233; Hoerster, Neugeborene und das Recht auf Leben, S. 18; ders. In: JuS 1989, S. 176

479 Aristoteles, Politik IV, zitiert nach Oduncu, S. 162; Eccles/Robinson, S. 36, 42, 47; De

abbruch[480] wird dagegen gerade das Element der Potentialität betont. Um die Kontroverse aufzulösen, ist es widerum angebracht, auf das Spezifikum des Menschseins abzustellen. Das Element der Potentialität muß sich aus dem Menschenbild ergeben und an ihm erklärt werden können.

Der Mensch kommt als – jedenfalls was seine Person, auf die es entscheidend ankommt, anbetrifft – unfertiges Wesen in die Welt, das sich nur anhand der Ansprache von außen entwickeln kann. Erfährt der Mensch keinerlei Ansprache, kann sich seine Persönlichkeit nicht entwickeln.[481] Eine weitgehende Instinktprägung wie bei Tieren ist gerade nicht vorhanden. Im Reptiliengehirn und dem von Vögeln z.B. sind ganze Verhaltensmuster vorprogrammiert, so daß für das Lernen fast gar kein Platz ist.[482] Der Mensch dagegen ist mehr als jedes andere Wesen von Lernprozessen abhängig. Fast jedes Verhalten muß erlernt werden. Sogar jede Meinung, jede Wertung (Be- oder Verurteilung, auch Vor-Urteile) sind einmal gelernt worden. Die ungeheuren Kapazitäten des menschlichen Gehirns können somit erst durch Lernprozesse überhaupt genutzt werden.[483] Es ist der größte Teil der **Neokortex**, die in viel größerem Maße als bei allen anderen Wesen - auch bei den Säugetieren - unspezifisch ist und der unfaßbar komplexen Verknüpfung sämtlicher Bereiche dient.[484] Der Mensch ist das einzige Lebewesen, zu dem die anthropologische Differenz des „Etwas-aus-sich-machen-müssens" unvermeidbar gehört.[485] Der Mensch kommt in einem Naturzustand zur Welt und findet (moralische) Gebote vor, anhand derer es ihm grundsätzlich möglich ist, sich von dem Naturzustand hin zu einem Sollzustand weiterzuentwickeln.[486]

Gerade weil der Mensch als „Nichts-Könner" auf die Welt kommt und seine Person sich erst im Verlauf seines Lebens stetig weiterentwickelt, spielt für das Wesen „Mensch" sein „Potential" eine größere Rolle als die aktuell vorhandenen Fähigkeiten.

Fraglich ist in diesem Zusammenhang, zu welchem Zeitpunkt diese Entwicklung beginnt, mit Hilfe derer einem Wesen auf normativer Ebene ein Recht auf Leben zugeschrieben werden kann? In dem bisher verwendeten allgemeinen Sinn besitzen sowohl Embryo, Fetus und Neugeborenes als auch Ei- und Samenzelle das menschliche Entwicklungspotential. Als Abgrenzungskriterium zwischen Nascitu-

---

Solages, S. 12 f., 64, 116

480 BVerfGE 39, 1, 41

481 Krüll, S. 182 ff.

482 Birkenbihl, S. 13

483 Birkenbihl, S. 14

484 Krüll, S. 86

485 Vgl. Hüllen, Entfremdung und Versöhnung als Grundstruktur der Anthropologie, S. 9-11

486 MacIntyre, Der Verlust der Tugend, S. 77 f.

rus/Neugeborenem auf der einen bzw. Ei-/Samenzelle auf der anderen Seite kommt der Hinweis auf die genetische Individualität der potentiellen erwachsenen Person in Betracht, die erst mit der Verschmelzung von Ei- und Samenzelle entsteht, dann aber bis zum Lebensende dieselbe bleibt. Die Zygote (nicht dagegen Ei- und Samenzelle) in Verbindung mit der Potentialität sind in entscheidender Hinsicht mit der erwachsenen Person gleichzusetzen, da die genetische Identität „sozusagen die Zeitbrücke zur erwachsenen Person schlägt und die Kontinuität der Verbindung garantiert".[487]
Dem Fetus und dem Neugeborenen oder aber auch dem Bewußtlosen und Komapatienten, die als Nichtinhaber von (aktuellen) Lebensinteressen getötet würden, würde nicht nur das künftig mögliche Recht noch nicht gegeben, es wird ihnen auch der Status potentialis[488] entzogen, so daß sie das, was sie potentiell sind, nie mehr werden können. Die künftigen Interessen eines Wesens sind die eigenen potentiellen von heute, so daß in einer Analogie zur Zivilrechtsdogmatik das „Anwartschaftsrecht" heute schon geschützt werden kann. Das (moralische) Recht auf Leben eines Neugeborenen kann im Vergleich zu dem eines Erwachsenen durchaus ein anderes und anders fundiertes Recht aufgefaßt werden, daß den Status potentialis für den Erwerb des Vollrechts auf Leben garantiert. Die potentielle Person wird somit nicht *als*, sondern *wie* der Inhaber eines vollen Lebensinteresses bzw. –rechts behandelt.[489]

Da der Mensch vor allen anderen Wesen das Recht braucht, jenen Personstatus erlangen zu dürfen, in dem er seiner (je nach Weltanschauung genetischen oder auch göttlichen) Bestimmung gerecht werden kann[490], ist der Mensch erst dann tot, wenn er weder aktuell eine Person ist noch potentiell jemals wieder eine solche sein kann.

bb) Sind Schwerst-Behinderte sowie (irreversibel) Komatöse Personen?
Manche Gruppen von Wesen werden über den Person-Begriff aus den Rechtsgutsträgern des Lebensrechts herausdefiniert. Singer z.B. subsumiert zumindest dauerhaft geistig Behinderte und Bewußtlose nicht unter die rationalen und selbstbewußten Personen mit Autonomie, Bewußtsein, Lust- und Schmerzempfinden. Er hält ihre Existenz vielmehr für nicht bzw. nicht mehr biografisch und damit ersetzbar. Lediglich das Wirken der Tötung geistig Behinderter auf deren Angehörige könne zusätzliche indirekte Gründe gegen das Töten schaffen.[491] Es stellt sich somit die Frage, ob es tatsächlich so ist oder so sein muß, daß dauerhaft geistig

---

487 Merkel, S. 479
488 Merkel, S. 483
489 Merkel, S. 490
490 Anders: Hoerster, JuS 1989, S. 176
491 Singer, S. 197, 172 ff.

Behinderte bis hin zu irreversibel Komatösen sich selbst nicht mehr als „distinkte Wesen mit einer Vergangenheit und Zukunft“[492] begreifen können und auch sonst nicht die Eigenschaften besitzen, die für die Bezeichnung „Person“ notwendig wären.

Dazu müßte zunächst einmal klar sein, was unter „Behinderung“ zu verstehen ist. Diesen Begriff allgemeinverbindlich zu definieren, mißlingt jedoch gleichermaßen wie bei Gesundheit und Krankheit. Strukturelle Defekte wie funktionale Defizite einer Behinderung sind zwar relativ genau zu beschreiben und werden nach Katalogen (z.B. Diagnoseregister, Krankenkassenabrechnungen, Anerkennung von Schwerbehinderung, Feststellung der Pflegebedürftigkeit usw.) beziffert. Das Menschsein mit einer Behinderung erfassen sie nicht. Vor allem bleiben zumeist die nicht oder nur wenig beeinträchtigten Fähigkeiten mehr oder weniger unberücksichtigt.[493] Was unter die Norm fällt und was demgegenüber abnorm ist, ist keine naturgemäß vorgegebene Größe, sondern ein Konsensbegriff. Normal wird weitgehend mit gesund gleichgesetzt, während abnorm das „krankhafte“, ungewöhnliche, subjektiv als unangenehm Erlebte beschreibt. Dem personbezogenen Normalitätsbegriff liegt dabei die laienhafte Annahme einer naturgegebenen „gesunden“ Normalität zugrunde.[494]

Eine Behinderung ist jedoch eine menschliche Seinsweise eigener Qualität. Rationalität, Selbstbewußtsein oder Vernunft sind als dynamische Phänomene zu betrachten. Wie bereits in der Diskussion um das Element der Potentialität gesehen, ist der Mensch im wesentlichen von Lernprozessen abhängig. Die Vorstellung Singers, sogenannte schwerstgeistigbehinderte Menschen seien überhaupt nicht zur Kommunikation fähig, könnte auf einer Verwechselung von Form und Inhalt der Kommunikation beruhen. Singer betrachtet Kommunikation nur inhaltlich, das Phänomen der Kommunikation hängt jedoch nicht nur von dem ab, was übermittelt wird, sondern genauso von dem, was im Empfänger geschieht. So können zwei Beobachter desselben Individuums das geäußerte Verhalten unterschiedlich bewerten; was stattgefunden hat ist – formal gesehen – ein kommunikatives Verhalten.[495]

Der Mensch ist ein offenes System, das darauf angelegt ist, sich die Welt anzueignen (Weltoffenheit/Potential). Dieser Prozeß vollzieht sich angesichts des menschlichen Nervensystems auf einer für den Menschen typischen Art und Weise, weswegen man darauf schließen könne, daß prinzipiell alle Menschen – auch

---

492 Singer, S. 173
493 Krebs in: Zwierlein, Handbuch S. 48
494 Krebs in: Zwierlein, Handbuch S. 44
495 Theunissen/Ziemen in: Zwierlein, Handbuch, S. 179 f.

sogenannte schwerstgeistigbehinderte Menschen – bildsam bzw. lern- und entwicklungsfähig sind. Jede Geistesarbeit – auch das geringste geistige Leben – vollziehe sich in einer schwer faßbaren polaren Spannung von Emotionalem/Affektivem und Rationalem/Verstandesmäßigem. Im Falle einer Hirnschädigung oder eines Organdefekts sei lediglich die Möglichkeit, Freiheit, Weltoffenheit und Weltverantwortung zu realisieren, individuell unterschiedlich – was jedoch für jeden Menschen gelte. Jedes Individuum sei fähig, sich in der Zeit zu begreifen, gleichgültig, welchen Zeitraum es überblicke.[496]

Der Informations- und Energieaustausch zwischen Individuum und Umwelt diene der psychischen Abbildung der Umwelt und könne sich nur durch die Inbeziehungsetzung des Subjekts zu seiner Umwelt verwirklichen. Daraus folge ein anderes Verständnis von sogenannten „pathologischen“ Verhaltensweisen schwerstbehinderter oder komatöser Menschen, indem diese als eine mögliche Form und Kompetenz der Kommunikation unter isolierenden Bedingungen verstanden werden. Isolation stehe in diesem Zusammenhang für unangemessene Lebensbedingungen.[497]

Die Isolation dieser Menschen ist durch defektorientierte schulmedizinische Definitionen, wie z.B. für „Koma“ bedingt. Danach ist Koma „ein Zustand, in dem der Patient nicht empfänglich ist für äußere Reize, weder Aufforderungen folgt, noch spontane Laute von sich gibt sowie keine Reaktion auf starke Schmerzreize zeigt und nicht spontan die Augen öffnet.[498] Damit sind per Definition Begegnungen bzw. Dialoge zwischen komatösen Patienten und Therapeuten sowie den Angehörigen ausgeschlossen, wodurch notwendige soziale Kontakte vorenthalten werden, ohne die sich kein Mensch entwickeln kann. Folglich bestätigt sich die Theorie im Sinne einer selbst erfüllenden Prophezeiung immer wieder. Wie überlebenswichtig der Dialog für das menschliche Wesen ist, beschrieb der Franziskanermönch Salimbene in seinen Aufzeichnungen aus dem 13. Jahrhundert. Danach führte Friedrich der Staufer ein Experiment an Neugeborenen durch, um der Ursprache der Menschen nachzugehen. Er ließ die Säuglinge von Ammen großziehen und verbot ihnen, die Kinder anzusprechen. Doch alle Säuglinge starben, was Salimbene kommentierte: „denn sie vermöchten nicht zu leben ohne das Händepatschen und das fröhliche Gesichterschneiden und die Koseworte ihrer Ammen und Nährerinnen“.[499]

---

496 Vgl.: Theunissen/Ziemen in: Zwierlein, Handbuch, S. 180 f.; Hallaschka, S. 8
497 Hallaschka, S. 8
498 Schwarz, S. 6
499 Salimbene, zit. nach Horst, S. 190 f.

Koma ist kein passiver Zustand, sondern eine aktive, bis auf tiefste Bewußtseinsebenen zurückgenommene Lebenstätigkeit. Koma hat Schutzfunktion und ermöglicht es den Betroffenen, ganz bei sich selbst zu sein. In diesem Sinne ist Koma eine extreme, höchst empfindsame, verletzliche und damit besonders schutzbedürftige Lebensform am Rande des Todes.[500] Eine Rehabilitation und Reintegration über Pflegeeinrichtungen und Betreutes Wohnen in das ehemalige soziale Umfeld ist aber bei entsprechender Förderung möglich.[501] Daher ist es wichtig, daß die ganz elementaren Beziehungen, die Behinderte und Komatöse mit ihrer Umwelt eingehen können, nicht durch die einseitige Sicht einer einzelnen Fachdisziplin übersehen werden, die möglicherweise Singers statische Auffassung von Leben bedingt hat. Freude, Leid, Schmerz usw. sind aber keine statischen, d.h. unveränderlichen Größen, sondern befinden sich in einem Wechselspiel.[502]

Lebende Systeme besitzen die Eigenschaft, sich ständig selbst zu erneuern. Auf diese Weise sind sie ihrer Umwelt gegenüber autonom[503] – wie auch Singer es für das Recht auf Leben verlangt.[504] Bei schweren Beeinträchtigungen, z.B. nach einem Schädel-Hirn-Trauma zeigt sich, daß im Laufe des Lebens erlernte komplexe Handlungsmuster (z.B. vom Saugreflex zum Kauen) mosaikartig in ihre einzelnen Bestandteile zerfallen, d.h. als basale Bewegungsmuster nicht verloren gehen.[505] Dabei müssen die Handlungsmuster nicht so weit zerfallen sein, daß kognitive Leistungen wie sie für die Eigenschaften der Person erforderlich sind, nicht mehr vorhanden sind. So veröffentlichen Reuter, Linke und Kurthen eine Studie, nach der an Bewußtlosen mit Hilfe elektrophysiologischer Meßmethoden Wachheits- und Bewußtseinsprozesse festgestellt wurden. Die Patienten sollten während des Experiments in einer Sequenz von Klick-Tönen, die in konstantem Abstand von einer Sekunde abliefen, etwas leisere Töne diskriminieren. Es ließen sich Spannungsschwankungen der akustischen Spätpotentiale, sogenannte P300-Wellen, feststellen. Offensichtlich war für die Patienten eine Tonunterscheidung – und damit eine kognitive, d.h. eine erkennende Wahrnehmung möglich. Somit sind auch im Koma komplexe cerebrale Leistungen möglich. In dieser Versuchsreihe berichtete einer der Patienten, nachdem er aus dem Koma aufgewacht war, „irgendwann einmal verschieden hohe Töne aus der Ferne“ wahrgenommen zu haben.[506]

---

500 Zieger, S. 3
501 Zieger, S. 15 ff., 23 ff.; Hallaschka, Interview mit der ehemals komatösen, nunmehr behinderten Anja über deren Erwartungen und Wünsche an das Leben, S. 130 ff.
502 Hallaschka, S. 14
503 Maturana/Varela, S. 55
504 Singer, S. 134 ff.
505 Hallaschka, S. 86
506 Reuter/Linke/Kurthen, S. 169 f.

Nun könnte man sagen, die Leistungen reichten nicht aus für die Zuschreibung der Person-Eigenschaften, so daß die reversibel Komatösen nur über das Element der Potentialität den Person-Status erreichen können, den irreversibel Komatösen dieser Status aber verwehrt bleiben muß.

Es gibt jedoch auch Berichte über Komatöse, die nicht nur die Wahrnehmung von Tönen zum Gegenstand haben, sondern einen richtigen Dialog mit Frage und Antwort, sobald der Therapeut sich auf das Stöhnen und Geschrei des Komatösen geduldig einließ, bis eine Verständigung stattfinden konnte, die offenbarte, daß der Komatöse sich genau an sein Leben vor dem Koma erinnerte und für die Zukunft einen Urlaub plante.[507]

Eine andere Patientin sang einige Monate nach dem Aufwachen aus ihrem tiefen Koma Melodien, die sie nicht kannte, verband diese aber mit der Musiktherapie während des Komas: „Ich habe alles mitbekommen, was um mich herum war, ich konnte nur nicht die Augen aufmachen und antworten. Es war furchtbar. Vor mir war ein Abgrund, alles war finster, und ich hatte ständig Angst, daß ich abstürze. Immer, wenn dann die Musik kam – auch wenn mich jemand freundlich angesprochen hat – wußte ich, es ist noch nicht vorbei. Die Musik war immer wie ein Licht, ein Hoffnungsschimmer, daß ich nicht verloren war".[508]

Diese Berichte machen deutlich, daß der Mensch mit einer schweren geistigen Behinderung oder in einem Koma eine zersplitterte, reduzierte Persönlichkeit ist, die mit viel Geduld zurückgeholt werden könnte. Die Frage ist nur, ob die Gesellschaft oder die Angehörigen diese Geduld aufbringen. Wenn die Person – wenn auch zersplittert und reduziert – im reversiblen Koma auch aktuell und nicht nur potentiell existent ist, spricht viel dafür, daß das auch im irreversiblen Koma so ist.

Die beiden Koma-Zustände lassen sich vor dem Aufwachen zudem medizinisch nicht unterscheiden. Was sich in dem Wesen abspielt, das als „bewußtlos" oder „komatös" bezeichnet wird, weiß man nicht.[509] Folglich ist jede Art des Komas bereits aufgrund der nicht ausschließbaren Reversibilität des Zustands und somit der möglichen Potentialität der Person-Eigenschaften dem Lebensschutz zu unterstellen. Die komatösen Wesen wird man im nachhinein nicht mehr bezüglich ihrer Person-Eigenschaften befragen und testen können, weil sie den Status der „nor-

---

507 Mindell, S. 18-20

508 Winter, S. 21

509 Salomon, Bewußtsein und Bewußtlosigkeit aus anästhesiologischer und intensivmedizinischer Sicht, in: Bienstein/Fröhlich (Hrsg.), Bewußtlos, S. 24; Dörner, Leben mit Be-wußtsein?, in: Bienstein/Fröhlich (Hrsg.), Bewußtlos, S. 13

malen" Kommunikation nicht mehr erreichen. Der stöhnende und schreiende Komatöse ist nach dem „Dialog" mit dem Therapeuten verstorben, so daß er per Definition irreversibel komatös war. Wenn man sich auf den Standpunkt stellt, daß die berichteten „Dialoge" nur in „wacheren" Phasen des Komas haben stattfinden können, dann sind solche Phasen, die eine personale Kommunikation erlauben, jedenfalls auch im Fall des letztlich irreversiblen Komas nicht ausgeschlossen.

Man kann somit weder eine vorhandene Person in den einzelnen Koma-Zuständen bis hin zur Irreversibilität ausschließen, noch kann man die Reversibilität eines möglicherweise auch Nicht-Personalen-Zustands ausschließen.

Bei komatösen Menschen handle es sich um wache Personen, die durch ein bedeutungsvolles Stadium ihres Individuationsprozesses gehen und eine „klare bewußte Entscheidung" bezüglich ihres Lebens oder des Todes treffen.[510] Wachheit und Bewußtsein dürften dabei nicht einfach gleichgesetzt werden. Daraus entstehe die irrige Annahme, daß in unbewußten Zuständen keine Wachheit bestehen könne. Doch Wachheit bedeute vom Standpunkt eines äußeren Beobachters eine durch entsprechende Meßtechniken beobachtbare Aktivierung von Aktionspotentialen, worunter die Kognitionspsychologie die Informationsverarbeitung versteht. Informationsverarbeitung könne grundsätzlich auch ohne Bewußtsein stattfinden. Folglich sei Wachheit eine nicht ausschließlich auf den Zustand des Bewußtseins beschränkte Vorbedingung für Wahrnehmung. Bewußtheit und Bewußtlosigkeit seien keine absoluten Eigenschaften, sondern sie markierten die Endpunkte einer Skala, auf der die psychischen Zustände in allen Bewußtseinsschattierungen erscheinen.[511]

Bei lebenden Systemen gebe es aufgrund deren Autonomie bezogen auf ihr eigenes ganzheitliches Systemgedächtnis, das ihnen die dynamische Beziehung zu ihrer Umwelt bzw. zu anderen autonomen Systemen ermöglicht, keinen Zustand völliger Bewußtlosigkeit, somit auch bei komatösen Menschen nicht.[512]

Aufgrund der defektorientierten medizinischen Definition werde der behinderte Mensch vom Aneignungsprozeß des gesellschaftlichen Erbes isoliert. Behinderung lasse sich daher auch als Resultat einer Persönlichkeitsentwicklung unter isolierenden Bedingungen verstehen. Aufhebung von Behinderung bedeute demnach nichts anderes, als die isolierenden Bedingungen aufzulösen.[513] Diese bestehen neben der völligen Aufgabe als Person bei Komapatienten nach der Primär-

---

510 Vgl. Zieger, S. 3
511 Hallaschka, S. 90 f.
512 Vgl. Hallaschka, S. 98 f.
513 Hallaschka, S. 107

aa) Die inhaltliche Fundamentalität der Verfassung: Maßstab des (straf-) rechtlichen Menschenbildes

Gerade das Arztrecht betrifft zahlreiche grundlegende Fragen, die den Sinn menschlichen Daseins berühren.[522] Insbesondere auf das juristische Ende des menschlichen Lebens trifft dies zu. Das einfache Gesetzesrecht ist aufgrund seines beschränkten Regelungsgehalts nicht in der Lage, alle relevanten Aspekte in seine Wertung aufzunehmen, vor allem ermangelt es ihm an der Fähigkeit, das Problem in seiner Grundsätzlichkeit zu erörtern.[523] So gibt das Transplantationsgesetz keinen juristischen Todesbegriff vor, sondern regelt lediglich den Ablauf und die Voraussetzungen der Transplantation – wobei es sich für den Gesamthirntod als Entnahmekriterium entschieden hat - , sowie die Aufgaben der an der Transplantation beteiligten Institutionen und Personen.

Da die Verfassung die rechtlichen Grundpositionen jedes Menschen umschreibt, kann sie bei diesem Thema aufgrund ihrer inhaltlichen Fundamentalität[524] am ehesten eine Antwort bieten, zumal das Verhältnis von Arzt zu hilf- und schutzlosem Patienten hochgradig grundrechtssensibel ist.[525] Die Werteordnung des Grundgesetzes stellt in diesem Zusammenhang einen gesamtgesellschaftlichen Minimalkonsens über ethische Ausgangspunkte und Rahmenbedingungen menschlichen Verhaltens im allgemeinen und ärztlichen Handelns im besonderen dar.[526]

Die Festlegung eines Todesbegriffs ist eine Wertentscheidung, die aufgrund ihrer weitreichenden Folgen für jeden einzelnen auf einem breiten gesellschaftlichen Konsens beruhen muß. Diese normative Grundentscheidung zu treffen, ist keine Angelegenheit der medizinischen Profession.[527] Allein die Klärung der biologischen Verankerung der den Menschen als Menschen konstituierenden Eigenschaften (Kriterium des Todes), sowie die Todesdiagnostik i.e.S. (also das Erkennen und Interpretieren von Todes-Zeichen) bildet eine Frage naturwissenschaftlicher Empirie.[528] Der gesellschaftliche Konsens kann dadurch erreicht werden, daß über den Transplantationskontext hinaus ein Todesbegriff gefunden wird, der den von der Rechtsordnung vorgegebenen Anforderungen genügt, damit jeder Mensch entsprechend der Werteordnung der Gemeinschaft behandelt wird.

Das Transplantationsgesetz kann diese Frage nicht entscheiden, sondern die Anforderungen ergeben sich aus der Werteskala der Grundrechte, an der Maßstäbe

522 Schreiber, Notwendigkeit und Grenzen rechtlicher Kontrolle der Medizin, S. 29, 42
523 So für das Problem der Selbsttötung: Fink, S. 33
524 Begriff von Morlock, S. 89
525 Steiner, Schutz des Lebens durch das Grundgesetz, S. 8
526 So auch Giesen in: Festschrift für Mikat, S. 58 f.
527 Eser, ZStW 97 (1985), S. 29 ff.
528 Sternberg-Lieben, JA 1997, S. 83

entwickelt und durchgesetzt werden müssen. Dieses Vorgehen am Maßstab der Verfassung beugt auch der Entwicklung eines allzu utilitaristischen, beispielsweise nur an den Interessen der Transplantationsmedizin ausgerichteten, Todesbegriffs und damit der Gefahr des „Zu-Tode-Definierens“ eines Menschen für besondere Zwecke vor.

Das Transplantationsgesetz regelt die Frage, was den Menschen ausmacht, nicht. Es sanktioniert lediglich den Verstoß gegen einen Ungehorsamstatbestand für den Fall, daß der Gesamthirntod nicht vor Organentnahme nach den aktuellen medizinischen Erkenntnissen festgestellt worden ist. Er stellt damit lediglich Kriterien für die Feststellung des Todes auf, definiert diesen aber nicht (§ 19 TPG).

Nach der grundgesetzlichen Werteordnung muß der Todesbegriff wie gesehen im Unterschied zu der Situation am Lebensbeginn, die infolge kollidierender Grundrechte der Schwangeren eine andere ist, in formeller Hinsicht **einheitlich** in dem Sinne sein, daß die Verwendung mehrerer, auf verschiedene Interessen zugeschnittene Todesbegriffe vermieden wird, um nicht Unsicherheit und Mißtrauen hervorzurufen. Weiterhin muß er **eindeutig** die **Feststellung** seines unzweifelhaften und unumkehrbaren Eintritts **ermöglichen** und anhand zuverlässiger objektiver Kriterien und Testverfahren verifizierbar sein.[529]

Wünschenswert wäre darüberhinaus eine weitgehende Akzeptanz des Todesbegriffs in der Bevölkerung, damit er im täglichen Leben, also zum Beispiel bei der Organtransplantation, angewendet wird.[530] In diesem Bereich herrschte ganz offensichtlich auch nach Inkrafttreten des Transplantationsgesetzes ein unüberwindliches Mißtrauen vor. Nach Berichten der HAZ kam es in dem genannten Zeitraum von mehr als einem Jahr nicht zu der erwarteten deutlichen Zunahme von Organspenden. Jeder vierte Patient, der ein Herz oder eine Leber braucht, stirbt auf der Warteliste. Etwa 13000 Menschen warten auf ein Organ. Dem steht eine Anzahl von 3918 Transplantationen[531] gegenüber.

Doch selbst die gesellschaftliche Akzeptanz eines bestimmten Todesbegriffs kann nicht dazu führen, ihn allein deshalb als rechtsverbindlich zu betrachten, wenn er den fundamentalen Rechtssätzen unserer verfassungsmäßigen Ordnung, wie dem Menschenwürdegebot und dem Recht auf Leben, widerspräche. Nicht einmal eine

---

529 S.o.: 1. Teil, A., II.

530 In diesem Sinne auch Funck, MedR 1992, S. 185; Eser, ZStW 97 (1985), S. 30; United States President's Commission, Defining Death, S. 57 f.

531 HAZ vom 17. März 1999, S. 8

Verfassungsänderung könnte die Verpflichtung, Leben zu achten und zu schützen, überwinden, da diese über dem Verfassungsrecht steht.[532]

Da mit den Fortschritten der Intensivmedizin der viele Jahrzehnte maßgebliche Herztod allein als sicheres Kriterium in Frage gestellt werden muß, solange ungewiß ist, ob er unabänderlich ist und bereits zum Hirntod geführt hat oder als dessen Folge eingetreten ist[533], kommt es für die Antwort auf die Frage nach dem Tod und dessen Kriterium auf die seit Ende der 60iger Jahre erarbeiteten Formulierungen des Todesbegriffs an, die das Gehirn bzw. Teile hiervon sowie die von ihnen getragenen Funktionen als entscheidend ansehen.

Wie oben bei der Untersuchung des der Verfassung zugrundeliegenden Menschenbildes bereits gesehen, ist dem Grundgesetz als dem Strafrecht übergeordneter Direktive aufgrund der summarischen Kürze und offenen Weite des Schutzgegenstandes "Leben" in Art. 2 II GG keine zwingende Vorgabe zu entnehmen, wie lange das zu schützende Individuum als Mensch existiert.[534] Daher hätte der Gesetzgeber einen entsprechenden Gestaltungsspielraum, der lediglich durch einen in den Grundrechten verkörperten umfassenden Respekt vor dem Humanum schlechthin begrenzt ist.[535] Das Gehirn wird als biologische Grundlage für die Entfaltung der spezifisch menschlichen geistig-seelischen Eigenschaften angesehen.[536] So beschränkt sich die Verfassungsrechtslehre auch zumeist auf die Feststellung, mit der herrschenden Meinung sei davon auszugehen, daß der Mensch dann, wenn keine Hirnströme mehr festgestellt werden könnten, die Grundlagen menschlicher Personhaftigkeit verloren habe und somit im verfassungsrechtlichen Sinne tot sei, also den Lebensschutz des Art. 2 II 1 GG nicht mehr genieße.[537] Mit dem verfassungsrechtlichen Schutz menschlichen Lebens lasse es sich vereinbaren, bei endgültigem Aufhören der Gehirntätigkeit den Eintritt des Todes anzunehmen, weil die Tätigkeit des Gehirns den Kern menschlichen Daseins beinhalte.[538]

Wie wir jedoch bereits bei der Untersuchung des Menschenbildes der Verfassung (s.o. 3., c) bb)) gesehen haben, hat sich das Grundgesetz hinsichtlich der Auswahl biologischer (Leben als körperliches Dasein) oder anthropologischer (Was macht

532 LG Berlin, 5.2.1992, Neue Justiz 1992, S. 420 (2. Mauerschützenurteil), bestätigt von BGH JZ 1993, S. 201; ebenso bereits BGHSt 2, 234 (239); zur Möglichkeit verfassungswidriger Verfassungsnormen: BVerfGE 3, 225 (231 - 234; BVerfGE 6, 132 (199).

533 Vgl. BT-Drs. 13/4355, S. 19

534 Heun, JZ 1996, S. 215; Wagner/Brocker, ZRP 1996, S. 230

535 Stern, Staatsrecht III/1, 1988, § 70 IV 4 d

536 Spittler, Universitas 50, 1995, S. 316

537 Pieroth/Schlink, Grundrechte, Rn. 129; Hofmann in: Festschrift für Krause, S. 119

538 Brenner, Arzt und Recht, S. 89

den Menschen aus?) Ansatzpunkte für ein Menschenbild bzw. dessen Kombination[539] für den anthropologischen Ansatzpunkt entschieden. Die Personeigenschaft ist das Charakteristikum des Menschsein. Die **potentielle Personalität,** die aufgrund biologischer Ausstattung erlangt werden kann, ist auch ausreichend. Lediglich der Schutz des Nasciturus wird im Ergebnis vom Bundesverfassungsgericht im Hinblick auf das Selbstbestimmungsrecht der Mutter, dem der Vorzug gegeben wird, relativiert.
Das gefundene Menschenbild und die rechtlich maßgebliche Folie für den Todesbegriff sind somit deckungsgleich. Daher ist die normative Umsetzung des Menschenbildes in eine Todeskonzeption ohne weiteres möglich.

Die Definition des Todes lautet: **Das Ende der zumindest potentiellen Personalität ist der Tod des Menschen.**

Im folgenden gilt es zu untersuchen, in welchem Kriterium das gefundene maßgebliche rechtliche Menschenbild biologisch verankert ist.

bb) Verankerung des verfassungsrechtlichen Menschenbildes in einem biologischen Kriterium

(1) Stillstand von Kreislauf und Atmung/Herzstillstand

Vertreter eines Todesbegriffes, der auf den Herztod als dessen Kriterium abstellen[540], verkennen, daß die Personeigenschaften - auf die es entscheidend ankommt - bereits lange zuvor erloschen sein oder – wenn der Herzstillstand reversibel ist – noch vorliegen können.

Der Hirntod ist eben nicht als Zäsur intra vitam[541] zu betrachten, die Intensivbehandlung einschließlich der maschinellen Beatmung ermöglicht lediglich den im Herzmuskel selbst entstehenden Herzschlag und den Kreislauf über den Tod des Menschen hinaus und verhindert so die bekannten Leichenveränderungen wie Totenflecke und Totenstarre.[542] Die Reanimation kann insofern mit der Konservierung einer Leiche verglichen werden, bei der der Zersetzungsprozeß des menschlichen Körpers durch Einfrieren aufgehalten werden soll. Dieses Leben, das an der Apparatur hängt, läßt die Rede von „Verkörperung" nicht zu. Die Aktionen eines Hirntoten kann man nicht als „seine" Taten werten. Vom „Haben" des Leibes kann keine Rede sein. Die Desintegration des Körpers hat bereits begonnen. Das sei nicht Sterben, sondern bereits Todesfolge. Die Intensivmedizin

---

539 Sternberg-Lieben, JA 1997, S. 83

540 Hoff/in der Schmitten, Universitas 1995, S. 335; Höfling, JZ 1995, S. 32; Grewel, ZRP 1995, S. 217; Vultejus, S. 1

541 Thomas, Ethik in der Medizin 1994, S. 189

542 Angstwurm in: Hoff/ in der Schmitten, S. 41, 42

greife nach dem Hirntod nicht mehr ins Sterben ein, sondern halte Todesfolgen auf.[543]

Die These, letztendlich könne sowieso niemand bestimmen, was der Tod eigentlich sei, weshalb nur eine Maximaldefinition von Herztod plus Hirntod plus jede sonstige Indikation, die von Belang sein mag, in Frage kommen könne[544], besitzt für die Rechtsordnung keinen Gültigkeitswert. Das Recht kann und muß sich mit einem solchen Zustand der Unwissenheit nicht zufrieden geben[545], da der „Tod“ als normatives Problem gesetzlich regelbar ist – unabhängig von einer letzten Gewißheit hinsichtlich naturwissenschaftlicher Fragen. Da die Jurisprudenz eine praktische Wissenschaft, auf die Bewältigung von sozialen Problemen gerichtet, ist, und der Tod für den Menschen in letzter Konsequenz ein metaphysisches, unbegreifliches Ereignis bleiben wird, kann es nicht darum gehen, den Tod als theologisch-philosophisch-naturwissenschaftliches Phänomen erschöpfend zu beschreiben. Es geht um eine letztlich juristische Erfassung für die Zwecke der Rechtsgemeinschaft. Die Entwicklung menschlichen Lebens ist ein Kontinuum, in dem Grenzen der Schutzwürdigkeit nur aufgrund von Wertungen vorgenommen werden können, die ihre Begründung außerhalb naturwissenschaftlicher Beobachtung haben[546], hier vor allem die Maßstabswertung des Grundgesetzes.

Die Gegner der Hirntodthese machen ihr Konzept, das einem möglichst weitgehenden Lebensschutz dienen soll, zudem selbst unbrauchbar, indem sie die Organentnahme mit persönlicher Einwilligung des Hirntoten zulassen wollen. Der Mensch könne sich nicht nur den Abbruch der Intensivbehandlung mit der Folge des alsbaldigen Todeseintritts, sondern auch eine andere Todesart – Sterben durch Organexplantation – wählen.[547] Damit würde die Organtransplantation jedoch die Tötung eines Menschen darstellen, was von einigen Hirntodkritikern sogar eingeräumt wird[548] und sich auch mit juristischen Spitzfindigkeiten wie der Aufrechnung von vorausgehender Lebensverlängerung zur Vorbereitung der Organentnahme – wenn zuvor etwa ein Behandlungsabbruch zulässig gewesen wäre - und anschließender Tötung nicht umgehen läßt.[549] Danach wäre eine aktive Sterbehilfe

543 Kluxen, S. 105

544 Jonas, Technik, Medizin und Ethik, S. 119 ff., S. 222

545 Zwierlein, Beiheft zur Berliner Theologischen Zeitung, S. 84; Schreiber, Beiheft zur Berliner Theologischen Zeitung, S. 125

546 Schreiber in: Festschrift für Schewe, S. 126

547 Höfling, Universitas 1995, S. 362

548 Rixen, ZRP 1995, S. 465; Grewel, ZRP 1995, S. 218; Hoff/in der Schmitten in: dies., S. 153, 199 ff., 227

549 Da im Falle des Hirntodes durch passive Sterbehilfe (Abstellen der Geräte) der Tod herbeigeführt werden könne, sei die Explantation „keine lebensverkürzende, sondern eine sterbeverlängernde Maßnahme“; So Mieth in: Hoff/in der Schmitten, S. 458; Höfling,

durch Organexplantation unproblematisch gerechtfertigt. Ob - und unter welchen Voraussetzungen eine solche Handlung überhaupt zu rechtfertigen wäre, wird unten in einer gesonderten Untersuchung zur Sterbehilfe geklärt werden. Die von den Hirntodgegnern vorgeschlagene Lösung erscheint unter der Prämisse, daß der Mensch im Interesse der Menschenwürde nicht zum bloßen Objekt gemacht werden darf, verfassungsrechtlich höchst problematisch[550], da – wenn man den Organspender als lebend betrachtet – Leben im Interesse anderer genutzt würde. Wegen des hohen Rangs des Rechtsguts Leben und dessen innerer Verbindung zur Menschenwürde, kann der Gesetzesvorbehalt des Art. 2 II S. 3 GG nur äußerst restriktiv genutzt, insbesondere Leben nicht pauschal gegeneinander abgewogen werden.[551] Der Schutz des einzelnen Lebens darf auch nicht deshalb aufgegeben werden, weil das an sich achtenswerte Ziel verfolgt wird, anderes Leben zu retten.[552]

Am Maßstab der Verfassung orientiert stellt der Herz-Kreislauf-Stillstand somit nicht das Kriterium für das Ende des „Menschseins“ dar. Das dahinterstehende kardiopulmunale Todeskonzept wird dem Menschenbild der Verfassung nicht gerecht. Die Konsequenzen, die die Vertreter dieses Konzeptes für den Bereich der Organtransplantation ziehen, sind vor dem Hintergrund der Verfassung zweifelhaft.

(2) Zur Kortikaltodthese und zum Gesamthirntod

Rein biologisch gesehen ist das Gehirn das Substrat personalen Lebens.[553] Fraglich ist allerdings, ob man, wie es die Kortikaltodthese tut, hinter dem Erfordernis eines Gesamthirntodes zurückbleiben kann.

Das Großhirn bzw. die Großhirnrinde (graue Substanz) ist unstreitig notwendige Grundvoraussetzung für die höheren Bewußtseins- und Sinnesleistungen, die potentielle Personalität i.S.d. vorgestellten Menschenbildes ausmachen.[554] Die weiße Substanz des Großhirns stellt lediglich die Verbindungsleitungen der Nervenzellen der Cortex dar.[555] Bei endgültigem Funktionsverlust der Großhirnrinde ist folglich weder aktuell noch potentiell Personalität möglich. Daher ist der Mensch ohne funktionierende Großhirnrinde tot. Auf den Funktionsverlust des Hirnstamms käme es nicht mehr an. Die Großhirnrinde als Kriterium des Todes stellt

---

Universitas 1995, S. 363; a.A: Heun, JZ 1996, S. 214; Wagner/Brocker, ZRP 1996, S. 229

550 Wilms/Jäger, ZRP 1988, S. 43 ff.

551 BVerfGE 39, 1, 58

552 BVerfGE 39, 1, 59

553 Eser/ von Lutterotti/ Sporken - Hübner: Lexikon Medizin, Ethik, Recht, Sp. 684

554 Schlake/Roosen, S. 18, Krüll, S. 50, 82, 86, 310; Oduncu, S. 39

555 Krüll, S. 310; Stotz, S. 227

somit eine passende biologische Verankerung des gefundenen Menschenbildes und normierten Todesbegriffs dar: **Der Tod des Menschen ist der Tod der Person. Er ist dann eingetreten, wenn die menschliche Neokortex ihre Funktion für immer verloren hat.**

Der Kritik an der Kortikaltodthese, es müsse körperlich gesunden, aber geistig schwer behinderten Menschen - worunter die Krankheitsbilder der Imbezillität, die Idiotie und andere Formen der Oligophrenie fallen, die sich in Denk-, Sprach-, Gedächtnis-, Verhaltens- und Kontaktstörungen zeigen[556] - konsequenterweise mangels geistiger Fähigkeiten zum bewußten Sein oder zu bewußter sozialer Interaktion das Lebensrecht abgesprochen werden, ist mit dem hier vertretenen Menschenbild entgegenzuhalten, daß Störungen noch lange keinen Funktionsverlust bedeuten, zumal diese Störungen wie gesehen, durch menschliche Ansprache soweit behoben werden können, daß die Wahrnehmungen und Interaktionen einer Person möglich sind. Wenn sich das Gehirn verändert, verändert sich zwar entsprechend das Erleben[557], es hört jedoch nicht auf.

Patienten im permanenten vegetativen Zustand dagegen (sog. Wachkoma oder apallisches Syndrom), die noch vegetative Funktionen aufgrund vorhandener Hirnstammfunktion aufrecht erhalten und selbständig atmen können, die jedoch wegen ausgefallener Großhirnfunktion weder Bewußtsein noch Wahrnehmungsfähigkeit besitzen, wären nach dem grundlegenden Ansatz der Vertreter der Kortikaltodthese auf den ersten Blick tot.[558] Dem liegt jedoch ein häufig adaptiertes falsches medizinisches Verständnis des apallischen Syndroms zugrunde.[559]

Wenn man die Voraussetzung für den Kortikaltod – den endgültigen Ausfall der Großhirn**funktion** – ernst nimmt, dann wird unter Berücksichtigung aktueller Erkenntnisse deutlich, daß es sich dabei nicht um das Krankheitsbild des Wachkomas handelt. Bei diesem fällt lediglich die Großhirn**aktivität** vorübergehend aus, während die Funktion der Großhirnrinde erhalten bleibt.

Wie gesehen haben Untersuchungen gezeigt, daß Wachkomapatienten (Apalliker) auf Zuwendung und Berührung reagieren. Es ist nicht so, daß die Großhirnrinde beim Apalliker irreversibel zerstört wäre. Vielmehr ist im Zustand des Wachkomas durch ein Schädel-Hirn-Trauma oder eine anderweitige Unterversorgung des Gehirns mit Sauerstoff (etwa bei einem Schlaganfall oder nach akuter Atemnot)

---

556 Vgl. Pschyrembel, Stichwort "Oligophrenie", S. 1205; ders. Stichwort "Demenz", S. 335

557 Oduncu, S. 36

558 Röttgen in: Penin-Käufer, Der Hirntod, S. 54 f.;

559 Funck, MedR 1992, S. 188; Wolflast, MedR 1989, S. 166; Roxin, in: Roxin (Hrsg.), Medizinstrafrecht, S. 98; Imbach in: Roxin (Hrsg.), Medizinstrafrecht, S. 214

die Bündelungsstation und Verteilerstelle für Nervensignale im Mittelhirn ausgeschaltet, so daß die Verbindung zwischen Hirnstamm und Großhirn unterbrochen ist.[560]

Die unterbrochenen Nervenbahnen können sich jedoch wieder regenerieren, der Patient kann aus dem Koma erwachen und seine Fähigkeiten ganz oder teilweise zurückgewinnen.[561] Nach dem Schädel-Hirnpatienten in Not e.V. lassen sich nach einigen Monaten sehr gute Verläufe und Zustandsverbesserungen sogar in zwei Dritteln der Fälle feststellen.[562]

Folglich sind die Apalliker in materieller Hinsicht auch nach der Kortikaltodthese lebende Personen und damit Menschen, die unter den Schutz der §§ 211 ff. StGB fallen.

Demgegenüber ist der Mensch als Individuum in der Welt nicht mehr existent, wenn das System, das ihn mit der Welt in Beziehung treten, sich selbst erfahren und selbst steuern läßt, für immer ausgefallen ist.[563] Ohne die Existenz des Menschen als Individuum kann das Ziel des Lebensschutzes nicht mehr erreicht werden.

Die zweite, biologische Komponente des Gesamthirntodkriteriums, nämlich das Leben als körperliches Dasein (Hirnstammtod), ist auch bei allen anderen Lebewesen, also z.B. auch bei Tieren vorhanden. Diese Komponente kann somit nicht das Kernelement sein, das das „Menschsein" ausmacht und diesen von allen anderen Lebewesen abhebt. Auch untergeordnete Bewußseinsleistungen des Hirnstamms sind bei anderen Lebewesen wie den Tieren ebenfalls vorhanden, da kaum zu leugnen sein wird, daß diese ein quantitatives Bewußtsein im Sinne von Stöhr[564], also eine grundsätzliche Wachheit, einen Erlebnisraum haben.

Selbst Sternberg-Lieben[565], Vertreter des Gesamthirntodkonzepts, erkennt die unersetzliche Rolle des menschlichen Gehirns für alle geistigen Leistungen des Menschen (Großhirnfunktion) als die entscheidende Säule der von ihm favorisierten Gesamthirntodkonzeption an. Er sieht voraus, daß die Hirnstammfunktionen alsbald von außen durch Implantation von Neurochips in den Hirnstamm (Atmungs-

---

560 Zieger, S. 4; Schlake/Roosen, S. 61;Gründler, Psychologie Heute 1996, S. 37; Broschüre des Schädel Hirnpatienten in Not e.V., Bayreuther Straße 33, 92224 Amberg, Spalte 1

561 Schlake/Roosen, S. 60 f.; Zieger, S. 23 ff.

562 Broschüre des Schädel-Hirnpatienten in Not e.V., Spalte 3

563 Dusik, S. 25 f.

564 Siehe oben, AA., A., III., 1.; Stöhr in: Stöhr et al. (Hrsg.), Neurologische Syndrome in der Intensivmedizin, S. 7

565 JA 1997, S. 83

schrittmacher entsprechend dem Herzschrittmacher) ersetzt werden können. Diese Auffassung zeigt, daß vom Hirnstamm im Gegensatz zur Großhirnrinde keine unverwechselbaren, mit dem Spezifikum des Menschseins verbundenen Fähigkeiten erwartet werden. Selbst wenn die Hirnrinde die den Menschen als geistiges Wesen prägenden Leistungen aufgrund fehlender Verbindungen nicht ohne den Rest des Gehirns erbringen kann[566], sind es immer noch die spezifischen Funktionen der Cortex, die den Menschen ausmachen und vom Tier unterscheiden.

(3) Zum Hirnstammtod

Wenn die Netzformation im Hirnstamm (Formatio reticularis)[567] Voraussetzung einer Grundwachheit ist, ohne die auch die höheren Bewußtseinsleistungen der Großhirnrinde nicht möglich sind, weil es ohne Erlebnisraum auch keinen Erlebnisinhalt gibt[568], und die Hirnstammfunktion vollständig und irreversibel bei noch erhaltener Großhirnfunktion ausgefallen ist, dann stellt sich die Frage, ob neben dem Großhirnrindentod auch der Hirnstammtod alternativ als Todeskriterium anzusehen ist. Wenn entweder Großhirnrinde oder Hirnstammfunktion endgültig und irreversibel ausgefallen wären, gäbe es danach für das betroffene Individuum keine potentielle Personalität mehr.

Die Frage, was eine solche isolierte, ausschließlich apparativ erfaßbare Aktivität der Großhirnrinde für den betroffenen Menschen eigentlich bedeutet, ist jedoch völlig offen. Dieser sei durch den Ausfall der im Hirnstamm lokalisierten Formatio reticularis nicht wach, könne aber auch nicht schlafen, wohl auch nicht denken oder träumen.[569] Für Stöhr sind kognitive Leistungen im Zustand des Hirnstammtods bei künstlicher Beatmung vorhanden. Danach wäre der Betroffene aufgrund der erhaltenen Großhirnfunktion und ersetzbaren Hirnstammfunktion eine potentielle Person und damit ein Mensch im Sinne der Todesdefinition. Daher müßte zunächst einmal durch die Medizin geklärt werden, ob die gesamte Hirnstammfunktion – also auch die Funktion der Formatio reticularis – durch entweder künstliche Beatmung oder in Zukunft durch einen Atmungsschrittmacher ersetzt werden könnte.

Auch bei einem insoweit positiven Ergebnis, ist das hier vertretene Menschenbild biologisch jedoch nicht durch die Hirnstammfunktionen, sondern unmittelbar nur durch die Großhirnrindenfunktionen verankert. Im praktischen Ergebnis käme der Hirnstammtod jedoch genauso als Todeskriterium in Frage wie der Großhirnrindentod, sollte die Hirnstammfunktion basale Voraussetzung für die Erlebnisin-

566 Roth/Dicke in: Hoff/in der Schmitten, Wann ist der Mensch tot?, S. 51 ff.
567 Krüll, S. 40
568 So auch Oduncu, S. 37
569 Schlake/Roosen, S. 59

halte der Großhirnrinde sein und eine potentielle Ersatzbarkeit der Hirnstammfunktion nicht gegeben sein. Dann wäre medizinisch erstmals eine Hirntransplantation – die noch lebenden Zellen der Großhirnrinde – sinnvoll, was heute nicht einmal im Ansatz möglich ist, da bei dem Erfordernis lebender Hirnzellen nicht zunächst der Hirntod des Spenders festgestellt werden kann. Bei einer eventuellen zukünftigen Änderung des Transplantationsgesetzes insoweit, als daß Entnahmevoraussetzung der Tod der Person in der Ausprägung des Hirnstammtodkonzeptes neben dem Großhirnrindentodkonzept sein könnte, tauchten dann jedoch gravierende ethische Probleme auf. Die Selbstidentifikation eines Organempfängers bliebe bei der Übertragung von Zellen aus einer fremden Großhirnrinde, auf der auch das Gedächtnis liegt, nicht unangetastet.[570] Insofern wird man sich überlegen müssen, ob die Übertragung von embryonalen Stammzellen, die sich in Nervenzellen differenzieren können, welche noch unreif und zu keinen eigenständigen Bewußseinsleistungen fähig waren, eine ethische Grenze des medizinischen Fortschritts darstellen soll, welche vielleicht gerade noch vertretbar ist[571], keinesfalls aber überschritten werden darf.[572]

Bis zur eindeutigen Klärung der medizinischen Fragen kommt vor dem Hintergrund der Verfassung, die den eindeutigen Verlust der Person voraussetzt, bisher nur der Ausfall der Großhirnrindenfunktion als Kriterium für den Tod der Person in Betracht.

(4) Zum Konzept Singers und Hoersters

Den Konzepten Singers und Hoersters fehlt wie gesehen der Aspekt der Potentialität der Person. Diese Schwäche zeigt sich vor allem in Singers Vergleich von fortgeschrittenem Leben (von Schweinen, Hunden und Schimpansen) mit noch nicht geborenem Leben (des Menschen), also mit Leben, das sich in einem wesentlich früheren Entwicklungsabschnitt befindet.[573] Damit entbehren seine Vergleiche jeglicher Zeitdimension und entwicklungsspezifischer Fundierung.[574]

Das biologische Substrat der Theorie von Singer wäre der reversible Verlust der Großhirnrindenaktivität. Dieser Ansatz ist jedoch nicht mit der Verfassung zu vereinbaren, die auch dem reduziertesten menschlichen Leben Würde und Respekt zukommen läßt, Bewertungen des menschlichen Lebens somit ausschließt.[575] Diese statische Auffassung, die Möglichkeiten und Entwicklungen von vornherein

---

570 Schlake/Roosen, S. 65
571 siehe dazu unten unter C.
572 Schlake/Roosen, S. 65
573 Singer, S. 219
574 Vgl. Hallaschka, S. 12
575 S/S-Eser, vor §§ 211ff., Rn. 14 m.w.N.; LK-Jähnke, vor § 211, Rn. 5 u. 6; RGSt 2, 404 (405); BGHSt 7, 287 (288); BGHZ 86, 240 (252)

ausschließt, widerspricht daher dem hier vertretenen Menschenbild und Personverständnis.

Singers Präferenz-Utilitarismus ist derselben Kritik ausgesetzt. So diskutiert Singer die Frage, ob möglicherweise die Präferenzen zum (Weiter-)Leben älterer, gebrechlicher oder schwerstbehinderter Menschen nicht gegen die Interessen jüngerer Menschen an der Rettung ihres Lebens aufgewogen werden könnten.[576] In diesem Fall hätten die Menschen aber grundsätzlich oder ab einem bestimmten Alter gar kein Lebensrecht. Eine solche totale Sozialpflichtigkeit des Menschen besteht jedoch nach der Verfassung gerade nicht. Das ständige Ausgesetztsein der Bewertung, ob man nun mehr Glück oder Unglück für die Welt bedeutet und damit möglicherweise sein Lebensrecht verlieren kann, verstößt gegen die Menschenwürde, die den Menschen als Selbstzweck ansieht, unabhängig von seinem Nutzen für die Gesellschaft.

(5) Zur Konzeption Denckers: Irreversible Bewußtlosigkeit

Hinsichtlich Denckers Konzeption ist zunächst einmal zweifelhaft, ob der BGH sich überhaupt zu den Grenzen des Lebensschutzes hat äußern wollen. Dencker sieht in der Tatsache, daß der BGH den Ersttäter, der mit dem Hammer zugeschlagen hat, wegen vollendeter Körperverletzung mit Todesfolge und nicht nur wegen Gefährlicher Körperverletzung (§ 224 StGB) verurteilt hat, eine sachliche Grundlage dafür, zu behaupten, daß ein Chirurg, der bei **verbleibenden Hirnströmen in allen Gehirnbereichen**, aber **infauster Prognose** zur Herzentnahme schreitet, nicht wegen §§ 211 ff. StGB zu bestrafen sei, weil er keine Lebenschancen mehr abschneide. Das Verhalten sei nicht rechtsgutschädlich.[577]

Die Strafbarkeit des Ersttäters wegen eines Vollendungsdeliktes mit einem Todeserfolg setzt voraus, daß die Hammerschläge den Tod des Opfers objektiv zurechenbar verursacht haben. Das Eintreten des Zweittäters in den Kausalverlauf könnte aber hinsichtlich einer etwaigen Strafbarkeit des Ersttäters eine entlastende Wirkung insofern haben, als die objektive Zurechenbarkeit des Todeserfolges und damit jedenfalls die Strafbarkeit wegen Vollendung ausgeschlossen ist.[578] Nach der Auffassung von der strafrechtlichen Behandlung der Kausalverlaufsabweichung wäre der Vorsatzbezug zu der konkreten Todesverursachung und damit die Strafbarkeit wegen vorsätzlicher Vollendungstat hinsichtlich eines Todeserfolgs fraglich. Diese Problematik stellte sich jedoch nicht, wenn das Opfer bereits tot war, bevor der Zweittäter es an der Türklinke aufhängte, weil die bis dahin einge-

---

576 Singer, S. 105 f., 173
577 Dencker, NStZ 1992, S. 315
578 Dencker, NStZ 1992, S. 312

tretenen Folgen der Hammerschläge dem Ersttäter zweifellos sowohl objektiv als auch subjektiv zuzurechnen wären.[579]

Der BGH hat die Frage Vollendung oder Versuch nicht angesprochen, sondern den konkreten Strangulierungstod dem Ersttäter im Rahmen des § 227 StGB n.F. zugerechnet. Daraus schließt Dencker, daß das Opfer nach Meinung des BGH zum Zeitpunkt der Handlung des Zweittäters bereits tot gewesen sei.

Der BGH hat sich jedoch mit keinem Wort zur Straflosigkeit des Zweittäters mangels Rechtsgutschädlichkeit seines Verhaltens geäußert, es ging ihm lediglich darum, die Todesfolge bereits in einen unmittelbaren Gefahrverwirklichungszusammenhang mit den Handlungen des Ersttäters zu setzen, um den spezifischen Gefahrverwirklichungszusammenhang zwischen Körperverletzung und Todesfolge im Rahmen des für die Lösung herangezogenen § 227 n.F. StGB herzustellen.[580] Ob der BGH damit ein Ende des Lebensschutzes noch vor einem Teilhirntod vertreten will ist sehr fraglich.

Unter den geschilderten Umständen spricht an sich viel für einen Zurechnungsausschluß in bezug auf den Ersttäter. Der BGH hat, um dennoch dessen Strafbarkeit begründen zu können, einen Gefahrverwirklichungszusammenhang im Rahmen des § 227 festgestellt. Dencker schlägt zum selben Zweck vor, den "Tod" im strafrechtlichen Sinn als unabwendbar determiniertes vorzeitiges Erlöschen der Gehirnfunktion zu definieren. Fraglich ist dabei schon, ob die Tatbestandsmäßigkeit des Aufhängens deswegen zwangsläufig ausgeschlossen sein müßte.[581] Denn man könnte Dencker so verstehen, daß seine vorgeschlagene normative Vorverlegung des Todeszeitpunkts die Strafbarkeit ausdehnen, damit aber nicht zugleich den bis zum Eintritt des (Teil-)Hirntodes weiterbestehenden strafrechtlichen Lebensschutz aufheben soll.[582]

Trotzdem könnte man Denckers eigenes Konzept als materiell „richtig" ansehen, wenn man davon ausgeht, daß bei einer irreversiblen, schweren Hirnverletzung mit dauerhafter Bewußtlosigkeit die spezifisch menschlichen Fähigkeiten für immer verloren sind und auch keine potentielle Personalität mehr vorliegt. Kurz vor dem Kortikaltod, bei schon anhaltender Bewußtlosigkeit, aber noch vorhandener Resthirnstromaktivitäten[583], könnten alle vom Bewußtsein getragenen Empfindungen für immer erloschen sein. Wir haben gesehen, daß selbst im irreversiblen

579 Dencker, NStZ 1992, S. 312
580 BGH NStZ 1992, S. 333, 334
581 So: Joerden, NStZ 1993, 268, 269; Puppe, JR 1992, 511, 513
582 So: Mitsch, JuS 1995, S. 790
583 Dencker, NStZ 1992, S. 314

Koma keine dauerhafte Bewußtlosigkeit vorliegt, so daß der Fall, den Dencker zur Beurteilung stellt, sehr theoretisch ist. Dennoch wird man sagen müssen, daß unter den Voraussetzungen einer tatsächlich dauerhaften Bewußtlosigkeit weder aktuelle noch potentielle Personalität vorliegt.

Die dauerhafte Bewußtlosigkeit ist somit materiell ein geeignetes biologisches Kriterium zur Verankerung des gefundenen Todesbegriffes.

b) Voraussetzungen in formeller Hinsicht: Feststellbarkeit des Endes der Menschqualität durch geeignete Diagnoseverfahren

Im folgenden geht es um die wissenschaftlich begründete forensische Nachweisbarkeit der materiellen Todeskriterien. Eine These, deren biologische Voraussetzungen naturwissenschaftlich nicht zu klären sind, kann letztlich nicht Grundlage einer normativen Todesdefinition sein, denn sie wäre in der Gerichtspraxis letztlich unbrauchbar.

aa) Zur Kortikaltodthese

Fraglich ist, ob der irreversible Funktionsverlust der Großhirnrinde sicher nachgewiesen werden kann. Das Problem der von einigen Vertretern der Kortikaltodthese für tot erklärten Wachkomapatienten liegt wegen des äußerlichen Aktivitätsverlusts der Großhirnrinde darin, überhaupt als Person wahrgenommen und nicht vorzeitig aufgegeben zu werden. Bei 10.000 Fällen pro Jahr und 700 Reha-Betten im Anschluß an die Intensivtherapie wird deutlich, warum für 88 % dieser häufig jungen Menschen die Unterbringung im Pflegeheim als austherapierter Fall die Endstation ihres Lebens bedeutet. Das Personal in den Pflegeheimen ist nicht für den Umgang mit Menschen im Wachkoma ausgebildet, und Therapien wie Krankengymnastik, Ergotherapie oder Musiktherapie sind mit Pflegesätzen nicht finanzierbar.[584]

Ein Nullinien-EEG sagt aber noch nichts über die Irreversibilität des Funktionsverlusts der Großhirnrinde aus.[585] Wie die Erläuterungen zum apallischen Syndrom zeigen, ist eine medizinisch sichere Prognose über die Irreversibilität, wenn überhaupt, erst nach Monaten möglich. Es sind sogar Fälle vorgekommen, in denen Apalliker erst nach mehreren Jahren aufgewacht sind.[586]

Die Irreversibilität des Verlusts der Großhirnrinde ist somit nicht direkt über das EEG meßbar. Das Erlöschen der elektroenzephalographischen Funktion allein ist kein Kriterium für den Großhirnrindentod, so daß die Reversibilität des Funkti-

---

584 Gründler, Psychologie Heute 1996, S. 41

585 LK-Jähnke, vor § 211, Rn. 9; Forster/Ropohl, Rechtsmedizin, S. 4

586 Gründler, Psychologie Heute 1996, S. 37

onsausfalls nicht ausgeschlossen werden kann.[587] Eine Beobachtungszeit von ca. 30 Minuten wie es die Bundesärztekammer vorschlägt[588] kann auch nicht als ausreichender Nachweis für die Irreversibilität des Funktionsverlusts betrachtet werden, da teilweise nach 36 bzw. nach 72 Stunden elektrischer Stille ein neuerliches Auftreten von niedriger, langsamer Tätigkeit im EEG beobachtet wurde.[589]

Der Zelltod ist grundsätzlich nicht direkt zu bestimmen, eine momentane Diagnose des Zelltodes somit nicht möglich. Eine Zelle ist tot, wenn sie unfähig ist, in normaler Umgebung die spezifische Zusammensetzung des inneren Milieus aufrechtzuerhalten. Sichere Kriterien des Zelltodes sind aufgehobene Reizbarkeit und aufgehobener Stoffwechsel.[590]

Möglicherweise kann daher durch die Nachweismethoden zum Stillstand der Hirndurchblutung - unter Berücksichtigung der Wiederbelebungszeit - eine Methode gefunden werden, den Todeszeitpunkt zu dokumentieren und dabei den Sicherheitsanforderungen der Verfassung zu genügen.

Zu denken wäre zunächst an die Angiographie. Bei diesem Verfahren werden die hirnzuführenden Gefäße mit einem jodhaltigen Kontrastmittel dargestellt. Die Methode ist zwar sicher bzgl. der Nachweisbarkeit, jedoch nicht ohne Risiken für die Gesundheit des Patienten. Insbesondere läßt sich nicht ausschließen, daß die relativ hohen Kontrastmittelgaben bei gestörter Funktion der Blut-Hirn-Schranke eine entscheidende schädigende Wirkung auf das ohnehin schwer vorgeschädigte Gehirn ausüben könnten. Daher hat sich in der Bundesrepublik weitgehend die Ansicht durchgesetzt, eine diagnostische Angiographie nur noch in solchen Fällen zuzulassen, in denen entscheidende therapeutische Erkenntnisse für den betroffenen Patienten zu erwarten sind. Die Angiographie spielt im Rahmen der Hirntoddiagnostik in Europa praktisch nur noch in Norwegen eine Rolle.[591]

Inzwischen wurde jedoch aufgrund der Vorbehalte gegenüber der Angiographie ein alternatives Verfahren gefunden, mit dem man den Stillstand der Hirndurchblutung mit vergleichbarer Sicherheit, aber ohne die damit verbundenen Risiken nachweisen kann. Es handelt sich dabei um die „Hirnblutfluß-Szintigraphie", bei der eine schwach radioaktiv markierte Substanz über eine ungefährliche intravenöse Injektion appliziert und ihre Verteilung im Gehirn mit einer „Gamma-

---

587 Angstwurm/Finsterer/Osterpowitz/Ross in: Krösl/Scherzer, S. 93 f.

588 Wissenschaftlicher Beirat der Bundesärztekammer, Kriterien des Hirntodes, Entscheidungshilfen zur Feststellung des Hirntods: Dt. Ärztebl. (1997) 94, S. 1035

589 Angstwurm/Finsterer/Osterpowitz/Ross in: Krösl/Scherzer, S. 95; Klein, Ethik in der Medizin (1995), S. 9

590 Kramer in: Krösl/Scherzer, S. 229

591 Schlake/Roosen, S. 41; Pohlmann-Eden, S. 1528

Kamera" verfolgt wird. Die Hirnperfusionsszintigraphie ist praktisch ohne Risiken und unabhängig von äußeren Störgrößen, weshalb sie sich gerade auch in Grenzfällen bewährt hat. Lediglich die nicht in jedem Krankenhaus vorhandene technische Verfügbarkeit steht einer breiteren Anwendung noch entgegen.[592] Die faktischen und wirtschaftlichen Beschränkungen bei der Durchführung der Szintigraphie werden der Grund dafür gewesen sein, daß dieses Verfahren – obwohl es bereits vor Erlaß des Transplantationsgesetzes bekannt war – bei Festlegung des Gesamthirntodkriteriums nicht weiter berücksichtigt worden ist und nur als mögliches, ergänzendes Verfahren in den Katalog der Hirntod-Kriterien der Bundesärztekammer aufgenommen worden ist.

Mit der Hirnszintigraphie kann also – falls nötig auch durch Transport in ein Krankenhaus mit einer radiologischen Abteilung nach 30-minütiger Beobachtung eines Null-Linien-EEGs – der irreversible Funktionsausfall (durch Nachweis des Absterbens des Gewebes bei Nichtdurchblutung während mindestens 15 Minuten) der Großhirnrinde und damit der Personeigenschaften mit hinreichender Sicherheit nachgewiesen werden.

bb) Zu Denckers Konzept: Irreversible Bewußtlosigkeit

Problematisch ist der von Dencker verwendete Begriff der "irreversiblen Bewußtlosigkeit", weil eine derartige Diagnose stets nur eine Prognose sein kann, die mit Unsicherheiten behaftet ist. In mindestens 10-15 % der Fälle bestätigen sich diese Prognosen nicht.[593] Daher kann von einer an Sicherheit grenzenden Wahrscheinlichkeit nicht die Rede sein, die aufgrund einer Wertung für die Gesellschaft ausreichend sein könnte, weil eine absolute Sicherheit kaum je erreicht werden kann.[594]

Ein sicheres Diagnoseverfahren existiert nicht für irreversible Bewußtlosigkeit. Wie dargelegt wurde, kann selbst der Zustand eines Komas nicht mit durchgehender Bewußtlosigkeit gleichgesetzt werden. Dieser Zustand resultiert vielmehr aus einer mangelnden Ansprache des Betroffenen von außen.

Bei dem Patienten in Denckers Beispiel ist noch Hirntätigkeit vorhanden.[595] EEG-Ableitungen werden somit positiv ausfallen. Die Szintigraphie wird eine Durchblutung im Bereich der Neokortex anzeigen. In mindestens 10-15 % der Fälle gelangen Menschen mit der Diagnose irreversible Bewußtlosigkeit wieder zu Be-

---

592 Schlake/Roosen, S. 43; Pohlmann-Eden, S. 1528
593 Hallaschka, S. 97
594 Spann in: Krösl/Scherzer, S. 266
595 Dencker, NStZ 1992, S. 313

wußtsein und würden damit ihre Persönlichkeit zurückerlangen (potentielle Personalität).

Das Todeskriterium in der Definition von Dencker ist somit zu unsicher, um die lebenswichtige strafrechtliche Grenze zwischen Leben und Tod zu finden.[596] Ob jemand irreversibel komatös ist, läßt sich erst mit seinem Tod im nachhinein feststellen. Das Konzept genügt damit nicht dem verfassungsrechtlichen Gebot eines auf sicheren medizinisch-biologischen Grundlagen basierenden, eindeutig feststellbaren Todesbegriffs. Folglich ist die Konzeption nicht normativ umsetzbar.

cc) Endergebnis

Der Tod der Person in Form des Kortikaltods ist materiell wegen des endgültigen Erlöschens der spezifisch menschlichen Personeigenschaften der juristische Tod des Menschen. Das Individuum Mensch stirbt mit völliger und irreversibler Zerstörung seiner Großhirnrinde, da ihm dadurch das Spezifikum seines Daseins für immer fehlt. Untergeordnete Bewußtseinsleistungen des Hirnstamms können es nicht ersetzen bzw. keinen Unterschied zu anderen Lebewesen deutlich machen.

Dieser Todesbegriff auf der Basis eines verfassungsrechtlich legitimierten Menschenbildes ist biologisch im endgültigen Funktionsverlust der Großhirnrinde verankert. Dieser Funktionsverlust ist medizinisch eindeutig nachweisbar durch das Testverfahren der Hirnszintigraphie. Nach dem Zeitpunkt der Feststellung des Durchblutungsstopps der Großhirnrinde trotz künstlicher Beatmung geht es bei der weiteren Behandlung nicht mehr um Lebensschutz.

Das aktuelle Transplantationsgesetz erlaubt jedoch die Entnahme von Organen erst nach dem Nachweis des Gesamthirntodes, § 19 TPG. Aus dem Strafrahmen dieses Paragraphen – Freiheitsstrafe bis zu drei Jahren oder Geldstrafe – ergibt sich allerdings bereits, daß diese Regelung nicht dem Lebensschutz, sondern einem ordnungsgemäßen Ablauf des Transplantationsverfahrens dient.

Für jeden anderen Bereich, so z.B. für den der Humanexperimente aller Art (gentechnische Experimente, pharmazeutische Tests, Kortikaltote als Übungskörper für Chirurgen) findet der Gesamthirntod als Verfahrensvorschrift unmittelbar jedoch keine Anwendung. Zur Frage, ob das Transplantationsgesetz insoweit möglicherweise als Ausführungsgesetz zu § 168 StGB angesehen werden könnte, siehe unten unter E.

---

596 Vgl. Joerden, NStZ 1993, S. 269

5. Sonderproblem: Organentnahme bei anenzephalen Neugeborenen?

Nach diesem Ergebnis stellt sich die Frage, ob man bei anenzephalen Neugeborenen, bei denen das Großhirn ohne jeden Zweifel fehlt, von menschlichem Leben sprechen kann. Eine davon völlig unabhängige Frage wäre die nach einem Verstoß gegen § 19 I TPG wegen des „Nichtabwartens des Gesamthirntodes“ und dessen Nachweis vor Organentnahme.

Wird medizinisch das Ende menschlichen Lebens durch das Erlöschen der meßbaren oder abbildbaren Großhirnrindenaktivität diagnostiziert, kann logisch auf seinen Beginn mit dem ersten Auftreten entsprechender neuronaler Aktivität geschlossen werden.

Wann genau die "Person" beginnt, läßt sich wie bereits gesehen biologisch nicht eindeutig festmachen, sondern bedarf einer philosophischen Deutung. Dabei ist der Beginn weniger als ein Zeitpunkt als vielmehr als ein Prozeß, der sich zielgerichtet entwickelt, anzusehen.

Da die ohnehin knappen Organe erwachsener Spender für Kinder wegen der Größe nicht in Betracht kommen, ist der Mangel an Spenderorganen bei Säuglingen und Kleinkindern noch gravierender.[597] Als Ausweg aus dieser katastrophalen Situation wird von einigen Medizinern und Juristen befürwortet, anenzephale Neugeborene als Organquellen zu nutzen.[598]

a) Das Krankheitsbild der Anenzephalie

Bei der Anenzephalie handelt es sich um eine schwere Fehlbildung, bei der eine knöcherne Schädelbasis, Rückenmark und Hirnstamm zwar entwickelt sind, andere wesentliche Teile des Gehirns, wie das Großhirn, aber fehlen.[599] Die anenzephalen Neugeborenen kommen mit intakten Herz-Kreislauf- und Atmungsfunktionen zur Welt, und auch andere Organe wie Nieren, Leber und Pankreas können in aller Regel normal funktionieren, auch wenn sie vielfach vorgeschädigt sind.[600] Allerdings bleiben diese Funktionen je nach Schwere der Hirnschädigung und Intensität der medizinischen Behandlung in der überwiegenden Zahl der Fälle nur wenige Stunden bis mehrere Tage nach der Geburt erhalten. So werden 40 % aller Anenzephalen tot geboren. Von den lebend geborenen sterben 65 % bereits am ersten Tag, 30 % überleben die erste Woche nicht, und nur 1,5 % leben einen

---

597 Isemer/Lilie, MedR 1988, S. 66

598 Holzgreve, S. 25 ff; Beller/Czaia, S. 23 f.; A.L. Caplan, Bioethics 1987 1: S. 120

599 Isemer/Lilie, S. 67; Pschyrembel, Klinisches Wörterbuch, Stichwort "Anenzephalie"; v. Loewenich, Definition , Diagnose und Prognose bei Anenzephalus, in: Hiersche/Hirsch/Graf-Baumann (Hrsg.), Rechtsliche Fragen der Organtransplantation

600 Isemer/Lilie, S. 67

vollen Monat.[601] In der Bundesrepublik Deutschland kommt ca. 1 Fall von Anenzephalie auf 1000 Lebendgeburten.[602]

b) Das medizinische Problem

Die Heranziehung der Organe Anenzephaler ist medizinisch problematisch, da ihre Atmung aufgrund der fehlenden Großhirntätigkeit intervallartig ausfällt. Auch wenn das Großhirn vereinfacht gesagt die kognitiven Funktionen wie Bewußtsein, Denken, Erinnerung usw. steuert, während der Hirnstamm die vegetativen Funktionen wie Atmung und Kreislauf kontrolliert, bestehen zwischen Großhirn und Hirnstamm komplexe Wechselbeziehungen, die noch nicht völlig erforscht sind.[603] Die Atemausfälle wiederholen sich in immer kürzeren Abständen bis zur vollständigen und endgültigen Einstellung der Spontanatmung. Bis dahin sind die Organe des Kindes aber infolge des wiederholten Sauerstoffmangels so sehr geschädigt, daß sie für Transplantationszwecke nicht mehr zu gebrauchen sind.[604] Folglich müßte die Organentnahme möglichst unmittelbar nach der Geburt erfolgen, um die Erfolgschancen für die Transplantation zu maximieren.

c) Die Rechtsstellung des anenzephalen Neugeborenen

Diese Situation wirft auf rechtlicher Seite die Frage auf, ob man die anenzephalen Neugeborenen grundsätzlich als Totgeburten ansehen oder jedenfalls als solche behandeln kann. Dann wäre die Zulässigkeit der Entnahme auch lebenswichtiger Organe unproblematisch, während anderenfalls eine Strafbarkeit wegen Totschlags drohte.

Sowohl nach höchstrichterlicher Rechtsprechung als auch nach vorherrschender Lehre beginnt das von den §§ 211 ff. StGB geschützte menschliche Leben mit Beginn der Geburt.[605] Nach der Geburt kommt es auf die Lebensfähigkeit des Neugeborenen nicht mehr an. Folglich käme danach auch dem schwerstgeschädigten Säugling der uneingeschränkte Lebensschutz unserer Rechtsordnung zu.[606] Da bei anenzephalen Neugeborenen unmittelbar nach der Geburt wenigstens Teile des Gehirns, insbesondere der Hirnstamm, funktionieren, so daß sie ohne apparative Unterstützung selbständig atmen können, und auch ihr Herz ohne maschinelle Hilfe schlägt, ist ein anenzephales Kind weder von vornherein herz- noch gesamthirntot.

---

601 Vgl. Isemer/Lilie, S. 67 m. w. N.

602 v. Loewenich, S. 106; Isemer/Lilie, S. 67

603 United States President's Commission, Defining Death, S. 15

604 Wolflast, MedR 1989, S. 164 m. w. N.

605 BGHSt 10, 5; 10, 291 (292); 31, 348 (351, 355); LK-Jähnke, vor § 211, Rn. 3, 5; S/S-Eser, Vor §§ 211 ff., Rn. 13; Isemer/Lilie, S. 67 f.

606 BGHSt 10, 291 (292); Isemer/Lilie, S. 68

Franz von Liszt war der Meinung, alles vom Weibe geborene sei Mensch, auch die sogenannte Mißgeburt, d.h. ein Wesen mit regelwidriger Bildung, unabhängig davon, ob das Fortleben unmöglich sei ("Monstrum" i.e.S.) oder nicht (siamesische Zwillinge).[607] Ausgehend von der gefundenen Mensch- und Todesdefinition, nach der das Spezifikum des Menschen im Funktionieren der Großhirnrinde zu sehen ist, die beim Krankheitsbild der Anenzephalie zweifelsfrei nicht vorhanden ist, handelt es sich bei einem anenzephalen Neugeborenen nicht um einen Menschen i.S.d. §§ 211 ff. StGB. Dieser ist keine Person und kann auch niemals eine werden. Das Erfordernis des Gesamthirntodes als Voraussetzung für eine Organentnahme wäre danach nur im Rahmen des § 19 TPG beachtlich.

d) Die bisherigen Lösungsansätze zur Organentnahme bei Anenzephalie

aa) Anenzephale als eigene Kategorie

Im aktuellen englischen Schrifttum gibt es divergierende Ansichten darüber, ob Anenzephalen Menschqualität zugebilligt werden kann oder nicht. Für die Klassifizierung als Mensch oder Monstrum komme es dabei entscheidend auf die menschliche Form des Neugeborenen an. So verneint Brahams unter Hinweis auf das groteske Erscheinungsbild[608] die Menschqualität anenzephaler Neugeborener.[609] Sie werden als Kategorie sui generis angesehen, als Sonderfall der Natur.[610] Daher fielen sie von vornherein nicht in den Anwendungs- und Schutzbereich von Normen, deren Objekte Menschen sind.

In diesem Zusammenhang finden sich auch rechtshistorische Hinweise auf das frühe Common Law, nach dem die Tötung von Monstren als besondere Kategorie von Nicht-Menschen nicht strafbar war.[611] Anenzephale, so das Argument, seien zwar biologisch funktionierende Wesen, jedoch keine Personen. Damit wird wiederum die Brücke zum Kerngedanken der Kortikaltodthese geschlagen, dem Unterschied zwischen Lebewesen, menschlichen Wesen und Personen. In deren Sinne sind alle von Menschen gezeugte und geborene Wesen nur Zugehörige der biologischen Spezies Mensch, nicht aber von vornherein Zugehörige der Teilgruppe "Person" dieser biologischen Spezies. Weil aber nur Personen als Individuen der menschlichen Rasse von der Rechtsordnung geschützt würden, stünden

---

607 v. Liszt, Lehrbuch des Deutschen Strafrechts, § 80 I, S. 303; ebenso: LK-Jähnke, Vor § 211, Rn. 6; S/S-Eser, vor § 211, Rn. 14

608 Aufgrund der fehlenden Schädeldecke haben Anenzephale ein froschartiges Aussehen, s. die Abbildungen bei Pschyrembel, Stichwort "Anenzephalie" und v. Loewenich, S. 109 f.

609 Brahams, Transplantation, The Fetus And The Law (1988) 138 NLJ 91-93 (92), zitiert nach Kloth, MedR 1994, S. 182

610 Holzgreve, S. 13

611 So bei J.A. Friedman, Taking the camel by the nose: The anencephalic as a source for pediatric organ transplants, 90 Columbia Law Review 917 - 978, 920 (1990)

Anenzephale außerhalb dieses Schutzes, weswegen die Organentnahme auch lebenswichtiger Organe von ihnen unbedenklich sei.[612]

bb) Das Hirnleben-Konzept

Ein ähnlicher Begründungsansatz, der zum gleichen Ergebnis führt, ist der des Hirnleben-Konzepts.[613] Seine Anhänger wollen den Beginn des Lebens spiegelbildlich zu dessen Ende definieren. Wenn das Leben mit dem Erlöschen der Gehirnfunktionen ende, beginne es auch erst, wenn das Gehirn in irgendeiner Form vorhanden sei.[614] Im Einzelnen sind die Erfordernisse umstritten. Manche Autoren fordern eine durch EEG nachweisbare elektrische Hirnaktivität, andere das physische Vorhandensein des gesamten Gehirns, z.B. den Schluß des Neuralohrs beim Embryo. Da anenzephale Neugeborene definitionsgemäß "hirnlos" seien, seien sie von Anfang an hirntot im Sinne der anerkannten Richtlinien, ihre Organe damit grundsätzlich zu Transplantationszwecken verwendbar.[615]

cc) Intensivmedizinische Behandlung bis zum Eintritt des Gesamthirntodes

Eine andere Lösungsmöglichkeit wäre, die anenzephalen Neugeborenen sofort nach der Geburt apparativ zu unterstützen, in der Hoffnung, daß sie einerseits trotz der Unterstützung möglichst bald im Sinne der Gesamthirntodformulierung sterben, andererseits aber infolge der Unterstützung die transplantablen Organe nicht geschädigt werden.[616] In Intervallen wird der Respirator dann immer wieder abgeschaltet, um zu überprüfen, ob die Spontanatmung bereits ausgesetzt hat, der für alle vom Menschen abstammende Kreaturen medizinisch nachweisbare Gesamthirntod mithin eingetreten ist.

Eingewendet wurde gegen diese Vorgehensweise, daß die Schmerzunempfindlichkeit anenzephaler Neugeborener nicht sicher ist, da in Einzelfällen die Ausbildung von Schutzreflexen sowie ein Wimmern beobachtet wurde.[617] Dann aber wäre die apparative Unterstützung und Lebensverlängerung nicht mehr vertretbar, da durch sie zusätzliches und vermeidbares Leid geschaffen würde.

dd) Die Meinung Merkels

Nach Merkel hat der Anencephalus zwar keinerlei eigene Interessen, da er nichts von seiner Existenz erlebt und erleidet, dennoch hätten auch diese Kinder ein juristisches Recht auf Leben i.S. des Art. 2 II GG aufgrund der erhaltenen Hirn-

---

612 Friedman, S. 952
613 Beller, gyne (1987) 8:301-305, zitiert nach Kloth, S. 187
614 Wolfslast, MedR 1989, S. 165 m.w.N.
615 Caplan, S. 139
616 So Walters/Ashwal, Hastings Center Report (Oct./Nov. 1988), S. 21 f.
617 v. Loewenich, S. 111

stammfunktion.[618] Dies folge aus dem Normschutzinteresse der Gesellschaft am grundsätzlichen Verbot aktiver Tötungen, obwohl den Anencephalen in moralischer Perspektive keine Rechte zustehen können, da sie subjektiv vollständig interessensunfähig sind.[619] Eine Verwendung als Organspender kommt danach nicht in Betracht, denn eine menschliche Person darf nicht ausschließlich als Mittel für die Zwecke anderer behandelt werden, und die Verwendung einwilligungsunfähiger lebender Menschen als Organspender würde vermutlich geradezu als Musterfall einer solchen Degradierung zum Objekt empfunden werden. Diesen Menschenwürdebegriff müsse auch eine Notstandsabwägung in der Frage der Lebensrettung eines sterbenden Kindes durch die Entnahme von Organen bei einem noch lebenden Anencephalus in Rechnung stellen. Lediglich de lege ferenda könne die Organentnahme vom Anencephalen für zulässig erklärt werden, jedoch nicht durch Ausdehnung der Todesdefinition, sondern vielmehr durch eine Legalerweiterung der Notstandsrechtfertigung auf diesen speziellen Sonderfall.[620]

e) Bewertung und Ergebnis: Einwilligungserfordernis der Eltern gemäß § 19 I TPG analog?

Nach der hier vertretenen Auffassung, endet der Lebensschutz des Menschen grundsätzlich mit dem vollständigen Funktionsverlust der Großhirnrinde, die bei dem Krankheitsbild der Anenzephalie von vornherein gar nicht ausgebildet worden ist. Somit ist die Frage, ob von anenzephalen Neugeborenen Orgene entnommen werden dürfen, hier keine Frage des Lebensschutzes. Es wird auch keine Grenze durchlässig, die bisher zu Recht die Verwendung von Menschen zum Nutzen anderer Menschen verbietet, da es sich bei den Anenzephalen ohne Großhirnfunktion nicht um Menschen handelt. Die Pietätsinteressen der Eltern könnten im Rahmen des Einwilligungserfordernisses eines Sondertatbestandes, der die Zulässigkeit der Organentnahme regelt, berücksichtigt werden.

Fraglich ist, ob der auf den ersten Blick passende Tatbestand des § 19 I TPG auch diesen Sonderfall erfaßt. § 19 TPG verweist in seinem ersten Absatz auf §§ 3 I, II und § 4 I S. 2 TPG und ordnet an, daß bestraft wird, wer entgegen diesen Vorschriften ein Organ entnimmt. Die systematische Auslegung des Transplantationsgesetzes hat ergeben, daß das Transplantationsgesetz nur tote oder lebende Organspender kennt und keine Zwischenexistenzen. Da lebende Organspender personale Wesen, tote Organspender Wesen sind, die ihre Personeigenschaften verloren haben, und Anenzephale – weil sie nie Personeigenschaften besessen haben – weder zu der einen noch zu der anderen Gruppe gehören, spricht viel dafür, daß das Transplantationsgesetz auf diese Wesen nicht anwendbar ist.

618 Merkel, S. 621
619 Merkel, S. 623
620 Merkel, S. 628 f.

Selbst wenn somit auch unter verfahrensrechtlichen Gesichtspunkten keine Feststellung des Gesamthirntodes bei Anencephalie erforderlich ist, so darf die Organentnahme nicht vor Ausfall der **Spontan**atmung erfolgen. In unserer Gesellschaft kommt es nicht vor, daß atmende Wesen jeglicher Gattung wie Tote behandelt werden – z.B. indem man sie beerdigt oder indem man ihre Organe herausschneidet. Folglich ist entweder abzuwarten, bis die Spontanatmung aufhört, oder sie ist gezielt zu beenden. Diese aktive Beendigung der Spontanatmung wäre beim Anencephalus als Sonderwesen – wie beim Kortikaltoten - nicht an § 216 StGB zu messen. Sie wäre zudem zur Schmerzvermeidung ethisch und moralisch richtig, da der Anencephalus, läßt man der Natur ihren Lauf, qualvoll ersticken muß.[621]

Zu denken wäre aber an eine analoge Anwendung der zweiten Alternative des § 19 TPG, die sich auf das Erfordernis der Einwilligung von Angehörigen bezieht. Dann müßte der Normzweck der Regelung auch auf den nicht geregelten Fall der Organentnahme eines „Wesens eigener Art" passen. Der Normzweck der §§ 3 und 4 TPG dient unter anderem dem Schutz des subsidiär zur Selbstbestimmung des Betroffenen geltenden Rechts anderer Personen, über eine Organentnahme zu entscheiden.[622] Zu diesen anderen Personen gehören gemäß § 4 II Nr. 3 auch die Eltern. Sie haben nach dem Transplantationsgesetz im Rahmen ihres Totensorgerechts ein eigenes Entscheidungsrecht über die postmortale Organentnahme.[623] Dies ist sinnvoll im Hinblick auf das starke Interesse, das Eltern am Leben und Gedeihen ihrer Kinder gewöhnlich haben. Diese fühlen sich auch einer Totgeburt als Eltern und damit als Entscheidungsträger zugehörig. Ihnen steht die letzte Entscheidung vor dem Staat zu.[624]

Daher ist es analog § 19 I TPG angezeigt, den Eltern eines anenzephalen Neugeborenen die Entscheidung über die an sich zulässige Organentnahme treffen zu lassen. In dem Einwilligungserfordernis ist auch keine unzulässige Analogie zu Lasten des Täters zu sehen, da dieses Erfordernis vor einer Organentnahme so allgemein bekannt ist, daß man vom Straftäter bei Verweigerung der Einwilligung auch bei dem Zwischenwesen des Anencephalus eine entsprechende Gewissensanspannung und die Erkenntnis der gesellschaftlichen Mißbilligung eines Zuwiderhandelns erwarten können muß.

---

621 Vgl. Wolflast, MedR 1989, S. 164; United States President's Commission, Defining Death, S. 15

622 Gesetzesentwurf von CDU/CSU, SPD und FDP für ein TPG, BT Drs. 13/4355, Begründung zu § 18, S. 31

623 Änderungsantrag Dreßler/Seehofer, BT-Drucks. 13/8027, Begründung zu § 4 I, S. 9; im Gegensatz dazu wollte der nicht angenommene Antrag v. Klaeden zu § 4 (BT-Drucks. 13/8028 dieses subsidiäre Entscheidungsrecht der Angehörigen ausschließen.

624 Singer, S. 435; Hoerster, Neugeborene und das Recht auf Leben, S. 65

Merkel dagegen lehnt ein Widerspruchsrecht der Eltern – jedenfalls im Fall des Behandlungsabbruchs - grundsätzlich ab und begründet dies damit, daß, wenn es überhaupt zulässig sein kann, als Garant ein Kind vorsätzlich sterben zu lassen, die dafür maßgeblichen Gründe so gravierend seien, daß man es sterben lassen *muß* im Sinne einer rechtlichen Pflicht, nämlich dem Garantengebot aus den §§ 223 ff. StGB. Das Votum der Eltern sei hierfür ohne Belang.[625] Dennoch solle die zulässige Entscheidung der Ärzte, die Behandlung gegen den Willen der Eltern abzubrechen, durch das Vormundschaftsgericht legitimiert werden.[626]

Eine solche Objektivierung und Überprüfung der Entscheidungsgrundlagen über den Kopf der Eltern hinweg durch eine unabhängige Kontrollinstanz ist um so dringender erforderlich, wenn wie bei einer Organentnahme Interessen Dritter im Spiel sind. Davon abgesehen ist es zudem kaum vorstellbar, im Falle der Organtransplantation über den Kopf der Eltern hinweg zu entscheiden, die das alleinige Sorgerecht für das aus ihnen entstandene Wesen – wenn es auch kein „Kind" ist – innehaben. Ihnen allein können hier „Interessen" zugeschrieben werden, während der Anencephalus selbst keine solchen hat oder auch nur entwickeln kann.

Es stellt sich bei der Frage nach einer Organentnahme vom Anenzephalus nicht die von Wolfslast aufgeworfene Frage, ob man nicht, wenn man erst einmal Anenzephale als Organspender verwenden darf, bei gesteigertem Organbedarf oder steigenden Kosten medizinischer Behandlung und Pflege auch auf alle schwer geistig Behinderten zurückgreifen darf.[627] Bei schwer geistig Behinderten liegt gerade kein Funktionsverlust der Großhirnrinde einhergehend mit dem Verlust der Personalität vor, so daß bei diesen Personen die Tatbestände zum Schutz des menschlichen Lebens in jedem Fall greifen würden.

Es geht auch nicht um die Unterscheidung von wertvollem und wertlosem menschlichen Leben[628], sondern um die Unterscheidung von menschlichem und nichtmenschlichem Leben. Ein Wesen ohne die spezifische Funktion der menschlichen Großhirnrinde ist als Person nicht vorhanden, da es sich in keiner Funktion mehr von z.B. einem Tier unterscheidet. Die Tötungsdelikte schützen aber nur den Menschen.

Der Anencephalus unterscheidet sich nicht nur deshalb von anderen Fehlbildungen, weil seine Lebenszeit begrenzt ist. Jedes Leben ist zeitlich begrenzt, weshalb

---

625 Merkel, S. 604 ff.

626 Merkel, S. 606 f.

627 Wolfslast, MedR 1989, S. 167

628 So Wolfslast, MedR 1989, S. 167; Laufs, Rechtliche Grenzen der Transplantationsmed zin, in: Kamps/Laufs (Hrsg.), Arzt- und Kassenarztrecht im Wandel, Festschrift für Helmut Narr S. 43

die Gleichsetzung von begrenzter Lebenszeit mit lebensunwertem Leben sachlich unbegründet ist.[629] Der Unterschied liegt darin, daß wenn man vom "Leben" des Anencephalus spricht, man immer nur das "Hirnstammleben" (biologisches Leben) meint, da durch Fehlen des Großhirns gerade keine Großhirnfunktion (menschliches Leben) erlangt werden kann.[630]

Die Organentnahme vom Anencephalus begründet auch keinen Verstoß gegen Art. 1 I GG. Zwar würde im Fall der Anenzephalie mit der intensivmedizinischen Behandlung und nachfolgender Organentnahme das Neugeborene zu einem bloßen Mittel zur Erreichung eines Zwecks gemacht, der nur außerhalb seiner selbst liegt, was mit Personen wegen Art. 1 I GG nicht gemacht werden darf[631]; diese Maxime besitzt jedoch nur für Personen, also vernunftbegabte und -fähige Menschen, überhaupt Gültigkeit.[632] Die mögliche Behandlung von Subjekten als Objekte setzt das Vorhandensein von Subjekten voraus.[633] Daß dies beim Anencephalus nicht der Fall ist, verkennt Merkel, der den Kortikaltod für gesetzlich erledigt hält[634], obwohl er selbst betont, daß es in § 3 I Ziff. 2 TPG lediglich um die Feststellung des Todes geht und nicht um eine grundsätzliche Definition[635], über die damit noch nichts gesagt ist und die unter Zugrundelegung der Kortikaltodthese sinnvollerweise nur die Feststellung des endgültigen Funktionsverlusts der Neokortex als Kriterium haben kann.

Anenzephale Neugeborene fallen somit mangels Großhirnfunktion nicht unter den Schutzbereich der Tötungstatbestände.

V. Folgeproblem: Strafbarkeit des Behandlungsabbruchs bei einer (großhirnrinden-)toten Schwangeren bezogen auf deren Leibesfrucht

Fraglich ist, ob in der Abtötung der Leibesfrucht einer Kortikaltoten, z.B. durch Abstellen der Apparate oder durch Untätigbleiben von Anfang an, ein Abbruch der Schwangerschaft zu sehen ist, §§ 218, 13 StGB.

1. Schwangerschaft einer Toten?

Eine Schwangerschaft setzt üblicherweise voraus, daß sowohl die Mutter als auch die Leibesfrucht leben.[636] In dem berühmten Erlanger Fall war die hirntote Mutter

---

629 Beller/Czaia, S. 16
630 Beller/Czaia, S. 18
631 Walters/Ashwal, S. 20 f.; Seidler in: Hiersche/Hirsch/Graf-Baumann, S. 113-117
632 Walters/Ashwal, S. 21; Caplan, S. 131
633 Dreier fordert eine „zumindest potentiell entgegenstehende Handlungskompetenz", DÖV 1995, S. 1038
634 Merkel, S. 120
635 Merkel, S. 113
636 Hilgendorf, JuS 1993, S. 98

aber - wie inzwischen festgestellt wurde – sogar gesamthirntot und damit kein Mensch mehr. Nur einige ihrer Körperfunktionen wurden aufrechterhalten, um den Fötus zu retten.

Aufschlußreich ist hier die ältere Diskussion über die Frage, ob in einem vorsätzlichen Angriff auf das Leben einer Schwangeren zugleich ein Angriff auf das ungeborene Leben liegt. Der BGH hatte dies bejaht und Tateinheit angenommen.[637] Diese Überlegung entspricht dem Schutzweck des § 218 StGB, dem Schutz des ungeborenen Lebens.[638] Dafür spricht auch der Wortlaut des § 218 StGB a.F. und n.F. Mit der Beschreibung der Tathandlung als „Abbrechen der Schwangerschaft" ergibt sich unter Zugrundelegung der Gesetzesmaterialien, daß die Formulierung „Abbruch der Schwangerschaft" gleichbedeutend ist mit dem bis zur Reform durch das 5. StrRG (vom 18.06.1974 in der Fassung des 15. StÄG vom 18.05.1976) geltenden Begriff „Abtöten der Leibesfrucht".[639] Daher kann mit Schwangerschaftsabbruch nur ein Eingriff gemeint sein, der gerade das Absterben der Leibesfrucht zum Ziel hat.[640] Auf das Überleben der Frau kommt es nicht zwingend an.

Gerade der Erlanger Fall zeigt, daß offensichtlich auch dann eine Schwangerschaft bestehen kann, wenn die Mutter bereits (hirn-)tot ist. Das ungeborene Kind lebt, bewegt sich, schluckt Fruchtwasser, hat einen eigenen Blutkreislauf, ein eigenes Immunsystem, Gehirnaktivität etc.[641] Die Aktivität des Gehirns der Mutter ist erkennbar keine notwendige Voraussetzung für eine intakte Schwangerschaft. Es wurde festgestellt, daß für die Aufrechterhaltung einer Schwangerschaft keine komplexe Hormonregulation mit intakter Funktion der Hypophyse (Hirnanhangdrüse) oder gar des übergeordneten hypothalamischen Zentrums im Gehirn der Schwangeren erforderlich ist, da der Fötus bereits über eine eigene Hormonproduktion verfügt und sogar den mütterlichen Organismus über die Placentaschranke hormonell mitversorgen kann.[642]

Der Subsumtion des Erlanger Falles unter den Begriff der Schwangerschaft steht somit nicht entgegen, daß im allgemeinen bei der Frage, ob eine Schwangerschaft besteht, davon ausgegangen wird, daß die Mutter lebt. Definitionen gehen immer vom Normalfall aus, außergewöhnliche Sonderfälle können nicht berücksichtigt werden.[643] Die Anwendung der §§ 218 ff. StGB scheitert auch nicht daran, daß

637 BGHSt 11, 15
638 S/S-Eser, vor § 218, Rn. 5; T/F-Tröndle, vor § 218, Rn. 17
639 S/S-Eser, § 218, Rn. 3
640 S/S-Eser, § 218, Rn. 3
641 Vgl. FAZ vom 24.10.92, S. 8
642 Schlake/Roosen, S. 68
643 Beckmann, MedR 1993, S. 123

die Gesetzesmaterialien zu der in Frage stehenden Fallgestaltung ausdrücklich nichts aussagen, denn die vom Gesetzgeber in abstrakt-genereller Form verabschiedete Regelung kann durchaus Fälle erfassen, an die zum Zeitpunkt ihres Entstehens nicht gedacht worden war.[644]

Außerdem gebietet der Schutzzweck der §§ 218 ff. StGB die Anwendung dieser Strafvorschriften. Geschütztes Rechtsgut ist das vorgeburtliche menschliche Leben, wobei das Leben des ungeborenen Kindes als „eigenständiges, höchstpersönliches und vom Leben und Schutzwillen der Mutter unabhängiges Rechtsgut anzusehen ist[645], das sowohl unter dem Schutz der Verfassung als auch des Strafrechts steht.[646] Es kommt dagegen für die Anwendung der §§ 218 ff. StGB nicht darauf an, ob das ungeborene Kind in körperlicher Beziehung zu einer noch lebenden oder bereits als hirntot zu bezeichnenden Mutter steht, sondern allein darauf, ob es selbst am Leben ist.[647]

2. Rechtspflicht zur Aufrechterhaltung dieser Schwangerschaft / Garantenstellung der Ärzte für das ungeborene Kind

Für eine Strafbarkeit gem. § 218 StGB durch Unterlassen wäre weiterhin erforderlich, daß den Arzt eine Pflicht zur Abwendung des Erfolges trifft. Eine Garantenstellung kann sich entweder aus einer besonderen Schutzpflicht für bestimmte Rechtsgüter oder aus der Verantwortlichkeit für bestimmte Gefahrenquellen ergeben.[648]

Hier kommt eine Garantenstellung auf der Grundlage einer Schutzpflicht für das gefährdete Rechtsgut „Leben des ungeborenen Kindes“ in Betracht. Eine Rechtspflicht zur Erfolgsabwendung kann sich aus der tatsächlichen Übernahme der ärztlichen Behandlung ergeben, wodurch eine Vertrauensgrundlage geschaffen wird.[649] Wenn wie in dem Erlanger Fall die betreffende Person in dem zur Begründung der Garantenstellung maßgeblichen Zeitpunkt der Einlieferung in das Krankenhaus bewußtlos war, ist auf den mutmaßlichen Willen abzustellen. Dieser kann vernünftigerweise nur den Wunsch beinhalten, alles zu ihrer eigenen und der Rettung ihres Kindes Erforderliche zu tun.

Problematisch ist, ob die Garantenpflicht mit dem Tod der Mutter entfällt, denn mit dem Tod enden grundsätzlich sowohl die Pflicht als auch das Recht des Arztes

---

644 Beckmann, MedR 1993, S. 123

645 S/S-Eser, vor § 218, Rn. 5

646 Vgl. BverfGE 39, 36 u. 42; S/S-Eser, vor § 218, Rn. 5

647 Beckmann, MedR 1993, S. 123; in diesem Sinne auch BGHSt 11, 16: „Das Leben der Mutter ist keine notwendige Voraussetzung des Tatbestandes der Abtreibung.“

648 Wessels, AT, § 16 II 4

649 S/S-Stree, § 13, Rn. 26, 28 a; Laufs, Arztrecht, Rn. 132

zu weiterer Intensivbehandlung, weil der postmortale Persönlichkeitsschutz Eingriffe, die das organische Absterben verlängern, verbietet.[650]

Es könnte in der Weiterbehandlung des ungeborenen Kindes im Körper der Frau ein Verstoß gegen die Menschenwürde der Frau i.S.e. „Benutzung ihres Körpers als natürlichen Brutkasten" erblickt werden, wodurch sie zu einem Objekt degradiert würde. Auf der anderen Seite steht das Lebensrecht des Kindes. Die Aufrechterhaltung der körperlichen Funktionen der Frau verletzt den Achtungsanspruch der Frau nicht in einem unerträglichen Maße.[651] Zudem impliziert die gesetzliche Regelung der §§ 218, 218 a StGB einen Vorrang der Leibesfrucht nach Ablauf der 12. Schwangerschaftswoche sogar gegenüber dem Grundrecht der Menschenwürde der lebenden Mutter. Diese Wertung muß dann erst recht in einem Abwägungsprozeß gegenüber der toten Mutter gelten. Folglich entfällt eine Behandlungspflicht der Ärzte nicht im Hinblick auf entgegenstehende Interessen der hirntoten Frau.

Möglicherweise könnten Interessen des noch ungeborenen Kindes die grundsätzliche Handlungspflicht der Ärzte beschränken. Die Intensivmaßnahmen waren jedoch weder ohne jede Erfolgsaussicht[652] noch waren schwere Beeinträchtigungen der Leibesfrucht vorauszusehen, die eine Lebensfähigkeit ausgeschlossen hätten.[653]

Folglich waren die Erlanger Ärzte verpflichtet, Marion P. an den Beatmungsgeräten zu belassen, auch wenn sie selbst bereits tot war, um wenigstens ihre Leibesfrucht zu retten. Anderenfalls hätten sie sich bei nicht ersichtlicher Rechtfertigung und Entschuldigung einer Abtreibung durch Unterlassen strafbar gemacht.

---

650 Laufs, Arztrecht, Rn. 289

651 Beckmann, MedR 1993, 125

652 Laufs, Arztrecht, Rn. 133; T/F, § 218, Rn. 6a

653 T/F, § 218, Rn. 6a

B. Exkurs 1: Die Meinung des BGH zur Sterbehilfe

I. Der Sachverhalt und die Entscheidungsgründe

Nach einer Entscheidung des BGH vom 13. September 1994[654] kann der Lebensschutz bereits Monate vor Ausfall der Hirntätigkeit enden, weil es sich bereits zu diesem Zeitpunkt um eine infauste Prognose (Abschneiden weiterer Lebenschance) handelt. Da es eine im Vordringen befindliche Meinung gibt, die selbst den Zustand des Hirntodes mit einer verfassungsrechtlichen Begründung auch für den Bereich des Strafrechts noch dem menschlichen Leben zurechnen und dennoch Organe explantieren will[655], stellt sich die Frage, ob es nach den Regeln der Sterbehilfe strafrechtlich zulässig sein kann, einem lebenden Menschen - unabhängig davon, welche Todesdefinition man zugrundelegt - Organe zu entnehmen, wenn eine infauste Prognose vorliegt.

Nach der hier vertretenen Todesdefinition stellte sich konkret folgende Frage: Verletzt die Handlung der Explantation lebenswichtiger Organe noch vor dem Großhirntod das Tötungsverbot der §§ 211 ff. StGB, oder kann diese Handlung nach Meinung des BGH und den Grundsätzen der Sterbehilfe für zulässig erachtet werden?

Es ging um folgenden Sachverhalt: Der angeklagte Arzt Dr. T übernahm im Oktober 1990 die ärztliche Betreuung der 70jährigen E. Sch., die sich seit dem 15.3.1990 in der Pflegeabteilung in K. befand. Der Angeklagte Sch., ihr Sohn, war zu ihrem Pfleger mit dem Wirkungskreis "Aufenthaltsbestimmung, Zuführung zu ärztlicher Behandlung und Vermögensverwaltung" bestellt worden. Frau Sch. litt an einem hirnorganischen Psychosyndrom im Rahmen einer präsenilen Demenz mit Verdacht auf Alzheimer-Krankheit. Anfang September 1990 erlitt sie einen Herzstillstand. Sie wurde reanimiert, war seitdem aber **irreversibel schwerst cerebralgeschädigt**. Wegen darauf beruhender Schluckunfähigkeit wurde sie mit einer von Dr. T verordneten Sondennahrung zunächst über eine Nasen-, dann über eine Magensonde künstlich ernährt. Seit Ende 1990 war Frau Sch. nicht mehr ansprechbar, geh- und stehunfähig, reagierte auf optische, akustische und Druckreize nur noch mit Gesichtszucken oder Knurren und wies trotz Krankengymnastik Grobkontrakturen an den Gliedmaßen auf. Vitalfunktionen waren vorhanden, Anzeichen für ein Schmerzempfinden bestanden nicht.

Anfang 1993 schlug der Angeklagte Dr. T dem Angeklagten Sch. vor, den keine Besserung erwarten lassenden Zustand der Patientin durch Einstellung der Sondennahrung zu beenden. Es sollte lediglich noch Tee verabreicht werden, so daß

---

654 BGHSt 40, S. 257 ff.

655 Höfling, JZ 1995, S. 33; ders. MedR 1996, S. 8; Rixen, Lebensschutz am Lebensende, S. 390

der Tod der Frau Sch. in zwei bis drei Wochen eintreten würde, ohne daß sie leiden müsse. Dr. T erklärte dem Angeklagten Sch. auf dessen Frage hin, das Vorgehen sei rechtlich abgesichert. Sch. vertraute auf diese Erklärung, beriet sich mit Freunden und Verwandten und entschied sich für dieses Vorgehen, insbesondere deshalb, weil seine Mutter ihm gegenüber acht bis zehn Jahre zuvor, nachdem sie in einer Fernsehsendung einen Pflegefall mit Gliedversteifung und Wundliegen gesehen hatte, geäußert hatte, so wolle sie nicht enden. Der Angeklagte Dr. T wies das Pflegepersonal entsprechend an, woraufhin der Pflegedienstleiter das Amtsgericht – Vormundschaftsgericht - Kempten einschaltete. Dieses versagte die Genehmigung für ein solches Vorgehen. Frau Sch. verstarb erst Monate später, am 29.12.1993, infolge eines Lungenödems.[656]

Das Landgericht Kempten hat die Angeklagten des versuchten Totschlags durch Unterlassen bei bestehender Garantenpflicht schuldig gesprochen und zu Geldstrafen verurteilt. Das den beiden Angeklagten vorgeworfene Verhalten bestand in der gemeinsamen Anweisung an das Pflegepersonal, nach Aufbrauchen der vorhandenen Flaschennahrung „oder" ab dem 15.03.1993 die Patientin nur noch mit Tee zu ernähren. Aus der Sicht des Pflegepersonals stellt dies ein Unterlassen dar. Durch ein solches Untätigsein war auch das Verhalten der Angeklagten geprägt, wobei der Angeklagte Sch. aufgrund seiner verwandschaftlichen Beziehungen, der Angeklagte Dr. T. aufgrund des ärztlichen Behandlungsvertrages verpflichtet war, mit Hilfe des Pflegepersonals die Grundversorgung sicherzustellen. Ob die Angeklagten durch Verstoß gegen diese Pflicht selbst als – mittelbare – Täter oder lediglich als Anstifter anzusehen sind, darauf ist das Landgericht nicht eingegangen. Dies ist aber im Ergebnis unschädlich, weil die von der Rechtsprechung geforderten Voraussetzungen für die Strafbarkeit des (untauglichen) Versuchs eines unechten Unterlassungsdelikts in mittelbarer Täterschaft – von der problematischen Frage des Verbotsirrtums/Zulässigkeit des Behandlungsabbruchs abgesehen – bei beiden Angeklagten erfüllt sind.[657] Beide Angeklagte hatten mit ihrer Revision aus folgendenden Gründen Erfolg:

Der BGH bestätigt das Landgericht zwar darin, daß ein Fall der sogenannten passiven Sterbehilfe nicht vorliegt, da das Merkmal der unmittelbaren Todesnähe gefehlt hat. Der Sterbevorgang hatte bei Frau Sch. noch nicht eingesetzt, so daß es nicht gerechtfertigt wäre, hier von Hilfe beim Sterben, also von Sterbehilfe, zu sprechen, die dem Arzt dann den Abbruch von lebensverlängernden Maßnahmen wie Beatmung, Bluttransfusion oder künstliche Ernährung erlaube.[658]

---

656 BGHSt 40, 257, 258 f.
657 BGHSt 40, 257, 266
658 BGHSt 40, 257, 260

Sterbehilfe könne jedoch auch dann schon zulässig sein, wenn der Sterbevorgang noch nicht eingesetzt hat. Ein solcher Vorgang wird in der Literatur als Sterbehilfe im weiteren Sinne, als Hilfe **zum** Sterben bezeichnet.[659] Ein solcher Behandlungsabbruch bei entsprechendem Patientenwillen ist als Ausdruck seiner allgemeinen Entscheidungsfreiheit und des Rechts auf körperliche Unversehrtheit (Art. 2 II 1 GG) grundsätzlich anzuerkennen.[660] In der vorliegenden Entscheidung konnte, da Frau S. seit September 1990 infolge ihrer irreversiblen Hirnschädigung zu einer eigenen Entscheidung nicht mehr in der Lage war, nur die Annahme einer **mutmaßlichen Einwilligung** in Betracht kommen. An diese seien aber **erhöhte Anforderungen insbesondere im Vergleich zur Sterbehilfe im eigentlichen Sinne** zu stellen, um der Gefahr, daß Arzt, Angehörige oder Betreuer unabhängig vom Willen des entscheidungsunfähigen Kranken, nach eigenen Maßstäben und Vorstellungen das von ihnen als sinnlos, lebensunwert oder unnütz angesehene Dasein des Patienten beenden, von vornherein entgegenzuwirken.[661]

Die acht oder zehn Jahre vor dem maßgeblichen Zeitpunkt im März 1993 unter dem Eindruck einer Fernsehsendung erfolgte Äußerung der Frau S., "so wolle sie nicht enden", biete keine tragfähige Grundlage für eine mutmaßliche Einwilligung zum Behandlungsabbruch, denn sie könne einer momentanen Stimmung entsprungen sein. Sie hat diese Erklärung weder schriftlich noch mündlich wiederholt und konnte ihre eigene Situation im Jahre 1993 acht oder zehn Jahre zuvor nicht vorausahnen oder abschätzen. Die Reduktion ihrer Funktionen, die eine zwischenmenschliche Kontaktaufnahme unmöglich macht, so daß ihrer Umgebung ihr Leben sinnlos erscheinen könnte, rechtfertige für sich alleine nicht die Annahme einer mutmaßlichen Einwilligung der lebensfähigen Patientin in den alsbald zum sicheren Tod führenden Behandlungsabbruch.[662]

An diesem Ergebnis ändere auch die Tatsache nichts, daß der Angeklagte S. als Sohn und zugleich Pfleger der Kranken dem Behandlungsabbruch zugestimmt hat, denn nach § 1904 BGB bedarf der Betreuer zur Wirksamkeit seiner Einwilligung in ärztliche Maßnahmen, die zum Tode des Betreuten führen könnten, der Genehmigung des Vormundschaftsgerichts. Zwar ist die Vorschrift auf den tödlich verlaufenden Behandlungs*abbruch* nicht unmittelbar anwendbar, da sie nach ihrem Wortlaut nur aktive ärztliche Maßnahmen wie Untersuchungen oder Heilbehandlungen erfaßt, nach ihrem Sinn und Zweck muß der Abbruch einer ärztlichen Behandlung aber erst recht der Entscheidungsbefugnis des Betreuers entzogen

659 S/S-Eser, vor § 211, Rn. 21 m.w.N.
660 Laufs/Uhlenbruck, Handbuch des Arztrechts, § 132, Rn. 28
661 BGHSt 40, 257, 260 f.
662 BGHSt 40, 257, 261

sein, wenn ihr schon die gefährliche Heilmaßnahme entzogen ist.[663] Da der Angeklagte die notwendige Genehmigung des Vormundschaftsgerichts nicht eingeholt hat, war seine Zustimmung zur Einstellung der künstlichen Ernährung unwirksam.

Allerdings widerspricht der BGH den Ausführungen des Landgerichts zur Vermeidbarkeit des Verbotsirrtums. Der Senat ist der Auffassung, daß angesichts der besonderen Umstände des hier gegebenen Grenzfalles ausnahmsweise ein zulässiges Sterbenlassen durch Abbruch einer ärztlichen Behandlung oder Maßnahme **nicht von vornherein ausgeschlossen** ist, sofern der Patient mit dem Abbruch mutmaßlich einverstanden ist. Begründet wird das damit, daß auch in dieser Situation das **Selbstbestimmungsrecht des Patienten** zu achten sei, gegen dessen Willen eine ärztliche Behandlung grundsätzlich weder eingeleitet noch fortgesetzt werden darf.[664] An die Voraussetzungen für die Annahme eines solchen mutmaßlichen Einverständnisses des entscheidungsunfähigen Patienten seien allerdings im Interesse des Schutzes menschlichen Lebens in tatsächlicher Hinsicht strenge Anforderungen zu stellen. Entscheidend sei der mutmaßliche Wille des Patienten im Tatzeitpunkt, wie er sich nach sorgfältiger Abwägung aller Umstände darstellt, wobei frühere mündliche oder schriftliche Äußerungen des Kranken ebenso zu berücksichtigen sind wie seine religiöse Überzeugung, seine sonstigen persönlichen Wertvorstellungen, seine altersbedingte Lebenserwartung oder das Erleiden von Schmerzen.[665] Es komme ausschließlich auf den individuellen hypothetischen Willen an. Objektive Kriterien wie die Beurteilung einer Maßnahme als "vernünftig" oder "normal" sowie den Interessen eines verständigen Patienten üblicherweise entsprechend haben keine eigenständige Bedeutung, sondern kommen lediglich als Anhaltspunkte für den individuellen hypothetischen Willen in Betracht.[666]

Je weniger dabei die Wiederherstellung eines nach allgemeinen Vorstellungen menschenwürdigen Lebens zu erwarten ist und je kürzer der Tod bevorsteht, um so eher wird ein Behandlungsabbruch vertretbar erscheinen.[667]

Die hier interessierende Hauptaussage des Urteils ist somit folgende: Wenn wesentliche Lebensfunktionen wie Atmung, Herzaktion und Kreislauf trotz irreversibler Hirnschädigung noch erhalten sind – so daß die Patientin noch unter den Lebensschutz der §§ 211 ff. StGB fällt -, dann kommt ein zulässiger Behandlungsabbruch nur in Betracht, wenn er dem mutmaßlichen Willen des entscheidungsunfähigen Patienten entspricht. Da der Senat nicht davon ausgehen konnte,

---

663 BGHSt 40, 257, 261 f.
664 BGHSt 40, 257, 262; vgl. auch: BGHSt 32, 367, 379; 35, 246, 249; 37, 376, 378 f.
665 BGHSt 35, 246, 249
666 BGHSt 40, 257, 263
667 BGHSt 35, 246, 250

daß das Landgericht Kempten ausreichende Feststellungen dazu sowie zur Vermeidbarkeit des Verbotsirrtums (auf die Aussage des Mediziners, das Vorgehen sei rechtlich abgesichert, kann man sich allein nicht verlassen[668]) getroffen hatte, hatten die Angeklagten mit ihrem Rechtsmittel Erfolg.[669]

II. Anwendbarkeit der Aussagen dieses Urteils auf den Wirklichkeitsbereich der Organtransplantation?

Fraglich ist, ob diese Entscheidung auf den Fall der Organexplantation überhaupt übertragen werden kann. Die sowohl moralisch wie rechtlich bedeutsame Unterscheidung zwischen aktivem Tun und Unterlassen ist zu beachten. Während man sich auf das "Sterbenlassen" irreversibel vom Tode gezeichneten Lebens noch relativ problemlos verständigen kann, indem man die Garantenpflicht des Arztes zum Tätigwerden negiert, bleibt der Fall, wo der Arzt aktiv handelnd einen Lebenserhaltungsvorgang abbricht, schwierig.[670] Bei der Entnahme von Organen kann man möglicherweise nur von einem aktiven Tun sprechen. In einer Zeit jedoch, in der der Tod durch den Ausfall von Gehirnströmen festgestellt werden soll, könnte man sich auch auf den Standpunkt stellen, bei der Explantation eines lebenswichtigen Organes sterbe der Patient nicht durch die Entnahme selbst, sondern im Rahmen einer Gesamtbetrachtung erst durch nachfolgendes Abschalten der Herz-Lungen-Maschine.

Problematisch daran ist bereits die Einordnung des Abschaltens als Unterlassen, erst recht aber die Einordnung des gesamten Geschehens als Unterlassen im Hinblick auf das aktive Herausoperieren der Organe.

Im folgenden soll untersucht werden, wo das Urteil des BGH vom 13.9.94 und der Wirklichkeitsbereich einer Organexplantation in die Regeln zur Sterbehilfe einzuordnen ist, inwieweit das Urteil diese Regeln eventuell modifiziert und ob bzw. inwieweit der Vorschlag der Vertreter eines kardiopulmonalen Todesbegriffes hinsichtlich einer Explantation bei einem lebenden Hirntoten mit der Rechtsdogmatik zur Sterbehilfe überhaupt zu vereinbaren ist. Zu diesem Zweck wird zunächst die derzeit vertretenen Auffassungen zur Zulässigkeit von aktiver und passiver Sterbehilfe dargestellt werden.

---

668 BGHSt 40, 257, 264

669 BGHSt 40, 257, 265

670 Joerden, NStZ 1993, S. 270

III. Zulässigkeit der aktiven Sterbehilfe?

Die aktive Sterbehilfe ist nach heute geltendem Recht grundsätzlich verboten, kraft Einwilligungssperre des § 216 StGB selbst dann, wenn sie auf ausdrückliches und ernsthaftes Verlangen des Getöteten geschieht.[671]

1. Die Meinung Ruffs

Ruff hat demgegenüber im Jahre 1971 ganz offen die These vertreten, der Arzt sei unter Umständen nicht nur verpflichtet, sich über einen entgegenstehenden Willen des Verstorbenen hinwegzusetzen, sondern dürfe sogar zur Rettung fremden Lebens durch eine Transplantation aktive Euthanasie betreiben.[672] Nicht überzeugend ist jedoch bereits seine Art von naturrechtlichem Ansatz, die Gewebeverträglichkeit zeige eine "Hinordnung des Spenders auf den Empfänger" an.[673] Der Mensch ist nach der Verfassung auf sich selbst angelegt, nicht auf andere Menschen. Die Respektierung des Menschen in seiner Subjektivität als Selbstzweck ist als absoluter Wert anzusehen.[674]

2. Die Meinung Schönigs

Schönigs[675] Ansicht geht in die gleiche Richtung. Er hält zumindest im Fall der Organtransplantation den Zeitpunkt für maßgebend, in dem der Arzt der Überzeugung ist, daß ein selbständiges, d.h. von Wiederbelebungsgeräten unabhängiges Leben nicht mehr wiederhergestellt werden kann. Eine solche Sichtweise würde den Sterbenden aber völlig der Willkür des behandelnden Arztes ausliefern, da allein dessen subjektive Einschätzung von Leben und Tod der Todesfeststellung zugrunde gelegt würde.[676] Um diese soll es aber nach dem Bundesgerichtshof gerade nicht gehen, sondern vielmehr um den individuellen hypothetischen Willen des Betroffenen selbst.[677]

3. Die Meinung Rixens

Auch in der heutigen Zeit wird insbesondere von Vertretern eines kardiopulmonalen Todesbegriffs zum Zwecke der Organexplantation eine Art „aktiver Sterbehilfe" für zulässig erachtet. Rixen stellt in seiner Monografie als (primäres) Kriterium für den endgültigen Zusammenbruch des Organismus als funktionelle Einheit den irreversiblen Atmungs- und Herz-Kreislaufstillstand vor, der sich deshalb als Todeskriterium eigne, weil er das irreversible Erlöschen der im Organismus

---

671 S/S-Eser, vor §§ 211 ff., Rn. 24 f.

672 Ruff, Organverpflanzung, S. 150 f., zitiert nach Rüping, GA 1978, S. 134

673 Ruff, Organverpflanzung, S. 122, zitiert nach Rüping, GA 1978, S. 134

674 Laufs in: Kamps-Laufs, Arzt- und Kassenarztrecht im Wandel, Festschrift für Helmut Narr, S. 39

675 Schönig, NJW 1968, S. 189

676 König, S. 13

677 BGHSt 40, 257, 263

wechselwirkenden Vitalfunktionen plausibel zum Ausdruck bringe.[678] Damit ist der Hirntote für Rixen ein Lebender, auch wenn er sich zum Zeitpunkt dieser Diagnose in einem Zustand des unumkehrbaren Sterbens befindet, an einem Punkt, an dem der Tod ohne intensivmedizinischen Zugriff schon längst (durch spontanen Zusammenbruch des Organismus) eingetreten wäre, so daß der Abbruch der Weiterbehandlung naheläge, gäbe es nicht die möglicherweise in Betracht kommende Herzexplantation.[679]

Die Explantation des Herzens stellt Rixen ausdrücklich als Kumulation der vier Teilakte Abklemmung der Aorta, Perfusion des Herzens mit einer konservierenden Lösung, was zum Herzstillstand führt, gleichzeitiges Beenden der kontrollierten Beatmung und nichtkompensierte Entnahme des Herzens dar. Diese Teilakte gingen nahtlos ineinander über und führten in zeitlich engstem Zusammenhang zum Zusammenbruch des Organismus.[680] Da sie jeder für sich tötungstauglich sind[681], und mindestens drei davon, nämlich das Abklemmen der Aorta, das Perforieren und das Herausschneiden des Herzens, aktive Tätigkeiten sind, müßte man sich, wenn man die Explantation unter diesen Voraussetzungen für zulässig erachten will[682], fragen, unter welchen Bedingungen in diesem Zusammenhang eine „aktive Tötungshandlung/Sterbehilfe" zulässig sein kann.

Rixen stellt zur Beantwortung dieser Frage auf den Schutzzweck der Tötungsdelikte ab, denn auch wenn die Herzexplantation zweifellos für den nachfolgenden Tod kausal sei, könne nur eine tatbestands**erhebliche** Kausalität zur Tatbestandlichkeit des Verhaltens führen.[683] Nur solche Ursachen seien als Tötungshandlungen zurechenbar, die einen Erfolg herbeigeführt haben, der nach dem Sinn und Zweck der Vorschriften, ihrem Telos und Schutzzweck nach, zugerechnet werden soll.[684] Daher stellte Rixen sich die Frage, ob der im objektiven Tatbestand zum Ausdruck gelangene Verbotsgehalt der §§ 212 I, 216 I StGB vielleicht so gedeutet werden kann, daß er den durch eine Herzexplantation hervorgerufenen Tod – unter bestimmten Voraussetzungen und in bestimmten Grenzen – nicht erfaßt. Könnte es sein, daß sich „Töten" und „Spenden" unterscheiden lassen und daß die (grundsätzlich nur) selbstbestimmt-vorausverfügte Organspende eines hirntoten Menschen der Herzexplantation den Charakter einer objektiv-tatbestandlichen Tötungshandlung nimmt?[685]

---

678 Rixen, Lebensschutz am Lebensende, S. 344 f.
679 Rixen, Lebensschutz am Lebensende, S. 358
680 Rixen, Lebensschutz am Lebensende, S. 357 ff.
681 Rixen, Lebensschutz am Lebensende, S. 360
682 Rixen, Lebensschutz am Lebensende, S. 390
683 Rixen, Lebensschutz am Lebensende, S. 362
684 Baumann/Weber/Mitsch-Weber, § 14, Rn. 6
685 Rixen, Lebensschutz am Lebensende, S. 362

Der Wortlaut des § 216 StGB muß dieser Möglichkeit nach Rixen nicht entgegenstehen, da der Wortlaut (genauer: die bei der Lektüre des Wortlauts intuitiv erfolgende Bedeutungszuweisung) nicht notwendig identisch ist mit dem normativen Sinn einer Vorschrift.[686]

Einen Grundrechtsverzicht hält Rixen in gewissen Grenzen generell für zulässig. Diesen Verzicht auch im Hinblick auf das Rechtsgut Leben leitet er aus Art. 2 II 1 Var. 1 GG als speziellem Freiheitsrecht ab, das dem einzelnen auch für den Bereich des Lebens Selbstbestimmung einräume. Eine andere Möglichkeit ist, den Verzicht direkt aus dem Selbstbestimmungsrecht in Art. 2 I GG abzuleiten.[687] Daß das Prinzip der Unverfügbarkeit des Lebens nicht absolut gilt, bringe schon die Zulassung der tödlichen Notwehr, die Tötung bei Notstand und die Anerkennung der Aufopferung des Lebens für andere zum Ausdruck.[688]

Den Regelungszweck des § 216 StGB, der grundsätzlich eine Tötung eines anderen auch auf dessen ausdrückliches Verlangen verbietet, bestimmt Rixen dann folgendermaßen: Die Vorschrift will die reale Geltung des Grundsatzes von der individuellen Selbstbestimmungsfreiheit über das Leben stabil halten, indem sie appellativ der Entstehung einer sozialen Stimmung entgegenwirkt, in der Menschen sich gedrängt sehen, über ihr Leben in einer Weise zu verfügen, die Zweifel an einer freiwilligen Entscheidung nahelegt. Auf diese Weise schütze die Vorschrift die Freiwilligkeit des Schutzverzichts. Verboten seien demnach alle Verhaltensweisen, die vordergründig wie freiwillige Schutzverzichte – Akte der Grundrechtsausübung – wirken, die aber bei näherem Hinsehen Zweifel an der Freiwilligkeit des Schutzverzichts naheleben. Hingegen sei der Schutzzweck des § 216 StGB nicht berührt, wenn feststehe, daß der Spender sich freiwillig zur Spende entschlossen hat.[689]

Schließlich weist Rixen daraufhin, daß nicht übersehen werden darf, daß der Organspender die Entnahme eines lebenswichtigen Organs unter den Bedingungen einer Sterbe- und damit Lebensverlängerung verlangt. Da sein Leben im Zustand des Hirntods irreversibel beendet ist, besteht keine ärztliche Behandlungspflicht mehr, denn wenn die Behandlungsmöglichkeit nicht mehr gegeben ist, können die lebenserhaltenden Geräte und Mittel abgeschaltet werden. Daher wird der Todeseintritt durch das Einverständnis in die Explantation zeitweilig bewußt aufgehalten.[690]

---

686 Rixen, Lebensschutz am Lebensende, S. 362
687 Darstellung bei Rixen, Lebensschutz am Lebensende, S. 365
688 OLG München (Hackethal-Entscheidung), Arztrecht 1988, S. 136
689 Rixen, Lebensschutz am Lebensende, S. 373 f.
690 Rixen, Lebensschutz am Lebensende, S. 375

4. Die Meinung Höflings

Auch Höfling hält es aus verfassungsrechtlicher Sicht mit Argumenten wie der Verpflichtung zu einem weiten Tatbestandsverständnis und dem Grundsatz „in dubio pro vita“ wegen der noch vorhandenen Vitalfunktionen beim Hirntoten für geboten zu der Schlußfolgerung zu kommen, daß hirntote Menschen leben.[691] Dennoch hält er es für möglich, daß die Organentnahme lebenswichtiger menschlicher Organe auf der Grundlage einer verfahrens- und organisationsrechtlich abgesicherten engen Zustimmungslösung (der Betroffene selbst muß zugestimmt haben) durchaus in verfassungsrechtlich zulässiger Weise geregelt werden kann. Der Hirntod fungiere dann nicht mehr als (materielles) Todeszeichen, sondern als (formelles) Entnahmekriterium. Dabei gehe es um den Respekt vor der erlöschenden Existenz, dem sterbenden Menschen und dessen Recht auf einen würdigen Tod. Der hirntote Mensch habe einen verfassungsrechtlich fundierten Anspruch auf den Abbruch der Intensivbehandlung mit der Folge des alsbaldigen Todeseintritts. Daher steht ihm zugleich die Befugnis zu, für sich einen anderen Modus des Sterbens, nämlich durch Organtransplantation zu wählen. Die vorab erklärte Einwilligung bedeute in diesem Zusammenhang das Einverständnis mit der kurzzeitigen Verlängerung des Lebens im Interesse einer Lebensrettung oder Leidensminderung für Dritte. Dabei schütze der Autonomiegehalt des Rechts auf körperliche Unversehrtheit und Leben die Freiheit des Sterbenden im Sinne eines Rechts auf einen menschenwürdigen Tod mit selbstbestimmender Sinngebung.[692]

Auch die Vorschrift des § 216 StGB, die auf den Schutz vor Voreiligkeit ziele, erfasse bereits von ihrem Normzweck her die auf der Grundlage des zuvor erklärten Einverständnisses erfolgende Organentnahme bei einem Hirntoten nicht.[693]

5. Die Meinung Hoersters

Norbert Hoerster vertritt die These, daß es nicht bei dem Verbot der aktiven Sterbehilfe des geltenden Strafrechts nach § 216 StGB bleiben sollte.[694] Das Argument der Unantastbarkeit fremden Lebens hält er wegen des erlaubten Tötens in Notwehr für einigermaßen absurd.[695] Die Proklamation eines uneingeschränkten Lebensschutzes werde auch durch die für zulässig erachtete aktive indirekte sowie passive Sterbehilfe beeinträchtigt.[696]

Die Legitimation des allgemeinen Tötungsverbots sieht Hoerster in den Lebens- und Überlebensinteressen menschlicher Individuen. Nur auf dieser Grundlage hält

---

691 Höfling, MedR 1996, S. 7 f.
692 Höfling, MedR 1996, S. 8
693 Höfling, MedR 1996, S. 8
694 ZRP 1988, S. 1 ff., 185 f.; NJW 1986, S. 1786 ff.
695 Hoerster, ZRP 1988, S. 1
696 Hoerster, ZRP 1988, S. 2, NJW 1986, S. 1791

er es für plausibel, daß das allgemeine Tötungsverbot im Fall der Notwehr durchbrochen ist. Auch das Selbstbestimmungsrecht und die Unantastbarkeit des Lebens, zwischen denen ein Ausgleich bei der Frage nach Legitimität und Grenzen der Sterbehilfe geschaffen werden müsse, sei keine a priori vorgegebene Größe. Es müsse vielmehr auf der Basis einer interessenorientierten Sichtweise erst begründet und in seinem Umfang bestimmt werden. Nicht nur Fremdschädigungen, sondern auch Selbstschädigungen müßten vom Selbstbestimmungsrecht ausgeschlossen werden, wenn sie für den Betroffenen besonders gravierend und zudem irreversibel sind. Denn die Interessen als die aufgeklärten, nicht nur kurzfristig orientierten Wünsche des Individuums werden in der Regel dahin gehen, auch vor freiwillig, aber leichtsinnig und übereilt vorgenommenen Selbstschädigungen (bzw. Fremdschädigungen mit Einwilligung) von der Rechtsordnung geschützt zu werden.[697] Daher sei es nicht ausgeschlossen, daß es nicht lebenswertes Leben gibt – zum Beispiel bei starkem Schmerz im Rahmen einer unheilbaren Krankheit -, solange dieses Urteil nicht wie bei den Nazis auf der Basis von Kriterien wie etwa der Rassenzugehörigkeit oder der sozialen Nützlichkeit gefällt werde. **Ob ein bestimmtes Leben lebenswert sei oder nicht, könne nur vom Wertungsstandpunkt jenes Menschen aus entschieden werden, dem dieses Leben gehört.**[698]

Die Feststellung der Voraussetzungen einer rechtsgültigen Einwilligung im Fall aktiver Sterbehilfe sei nicht problematischer als die Feststellung bei passiver Sterbehilfe.[699]

6. Die Bedenken von Wilms/Jäger gegen die Zulässigkeit der aktiven Sterbehilfe

Unterstellt, daß die Selbsttötung verfassungsrechtlich zulässig ist, problematisieren Wilms/Jäger, ob sich die Betrachtungsweise im Verhältnis zum Suizid grundsätzlich dadurch ändert, daß bei der Tötung auf Verlangen eine Fremdbeteiligung hinzukommt.[700] Wer einem anderen die Möglichkeit einräume, ihn zu töten, mache sich allein schon durch diesen Akt zum Verfügungsobjekt des anderen, was gegen die Würde des zu Tötenden verstoße. Daher bestehe bei der Tötung auf Verlangen im Gegensatz zum Selbstmord eine Eingriffspflicht des Staates. Um dieser Schutzpflicht nachzukommen, sei das strafbewehrte Verbot die einzige Möglichkeit. Dieses Verbot müsse auch an die Adresse des Tötenden gerichtet sein, da es den zum Tode Bereiten kaum schrecken werde.[701] Hoersters Konzeption wird insoweit kritisiert, als er die Ausnahme vom allgemeinen Tötungsverbot

---

697 Hoerster, NJW 1986, S. 1789
698 Hoerster, ZRP 1988, S. 3
699 Hoerster, NJW 1986, S. 1791
700 Wilms/Jäger, ZRP 1988, S. 43
701 Wilms/Jäger, ZRP 1988, S. 44

dadurch begründen will, daß er sie nur im Fall der Einwilligung und einer unheilbaren Krankheit zuläßt. Das wesentliche Moment dieses Regelungsvorschlages könne nicht in der Einwilligung liegen, sonst wäre die Tötung auf Verlangen nicht mehr als strafwürdig zu erachten. Daher müsse der wesentliche Unterschied zur strafbaren Tötung auf Verlangen in der Tatsache der unheilbaren Krankheit liegen. Wilms/Jäger zweifeln jedoch an, daß es im Interesse der meisten liege, hier eine Ausnahme zuzulassen. Sie verlangen einen objektiven Beweis dafür, daß es im Interesse der meisten liegt, ein Leben, das langfristig nur Schmerz bringt, nicht weiterzuführen.[702]

Als Zweck des Rechts sehen Wilms/Jäger rückgreifend auf die Philosophie des Immanuel Kant die Gewährleistung der Freiheit als Unabhängigkeit von eines anderen nötigender Willkür an. Die Zulässigkeit der Tötung auf Verlangen stelle eine Freiheitsbeschränkung dar, weil der Todeswillige durch seine Einwilligung einen anderen dazu ermächtige, über sein Dasein zu bestimmen. Bei der Tötung eines Menschen werde jedoch dessen Freiheit vernichtet. Eine Freiheit zur Fremdbestimmung sei ein Widerspruch in sich.[703]

Die Tötung auf Verlangen sei strafwürdig, weil sie der Freiheit des Individuums zuwider sei, da sie die Freiheit unmöglich mache. An dem Unwerturteil über Tat und Täter müsse im Rahmen der aktiven direkten Sterbehilfe festgehalten werden. Die rechtliche Zulassung der Tötung auf Verlangen sei auch in Ausnahmefällen nicht möglich. Als strafrechtstechnische Möglichkeit, Einzelfällen gerecht zu werden, bestünden andere Möglichkeiten wie Strafaufhebungs- und Strafausschließungsgründe oder der Strafverzicht. Eine vertretbare Lösung sei somit die Installation einer Vorschrift im Strafgesetzbuch, die es dem einzelnen Richter in einem besonders gelagerten Fall möglich macht, trotz Schuldausspruch ein Urteil zu fällen, in dem von der Verhängung der Strafe abgesehen wird. Dies wäre eine Norm, die eher in den allgemeinen Teil des StGB gehörte und nicht an § 216 StGB angehängt.[704]

7. Die Meinung Arthur Kaufmanns

Kaufmann erörtert die Frage, wie der Arzt zu verfahren hat, wenn eine rechtswirksame Willensäußerung nicht mehr möglich ist, insbesondere in den Fällen der Bewußtlosigkeit des Patienten. Dabei betont er das Prinzip des Selbstbestimmungsrechts, d.h. maßgebend ist der mutmaßliche Wille des Patienten, nicht das, was objektiv vernünftig ist oder was ärztlicher Ethik entspricht. Dabei sei es oft schwer, wenn nicht gar unmöglich, den mutmaßlichen Willen des Patienten zu

---

702 Wilms/Jäger, ZRP 1988, S. 44 f.
703 Wilms/Jäger, ZRP 1988, S. 45
704 Wilms/Jäger, ZRP 1988, S. 46

ermitteln. Arthur Kaufmann stellt fest, daß dem Selbstbestimmungsrecht des Patienten grundsätzlich der Vorrang vor dem Recht und der Pflicht des Arztes, Leben zu erhalten bzw. zu verlängern, eingeräumt wird, nämlich sowohl bei der indirekten aktiven (z.B. Gabe von schmerzmindernden Mitteln, die Leben verkürzen) als auch bei der passiven Euthanasie. Daß nur im Fall der direkten aktiven Euthanasie der Wille des Schwerkranken unbeachtlich sein soll, hält er für einen Bruch in der Argumentation – insbesondere wenn man in Rechnung stellt, daß die Teilnahme an der Selbsttötung, und zwar auch die aktive Teilnahme, straflos ist.[705]

Im weiteren Verlauf der Diskussion um die Frage des Rechts des Menschen auf seinen eigenen Tod wirft Arthur Kaufmann dann auf der Grundlage eines medizinischen Standpunkts den Gedanken der Differenzierung nach der Urteilsfähigkeit des Patienten zum Zeitpunkt der Handlung auf. Wenn glaubhaft ist, daß der Patient seine Entscheidung aus voller Entscheidungshoheit getroffen hat, dann sei der Sterbewunsch ernstzunehmen. Problematisch seien dagegen die Patiententestamente. Sie seien im gesunden Zustand abgegeben für den Fall der irreversiblen Bewußtlosigkeit, den man von der Situation der Abgabe aus gar nicht beurteilen könne. Daher könnten solche Verfügungen für diesen Fall auch nicht gelten.[706]

Weiterhin überlegt Arthur Kaufmann, ob man die Tötung auf Verlangen nicht zumindest in extremen Fällen, etwa wenn die Tat zur Verringerung des Leidens und der Schmerzen eines sterbenden Menschen geschieht, zulassen könne. So könnte – nach einer evtl. Streichung des § 216 StGB – eine durch mangelfreie Einwilligung des „Opfers" gedeckte Tötung straflos sein.[707]

Arthur Kaufmanns Analyse ergibt, daß die straflose Teilnahme am Suizid unter Umständen sehr viel gravierender sein kann als eine Tat nach § 216 StGB. Daß der Helfende als Täter nach § 216 StGB erscheine, läge mitunter daran, daß der Leidende nicht mehr die Möglichkeit habe, sich selbst das Leben zu nehmen. Die Tötung auf Verlangen sei nichts anderes als Selbstmord durch eine Mittelsperson. Das Leben des Menschen sei kein Rechtsgut der Allgemeinheit, sondern ein höchstpersönliches Recht, das aus diesem Grund verzichtbar sei. Der Einzelne sei der Gemeinschaft nur verpflichtet, solange er lebt; er sei der Gemeinschaft dagegen nicht verpflichtet zu leben. Über eine Selbsttötung und über eine Einwilligung zur Tötung müsse der einzelne selbst entscheiden, den Staat gehe dies nichts an.[708]

---

705 Arthur Kaufmann, MedR 1983, S. 122
706 Arthur Kaufmann, MedR 1983, S. 123
707 So Schmitt in: Festschrift für Reinhart Maurach , S. 117 f.
708 Arthur Kaufmann, MedR 1983, S. 124

Die Bedenken hinsichtlich eventueller Beweisschwierigkeiten – das Opfer könne der Behauptung des Täters, es habe eingewilligt, nicht mehr widersprechen - läßt Arthur Kaufmann nicht gelten. Zum einen könne man mit dem Hinweis auf Beweisprobleme nicht die Strafwürdigkeit eines Verhaltens begründen, zum anderen müsse man – nähme man das Argument ernst - § 216 StGB ganz abschaffen und bei Tötung auf Verlangen immer wegen Totschlags (§ 212 StGB) strafen, denn bei Beibehaltung beider Strafbestimmungen tauchten die genannten Beweisschwierigkeiten ebenfalls auf. Deshalb greife auch die Behauptung, der in seine Tötung Einwilligende sei stets einwilligungsunfähig nicht durch, denn die Konsequenz davon wäre, daß § 216 StGB überhaupt unanwendbar sei. Für nicht schlüssig hält er zudem das Argument, die Tötung auf Verlangen müsse deshalb bestraft werden, weil der Grundsatz der Unantastbarkeit fremden Lebens nicht durchbrochen werden dürfe. Wäre das richtig, dann dürfte es bei der Tötung keine Rechtfertigungsgründe geben, und es müßte zwingend auch die Teilnahme an einer Selbsttötung strafbar sein. [709]

Arthur Kaufmann schlägt schließlich vor, bei § 216 StGB den Grundsatz des § 228 StGB n.F. zur Geltung zu bringen und § 216 StGB folgendermaßen zu fassen: „Wer eine Tötung auf Grund des ausdrücklichen und ernstlichen Verlangens des Getöteten vornimmt, ist nur dann strafbar, wenn die Tat trotz des Verlangens gegen die guten Sitten verstößt.[710]

8. Bewertung der Zulässigkeit einer Organexplantation als aktive Sterbehilfe nach geltendem Recht

Sinn und Zweck der Tötungsdelikte ist, eine Verkürzung menschlichen Lebens zu verhindern. Daher könnte die Explantation eines jeden lebensnotwendigen Organs, wenn sie von einem Lebenden, vor dessen Großhirnrindentod erfolgt, eine Tötung i.S.d. §§ 211 ff., 216 StGB sein.

Wenn man sich die einzelnen Schritte bei der Explantation von Organen noch einmal genau ansieht – Perfundierung des Organs mit einer 4 Grad Celsius kalten Konservierungslösung über die arteriellen Blutgefäße (über die Aorta), wobei die Zusammensetzung der Lösung den sofortigen Stillstand des Herzens bewirkt; nach Beendigung der Perfusion und dem Einbringen von Eiswasser zur Oberflächenkühlung auf alle Organgebiete, Beendigung der künstlichen Beatmung unmittelbar vor der Entnahme des Herzens[711] –, sieht dieser Ablauf rein deskriptiv auf den ersten Blick nach einer aktiven Beendigung des menschlichen „Lebens“ durch Einleiten der Lösung, Abstellen der Beatmung, Entnahme des Herzens aus.

---

709 Arthur Kaufmann, MedR 1983, S. 124
710 Arthur Kaufmann, MedR 1983, S. 124
711 Vgl. Nagel/Schmidt, S. 34

Rixen und auch Höfling treffen keine klare Unterscheidung zwischen menschlichem und biologischem Leben. Sie sehen den Hirntoten als Lebenden an und rechtfertigen eine Organentnahme damit, daß sie das Selbstbestimmungsrecht des Organspenders noch über dessen Lebensrecht stellen.

Die Interpretation des Regelungszwecks des § 216 StGB durch Rixen und Höfling ist jedoch sehr zweifelhaft. Überwiegend wird die Frage, ob die Strafbarkeit einer Einschränkung durch Gesetz oder Auslegung bedarf, verneint.[712] Das Unrecht ist durch die Einwilligung zwar ausdrücklich gemindert[713], aber keineswegs aufgehoben. Den weitergehenden Forderungen nach völliger Straflosigkeit der einverständlichen Tötung stehen grundsätzliche Bedenken (die Unantastbarkeit fremden Lebens, die Menschenwürde, die noch über das Selbstbestimmungsrecht zu stellen ist und durch die Fremdnützigkeit der Tötungshandlung – Explantation zur Übertragung der Organe – nach der Objektformel verletzt sein könnte) entgegen und nicht nur praktische Gründe wie Mißbrauchsgefahren.[714] Die Idee der Unantastbarkeit fremden Lebens spielt auch in Rixens und Höflings Regelungen der Organexplantation eine Rolle, wenn sie verlangen, daß die Explantation nur bei Einverständnis des Spenders selbst zulässig sein soll und nicht etwa auch bei Einverständnis von Angehörigen.[715] Auch die Behauptung, § 216 StGB bezwecke lediglich den „Schutz vor Voreiligkeit" und erfasse daher die (einverständliche) Organentnahme bei einem Hirntoten grundsätzlich nicht, ist kein akzeptables Argument. Nach dem eindeutigen Wortlaut des § 216 StGB darf jemand, bei dem „Voreiligkeit" von vornherein ausgeschlossen ist, ebenfalls nicht auf sein Verlangen hin getötet werden.[716]

Gegen die Zulässigkeit einer Reduktion des § 216 StGB spricht zudem, daß diese Vorschrift den Fall regelt, daß jemand, der weiterleben könnte, dieses aber nicht will, aktuell diesen Wunsch einem anderen mitteilt, der sich dann möglicherweise entschließt, dem betreffenden Menschen zum Zwecke der Beendigung seines Lebens zu helfen. Bei der Organexplantation sieht es jedoch ganz anders aus. Den Komatösen kann man nicht fragen, was er in dieser konkreten Situation möchte. Das Einverständnis wurde zu einem Zeitpunkt abgegeben, zu dem der Betroffene die Situation, in der er sich später einmal befinden könnte, möglicherweise nicht richtig einschätzen konnte. Außerdem soll nach § 216 StGB immer der bestraft sein, der das „Suizidgeschehen" beherrscht, so daß dem Getöteten nach dem letzten Tatbeitrag des anderen nicht noch die freie Entscheidung über Leben und Tod

---

712 Siehe Nachweise bei Lackner-Kühl, § 216, An. 1
713 S/S-Eser, § 216, Rn. 1
714 S/S-Eser, § 216, Rn. 1
715 Rixen, Lebensschutz am Lebensende, S. 362, Höfling, MedR 1996, S. 8
716 Vgl. Merkel, S. 131

verbleibt.[717] Bei einer Organexplantation beherrscht gerade nur der Arzt das Geschehen, während die freie Entscheidung über Leben und Tod lange vor der eigentlichen Tathandlung im Rahmen der Explantation abgegeben worden ist.

Man könnte Hoerster insoweit folgen, daß wenigstens der aktuelle Wille zur Rechtfertigung einer aktiven Tötung ausreichend sein soll. Durch das zusätzliche Erfordernis der Einwilligung zu dem Erfordernis der unheilbaren Krankheit ist damit stets auf das individuelle Interesse des Betroffenen Rücksicht genommen. Bei Bewußtlosen könnte danach eine „aktive Sterbehilfe" aber auch nicht zulässig sein, schon gar nicht durch teleologische Reduktion eines Tatbestands, der gerade voreilige Entscheidungen schützen will, die sich nicht durch Beherrschung des Geschehens bis zum Ende und durch Dokumentation des beibehaltenen Sterbewunsches durch eigenhändiges Tätigwerden auszeichnen. Insbesondere bei der mutmaßlichen Einwilligung eines Bewußtlosen ist eine teleologische Reduktion des § 216 StGB nicht naheliegend. Die Selbstbestimmung wäre durch § 216 StGB zum Zwecke des Lebensschutzes eingeschränkt.

Nach geltendem Recht wäre eine aufgrund des äußeren Erscheinungsbildes als aktive Handlung eingeordnete Explantation von lebenswichtigen Organen folglich unzulässig.

Wenn es davon Ausnahmen geben soll, wäre dies eine Wertung, die nur der Gesetzgeber durch eine Ausnahmevorschrift treffen könnte. Diese Ausnahmevorschrift ist – wie bei der Auslegung des Transplantationsrechts gesehen – gerade nicht § 3 TPG, denn die Wertung, die hinter dieser Vorschrift steht ist die, daß eine Entnahme nur beim Toten vorzunehmen sein soll.

Im Hinblick auf den hier vertretenen Kortikaltod stellt das Abschalten des Beatmungsgerätes, in dessen Folge das Hirngewebe schließlich abstirbt, jedoch eine gleichwertige, wenn nicht höherwertige Handlung im Vergleich zur Organentnahme, z.B. des Herzens, dar. Die Großhirnrinde, auf die es entscheidend ankommt, könnte rein theoretisch auch nach Entnahme des Herzens noch künstlich versorgt werden, wozu bei einer derart infausten Prognose allerdings weder Recht noch Pflicht besteht. In diesem Zusammenhang müßte daher die sehr umstrittene Frage geklärt werden, ob im Abschalten des Gerätes normativ möglicherweise ein Unterlassen und nicht ein Tun zu sehen ist.

Mit einer entsprechenden Bewertung als Unterlassen wäre die wichtigste Aussage der Entscheidung des BGH zur Sterbehilfe[718] - nämlich die Betonung der Gültig-

717 S/S-Eser, § 216, Rn. 11
718 BGHSt 40, S. 257 ff.

keit einer auch nur mutmaßlichen Einwilligung des Betroffenen in die Sterbehilfe - eher auf die Situation der Organexplantation vor dem Kortikaltod anzuwenden, da es in der BGH-Entscheidung um die deskriptive Unterlassung der künstlichen Ernährung geht, die auch als Unterlassen bewertet worden ist. Da bei der Einstellung der künstlichen Ernährung die Auffassung vertreten wird, daß diese Einordnung auf der normativen Ebene durchaus eine andere Einordnung in den Bereich der aktiven Tatbegehung verdienen könnte[719], wird sich – insbesondere im Hinblick auf die unterschiedlichen Ergebnisse hinsichtlich der Zulässigkeit der Sterbehilfe je nach deren Einordnung als aktiv oder passiv – die Frage nach der grundsätzlichen Richtigkeit der Unterscheidung von aktiver und passiver Sterbehilfe stellen. Nach Klärung dieser Frage, kann man Aussagen zu sinnvollen Gesetzesänderungen treffen.

Zunächst aber soll die Zulässigkeit der passiven Sterbehilfe nach geltendem Recht dargestellt werden. Diese Untersuchung ist zudem wichtig, um die Unterschiede zum Behandlungsabbruch ohne Explantation zu bestimmen. Wenn dieser grundsätzlich erlaubt ist, könnte man sich auf den Standpunkt stellen, durch die Herauszögerung des Todeseintritts im Rahmen der Vorbereitung für die Explantation sei keine Lebensverkürzung zu sehen, sondern vielmehr eine Risikoverringerung, da die Behandlung ohne die Explantation bereits eher abgebrochen worden wäre. Dadurch wäre eventuell die objektive Zurechnung der Handlung ausgeschlossen.

IV. Zulässigkeit der passiven Sterbehilfe?

Die Zulässigkeit der passiven Sterbehilfe folgt aus der Anerkennung des Selbstbestimmungsrechts des Patienten bei der Entscheidung, ob, wie und wie lange er ärztlich behandelt werden soll.[720] Von passiver Sterbehilfe spricht man dann, wenn bei Moribunden, irreversibel Bewußtlosen oder ähnlich aussichtslos erscheinenden Behandlungsfällen, u.U. schon vor Beginn des Sterbeprozesses[721], die der Lebensverlängerung dienende medizinische Behandlung eingestellt wird.[722] Sie ist nicht nur zulässig, sondern auch geboten, wenn der hinreichend aufgeklärte Patient sie wünscht.[723] Der Bundesgerichtshof erkennt die Zulässigkeit der passiven Sterbehilfe entsprechend dem erklärten oder mutmaßlichen Patientenwillen durch den Abbruch lebensverlängernder Maßnahmen ausdrücklich an.[724] Strafrechtlich relevant nach §§ 211 ff. StGB wird dieses Verhalten als Unterlassen allerdings von vornherein erst dann, wenn durch Aufnahme oder Fortführung der Behandlung der Todeseintritt noch weiter hätte hinausgezögert werden können, sei

719 Birnbacher in: Wiesing, S. 214
720 Giesen, JZ 1990, 929, 930; Uhlenbruck, Handbuch des Arztrechts, § 132, Rn. 12
721 BGHSt 40, S. 257 ff.
722 S/S-Eser, vor §§ 211 ff., Rn. 27; T/F, vor § 211, Rn. 16
723 Lackner, vor § 211, Rn. 8; SK-Horn, § 212, Rn. 26 b
724 BGHSt 37, 376, 379

es auch nur kurzfristig, und dem Unterlassenden als Garanten i.S.v. § 13 StGB eine entsprechende Erfolgsabwendungspflicht oblag.[725] Dies ist bei einem Arzt zum Beispiel kraft Behandlungsübernahme der Fall.[726]

Im folgenden sollen die Voraussetzungen eines zulässigen Behandlungsabbruchs durch Ausschalten des Beatmungsgeräts im Falle einer infausten Prognose bei Bewußtlosigkeit (irreversibel oder auch reversibel), aber verbleibender Hirnstromaktivitäten in allen Bereichen des Gehirns und nachfolgender Organtransplantation untersucht werden.

1. Abschalten des Beatmungsgeräts als Unterlassen?

Problematisch ist bereits die Einordnung des Ausschaltens des Beatmungsgeräts als "Unterlassen".

a) Unterscheidung zwischen Töten und Sterbenlassen

Tötung durch positives Tun ist Verursachung einer Lebensverkürzung, Tötung durch Unterlassen die Nichtverursachung einer Lebensverlängerung.[727] Ein erheblicher Unterschied zwischen dem aktiven Töten und dem bloßen Sterbenlassen bestehe insofern, als bei letzterem der Eingriff in das Leben eines anderen Menschen fehle. Der Abbruch einer Therapie und das Sterbenlassen des Kranken sollte erlaubt und sogar verpflichtend sein, wenn die Wiederherstellung vitaler Funktionen zwar möglich, eine Besserung jedoch nicht erreicht, sondern nur eine Verlängerung eines qualvollen Sterbens bewirkt würde.[728] Sterbehilfe durch Sterbenlassen bedeutet einen Verzicht auf eine mögliche kurzfristige Lebensverlängerung. Wenn der Arzt zu richterlicher Überzeugung sicherstellt, daß sich das vorzeitig beendete Leben in einer aussichtslosen Lage befunden hat, kann der rechtliche Schutz dieses in einer Ausnahmesituation verlöschenden Lebens aufzugeben sein.[729] In der Unterscheidung zwischen Sterbenlassen und Töten kommt es entscheidend darauf an, daß durch das Absehen von ärztlicher Behandlung der Natur ihr Lauf gelassen wird.[730]

b) Bewertung von „Unterlassen“

Wenn jemand mit einer infausten Prognose künstlich beatmet wird, kann man in dem Abschalten des Geräts und dem Warten auf den Hirntod eine Situation sehen, in der der Natur insofern ihr Lauf gelassen wird, als daß das Gehirn ohne die künstliche Beatmung längst abgestorben wäre, was auch mit künstlicher Beat-

---

725 S/S-Eser, vor §§ 211 ff., Rn. 27
726 Vgl.: BGH NJW 1979, S. 1258
727 Engisch in: Festschrift für Dreher, S. 326
728 Bade, S. 164
729 Sax, JZ 1975, S. 151
730 Geilen, FamRZ 1968, S. 126

mung aufgrund der infausten Prognose nur eine Frage der Zeit ist. Wo es nur noch um eine sinnlose Verlängerung des Sterbens geht, ist eine Rechtspflicht des Arztes zu künstlicher Lebensverlängerung nicht indiziert. Das Ausschöpfen der technischen Möglichkeiten derart, daß lediglich die Leiden des Moribunden vermehrt oder ihm noch für einige Zeit ein hoffnungsloses Vegetieren in Bewußtlosigkeit ermöglicht wird, wäre insofern ein anstößiges Verlangen der Rechtsordnung, zumal bei entgegenstehendem Willen des Patienten bereits die Garantenpflicht des Arztes entfällt.[731] Bei bewußtlosen Patienten müsse der mutmaßliche Wille des Patienten pro oder contra Weiterbehandlung ermittelt werden. Würde er mutmaßlich nicht behandelt werden wollen, entfalle das Behandlungsrecht und mithin auch die Behandlungspflicht des Arztes.[732] Für das Abschalten des Geräts kommt es nicht auf den Todeseintritt an, sondern darauf, daß die Weiterbehandlung aussichtslos ist; die Frage nach dem Todeskriterium spielt somit für den Behandlungsabbruch keine Rolle. Insoweit wird dem Selbstbestimmungsrecht des Patienten der Vorzug gegeben. Das Todeskriterium hat nur Bedeutung für einen aktiven Eingriff nach Behandlungsabbruch.[733]

Fraglich ist jedoch, ob in dem Abschalten eines Geräts nicht eher ein Tun, als ein Nichtstun gesehen werden muß, was entscheidende Konsequenzen hätte, da dann wie gesehen die Strafbarkeit im Bereich der aktiven Sterbehilfe begründet würde. Ein solcher aktiver Behandlungsabbruch kann nicht ohne weiteres in den Rahmen der passiven Sterbehilfe eingeordnet werden. Da Tun und Lassen vorrechtliche Phänomene sind, die Zuordnung zu den Begehungs- oder Unterlassungsdelikten aber ein normatives Problem darstellt, stellt sich die Frage, ob die rechtliche Qualifikation notwendig der ontisch vorfindbaren Form menschlichen Verhaltens entsprechen muß? Oder kann es neben „Begehungsdelikten durch Unterlassung" auch „Unterlassungsdelikte durch Tun" geben?[734]

Grundsätzlich ist „Tun" Energieeinsatz, Unterlassen dagegen Nichteinsatz von Energie.[735] Deshalb stellt das Abschalten des Respirators für Bockelmann und Jescheck eine Begehung dar, die damit ausnahmslos verboten ist. Das Abschalten des Respirators kann nicht hinweggedacht werden, ohne daß auch der tatbestandsmäßige Erfolg – der Tod durch Ersticken hinweggedacht werden müßte. Dies stellt eine Begehung durch Tun dar. Durch das Abschalten wird ein zum Tod führender Kausalverlauf ausgelöst.[736] Ein Rettungswerk, das an sich selbsttätig weiterlaufen würde, wird abgebrochen. Dieser Abbruch rettender Kausalverläufe

731 Hirsch in: Festschrift für Lackner, S. 600 ff.
732 Hirsch in: Festschrift für Lackner, S. 603 f.
733 Hirsch in: Festschrift für Lackner, S. 606
734 Roxin in: Festschrift für Engisch, S. 380
735 Engisch in: Festschrift für Dreher, S. 325
736 Bockelmann, Strafrecht AT , S. 142 f.; Hirsch in: Festschrift für Lackner, S. 605

sei Erfolgsverursachung und nicht die Verursachung von nichts.[737] Welche Chance des Gelingens dem Rettungswerk zukommt, könne für die Abgrenzung Tun-Unterlassen nicht maßgeblich sein.[738] Die Tötung durch Handeln ist Verursachung einer Lebensverkürzung, die Tötung durch Unterlassen die Nichtverursachung einer Lebensverlängerung. Der Begehungstäter verschlechtert die Lage des Rechtsgutes, während der Unterlassungstäter die Rechtsgutssituation nicht verbessert.[739]

Hier stellt sich jedoch die Frage, ob dem Arzt, der einen Behandlungsabbruch bei einer infausten Prognose vornimmt, vorzuwerfen ist, die Lage des Rechtsguts zu verschlechtern. Die Prognose für das Rechtsgut wird dadurch nicht infauster. Die Lage für das Rechtsgut ist in diesem Fall weder zu verschlechtern noch zu verbessern, so daß die Unterteilung hier nicht brauchbar ist. Es liegt in dem Abschalten weder ein Eingriff (Verbotsverletzung) noch eine Leistungsnichterbringung (Gebotsverletzung)[740], sondern – da keine Leistung mehr helfen, kein Eingriff mehr schaden kann - ein „dem Geschehen seinen Lauf lassen".

Daher geht es ergebnisorientiert in der gesamten Diskussion darum zu begründen, warum das Verhalten des Arztes nicht strafrechtlich relevant sein soll. Dieses Ergebnis erreicht man nach geltendem Recht am unproblematischsten durch die Einordnung des Behandlungsabbruchs als Unterlassen. Anderenfalls wäre man auf eine Rechtfertigungslösung durch einen Ausgleich von Selbstbestimmungsrecht, Lebensrecht und den körperlichen Leiden des Betroffenen angewiesen, wobei insbesondere eine zu starke Akzentuierung des dritten Aspekts leicht zu einer unzulässigen Relativierung des Lebensschutzes führen könnte.

Auch die Vertreter, die im Abschalten des Reanimators kein Tun, sondern ein Unterlassen erblicken, leugnen nicht den (wenn auch geringfügigen) Energieeinsatz, der aber andererseits insofern ein Unterlassen darstelle, als die weitere Lebensverlängerung aufgegeben werde, also keine weitere Energie für Lebenserhaltung mehr aufgewendet werde. Die Beziehung des Arztes zum Körper des Patienten bestehe nicht in einem „Antun", sondern in einem „In-Ruhe-Lassen", wobei der Arzt unmittelbar nur auf den Apparat einwirkt und vom Körper des Patienten vielmehr abrückt, indem er ihn nicht mehr der Intensivtherapie unterwirft.[741] Im übrigen dürfe die Intensivtherapie nicht isoliert gesehen werden, sondern als Bestandteil der gesamten ärztlichen Behandlung, die sich aus vielen Aktivitäten und

---

737 Samson in: Festschrift für Welzel, S. 584, 587
738 Jescheck, Lehrbuch des Strafrechts AT, § 58 II 2., S. 490
739 Samson in: Festschrift für Welzel, S. 592 f.
740 Vgl. Unterscheidung bei Samson in: Festschrift für Welzel, S. 595
741 Engisch in: Festschrift für Dreher, S. 326 f.

Passivitäten zusammensetzt. Diese ganzheitliche Schau impliziere, daß im Vergleich zur weiteren Unterlassung der Intensivbehandlung der geringfügige Energieeinsatz, der im Abschalten des Reanimators liegt, völlig sein Gewicht verliere. Er habe nur noch die Bedeutung, den Übergang von der aktiven Fürsorge in das passive Geschehenlassen (Sterbenlassen) einzuleiten.[742]

Die zur dogmatischen Begründung der Straflosigkeit verwendete, nunmehr auch durch den BGH anerkannte Rechtsfigur des „Unterlassens durch Tun" von Roxin[743] erhält ihre Berechtigung ebenfalls entscheidend daraus, daß die Patientenautonomie die Rechtsmacht des Patienten ist, vom Arzt das Unterlassen medizinischer Maßnahmen zu verlangen. Je nach Therapiestadium ist dieser Anspruch entweder von vornherein auf die Nichtaufnahme einer Behandlung gerichtet oder hat das Unterlassen einer Weiterbehandlung zum Ziel, das wiederum je nach technischer Lage der Dinge durch schlichte Untätigkeit (selbsttätiges Ausstellen des Apparats) oder durch tätigen Abbruch realisiert wird (manuelles Ausstellen des Apparats). Wer den rechtmäßigen Zustand der Nichtbehandlung wiederherstellt, könne nicht anders beurteilt werden als derjenige, der den Wunsch des Patienten – entweder aktuell oder mutmaßlich - von Anfang an respektiert und schon die Einleitung lebenserhaltender Maßnahmen unterlassen hat.[744]

Der Handelnde macht seinen eigenen Rettungsversuch rückgängig mit dem Ergebnis, daß die Situation nun dieselbe ist, als wenn er von Anfang an untätig geblieben wäre. Der positive und negative Energieeinsatz heben einander auf, so daß der Täter nicht anders zu behandeln sei als ein von vornherein Rettungsunwilliger. Ein Tun sei unter den Tatbestand des Unterlassungsdelikts zu subsumieren, wenn es sich als Rücktritt von einem (rechtlich nicht gebotenen) Erfolgsabwendungsversuch darstellt, dessen Gebot durch das aktive Eingreifen vereitelt wird.[745]

Sterbenlassen durch Abschalten lebenserhaltender technischer Einrichtungen stelle ein Sonderproblem dar, das von der äußeren Erscheinung her als aktive, vom inneren Sinngehalt aber als passive Sterbehilfe gewertet wird[746], da der aktive Behandlungsabbruch das Unterlassen einer sonst weiterlaufenden, bereits begonnenen Behandlung darstellt. Der Schwerpunkt der Vorwerfbarkeit und damit der soziale Sinngehalt des Verhaltens liegt im Unterlassen der Weiterbehandlung. Der Arzt muß das Äußerste tun, um bewußtes oder lebensfähiges Leben zu erhalten und zu verlängern. Aber eine darüber hinausgehende Pflicht zur lediglich ma-

742 Engisch in: Festschrift für Dreher, S. 327
743 Roxin in: Festschrift für Engisch, S. 398 f.; BGH NJW 1995, S. 204, 206
744 Verrel, JZ 1996, S. 227
745 Roxin in: Festschrift für Engisch, S. 383, 394
746 Bade, S. 171

schinellen Fristung eines mit Sicherheit verlöschenden und zu geistigen Funktionen nicht wieder erweckbaren Lebens hätte medizinisch und menschlich keinen Sinn.[747]

Dieses Ergebnis kann nicht darüber hinwegtäuschen, daß der Behandlungsabbruch im Fall einer infausten Prognose nicht absolut stimmig, auch nicht durch Wertung, zugeordnet werden kann. Der Arzt, der das selbständig weiterlaufende Gerät abschaltet, verursacht den **konkreten** Tod des Patienten. Er bewirkt auch eine Lebensverkürzung um die Zeitspanne, die das Gerät ohne seinen Eingriff weitergelaufen wäre. Andererseits ist kein Arzt zu Maßnahmen verpflichtet, die das Leben des Patienten nur geringfügig verlängern.[748] Um zu vermeiden, das Handeln des Arztes rechtlich als Totschlag zu würdigen, kann man also entweder einen als Unterlassen zu verstehenen Rücktritt vom Rettungsversuch annehmen (keine Pflicht zur Weiterbehandlung) oder mit Samson, dem die Argumente für diese Umdeutung nicht konstruktiv genug sind, überlegen, ob man an dem uneingeschränkten Verbot aktiver Tötung unter allen Umständen festhalten muß.[749]

Dieses Verbot solle aufgrund der Besonderheiten in diesem Bereich in eng begrenztem Umfang aufgehoben werden. Die Besonderheiten sieht Samson darin, daß die medizinische Praxis heute in der Lage ist, ein beträchtlich reduziertes Leben für einige Zeit aufrechtzuerhalten, obwohl der Patient sich in tiefer Bewußtlosigkeit befinden, wesentliche Organfunktionen durch Maschinen übernommen wurden, ohne die der Patient nicht einen Augenblick weiterleben könnte, und keinerlei Aussicht auf eine Verbesserung der Situation besteht. Das Recht auf einen „natürlichen Tod“ sei auch für das Begehungsdelikt nicht ohne weiteres von der Hand zu weisen. Die Argumente blieben gleich gültig, ob es sich „nur“ um Unterlassung oder um Begehung handelt. Die lebensverlängernden, selbständig weiterlaufenden Reanimatoren verhinderten den „natürlichen Tod“ des Patienten, ohne daß ihm in materieller Hinsicht wirklich genützt würde. Dabei gehe es nicht nur um die Prognose über die Chancen weiterer Therapie, sondern um die Frage, wo das Postulat nach formalisiertem und unbegrenztem Lebensschutz in Inhumanität umschlägt.[750] Das Recht gebiete keine qualvolle Lebensverlängerung um jeden Preis.[751]

Als Unterlassen kann der tätige Behandlungsabbruch aber auch nicht durch Roxins allgemeinen Satz umgedeutet werden, daß ein Täter, der einen von ihm selbst

747 Vgl. Roxin in: Festschrift für Engisch, S. 400 f.
748 Samson in: Festschrift für Welzel, S. 601; a.A. Bockelmann, Strafrecht des Arztes, S. 114
749 Samson in: Festschrift für Welzel, S. 601
750 Samson in: Festschrift für Welzel, S. 602 f.
751 Samson, Internist 15 (1974), S. 547

in Gang gesetzten Rettungsversuch wieder unterbreche, den Erfolg zwar durch Handeln verursacht, dennoch aber nur als Unterlassungstäter zu behandeln sei. Hebe er den Rettungsversuch wieder auf, so stehe er ebenso da, als habe er überhaupt keinen Rettungsversuch vorgenommen. War ihm die Rettungshandlung geboten, so begehe er ein Unterlassungsdelikt, bestand dagegen keine Rettungspflicht, so bleibe er straflos. Die Konstruktion von Roxin ist zunächst einmal in ihrer Unterscheidung unzutreffend, gemessen an den Kausalitätsregeln und der Definition von Tun als Eingriff und Energieeinsatz, worunter der Behandlungsabbruch zu subsumieren ist. Zudem vermag die Konstruktion die Verhältnisse während des Schichtdienstes auf einer Intensivstation nicht befriedigend zu lösen, falls ein anderer als derjenige, der den Reanimator angeschaltet hatte, diesen abschaltet.[752]

Die Befürworter der Einordnung des tätigen Behandlungsabbruchs als aktive Lebensverkürzung gelangen ebenfalls zur Straflosigkeit über die Verneinung der Rechtswidrigkeit der Handlung. Ein Behandlungsabbruch sei auch im Hinblick auf den danach eintretenden Tod zulässig und geboten, wenn und soweit sich die (Weiter-)Behandlung mangels wirksamer Einwilligung des u.U. grob unvernünftigen Patienten als Verletzung des körperbezogenen Selbstbestimmungsrechts darstellen würde. Mit dem Behandlungsrecht des Arztes entfällt auch seine Lebensverlängerungspflicht, wobei der Arzt auch das Selbstbestimmungsrecht desjenigen Patienten respektieren müsse, der es ablehnt, einen lebensrettenden Eingriff zu dulden. Fehle es an einem wirksamen (Weiter-)Behandlungsverbot des Patienten, so kann die Behandlung angesichts eines unwiderruflich im Sterbensprozeß Befindlichen abgebrochen werden, wenn sie gegen die Zielsetzung des ärztlichen Auftrags (Erhaltung und Ermöglichung menschlicher Selbstverwirklichung) oder die Menschenwürde des Sterbenden verstieße. Es handelt sich dabei um eine Ausnahme von § 216 StGB.[753]

Das Leben des Moribunden wird durch diese Lösung nicht für schutzunwürdig gehalten, es wird lediglich die Beseitigung solcher Maßnahmen gestattet, die das Sterben sinnlos verlängern. Ein starres Festhalten an dem Gedanken eines formalen Lebensschutzes verfehlte den Zweck, den das Recht in diesem Bereich vernünftigerweise verfolgen müsse. Eine Gleichstellung von auf Dauer angelegten und lediglich der Überbrückung dienenden ärztlichen Maßnahmen und die uneingeschränkte rechtliche Verpflichtung, das Leben des Menschen so lange wie möglich zu erhalten, führten zu absurden Konsequenzen. Die sinnlose, weil aussichtslose Verlängerung des Sterbens um kurze Zeitspannen diene nicht dem vom Recht

---

752 Vgl. Darstellung bei Samson, Internist 15 (1974), S. 548

753 SK-Horn, § 212, Rn. 26 c, 26 d

zu schützenden Interesse des Patienten, sondern stelle eher eine den Sinn des Lebensschutzes verfehlende Manipulation des Sterbevorganges dar.[754]

Diese Rechtfertigung muß aber ein Ausnahmesatz sein und darf nicht zur Regel werden. Eine Notstandsabwägung Leben gegen Leben, die bei der Transplantation auftreten würde, ist über diesen Lösungsansatz nicht möglich.[755]

Da sich der tätige Behandlungsabbruch somit als aktive Lebensverkürzung darstellt, die im Rahmen der Organtransplantation – wo man zudem über eine Gesamtschau der Handlungen zu einem Tun kommen könnte - auch nicht über eine Rechtfertigungslösung aus dem Bereich des strafrechtlich relevanten Verhaltens herauszulösen ist, stellt sich die Frage, ob es überhaupt gerechtfertigt ist, im Rahmen der Sterbehilfe Tun und Unterlassen strafrechtlich unterschiedlich zu bewerten. Zuvor sollen aber die erhöhten Anforderungen, die an den mutmaßlichen Willen des im Tatzeitpunkt (vor Eintreten in den unmittelbaren Sterbeprozeß) entscheidungsunfähigen Patienten zu stellen sind, dargestellt werden.

2. Anforderungen an den mutmaßlichen Willen des im Tatzeitpunkt entscheidungsunfähigen Patienten

Grundsätzlich ergibt sich aus § 216 StGB die gesetzgeberische Entscheidung, – mit Ausnahme des Suizids sowie der Beihilfe dazu - dem auf die eigene Tötung gerichteten Willen die rechtliche Anerkennung zu versagen. Strafgrund des § 216 StGB ist die prinzipielle Gewährleistung fremden Lebens und auch der Schutz des Lebensmüden davor, daß Dritte sein Todesverlangen herbeiführen.[756] § 216 StGB enthält also eine Sperre für den ansonsten beachtlichen Willen des Kranken. Für den Umfang des Selbstbestimmungsrechts folgt aus der Existenz des § 216 StGB, daß der Patient nicht die Rechtsmacht hat, vom Arzt oder einem Dritten die Vornahme einer Behandlung mit dem Ziel der Lebensbeendigung zu verlangen.[757]

Davon zu unterscheiden ist aber das schon früh und allseits anerkannte Recht des Patienten, die Unterlassung sowohl einer bestimmten als auch jeglicher ärztlicher Behandlung zu fordern, weshalb die Patientenautonomie als Abwehr- bzw. Verhinderungsrecht und nicht als Anspruch auf eine bestimmte Behandlung zu begreifen ist.[758] Das Selbstbestimmungsrecht des Patienten, soweit es darauf gerichtet ist, eine tödlich verlaufende Krankheit nicht weiter behandeln zu lassen, ist

---

754 Samson, Internicht 15 (1974), S. 549
755 S/S-Eser, vor §§ 211 ff., Rn. 30
756 Vgl. BGHSt 32, 367, 379
757 Vgl. T/F-Tröndle, § 216, Rn. 2
758 Vgl. BGHSt 11, 111, 114; 32, 367, 378; Kutzer, NStZ 1994, S. 114; LG Karlsruhe NJW 1992, S. 756

von diesem durch teleologische Reduktion ermittelten Normzweck folglich nicht berührt. Insoweit ist auch der Schutzzweck der anderen Tötungstatbestände einzugrenzen.[759] Auf infauste Prognosen ist der § 216 StGB somit für den Fall des Unterlassens im Rahmen eines Behandlungsabbruchs nach einer teleologischen Reduktion nicht anwendbar gegenüber dem Selbstbestimmungsrecht des Patienten. Diese Auslegung des § 216 StGB steht in Einklang mit der Ansicht der Rechtsprechung zum ärztlichen Heileingriff, wonach die Behandlung ohne Einwilligung strafbare Körperverletzungen i.S.v. § 223 StGB ist.[760]

Kann der Patient nicht mehr selbst entscheiden, so kommt es auf seinen mutmaßlichen Willen an.[761] Diesen hat der Arzt durch Befragung der dem Patienten nahestehenden Personen und durch Berücksichtigung von Patiententestamenten, Betreuungsverfügungen oder anderer vor Eintritt der Entscheidungsunfähigkeit abgegebener Erklärungen des Patienten zu ermitteln.[762] Es wird vorgeschlagen, daß das Vormundschaftsgericht in Analogie zu § 1904 BGB den Willen des Patienten erforschen solle, da von den chronisch überlasteten Krankenhausärzten keine zeitaufwendige Willensanamnese verlangt werden könne.[763]

Verrel erkennt in den Ausführungen des BGH bei der Beurteilung von Fällen passiver Sterbehilfe ohne unmittelbare Todesnähe die Struktur einer dreistufigen Prüfung. Zuerst sei zu fragen, ob ein ausdrücklicher Behandlungsverzicht vom Patienten erklärt wurde. Fehlt es an einer solchen Äußerung, so sei dessen mutmaßlicher Wille maßgeblich. Kann auch dieser nicht sicher ergründet werden, komme es drittens auf eine normative Beurteilung an, bei der das Lebensschutzprinzip besonderes Gewicht habe.[764]

Daraus folgt, daß in erster Linie auf den Patientenwillen abgestellt wird, der Grundsatz des Lebensschutzes nur in Zweifelsfällen oder bei drohenden Beweisschwierigkeiten oder Mißbrauchsgefahren herangezogen wird. Auf der dritten Stufe übt der BGH zwar Zurückhaltung und scheint wieder nach dem Grundsatz "in dubio pro vita" verfahren zu wollen, nach unergiebiger Willensermittlung zeige der BGH jedoch eine Abwägungsmöglichkeit dahingehend auf, daß ein **einseitiger** Behandlungsabbruch umso eher vertretbar sei, **je weniger die Wiederherstellung eines nach allgemeinen Vorstellungen menschenwürdigen Lebens zu**

---

759 Vgl. T/F-Tröndle, Vor § 211, Rn. 17

760 RG 25, 375; 38, 34; 74, 92; BGH 11, 112, 16, 309; BGHZ 29, 33, 46; NJW 71, 1887; 72, 336

761 BGHSt 37, 376, 378; Uhlenbruck, Handbuch des Arztrechts, § 132, Rn. 14

762 Kutzer, NStZ 1994, S. 114

763 Verrel, JZ 1996, S. 229

764 Verrel, JZ 1996, S. 225

erwarten sei und je kürzer der Tod bevorstehe.[765] Danach würde aber bei nicht zu ermittelndem Patientenwillen letztlich auf objektive Kriterien und allgemeine Wertvorstellungen zurückgegriffen werden müssen, die den Lebensschutz relativierten. Damit werden nach dem Selbstbestimmungsrecht des Patienten und der Pflicht zur Lebenserhaltung weitere Wertungsgesichtspunkte eingeführt, die (noch) keinem gemeinsamen Oberbegriff zugeordnet werden können. So ist etwa mit der Frage der Wiederherstellbarkeit eines menschenwürdigen Lebens der Aspekt der Lebensqualität angesprochen, um den es auch bei der Berücksichtigung etwaiger Schmerzen ginge. Dieses mitunter genannte Recht auf einen würdigen Tod könne neben dem Patientenwillen allerdings kein eigenständiger Wertungsgesichtspunkit sein, da nur die Einstellung des Sterbenden selbst den Maßstab für die „Würdigkeit" seines Todes – und damit auch seines Lebens - liefere.[766]

Die Nähe des Todes, die Aussichtslosigkeit der ärztlichen Prognose und die altersbedingte Lebenserwartung sind Kriterien, die letztlich auf Verhältnismäßigkeitsüberlegungen i.S. einer Aufwand-Nutzen-Analyse zurückzuführen seien. Da der BGH den dritten Prüfungsschritt aber erst dann machen will, wenn die Erforschung des konkreten Willens erfolglos geblieben ist, gäbe es immerhin – anders als etwa im AE-Sterbehilfe vorgeschlagen - keinen Behandlungsabbruch gegen den erklärten bzw. feststellbaren Willen des Patienten.[767]

An diese von Patienten vor der Entscheidungsunfähigkeit abgegebenen Erklärungen zum Ausdruck ihres mutmaßlichen Willens sind sehr hohe Anforderungen zu stellen. Im Wittig-Urteil erklärte der BGH den durch **zwei Schriftstücke vom selben Tag** sowie durch ein ein Jahr altes Patiententestament unmißverständlich geäußerten **Todeswunsch** für **unbeachtlich** und verneinte eine wirksame Entbindung des Arztes von seiner Garantenpflicht zur Lebenserhaltung. Damit bejahte er das Vorliegen einer tatbestandsmäßigen und rechtswidrigen Tötung auf Verlangen durch Unterlassen (§§ 216, 13).[768] Der Arzt wurde im Ergebnis nur mangels Schuld freigesprochen, weil er "in dieser Grenzsituation den Konflikt zwischen der Verpflichtung zum Lebensschutz einerseits und der Achtung des Selbstbestimmungsrechts der nach seiner Vorstellung bereits schwer und irreversibel geschädigten Patientin andererseits dadurch zu lösen versuchte, daß er nicht den bequemeren Weg der Einweisung in eine Intensivstation wählte, sondern in Respekt vor der Persönlichkeit der Sterbenden bis zum endgültigen Eintritt des To-

---

765 Verrel, JZ 1996, S. 228
766 S/S-Eser, Vor §§ 211 ff., Rn. 14; Wessels, Strafrecht BT, Rn. 2
767 Verrel, JZ 1996, S. 228
768 BGHSt 32, 367 = NStZ 1985, 119 = ArztR 1984, 294

des bei ihr ausharrte." Deshalb könne seine **ärztliche Gewissensentscheidung** nicht von Rechts wegen als unvertretbar angesehen werden.[769]

Diese Entscheidung gibt dem nach einem rechtlich verantwortbaren Handeln suchenden Arzt jedoch keine verbindliche Richtschnur an die Hand, denn die Honorierung der **"respektablen Gewissensentscheidung"** ist freie Rechtsschöpfung des Bundesgerichtshofs. Da der vom Gesetz für derartige Fälle vorgesehene § 17 StGB nicht in Erwägung gezogen wird, ist eine inhaltliche Begründung für die Annahme einer Entschuldigung nicht zu erkennen. Vielmehr werde die Entscheidung über Schuld und Unschuld an die liberale oder rigoristische Werteinstellung des Staatsanwalts und Richters verwiesen.[770]

Die neuere Entscheidung zu dem Kemptener Fall gibt insofern Anlaß zur Hoffnung auf eine berechenbare rechtliche Situation, als sie eine Rückkehr zu den rechtlichen Ausgangspostulaten der Suizid- und Sterbehilfeproblematik, nämlich der uneingeschränkten Anerkennung des suizidalen Patientenwillens und der Begrenzung der Garantenpflicht des Arztes zur Lebenserhaltung durch diesen Willen, bedeutet.

Da jedoch die Gefahr, daß Arzt, Angehörige oder Betreuer unabhängig vom Willen des entscheidungsunfähigen Kranken nach eigenen Maßstäben und Vorstellungen das von ihnen als sinnlos, lebensunwert oder unnütz angesehene Dasein des Patienten beenden, groß ist, sind hohe Anforderungen an die Feststellung des mutmaßlichen individuellen Willens im Tatzeitpunkt zu stellen. Daraus folgt bereits, daß ein **in Unkenntnis des akuten Krankheitsfalls errichtetes Patiententestament keine wirksame Einwilligung, sondern nur ein Indiz für den jetzigen mutmaßlichen Willen sein kann.**[771]

3. Bewertung

Die vom BGH aufgestellte Forderung ist mit letzter Sicherheit praktisch uneinlösbar. Es sei unmöglich den "wirklichen individuellen Willen" eines Willensunfähigen – mit letzter Sicherheit - in einem Zeitpunkt und in einer Situation festzustellen, die der Betroffene nie bewußt erlebt hat. Zudem sollen auch noch alle Umstände berücksichtigt werden zur Feststellung des mutmaßlichen Willens[772], was nicht minder unmöglich sei, da niemand angeben kann, welche Umstände zu allen zu berücksichtigenden zählen.[773] Dem vor einer Entscheidung stehenden Arzt

---

769 BGHSt 32, 367 = ArztR 1984, 298, unter III.3.b)cc)
770 Zielinski, Arztrecht 7/1995, S. 190
771 S/S-Eser, vor §§ 211 ff, Rn. 28; Zielinski, Arztrecht 7/1995, S. 191
772 BGHSt 40, 257, 263
773 Zielinski, Arztrecht 7/1995, S. 192

droht hier somit Gefahr, denn er kann sich weder auf die Feststellung einer mutmaßlichen Einwilligung in den Behandlungsabbruch durch Richter oder Staatsanwalt verlassen, noch auf die Feststellung eines Verbotsirrtums, die nicht minder unberechenbar ist.

Während der zum Pfleger bzw. Betreuer bestellte Angehörige vom BGH noch unmißverständlich auf §1904 BGB, also auf eine vormundschaftsgerichtliche Genehmigung seiner Zustimmung zum Behandlungsabbruch, verwiesen wird[774], um straflos auszugehen – wobei die Zivilgerichte jedoch sich widersprechende Entscheidungen treffen[775] -, kann der Arzt selbst das Vormundschaftsgericht nicht anrufen. Von ihm wird verlangt, daß er "Rat einholt" und dabei "vor allem, aber nicht nur die in den Richtlinien der Bundesärztekammer[776] genannten Kriterien berücksichtigt".[777]

Dem Arzt wird daher angeraten, sich bei Erwägung eines Behandlungsabbruchs, umfassende Informationen über die Einstellung des Patienten zu Tod, Sterben, Sterbehilfe, Suizid, Schmerzen, Leiden, Intensivmedizin u.ä. zu beschaffen, wobei es vor allem auf dessen religiöse oder ethische Weltanschauung ankomme. Dabei soll er auf schriftliche Äußerungen in Briefen, Tagebucheintragungen oder ein Patiententestament zurückgreifen können, das in einer gewissen Nähe zur Krankheitssituation errichtet worden ist. Es sollte nach Ablauf von sechs Monaten immer wieder bestätigt werden, um einen möglichst engen zeitlichen Abstand zum Eintritt der Entscheidungsunfähigkeit zu gewährleisten. Die humanitäten Meinungen und Einstellungen der Angehörigen sollten dabei keine Rolle spielen, da es um den gegenwärtigen mutmaßlichen Willen des Patienten geht. Zur Garantie der Straffreiheit des Arztes sollte weiterhin die Meinung einer Ethikkommission soweit vorhanden sowie die Zustimmung des Betreuers, genehmigt durch das Vormundschaftsgericht, eingeholt werden.[778] Bei **nicht** – mit an Sicherheit grenzender Wahrscheinlichkeit - **aufklärbarer mutmaßlicher Einwilligung** sei dem **Lebensschutz** der Vorrang einzuräumen.[779]

Letzterer Gedanke zeigt, daß es hier um eine Ausnahme vom Schutzbereich der Tötungsdelikte gehen soll, was eine zweitrangige Lösung im Vergleich zu einer exakten Festlegung des Schutzbereichs darstellt. Die Zulässigkeit eines Behandlungsabbruchs vor Einsetzen des unmittelbaren Sterbeprozesses - was an sich

---

774 BGHSt 40, 257, 261 f.

775 OLG Report Frankfurt 15/1998, S. 245

776 Richtlinien der Bundesärztekammer für die Sterbehilfe, MedR 1985, S. 38 f.

777 BGHSt 40, 257, 264 f.

778 Zielinski, Arztrecht 7/1995, S. 192 f.; Kommentar zu den Richtlinien für die Sterbehilfe, MedR 1985, III., S. 39

779 OLG Report Frankfurt 15/98, S. 246

schon schwer nachzuweisen ist - ist ferner mit großen Unsicherheiten verbunden, wodurch der Schutzbereich der Tötungsdelikte an Konturen verliert. Die verantwortlichen Ärzte dürfen nicht auf eine letztinstanzliche Einzelfallentscheidung angewiesen sein.[780]

Daher soll im folgenden untersucht werden, ob eine sinnvolle eindeutige Regelung der Sterbehilfe unter besonderer Berücksichtigung des Selbstbestimmungsrechts i.S.d. BGH-Entscheidung – unabhängig von Tun oder Unterlassen - gefunden werden kann.

780 So auch: Verrel, JZ 1996, S. 230

V. Notwendigkeit der unterschiedlichen rechtlichen Bewertung von Tun und Unterlassen im Rahmen der Sterbehilfe?

Die grundsätzliche Unterscheidung von Tun und Unterlassen bezogen auf das Recht auf Leben beruht darauf, daß es sich dabei sowohl um ein Abwehr- als auch um ein Anspruchsrecht handeln kann. Fraglich ist aber, ob eine unterschiedliche rechtliche Bewertung von aktiv oder passiv im Rahmen der Sterbehilfe durch einen Arzt gerechtfertigt ist. Primär ist das Recht auf Leben, wie es in unserer Rechtsordnung und Sozialmoral verankert ist, ein sogenanntes Abwehrrecht: das Recht eines Individuums, das andere Individuen verpflichtet, es zu unterlassen, dieses Individuum zu töten. Das Recht auf Leben ist nicht automatisch auch ein sogenanntes Anspruchsrecht: das Recht eines Individuums, das andere Individuen zu einem Handeln verpflichtet, durch das diesem Individuum das Leben erhalten wird. Einen verhungernden Bettler darf man nicht töten, was allerdings nicht ohne weiteres bedeutet, daß man ihm durch geeignete Maßnahmen das Leben retten muß.[781]

Anders ist die Lage dann zu beurteilen, wenn jemand für den Lebensschutz eines bestimmten Individuums eine spezielle Verantwortung trägt und deshalb diesem Individuum gegenüber zur Erhaltung des Lebens geradezu verpflichtet ist. Unter diesen Umständen hat das betreffende Individuum gegenüber seiner Gewährsperson gleichermaßen ein Abwehr- als auch ein Anspruchsrecht auf Leben. Tun wie Unterlassen verletzen in diesen Fällen gleichermaßen das betreffende Recht auf Leben. So ist auch der Arzt im Krankenhaus, der für die Lebenserhaltung eines bestimmten Individuums verantwortlich ist, immer auch für dessen Tod verantwortlich, der als Folge seines Nichtstuns oder Unterlassens eintritt. Töten und Sterbenlassen sind in diesem Fall ethisch und rechtlich gleichwertig.[782] Man könne sich sogar fragen, ob der Arzt, der seinen Patienten durch gezielte Nichtbehandlung langsam sterben läßt, nicht sogar verwerflicher handelt, als wenn er im gleichen Fall schnell und aktiv tötete.[783]

Dem stehen die Ergebnisse der strafrechtlichen Bewertung der Sterbehilfe entgegen, da das Unterlassen bei Wegfallen der Garantenpflicht für straflos, die aktive Sterbehilfe jedoch für grundsätzlich strafrechtlich relevant erklärt wird – es sei denn man verneint ausnahmsweise im Fall des tätigen Behandlungsabbruchs den Schutzzweck der Norm über eine Rechtfertigungslösung.[784]

---

781 Hoerster, Neugeborene und das Recht auf Leben, S. 55
782 Hoerster, Neugeborene und das Recht auf Leben, S. 55 f.
783 Hoerster, a.a.O., S. 56
784 Vgl. SK-Horn, § 212, Rn. 26b, 26c, 26d; Samson, Internist 15 (1974), S. 546 ff.

Es gibt wie gesehen sowohl Gründe, das Abschalten des Beatmungsgerätes rechtlich als Unterlassen zu bewerten, deren Fall einer Tötung durch „Gift, Stich oder Schnitt" nicht vergleichbar ist - während derartige Handlungen eine neue Todesursache setzten und selbstverständlich strafbar sind, werde hier durch das Abschalten des Gerätes nur der status quo ante wiederhergestellt[785] – als auch insbesondere im Fall der Sterbehilfe durch Organexplantation das Schwergewicht der Handlung(en) bei Perfundierung des Organs (hier z.B. Herz), dem Einbringen von Eiswasser zur Oberflächenkühlung auf alle Organgebiete und Beendigung der künstlichen Beatmung unmittelbar vor der Entnahme des Herzens[786], sowohl deskriptiv als auch normativ in einem Tun zu sehen.

Keine Rolle dabei spielt, daß das Abstellen des Beatmungsgeräts ohne Organentnahme zu einem früheren Zeitpunkt zulässig gewesen wäre. Die Perfundierung, Kühlung und Entnahme setzt eine neue Todesursache. Maßgebend ist insofern allein die ursächliche Verbindung zwischen dem wirklichen Geschehensablauf und dem konkreten Erfolg.[787] Der Umstand, daß der sozialschädliche Erfolg aufgrund anderer Ereignisse ebenfalls eingetreten wäre, beseitigt die Ursächlichkeit der realen Bewirkungshandlung nicht. Ein „Hinzudenken" derartiger Reserveursachen, die anstelle der wegzudenkenden Handlung wirksam geworden wären, ist unzulässig, da ein tatsächlicher Geschehensablauf sein Dasein und seine Wirkung nicht dadurch einbüßt, daß ein anderer an seine Stelle hätte treten können, aber nicht getreten ist.[788]

Je nachdem, wie man bei der „Sterbehilfe durch Organexplantation" den Anknüpfungspunkt für die strafrechtliche Beurteilung auf der Grundlage der mehrdeutigen bzw. unterschiedlichen Verhaltensweisen bildet – was letztlich eine Wertungsfrage ist – wäre der Täter straflos (Unterlassen) oder strafbar (aktives Tun). Weil es bei der Entscheidung auf den Schwerpunkt des strafrechtlich relevanten Verhaltens ankommt, dürfte bei Perfundierung und Kühlung sämtlicher Organe, Abschalten des Respirators kurz vor Entnahme des Herzens die Gesamtschau im Ergebnis als aktive Beendigung der Großhirnfunktion zu werten sein.

Bei den diametral entgegengesetzten Resultaten stellt sich die Frage, ob die unterschiedliche strafrechtliche Bewertung von Tun und Unterlassen bei der Sterbehilfe zu rechtfertigen ist. Das Erfordernis der Konstruktion des „Unterlassens durch Begehen" neben dem „Begehen durch Unterlassen" macht die problematischen Ergebnisse dieser Unterteilung deutlich. Wie gesehen ist die Unterteilung in Tun

---

785 Vgl. Roxin in: Festschrift für Engisch, S. 398

786 Vgl. Nagel/Schmidt, S. 34

787 BGHSt 10, 369

788 BGHSt 2, 20; 13, 13; Vgl. Wessels, Strafrecht AT, Rn. 161

und Unterlassen beim Behandlungsabbruch mit infauster Prognose zudem wenig sinnvoll, da das Rechtsgut weder verbessert noch verschlechtert werden kann, weshalb nicht zuzuordnen ist, ob dem die Behandlung abbrechenden Arzt nun der Vorwurf zu machen ist, er habe das Rechtsgut verschlechtert oder er habe es lediglich nicht verbessert.

Weitere Abgrenzungsschwierigkeiten ergeben sich bei Herbeiführung des Todes eines künstlich ernährten schwer leidenden Patienten durch ein Vorenthalten künstlicher Ernährung (im Fall des BGH als Unterlassen eingeordnet), wenn man die aktive Sterbehilfe dadurch definiert, daß sie zur Krankheit des Patienten hinzukommende zusätzliche Faktoren in die Situation einbringt, die zusammen mit der Krankheit den Tod des Patienten zur Folge haben. Ohne diese zusätzlichen Faktoren würde der Patient nicht (bzw. noch nicht) sterben. Um eine passive Sterbehilfe handele es sich nach diesem Definitionsvorschlag dagegen dann, wenn der die Sterbehilfe Leistende etwas nicht tut oder verhindert, was den Tod des Patienten abwenden oder verzögern könnte.[789]

Dieser Definitionsvorschlag erfüllt sein Bestreben, der Intuition entgegenzukommen, den aktiven Behandlungsabbruch als einen Akt passiver Sterbehilfe zu werten, denn er führt keine zusätzlichen Faktoren in die Situation ein, die zusammen mit der Krankheit den Tod des Patienten herbeiführen. Wenn man den Abbruch der künstlichen Ernährung jedoch unter die vorgeschlagene Definition der aktiven Sterbehilfe subsumiert, wird man die aktive Sterbehilfe bejahen müssen, da die Ursachen des Todes nicht allein in der Krankheit des Patienten liegen, sondern in einem zusätzlichen Faktor, dem Verhungernlassen infolge des Abbruchs der künstlichen Ernährung. Zugleich ist die Definition der passiven Sterbehilfe erfüllt, da die künstliche Ernährung eine medizinische Maßnahme ist, die den Tod des Patienten verhindert oder verzögert.

Es gibt im Bereich der Sterbehilfe somit begriffliche Unklarheiten und unterschiedliche Ergebnisse für dieselbe Handlung je nach Definition, die der unterschiedlichen strafrechtlichen Bewertung von aktiver und passiver Sterbehilfe entgegenstehen. Zudem ist z.B. die aktive indirekte Sterbehilfe unter deskriptiven Gesichtspunkten eine bestimmte Untergruppe der aktiven Sterbehilfe. Warum sie unter normativen Gesichtspunkten so radikal anders zu bewerten ist als die gezielte Tötung zur Leidensminderung ist nicht nachvollziehbar. Die Unterscheidung liegt lediglich darin, daß bei der aktiven Sterbehilfe im engeren Sinne der Tod als Mittel der Leidensminderung beabsichtigt ist, während bei der indirekten Sterbehilfe der mögliche Tod nicht beabsichtigt, sondern in Kauf genommen wird. Diese Nuancierung der Vorsatzform kann aber für die ethische und rechtliche Be-

789 Birnbacher in: Wiesing (Hrsg.), Ethik in der Medizin, S. 215

urteilung keine derart extreme normative Differenzierung rechtfertigen: Absicht führte zur Tötung, während der bedingte Vorsatz der indirekten Sterbehilfe sogar verpflichtend wäre, wenn eine ausreichende Leidensminderung anderweitig nicht zu erreichen wäre. Ohne Gewährung der indirekten aktiven Sterbehilfe würde eine Strafbarkeit wegen Körperverletzung durch Unterlassen bzw. unterlassene Hilfeleistung vorliegen.[790]

Je nach Definition oder Argument kommt man für dieselbe Handlung entweder zum aktiven Tun oder Unterlassen, zur Strafbarkeit oder Straflosigkeit. Wenn es aber richtig ist, zuzulassen, daß jemand stirbt, warum ist es dann falsch, denjenigen zu töten? Wenn man Handlungen nach ihren Konsequenzen beurteilt[791], wird man keinen Unterschied feststellen können, da in beiden Fällen das Rechtsgut Leben seinen Schutz verliert. Aber auch, wenn man Handlungen und Unterlassungen danach beurteilt, ob sie spezifische moralische Regeln verletzen oder nicht, muß man sich fragen, warum es bezogen auf die Rechtsgüter des Betroffenen schlimmer sein soll, jemandem bei infauster Prognose und starkem Leiden einverständlich bzw. jedenfalls mit mutmaßlichem Einverständnis eine tödliche Spritze zu verabreichen als ihm z.B. künstliche Nahrung oder Arznei vorzuenthalten, wodurch ein langwieriger, qualvoller Sterbeprozeß einsetzt.[792] Bei dieser Betrachtung ist es eher unvernünftig, einen Arzt im ersteren Fall als Mörder zu betrachten, in letzterem Fall als jemanden, der seinen Beruf gut und mitfühlend ausübt.

Passive Wege, ein Leben zu beenden, schieben den Tod oft lange hinaus. Wenn das Ziel aber ein schneller und schmerzloser Tod ist, sollte nicht der Zufall bestimmen, ob dieses Ziel erreicht wird oder nicht. Haben wir uns für den Tod entschieden, dann sollten wir sichergehen, daß er auf die bestmögliche Weise eintritt.[793] Die kategorische Ablehnung jeder aktiven Sterbehilfe ist mit dem **„Prinzip des Patienteninteresses“** nicht in Einklang zu bringen.[794] Auf die Länge des noch möglichen Lebens könne es gegenüber dem Selbstbbestimmungsrecht nicht entscheidend ankommen, denn ein Leben, das alles in allem von überwiegend negativen Erfahrungen (wie Leidenserfahrungen) geprägt sei, werde nicht dadurch für den Betroffenen lohnender oder sinnvoller, daß es länger anhält – im Gegenteil.[795]

Materiell könnte man die aktive Sterbehilfe somit ebenso freigeben wie die aktive indirekte oder die passive Sterbehilfe. Es kann jedoch pragmatische Gründe ge-

790 Vgl. Darstellung bei Birnbacher, a.a.O., S. 219
791 Singer, S. 264
792 Singer, S. 266
793 Singer, S. 271 f.
794 Hoerster, Neugeborene und das Recht auf Leben, S. 96 ff.
795 Hoerster, a.a.O., S. 110

ben, von dieser gleichen Freigabe abzuweichen. Wenn sich jemand vor Gericht auf die Zustimmung seines Opfers berufen möchte, dann entstehen erhebliche praktische Schwierigkeiten der Überprüfbarkeit. Hat das „Opfer" tatsächlich seine Zustimmung abgegeben? War es bei Sinnen? Hat es unter Druck gehandelt? Diese Mißbrauchsängste könnten der normative Umsetzung der auf Ärzte begrenzten Freigabe der aktiven Sterbehilfe – wie gegenwärtig in den Niederlanden kodifiziert – entgegenstehen.[796]

Dann müßten die Ängste strafrechtlich relevant und das Verbot damit berechtigt sein. Eine Regelung strafrechtlicher Art kann dann befürwortet werden, wenn ohne sie eine konkrete oder potentielle Gefahr nicht ausreichend abgewehrt werden könnte, das bedrohte Rechtsgut in einer Weise schutzwürdig ist, daß eine strafrechtliche Regelung geboten erscheint, und das strafrechtliche Verbot auch geeignet erscheint, das gewünschte Ergebnis herbeizuführen. Dagegen darf Strafrecht nicht dahingehend mißverstanden werden, daß es dafür tauge, das Terrain, das Theologen, Moral-Philosophen und Standesethiker verloren haben, wieder zurückzugewinnen.[797]

Fraglich ist hier, ob die Freigabe der aktiven Sterbehilfe durch exakte Regelung dessen, was erlaubt sein soll, nicht selbst in bezug auf den Lebensschutz effektiver wäre als die bisherige unscharf umrissene Regelung.

VI. Gesetzesänderung zugunsten der aktiven Sterbehilfe ähnlich der Regelung in den Niederlanden? Organexplantation als zulässige aktive Sterbehilfe?

Die bisherige Rechtsfortbildung und -anwendung der Grundsätze zur Sterbehilfe ist zur Schaffung von Rechtssicherheit und Rechtsklarheit unbefriedigend. Sogar bei Bestimmungen vom selben Tage – diese Aktualität wird wegen der Bewußtlosigkeit des Betroffenen bis zum Zeitpunkt der Irreversibilität des Krankheitsverlaufs nicht gegeben sein – hat der BGH entschieden, daß der Arzt nicht von seiner Garantenpflicht durch wirksame Einwilligung in den Tod befreit wird.[798] Diese Ansicht mag zwar durch die neuere, das Selbstbestimmungsrecht betonende Entscheidung überholt sein, dennoch könnte sich kein Arzt darauf verlassen, nach der Explantation eines lebenswichtigen Organs oder generell im Fall von geleisteter aktiver Sterbehilfe nicht wegen eines Tötungsdelikts angeklagt und möglicherweise – bei Nichtverneinung der Schuld – auch verurteilt zu werden.

---

796 Birnbacher in Wiesing (Hrsg.), Ethik in der Medizin, S. 220; Wolf, a.a.O., S. 221
797 Vgl. Zierl, DRiZ 1986, S. 161 f.
798 BGHSt 32, 367

Auf der anderen Seite richten sich die Mißbrauchsängste gerade gegen die Täter, also hier die Ärzte, denen übertriebener Ehrgeiz sogar aus eigenen Reihen vorgeworfen wird, der sie dazu treibe, unter dem Deckmantel des Heilauftrags unverantwortliche Humanexperimente bei Mißachtung von Menschenwürde, Selbstbestimmungsrecht, Leben und Gesundheit der Betroffenen durchzuführen.[799] Diese Ängste bilden auch eine starke Grundlage für den völligen Ausschluß des Vorschlags von Schönig, wonach die Juristen zu der Übereinkunft kommen sollen, einen Menschen als tot zu betrachten, wenn der Arzt oder ein Ärzteteam ihn als tot betrachten.[800] Mangels fester Orientierungspunkte würden die Gewissensentscheidungen der Ärzte für ihr Handeln maßgeblich werden. Diese Definition sei mit der grundrechtlichen Schutzgarantie für Menschenwürde und Leben in Art. 1 und 2 GG unvereinbar, denn die bloße Gewissensbindung sichere gegen keinerlei Mißbrauch.[801]

Wenn aber die ärztliche Gewissensentscheidung nicht die Grundlage für die Zulässigkeit einer ärztlichen Entscheidung über das Leben des Patienten sein soll – unter anderem deshalb, weil befürchtet wird, Ärzte hätten teilweise gar kein Gewissen, dann ist die Einführung fester Orientierungspunkte im Rahmen der Freigabe einer aktiven Sterbehilfe unter strengen Voraussetzungen allemal geeigneter, das Leben zu schützen, als eine Rechtsprechung, die auf eben diese nicht zu beanstandende ärztliche Gewissensentscheidung abstellt, um im Fall der aktiven Sterbehilfe jedenfalls die Schuld der Ärzte zu verneinen.[802] Einem Arzt, dem man unterstellen will, gewissenlos das Leben von Patienten aktiv zu beenden, wird man auch zutrauen dürfen, seine ärztliche Gewissensentscheidung plausibel zu begründen. Unter diesen Umständen könnte der Arzt sich sehr sicher sein, zumindest mangels Schuld nicht bestraft zu werden. Die tatbestandsmäßige und mangels Einwilligung auch rechtswidrige Tatbestandserfüllung dürfte einen solchen Mediziner – insbesondere im Hinblick auf die Praxis der Rechtsprechung, die die Deliktserfüllung beim ärztlichen Heileingriff grundsätzlich bejaht[803] – nicht weiter bekümmern.

Folglich ist das Verbot der aktiven Sterbehilfe nicht geeignet, den gewünschten Lebensschutz herbeizuführen. Möglicherweise wäre das Rechtsgut Leben durch die Einführung der aktiven Sterbehilfe unter nachstehenden Voraussetzungen auch gar nicht schutzwürdig bedroht bzw. wäre ein entsprechendes Verbot nicht notwendig.

---

799 Hackethal, z.B.: S. 342 ff., 382 ff.
800 Schönig, NJW 1968, S. 189
801 Funck, MedR 1992, S. 184
802 z.B. OLG München, Arztrecht 1998, S. 136; BGHSt 40, S. 264 f.
803 seit RG 25, 375; 38, 34; 74, 92; BGH 11, 112; 16, 309

Das Gesetz in den Niederlanden knüpft an die „Lebensbeendigung“ durch den Arzt folgende Bedingungen[804]:

1. Der Arzt muß zu der Überzeugung gelangt sein, daß der Patient sein Ersuchen „freiwillig und nach reiflicher Überlegung“ gestellt hat.
2. Ein weiterer Arzt muß hinzugezogen werden.
3. Eine regionale Kontrollkommission muß über die Euthanasiefälle Buch führen.

Daneben muß der Patient in einem unrettbaren Zustand sein, der es mit sich bringt, daß das körperliche und seelische Leiden in die Länge gezogen und damit für den Patienten unerträglich wird. Es darf vom Standpunkt des Patienten aus keine vernünftige Alternative vorhanden sein, um sein Leiden zu lindern.[805]

In unserem Fall des bewußtlosen Patienten sind eindeutige Rückschlüsse auf dessen mutmaßlichen Willen (möglichst durch ein immer wieder aktualisiertes Patiententestament) zu fordern. Einen einseitigen Entschluß zur Sterbehilfe darf es gerade nicht geben. Dieser würde nach dem hier vertretenen Todesbegriff auch nicht mehr unter die Sterbehilfe fallen, da parallel zum einseitigen Behandlungsverzicht dafür ein irreversibler Bewußtseinsverlust, belegt durch die Zerstörung der Großhirnrindenfunktion zu verlangen wäre.[806] Dann handelte es sich bei dem Patienten jedoch bereits um einen Toten und nicht mehr um einen Sterbenden.

Diese Beschränkungen sind nicht nur wegen Gefahren des Mißbrauchs und des Vertrauensverlusts, sondern auch wegen der möglichen Ausweitung der aktiven Sterbefälle auf Mitleidstötungen, in denen der unheilbar Kranke eine Sterbehilfe nicht ausdrücklich verlangt, notwendig. Bedenken hinsichtlich der Beweisschwierigkeit, daß das Opfer der Behauptung des Täters, es habe eingewilligt, nicht mehr widersprechen kann, treten bereits heute im Rahmen des § 216 StGB auf. Hielte man sie für unüberwindbar, müßte man § 216 StGB ganz abschaffen und immer gemäß § 212 StGB bestrafen.[807]

Insbesondere die Kontrolle der Einhaltung der Voraussetzungen der aktiven Sterbehilfe ist somit von großer Bedeutung für den Schutz von Selbstbestimmung, Menschenwürde und Leben. So hat eine Untersuchung in den Niederlanden sowohl vor als auch nach dem Gesetz gezeigt, daß das Leben von 20% der von der Ausübung der aktiven Sterbehilfe Betroffenen ohne deren ausdrücklichen Wunsch

---

804 HAZ vom 11.04.01, S. 1

805 Singer zu den Richtlinien, die von den Gerichten in den Niederlanden zur aktiven Sterbehilfe entwickelt worden sind, S. 251

806 Funck, MedR 1992, S. 187

807 Arthur Kaufmann, MedR 1983, S. 124

beendet wurde, daß viele Ärzte entgegen den Euthanasie-Richtlinien es versäumt hätten, sich mit den Kollegen abzusprechen und daß über 60 % der Fälle von Euthanasie nicht den gesetzlich vorgegebenen Institutionen gemeldet worden sind. Daraus schließen die Autoren, daß in größten Teilen der restlichen Welt die Euthanasie zwar rechtlich nicht anerkannt ist, höchstwahrscheinlich aber heimlich praktiziert werde.[808]

Deshalb sollte die Bedeutung der Kommission zur Untersuchung des Vorliegens der Voraussetzungen der Euthanasie besonders betont werden. Sie sollte neben dem Juristen, dem Mediziner und dem Ethiker speziell bei den bewußtlosen Unfallpatienten mit schweren Hirnschädigungen zusätzlich aus einem Ergotherapeuten bestehen, der ein Votum zu den Rehabilitationschancen abgeben kann. Bei Patienten mit Bewußtsein sollte zudem ein psychiatrisches Gutachten eingeholt werden.

Über diese Sicherungen hinaus ist jedoch nicht einzusehen, daß wenn doch der Grund für die Zulässigkeit passiver Sterbehilfe die Verkürzung unerträglicher Leiden ist, aktive Euthanasie, wenn sie schneller und sicherer zum selben Resultat führt, tabu sein sollte. Die Unterscheidung ist moralisch bedeutungslos, die Ängste haben sich als irrational erwiesen.[809]

Die Zulassung des Selbstmords zeigt bereits, daß man das Leben dann nicht mehr als strafrechtlich schutzbedürftig ansieht, wenn es sich darum handelt, daß jemand seinem Dasein ein Ende setzen will. Ginge es wirklich um einen vom Willen des Betreffenden unabhängigen Lebensschutz, dann müßten konsequenterweise auch der Selbstmordversuch und die Teilnahme am Selbstmord für strafbar erklärt werden. Hinter der gravierenden rechtlichen Unterscheidung zwischen Selbstverletzung oder einverständlicher Fremdverletzung kann somit nicht die Wahrung des Respekts vor dem Leben der Mitmenschen stehen, sondern das Tabu der Unantastbarkeit fremden Menschenlebens.[810]

Diese Tabuisierung der aktiven Tötung beinhaltet, daß sie materiell gesehen nicht verboten sein müßte – schon gar nicht dann, wenn man das Selbstbestimmungsrecht über das Recht auf Leben bzw. hier die Pflicht zu leben, also einen insoweit absoluten Lebensschutz stellt. Die Anerkennung dieser Patientenautonomie unterscheidet das medizinische Euthanasieproblem vom sog. Euthanasie-Programm der Nazis.[811] Der Vergleich mit dem Euthanasieprogramm der Nazis läßt keine Paral-

---

808 Gillon in: Wiesing (Hrsg.), Ethik in der Medizin, S. 238 f.
809 Wolf in: Wiesing (Hrsg.), Ethik in der Medizin, S. 221 f.
810 Vgl. Hirsch in: Festschrift für Lackner, S. 612
811 Wolf in: Wiesing (Hrsg.), Ethik in der Medizin, S. 223

lele zwischen dem Ziel der Vernichtung „lebensunwerten" Lebens und vom wenigstens mutmaßlichen Willen des Betroffenen getragener Sterbehilfe erkennen.[812]

Wer leben will und Sinn in seinem eigenen Leben zu sehen vermag, dürfe von anderen nicht aufgrund einer externen Lebensbewertung beseitigt werden. Die interne Lebensbewertung müsse autoritativ anerkannt werden. Wenn ein Mensch aber sterben und von schweren Leiden befreit werden wolle, dann sei die Paternalisierung einer solchen Person unter der Berufung auf Arztpflicht und „Heiligkeit des Lebens" eine unterträgliche Demütigung. Es würden ihr nämlich Ideale aufgezwungen, die sie gar nicht teilt. Diese Demütigung würde zu den Leiden noch hinzugefügt.[813] Dadurch würde der Patient zum Objekt gemacht und seine Menschenwürde verletzt.

Wir haben gesehen, daß die Person Eigenschaften wie Autonomie, Lebensplan, freier Wille und die daraus resultierende Verfügung und Gestaltung des Lebens ausmacht. Außerdem besitzt die menschliche Person die Fähigkeit, die Bedeutung ihrer Handlungen im voraus abzuschätzen. Ein menschenwürdiges Leben ist wichtig, das Leben in Ausübung der Personeigenschaften.[814] Wer denke, die seit hundert Jahren ständig steigende durchschnittliche Lebenszeit-Erwartung in den Industrienationen beweise die positive Entwicklung der Medizinforschung für die Volksgesundheit, habe vom Wert des Lebens nicht begriffen. Mehr als 25 % der über Achtzigjährigen wären lieber tot.[815] Durch Verweigerung der Sterbehilfe würde dem Menschen somit mehr von seinem Leben als Person genommen als durch ihre Gewährung.

Das Risiko des nächsten Schrittes in Form einer etwaigen Ersetzung der Einwilligung des Opfers, sei es durch die Einwilligung der Eltern (z.B. eines geisteskranken Kindes), sei es durch die Einwilligung staatlicher Organe[816] ist nicht zwingend und kann durch strikte Voraussetzungen für die Zulässigkeit der aktiven Sterbehilfe ausgeschlossen werden. Eine skrupellose Regierung verfügte bereits über wirksamere Mittel, um ihre Gegner loszuwerden, als die von Ärzten aus medizinischen Gründen durchgeführte Euthanasie.[817]

Das bereits von Geilen angeführte Problem, daß mit der Legalisierung der Möglichkeit eines Einverständnisses ein sonst gar nicht aufgekommener Euthanasiewunsch erst künstlich provoziert würde, um seinen Angehörigen nicht zur Last zu

---

812 OLG Report Frankfurt 15/98, S. 246
813 Wolf in: Wiesing (Hrsg.), Ethik in der Medizin, S. 224
814 Vgl. die objektiven Kriterien des BGH in: BGHSt 35, 246, 249; 40, 257, 263
815 Hackethal, S. 266
816 Hirsch in: Festschrift für Lackner, S. 613
817 Singer, S. 274

fallen oder finanzielle Konsequenzen zu vermeiden[818], ist demgegenüber ein soziales und kein juristisches. Hier wären Sozialwissenschaftler, Ethiker und Moraltheologen gefordert, wieder mehr Verantwortung und Mitgefühl der Gesellschaft und auch der Angehörigen zu etablieren. Für den Strafrechtler muß eine Einwilligung wirksam sein, d.h. eine einsichtsfähige, urteilsfähige Person muß sie nach umfassender Aufklärung abgegeben haben. Die geforderten Gutachten durch die Komission würden aber eine falsche Willensbildung auf der Grundlage von sozialer Kälte mit an Sicherheit grenzender Wahrscheinlichkeit aufdecken.

Die Bedenken von Wilms und Jäger, bei der Tötung eines Menschen werde dessen Freiheit in jedem Fall vernichtet[819], - sogar die Selbsttötung sei ein Verstoß gegen das Prinzip der Autonomie und damit kein Gegenstand möglicher Gesetzgebung[820] - sind somit unzutreffend. Arthur Kaufmann ist zuzustimmen, wenn er sagt, daß das Recht auf Leben verzichtbar sein muß, wenn es ein höchstpersönliches Recht und kein Rechtsgut der Allgemeinheit sein soll.[821]

Die Selbstverwirklichung des Einzelnen wird immer höher eingestuft[822], weshalb das Selbstbestimmungsrecht als Gut von hohem Verfassungsrang (systematisch sogar über dem Leben stehend) nicht zugunsten eines quälenden Lebenspflicht beschränkt werden sollte. Eine Relativierung des Rechtsguts Leben über Gesichtspunkte der Lebensqualität und der Lebensdauer erfolgt dadurch gerade nicht. Es geht vielmehr darum, die Würde auch der schwerstleidend sterbenden Menschen zu respektieren, die sich gegen das Hindämmern unter starken Schmerzmitteln entschieden haben. Ihnen sollte Autonomie in allen Lebensbereichen, auch in ihrer Entscheidung für den Tod zuerkannt werden. Diese Menschen würden nicht durch die aktive Sterbehilfe zum Objekt gemacht, sondern dadurch, daß sie nicht sterben dürfen, obwohl sie es wollen. 70 % der deutschen Bevölkerung sehen in der medizinischen Beendigung des Lebens einen guten Weg und würden es als einen Vertrauensgewinn empfinden, mit ihrem Arzt über aktive Sterbehilfe sprechen zu können.[823]

Folglich sollte die aktive Sterbehilfe durch den Arzt ähnlich wie in Holland kodifiziert werden. Dies könnte durch Hinzufügung eines dritten Absatzes zu § 216 StGB geschehen. Da es um Spezialfragen des ärztlichen Berufsrechts geht, könnte die (aktive) Sterbehilfe aber auch ausdrücklich in einer spezialgesetzlichen

818 Geilen, Rechtsfragen der Euthanasie, in: Festschrift für Friedrich Wilhem Bosch, S. 289
819 Wilms/Jäger, ZRP 1988, S. 44 f.
820 Wilms/Jäger, a.a.O., S. 46
821 Arthur Kaufmann, MedR 1983, S. 124
822 Hirsch in: Festschrift für Lackner, S. 613
823 Ach/Wiesing in: Wiesing (Hrsg.), S. 198; HAZ vom 14./15. April 01, S. 1; Der Spiegel, Nr. 16/01, S. 25

Verhaltensanweisung niedergelegt werden. Dann gäbe es auf der einen Seite maximale Kontrolle durch die Gesellschaft, vertreten durch eine Kommission, auf der anderen Seite Rechtssicherheit für die Ärzte, die sich nicht mehr auf eine persönliche Interpretation des Strafrichters bezüglich der Vorwerfbarkeit ihrer Schuld verlassen müßten. Mit an Sicherheit grenzender Wahrscheinlichkeit, die nicht nur für die Jurisprudenz der einzig praktikable Maßstab sein kann, würde niemandes Selbstbestimmungsrecht hinsichtlich seines Lebens durch die Erlaubnis der aktiven Sterbehilfe unter strengen Voraussetzungen verletzt werden.

Somit wäre bei Vorliegen der Voraussetzungen zur Durchführung der aktiven Sterbehilfe dem Selbstbestimmungsrecht gegenüber dem Recht auf Leben – auch unter Beachtung der Menschenwürdegarantie, die es verbietet, einen Menschen zum Objekt zu machen - der Vorzug zu geben. Für diese Entwicklung könnte die BGH-Entscheidung[824] und auch die Regelung der §§ 3, 4 TPG, die den Angehörigen aufgibt, nach dem Willen des Verstorbenen zu entscheiden, wegweisend sein. Für die Entscheidung des Vorrangs des Selbstbestimmungsrechts spricht auch das gefundene Ergebnis der Untersuchung zu den spezifischen Merkmalen des Menschen (Person-Eigenschaften).

Der tätige Behandlungsabbruchs fällt somit unter keinem Gesichtspunkt unter den "Schutzzweck der Norm" der Tötungsdelikte.[825] Es ist jedoch zu beachten, daß im Bereich der Organtransplantation der Schutzbereich der Tötungsdelikte zur Beurteilung einer Handlung als strafrechtlich relevant oder nicht wesentlich schwieriger abzustecken ist als beim Behandlungsabbruch, weil der Arzt zwei gegenläufigen Ansprüchen ausgeliefert ist.[826]

Fraglich ist, ob im Fall der aktiven Sterbehilfe durch Organentnahme die Menschenwürdegarantie widerum gegen die Zulässigkeit der Maßnahme sprechen müßte. Die Handlung wäre fremdnützig. Daher würde der Organspender jedenfalls teilweise zum Objekt gemacht, wenn ihm lebenswichtige Organe entnommen würden, wobei gleichzeitig Sterbehilfe geleistet würde. Der Eingriff würde nicht unmittelbar zu seinem Nutzen vorgenommen wie es das Übereinkommen zum Schutz der Menschenrechte und der Menschenwürde im Hinblick auf die Anwendung von Biologie und Medizin des Europarates (Bioethik-Konvention) in Art. 6 I für einwilligungsunfähige Personen fordert[827], sondern unmittelbar zum Nutzen des Organempfängers. Die Menschenwürdegarantie, die über dem Selbstbestim-

---

824 BGHSt 40, S. 257 ff.

825 So auch Sax, JZ 1975, S. 149 zur Begründung der Zulässigkeit als Unterlassen; ebenso: Laufs, Arztrecht, S. 101

826 LK-Jähnke, Vor § 211, Rn. 10

827 Menschenrechtsübereinkommen zur Biomedizin des Europarates, abgedruckt in: Wiesing (Hrsg.), Ethik in der Medizin, S. 123

mungsrecht steht, verbietet daher die Sterbehilfe durch Explantation. Es darf bei der aktiven Sterbehilfe immer nur um die Interessen des Betroffenen selbst gehen. In diesem Bereich bleibt es deshalb auch bei einer entsprechenden Gesetzesänderung weiterhin beim Abschalten des Beatmungsgerätes und Abwarten des Todes - des Kortikaltodes bezogen auf den Lebensschutz, des Gesamthirntodes bezogen auf den Schutz des ordnungsgemäßen Transplantationsverfahrens nach geltendem Transplantationsrecht - vor der Explantation (im Falle der Einwilligung sowohl in den Behandlungsabbruch als auch in die Organentnahme).

Aufgrund der Wiederbelebungszeit der lebenswichtigen Organe von weit mehr als 10 Minuten (Eintritt des Kortikaltodes) – z.B. 30-90 Minuten für das Herz[828] – wird die erfolgreiche Organübertragung durch diese Regelung nicht ausgeschlossen, obwohl die Eignung der Organe für eine Übertragung durch längere, mit Medikation verbundene Behandlung immer weiter abnehmen und nach dem Tod in sehr kurzer Zeit erlöschen wird.[829] Diese Vorgehensweise wird zudem eher dem realen Ablauf in der Praxis entsprechen. Es ist wesentlich wahrscheinlicher, daß ein Mensch bestimmt, daß im Falle einer infausten Prognose die künstliche Beatmung abzubrechen ist und daneben, daß nach seinem Tod Organe entnommen werden dürfen, als wenn er bestimmt, daß bei infauster Prognose das Leben direkt durch die Organentnahme beendet werden soll. Eine solche Bestimmung wäre wegen der Verletzung der Menschenwürdegarantie zudem unbeachtlich. Das Selbstbestimmungsrecht könnte sich in einem solchen Fall nicht gegen den Lebensschutz und die Menschenwürde durchsetzen, weshalb die Ärzteschaft hier versucht, durch verfahrensmäßige Garantien, eine einwandfreie Todesfeststellung sicherzustellen. Eine gesetzliche Bestimmung des Todes wurde hingegen von den Ärzten gar nicht erst angestrebt.[830]

VII. Ergebnis

Im Rahmen der Sterbehilfe ist die Unterscheidung zwischen Tun und Unterlassen ohne moralische Bedeutung und sollte deshalb strafrechtlich nicht mehr diametral entgegengesetzt beurteilt werden. Die aktive Sterbehilfe sollte unter strengen Voraussetzungen ähnlich der gesetzlichen Regelung in den Niederlanden erlaubt werden. Da der Mensch Werte in dieser Welt nur verwirklichen kann, solange er lebt, ist Leben für ihn zwar das grundlegende Gut, nicht aber unbedingt das höchste Gut. Leben als Person hat seinen Wert vor allem in der Möglichkeit, es durch das höherwertige Gut der Selbstbestimmung zu gestalten. Ist diese Möglichkeit nicht mehr gegeben, dann kann das Leben zu einer Last werden, die in sich keinen Wert mehr für den Rechtsgutträger hat. Nicht jedes Leben entspricht der Wesensbe-

---

828 Sternberg-Lieben, JA 1997, S. 81

829 Vgl. LK-Jähnke, Vor § 211, Rn. 10

830 LK-Jähnke, Vor § 211, Rn. 10

stimmung des Menschen. Dort, wo das Gesetz verabsolutierte wird und selbst innerhalb des Rechtsgutträgers keine Güterabwägung (Leben, Selbstbestimmungsrecht, Leid) mehr zuläßt, wird es inhuman, ideologisiert und verliert damit seine Dienst- und Schutzfunktion.

Vor Einführung eines Gesetzes zur Sterbehilfe sollte es eine Aufklärungskampagne bezüglich der Kontrolle über die Allmacht der Ärzte durch die Legalisierung der aktiven Sterbehilfe geben, die das aufdecken und der Prüfung einer Kommission unterwerfen müßten, was einige Ärzte heute mit hoher Wahrscheinlichkeit aus eigener Initiative und insgeheim tun. Damit könnte man den Ängsten gegenüber einer Freigabe der aktiven Sterbehilfe wirksam begegnen, die laut einer Allensbacher Meinungsumfrage so gravierend gar nicht sind, wenn – wie bereits angesprochen - 70 % der deutschen Bevölkerung in der Möglichkeit einer medizinischen Beendigung des Lebens einen guten Weg sehen.[831]

Die aktive Sterbehilfe **durch** Organtransplantation scheitert jedoch an der Schranke der Menschenwürde, die es nicht erlaubt, den Menschen zum Objekt – auch - fremder Interessen zu machen. Die Sterbehilfe (aktiv oder passiv) muß vor der Explantation geleistet werden. Dies entspricht den verfahrensrechtlichen Vorgaben des Transplantationsgesetzes zur Lebendspende, die – neben weiteren Einschränkungen - nur dann zulässig ist, wenn der Spender nicht über das Operationsrisiko hinaus gefährdet ist.[832]

Nach erfolgreicher Sterbehilfe bleibt aufgrund der heutigen medizinischen Konservierungsmöglichkeiten immer noch genügend Zeit, lebensfähige Organe auf Empfänger zu übertragen. Ruffs Frage[833] müßte somit folgendermaßen beantwortet werden: Zwar muß ein Arzt den Tod eines möglicher Organspenders selbst dann abwarten, wenn er für diesen nichts mehr sinnvoll tun kann, dadurch muß der in Aussicht genommene Herzempfänger aber nicht sterben.

831 HAZ vom 14./15.04.01, S. 1
832 BT-Drucksache 13, 4355, S. 20
833 Ruff in: Krösl/Scherzer (Hrsg.), S. 313

C. Exkurs 2: Anwendung der Ergebnisse zu den Grenzen des Lebens auf den Bereich der verbrauchenden Embryonen-/Stammzellenforschung

Ein weiterer Bereich, in dem der Vorwurf erhoben wird, Mediziner wollten nachträglich ein längst praktiziertes, strafrechtlich und ethisch-moralisch zweifelhaftes Verhalten - oder zumindest ein ebensolches längst beschlossenes Vorhaben - per Gesetz legitimieren lassen, ist die Forschung mit Embryonen bzw. mit deren Stammzellen.

So berichtete der Spiegel, daß zum Zwecke der in Deutschland umstrittenen Zulässigkeit der Forschung an humanen embryonalen Stammzellen, diese bereits seit zwölf Monaten aus dem Ausland importiert worden seien.[834] Die Stammzelllinien werden aus überzähligen, bei der künstlichen Befruchtung angefallenen Embryonen gewonnen. Sie werden aus dem Innern der Keimzelle (Blastozyste) gesaugt – ein Eingriff, den der menschliche Keim nicht überlebt.[835]

I. Die medizinischen Chancen

Embryonale Stammzellen sind zelluläre Alleskönner. Sie bergen noch das Potential, sich in alle 210 Gewebetypen des Körpers zu verwandeln.[836] Aus Embryonen in sehr frühem Stadium gewonnen sind sie noch gänzlich undifferenziert. Dies läßt sie wie das ideale Medikament für eine Fülle von Leiden erscheinen.[837] Sie könnten z.B. in Herzzellen umgewandelt werden. Dieses gezüchtete Herzgewebe könnte künftig einen großen Teil von Transplantationen überflüssig machen, denn bei mehr als der Hälfte aller Transplantationskandidaten seien nur Teile des Herzens, besonders häufig die linke Herzkammer, defekt. Die Hoffnung gehe dahin, diesen Defekt anstatt mit Hilfe eines Spenderherzens mit Hilfe der gezüchteten Gewebeteile zu reparieren.[838]

Weiterhin hätten Forschungen an Mäusen ergeben, daß Embryonalzellen so behandelt werden könnten, daß sie sich zu neuronalen Zellen differenzieren, die den Botenstoff Dopamin produzieren, an dem es Parkinson-Kranken mangelt, wodurch es zu motorischen Fehlsteuerungen kommt. Schwedische Forscher hätten die dopaminproduzierenden, dort aus drei bis vier abgetöteten Föten gewonnenen Zellen bereits erfolgreich am Menschen ausprobiert. Insgesamt soll nach Anwendungsmöglichkeiten von Stammzellen in der Behandlung von Herz-Kreislauf-Erkrankungen, Krebs, Hauterkrankungen, Knochenschwund, Diabetes, Parkinson, Alzheimer oder Multipler Sklerose gesucht werden.[839] Durch entsprechende Zu-

834 Der Spiegel, Nr. 27/01, S. 198
835 Der Spiegel, Nr. 24/01, S. 216
836 Der Spiegel, Nr. 24/01, S. 217
837 Der Spiegel, Nr. 20/01, S. 240
838 Der Spiegel, Nr. 27/01, S. 199
839 Der Spiegel, Nr. 1/01, S. 142; 27/01, S. 199

gabe von Wachstumshormonen sollen sämtliche Gewebe des menschlichen Körpers neu gebildet werden können.[840]

Stammzellen finden sich daneben in der Nabelschnur, im Plazentagewebe und auch im Körper Geborener, wo sie die Funktion eines Reparaturdienstes übernehmen.[841] Neuere Studien legen nahe, daß auch sie in der Lage sind, sich in eine ganze Palette von Zelltypen zu verwandeln. Wenn somit auch Stammzellen aus dem Körper Geborener zukünftig als universelles Reparaturset des Körpers zum Einsatz kommen könnten, könnte damit das ethisch umstrittene Klonen und Töten von Embryonen elegant umgangen werden.[842] Es läßt sich jedoch zur Zeit nicht voraussagen, ob adulte Stammzellen einmal in ihrer Funktionsfähigkeit solche aus frühen Embryonen werden ersetzen können.[843] Die Arbeit mit adulten Stammzellen birgt schon insoweit Schwierigkeiten, als daß sie nur schwer aufzuspüren sind. Im Knochenmark etwa findet sich unter 10.000 Zellen nur eine einzige von ihnen. Außerdem lassen sie sich bisher weitaus schlechter in der Petrischale züchten als Embryonale-Stammzellen, die wie entfesselt wachsen.[844] Ferner ist noch unverstanden, welche Mechanismen die Ausdifferenzierung der Stammzellen in Gewebe bewirken.[845] Außerdem verändern sich bei bestimmten Krankheiten die körpereigenen Stammzellen ebenfalls und werden deshalb unbrauchbar.[846]

II. Die derzeitige Rechtslage nach dem Embryonenschutzgesetz

Das Verfahren der Stammzellengewinnung aus Embryonen ist in Deutschland gemäß §§ 1 I Nr. 2, 5, 6; 2 I EschG strafrechtlich verboten: § 1 I Nr. 2 untersagt es, eine Eizelle zu einem anderen Zweck künstlich zu befruchten, als eine Schwangerschaft der Frau herbeizuführen, von der die Eizelle stammt. Nr. 5 verbietet, mehr Eizellen einer Frau zu befruchten, als ihr innerhalb eines Zyklus übertragen werden sollen. Nr. 6 untersagt es, einer Frau einen Embryo vor Abschluß seiner Einnistung in der Gebärmutter zu entnehmen, um diesen auf eine andere Frau zu übertragen oder ihn für einen nicht seiner Erhaltung dienenden Zweck zu verwenden. § 2 I EschG verbietet, einen extrakorporal erzeugten oder einer Frau vor Abschluß seiner Einnistung in der Gebärmutter entnommenen menschlichen Embryo zu veräußern oder zu einem nicht seiner Erhaltung dienenden Zweck abzugeben, zu erwerben oder zu verwenden.

---

840 Der Spiegel, Nr. 20, S. 248
841 Der Spiegel, Nr. 20/01, S. 246
842 Der Spiegel, Nr. 1/01, S. 145
843 Stern 29/01, S. 114; FAZ vom 21. August 00, S. 11
844 Der Spiegel, Nr. 20/01, S. 250
845 Der Spiegel, Nr. 1/01, S. 143
846 Der Spiegel, Nr. 1/01, S. 145

Das Embryonenschutzgesetz verbietet jedoch nicht die Einfuhr der mit diesem Verfahren erzeugten Embryonalen Stammzellen (ES-Zellen).

III. Das (straf-)rechtliche Problem

Während z.B. nach britischem Recht das Leben unstreitig erst mit Einnistung des Embryos in die Gebärmutter beginnt, wird bei uns die Grundrechtsberechtigung des werdenden Lebens teilweise bereits mit der Befruchtung der Eizelle bejaht[847], obwohl vor Abschluß der Nidation ein großer Anteil der befruchteten Eizellen (ca. 60%) verloren gehen und dies sich erst mit der Einnistung drastisch ändert.[848] Das Bundesverfassungsgericht hat sich insofern nicht festgelegt, als es in seiner ersten Abtreibungsentscheidung auf den späteren Zeitpunkt der Nidation abstellte[849], in seiner zweiten Abtreibungsentscheidung aber das Ergebnis offenließ und feststellte:“Es bedarf....keiner Entscheidung, ob, wie es Erkenntnisse der medizinischen Anthropologie nahelegen, menschliches Leben bereits mit der Verschmelzung von Ei und Samenzelle entsteht....[850]

Daraus resultiert das rechtliche Problem, ob eine verbrauchende Forschung des Grundrechtsträgers Embryo zugunsten schwerkranker Dritter zulässig sein kann. Zwar ist zu beachten, daß die Verletzung werdenden Lebens nicht mit der Verletzung eines geborenen Menschen gleichgesetzt werden kann, wobei vor allem für die frühe Zeit der Schwangerschaft eine zeitliche Differenzierung notwendig ist - zumal der Nasziturus zumindest physisch ein Teil der Mutter ist, weshalb sein Grundrecht im Verhältnis zur Mutter von vornherein Beschränkungen unterliegt. Dies ist jedoch gegenüber Dritten gerade nicht der Fall.[851]

Auch wenn das Recht der Bundesrepublik im Bereich des Schwangerschaftsabbruchs wieder in der Tradition von Abwägung und Abstufung steht[852], wobei nicht nur das Leben der Schwangeren, sondern auch ihre physische und psychische Gesundheit höher bewertet wird als das Leben des Fötus, ist es sehr fraglich, ob man die für eine Abtreibung geltenden Regeln auf die Probleme der Biotechnologie unter den Gesichtspunkten von Abwägung und Abstufung übertragen kann. Der gravierende Unterschied liegt darin begründet, daß bei einem Schwangerschaftsabbruch der Konflikt der Rechtsgüter auf Grund der biologischen Symbiose von Schwangerer und Fötus unvermeidlich ist, während er im Fall der Biotechnologie von außen herbeigeführt wird.[853] Die unvermeidliche Rechtsgüterkollision sprach

---

847 Stern III/1, S. 1061 f.; Jarass/Pieroth, Art. 2 GG, Rn. 46 a

848 Kiesecker, S. 96

849 BVerfGE 39, 1

850 BverfGE 88, 203, 251

851 BVerfGE 88, 203, 254; Jarass/Pieroth, Sr. 2 GG, Rn. 46 a

852 Ehmke in: Der Spiegel, Nr. 27/01, S. 42

853 Ehmke, a.a.O., S. 42

beim Schwangerschaftsabbruch dafür, das ungeborene Leben hinter die Rechtsgüter der Schwangeren zurücktreten zu lassen. Daraus läßt sich noch kein Grund ableiten, warum Leben und Gesundheit der kranken Dritten dem ungeborenen Leben vorgehen sollten.

Andererseits ist die rechtliche Gleichsetzung von befruchtetem Ei, Fötus und menschlicher Person in unserer Kultur nicht vorgesehen und wäre deshalb wenig überzeugend, weil die rechtliche Setzung der Grenzen der Biotechnik letztlich auch eine kulturelle Frage ist. Unsere kulturelle Praxis gewährt dem ungeborenen Leben gerade keinen umfassenden Lebensschutz. Der Schwangerschaftsabbruch wird nicht mit Mord und Totschlag gleichgesetzt. Darüberhinaus wird der abgestorbene oder abgetötete Fötus auch nicht wie die Leiche eines Menschen behandelt. Ohne jeden moralischen Protest werden die Föten als Abfälle der Medizinpraxis behandelt. In der kirchlichen Praxis werden sie weder getauft noch beerdigt. Das Grundgesetz setze dem Gesetzgeber in Art. 1 und Art. 2 nur Maßstäbe für den Umgang mit ungeborenem Leben. Die These, der Gesetzgeber müsse dabei einen durchgehenden, gleichen Schutz menschlichen Lebens von der Befruchtung des Eis an gewähren, stünde im Widerspruch zu unseren kulturellen Traditionen.[854] Unter diesem Gesichtspunkt könnte man den Embryo zwar als Menschen betrachten, seine Tötung aber dennoch als straffrei ansehen.

Nicht übersehen werden darf jedoch, daß durch die Übertragung der grundlegenden Nichtgleichsetzung von geborenem und ungeborenem Leben hinsichtlich seines strafrechtlichen Schutzes (Präzedenzfall Abtreibung) auf den Bereich der Embryonenforschung (Könnte auch diese Technik verboten, aber straffrei sein?[855]) die Menschenwürde des Embryos mehr und mehr zur Verhandlungsmasse wird. Eine Lösung über ein straffreies Verbot wäre hier noch unbefriedigender als bei der Abtreibung, wo die Regelung mit Rücksicht auf die Rechtsgüter der Frau noch einigermaßen nachvollziehbar ist. Im Bereich der Embryonenfoschung würde jedoch nicht nur das ungeborene Leben selbst, sondern auch und gerade die Frau als Rohstofflieferantin instrumentalisiert werden.

Bei den der Blastozyste (Keimblase) entnommenen Stammzellen (Embryoblast) ist eine Entwicklung zum Individuum wohl nicht mehr möglich.[856] Kann man daher durch den Import solcher Zellen die grundrechtlichen Positionen des Embryos hinsichtlich seines Lebensrechts und seiner Menschenwürde in Abwägung zum Rechtsgut der Gesundheit Dritter umgehen?

---

854 Ehmke, a.a.O., S. 41 f.

855 Der Spiegel, Nr. 20/01, S. 250

856 FAZ vom 21. August 00, S. 11

Es stellt sich die Frage, ob – wie die CDU es wünscht – auch der Import dieser embryonalen Stammzellen verboten werden müsse – etwa in einer Ergänzung zu § 2 I EschG, der bislang nur den Erwerb und die Verwendung von **Embryonen** zu einem nicht der Erhaltung dienenden Zweck verbietet – oder ob man das Verfahren zur Stammzellengewinnung zu bestimmten Forschungszwecken ebenfalls erlauben sollte, um schwere Krankheiten zu heilen und auf dem Gebiet der Bio-Forschung international nicht den Anschluß zu verlieren.

Zur Zeit haben wir die eher absurde Situation, daß wegen § 9 II 2 StGB sich der Arzt gemäß §§ 1 I Nr. 2 EschG, 26 StGB strafbar macht, wenn er die Stammzellen im Ausland bestellt, dagegen straflos bleibt, wenn er sie selbst abholt. Da der Handlungsunwert identisch wäre, weshalb eine unterschiedliche strafrechtliche Behandlung von niemandem verstanden werden würde, erscheint es erforderlich, den Bereich der Forschung mit Embryonen bzw. deren Stammzellen im Embryonenschutzgesetz neu zu regeln – entweder durch den Verbot des Importes auch der Stammzellen oder durch Erlaubnis (auch) des Verfahrens zu ihrer Gewinnung. Dann müßte es jedoch entweder erlaubt sein, dafür die überzähligen Embryonen zu verwenden oder sogar, Eizellen zu diesem Zweck zu befruchten.

IV. Mißachtung der potentiellen Person?

In diesem Zusammenhang könnte man zur Lösung des Problems „Stammzellenforschung mit embryonalen Stammzellen" der Frage nachgehen, ob vor dem Hintergrund des hier vertretenen Menschenbildes und der darauf beruhenden Definition des Tatbestandsmerkmals „Mensch" bei den möglichen Vorhaben der Mediziner die „potentielle Person" betroffen sein bzw. mißachtet werden würde.

1. Forschung an den Stammzellen von überzähligen Embryonen/ Entnahme der Stammzellen von überzähligen Embryonen

Bei den entnommenen Stammzellen geht man davon aus, daß keine Entwicklung mehr zum Individuum möglich ist[857], weshalb die potentielle Person durch die isolierte Betrachtung der Forschung daran nicht betroffen wäre. Da die Mediziner jedoch durch die Bestellung der Stammzellen Teilnehmer der Haupttat „Entnahme der Stammzellen" wären, kann man die Frage der Forschung an den Stammzellen nicht isoliert von der Frage der Entnahme der Stammzellen von (überzähligen) Embryonen betrachten. Wenn der Import von Stammzellen zum Zwecke der Forschung erlaubt sein soll, dann muß es auch erlaubt sein, in Deutschland selbst Stammzellen von Embryonen zu entnehmen.

Den Reproduktionsmedizinern zufolge gibt es in Deutschland gegenwärtig 71 tiefgefrorene Embryonen und wesentlich mehr befruchtete Eizellen (sog. Vorkern-

---

857 FAZ vom 21. August 00, S. 11

stadien, bei denen zwar Ei- und Samenzelle bereits verschmolzen sind, deren Zellkerne allerdings noch nicht) in Deutschland (allein in Münster 350 Stück[858]), die, wenn sie nicht mehr der Mutter eingepflanzt werden können, aufgrund der ausschließlichen Zielsetzung der Herbeiführung einer Schwangerschaft durch das Embryonenschutzgesetz, nur im „nicht infektiösen" Krankenhausmüll entsorgt werden können.[859]

Fraglich ist, ob ein solcher überzähliger Embryo bzw. bereits dessen Vorkernstadium (zweikernige Zelle mit noch separiertem Erbgut[860]) eine potentielle Person darstellt, die gegenüber den Wünschen nach Gesundheit Dritter als Rechtsgut ins Feld geführt werden könnte.

Außerhalb des weiblichen Uterus hat der Embryo nicht aus sich heraus eine realistische Möglichkeit, sich zu einer Person zu entwickeln. Diese bekommt er erst durch die Implantation. Vor dieser entscheidenden Handlung bzw. vor der Auswahl eines bestimmten Embryos für die Implantation kann man folglich bei keinem Embryo von einer potentiellen Person sprechen.

Danach wäre die Verwendung eines extrauterin vorhandenen Embryos nicht am Recht auf Leben zu messen. Ein solcher Embryo wäre auch nicht Träger der Menschenwürde, so daß seine Selektion ihn nicht verbotenerweise zum Objekt degradierte. Sein Recht auf Leben und seine Menschenwürde steht und fällt mit der Entscheidung für oder gegen eine Implantation, genauso wie Lebensrecht und Menschenwürde des Fötus mit der Entscheidung der Mutter für oder gegen eine Abtreibung steht oder fällt.

Wenn im Rahmen der Reproduktionsmedizin die In-vitro-Fertilisation erlaubt ist, bei der üblicherweise überzählige Embryonen vorkommen, dann wird der Embryo – selbst wenn man dem extrakorporal befruchtetem Leben zunächst einmal unabhängig von der Betrachtung seines Potentials, eine Person zu werden, dasselbe Lebensrecht zubilligen wollte wie dem intrauterinen[861] - durch die Vernichtung auf dem Wege der Entnahme seiner Stammzellen nicht in höherem Maße zum Objekt gemacht als durch seine Vernichtung im Wege der Entsorgung über den Krankenhausmüll. Anderenfalls müßte durch separate Einfrierung von Ei- und Samenzelle und Befruchtung erst kurz vor Implantation (z.Zt. gemäß

---

858 Der Spiegel, Nr. 20/01, S. 240

859 Jörg-Dietrich Hoppe, Präsident der Bundesärztekammer in: Der Spiegel, Nr. 26/01, S. 211

860 FAZ vom 21. August 00, S. 11

861 Jarass/Pieroth, Art. 2 GG, Rn. 46 a

§ 9 Nr. 3 EschG nicht vorgesehen) die Entstehung überzähliger Embryonen vermieden werden.[862]

In einem solchen Fall stellte sich den Medizinern dann jedoch sicher die Frage, ob es nicht besser wäre, die vorhandenen Ei- und Samenzellen zusammenzuführen, um dem auf diese Weise entstehenden Embryo dann Stammzellen zu Forschungszwecken zu entnehmen, als sämtliche Zellen ungenutzt wegzuwerfen. Diese Frage wird unter 2. untersucht werden. Die gleiche Frage stellt sich auch bei der in Deutschland im Gegensatz zu Frankreich, Spanien, England usw. vorgenommenen Kryokonservierung in der Vorkernphase.[863] Da der Embryo und damit das menschliche Leben frühestens mit Kernverschmelzung beginnt, wodurch ein genetisch neues Individuum entsteht, stellte die Benutzung der Vorkernstadien zur Weiterentwicklung und nachfolgenden Entnahme der Stammzellen keine Verwendung überzähliger Embryonen, sondern deren Herstellung dar – es sei denn man verstünde unter Herstellung das Zusammenführen von Ei- und Spermazelle. Diese Zusammenführung der Zellen hat bei dem Vorkernstadium bereits stattgefunden, so daß unter dieser Voraussetzung auch die Vorkernstadien – jedenfalls faktisch – unter die „überzähligen Embryonen" fallen müßten.

Nach dem bisherigen System kommen überzählige Embryonen vor. Ein solcher extrauterin entstandener Embryo hat kein Recht auf Implantation in eine Gebärmutter. Dem Wunsch nach Gesundheit schwerkranker Dritter durch Ergebnisse der Forschung an embryonalen Stammzellen steht somit nur ein Zellhaufen mit Sachqualität zur Abwägung gegenüber. Unter normativen Gesichtspunkten würde eine Handlungsanleitung, die die Forschung zur Heilung schwerer Krankheiten verbietet, weil dadurch eine Sache zerstört würde, die ohnehin der Vernichtung preisgegeben ist, bei den Normadressaten mit Sicherheit auf Unverständnis und Uneinsicht stoßen. Darüberhinaus wäre an Anzeigen wegen Unterlassener Hilfeleistung oder wegen Totschlag und Körperverletzung durch Unterlassen zu denken, wenn mögliche Heilungschancen nicht genutzt werden. So hat unlängst der Ex-„Superman"-Darsteller Christopher Reeve, der seit einem Reitunfall vom Hals abwärts gelähmt ist, gemeinsam mit einer Gruppe von Forschern Präsident Bush wegen unethischer Verschleppung der Stammzellforschung durch Vorenthaltung staatlicher Förderung angeklagt.[864]

Bei der In-vitro-Fertilisation gibt es keine potentielle Personalität vor Implantation. Daher könnte man es für zulässig erachten, die Entnahme von Stammzellen bei den vorhandenen überzähligen Embryonen zu erlauben. Es würde durch die

---

862 Zierl, DRiZ 1986, S. 163

863 FAZ vom 21. August 00, S. 11

864 Der Spiegel, Nr. 29/01, S. 155

Vernichtung dieses Embryo keine potentielle Person und damit kein Mensch getötet, weil der Embryo de fakto keine Chance auf eine Entwicklung zur Person hat. Wenn man auf diese Weise ausreichend Stammzelllinien für die Forschung gewinnen könnte – notfalls durch zusätzlichen Import – würde sich die Debatte um die Forschung an embryonalen Stammzellen damit eventuell erledigen.

2. Herstellung von Embryonen zum Zwecke der Gewinnung von Stammzellen und Therapeutisches Klonen

Mit dem Argument der potentiellen Personalität im Rahmen der In-vitro-Fertilisation stellt sich die Frage, ob die Manipulation an der Vereinigung von Ei- und Samenzellen vor Implantation grundsätzlich schutzlos gestellt werden soll? Wenn erst dem implantierten Embryo bzw. einem dafür vorgesehenen Embryo ein gewisses abgestuftes Lebensrecht und Menschenwürde zukommen soll, dann spielen alle Handlungen, die davor passieren, für Lebensschutz und Menschenwürde keine Rolle, so daß auch die Herstellung von Embryonen zum Zwecke der Gewinnung von Stammzellen unter diesem Gesichtspunkt erlaubt werden könnte.

Dieses Problem zeigt, daß das Differenzierungskriterium der potentiellen Personalität für sich allein nicht ausreichend ist, um alle Fallgestaltungen befriedigend zu lösen. Zunächst einmal besteht grundlegende Uneinigkeit hinsichtlich des Beginns des Lebens – sei es intra- oder extrauterin. Möglicherweise liegt potentielle Personalität und damit ein Lebensrecht grundsätzlich – und nicht nur speziell für den Fall der In-vitro-Fertilisation – auch erst ab dem Zeitpunkt der Nidation vor, wenn eine halbwegs sichere Entwicklung zur Person gegeben ist (nur ca. 1/3 der befruchteten Eizellen nisten sich nach der Befruchtung tatsächlich in der Gebärmutter ein).[865] Die Nidation wäre somit eine andere mögliche Lösung der Frage nach dem Beginn des Lebens, zumal dadurch die „Pille danach“ und die „Spirale“ sowie alle anderen nidationsverhütenden Mittel nicht vom Strafrecht erfaßt würden, was auch nicht gewollt ist (§ 218 I 2 StGB). Dann wäre die Herstellung und Verwendung von Embryonen bis zum 14. Entwicklungstag – unter dem alleinigen Gesichtspunkt des Vorhandenseins von potentieller Personalität – erst recht unproblematisch zulässig. Das Nichtvorhandensein bzw. Noch-Nichtvorhandensein einer potentiellen Person wäre aber – unter Berücksichtigung der Menschenwürde aller potentiellen Personen - nur ein Teil der Voraussetzung für eine erlaubte Forschung am Embryo bzw. an dessen Stammzellen.

Die zweite Überlegung beträfe den Sinn und Zweck der Erlaubnis einer In-vitro-Fertilisation. Dieser Zweck ist grundsätzlich die Nidation in einer Gebärmutter – oder in einer künstlichen Brutstätte, sollte es jemals soweit kommen - sowie die nachfolgende Schwangerschaft und Geburt eines Menschen. Es macht somit sowohl moralisch als auch rechtlich einen Unterschied, ob man vorhandene überzählige Embryonen zu Forschungszwecken nutzt, bevor man sie entsorgt oder ob man die Embryonen zu Forschungszwecken herstellt. Der durch In-vitro-Fertilisation hergestellte Embryo ist eine **potentielle Person,** selbst wenn 60 % der Embryonen sich nicht einnisten. Jeder Embryo könnte zu den restlichen 40 % gehören. Er stellt daher potentiell eine Vorstufe des Trägers der grundsätzlich un-

---

865 So auch BVerfGE 39, 1, 37

teilbaren und unabstufbaren Menschenwürde dar. Daher darf auch diese Vorstufe nicht bei ihrer Herstellung bereits zum Objekt fremdnützziger Interessen gemacht werden. Dies wäre aber dann der Fall, wenn die Embryonen nicht wenigstens eine Chance haben, einmal eine Person zu werden. Bei der Entstehung jedes artspezifischen menschlichen Lebens ist das Potential seiner Entwicklung zu einer Person sicherzustellen und zu schützen. Die künstliche Herstellung artspezifisch menschlichen Lebens ohne Potential verletzt die Menschenwürde aller potentiellen Personen und ist daher nicht zu gestatten. Zweck der Herstellung des Embryos darf weiterhin nur die mögliche Schwangerschaft der Eizellenspenderin sein.

Diese Entscheidung kann jedoch dogmatisch erst auf der Rechtfertigungsebene getroffen werden, da bei Herstellung eines Embryo nur zum Zwecke der Forschung diesem Tatbestandsobjekt gerade keine Potentialität für die Entwicklung zum Menschen verbleibt. Aufgrund vorstehender Erwägungen ist ein solch tiefer Eingriff in die Menschenwürde aber in Abwägung zur Forschungsfreiheit nicht zu rechtfertigen.

Folglich muß die Herstellung von Embryonen zum Zwecke der Forschung im Gegensatz zur Verwendung vorhandener, überzähliger Embryonen zu Forschungszwecken verboten werden. Angesichts des hohen Bedarfs an Embryonen – 280 menschliche Eizellen sind notwendig, um nur für einen einzigen Patienten embryonale Stammzellen zu kultivieren[866] – wird hier nur ein strafrechtliches Verbot eine entsprechende Handlungsanleitung für die ohnehin dem Konkurrenzdruck des Auslands ausgesetzten Mediziner gegenüber lediglich standesrechtlichen Regelungen sein können.

Problematisch wäre in diesem Zusammenhang sicherlich die Kontrolle der Herstellung nur zu Zwecken der Reproduktionsmedizin und nicht zu Forschungszwecken. Deshalb dürfen zur Zeit gemäß § 1 I Nr. 4 und 5 EschG nur drei Eizellen innerhalb eines Zyklus befruchtet werden. Auch diese Regelung wird eine Kontrolle allerdings kaum ersetzen können.

Das größere Problem in diesem Zusammenhang dürfte die strafbare Teilnahme an einer Herstellung eines Embryo zu Forschungszwecken durch dessen Import aus dem Ausland sein. Da die Konservierungstechnik dort eine andere ist – Ei- und Samenzellen getrennt[867] – ist eine gewisse Wahrscheinlichkeit vorhanden, Stammzelllinien aus nicht in unserem Sinne überzähligen Embryonen zu erhalten. In den USA ist dies bereits nachweislich geschehen. Dort haben Forscher Ei- und Samenzellen von Spendern zusammengekauft, um daraus Embryonen nur für For-

---

866 Der Spiegel, Nr. 1/01, S. 145
867 Der Spiegel, Nr. 26/01, S. 211

schungszwecke herzustellen.[868] Daher ist zu überlegen, ob man den Import nicht verbietet und die Stammzellenforschung auf diese Weise auf im eigenen Lande hergestellte Stammzellen aus überzähligen Embryonen beschränkt. Diese Regelung hätte zudem den praktischen Vorteil, daß keine ausländischen Rechte an den Forschungsergebnissen zu berücksichtigen wären. Die US-Forscher geben von ihren ES-Zellen nur die schlechteste Linie an fremde Wissenschaftler ab – und auch das nur unter Auflagen, die jede freie Forschung unmöglich machen.[869]

Die Frage ist dann jedoch, ob die überzähligen Embryonen ausreichen? Eine Lösung dieses Problems könnte die Diskussion unter 3. beinhalten.

Auch das sogenannte Therapeutische Klonen oder besser das Klonen zu Therapiezwecken stellt die Herstellung einer totipotenten Zellen, also eines Embryos nur zu Zwecken der Stammzellgewinnung dar. Die künstliche Herstellung von menschlichem Leben funktioniert so, daß man die Körperzelle eines in Aussicht genommenen Patienten entkernt und diesen Kern in eine wiederum entkernte Eizelle – u.a. zur Eliminierung immunologischer Probleme bei der nachfolgenden Therapie - einsetzt. Eine derart behandelte Zelle verhält sich jedoch wie eine soeben befruchtete Eizelle. Sie verfügt im doppelten Chromosomensatz über menschliches Erbgut. Bis zum Sechzehn-Zell-Stadium (wahrscheinlich!) ist sie totipotent.[870] Nachdem dieses Klon-Produkt angefangen hat, sich zu teilen, muß man wohl davon ausgehen, daß daraus im Zweifelsfall ein ganzer Mensch entstehen könnte – im Tierversuch entsteht zumindest aus einem von etwa 200 Embryonen ein ganzes Tier.[871] Somit ist das therapeutische Klonen keine zulässige Möglichkeit im Rahmen der Therapie mit Stammzellen.

3. Präimplantationsdiagnostik und daraus folgende Gewinnung überzähliger Embryonen

Eine Mißachtung der menschlichen Person könnte man auch in der sogenannten Präimplantationsdiagnostik erblicken. Um die Erfolgsquote der In-vitro-Fertilisation wesentlich zu steigern – in Deutschland führte 1999 die Methode nur bei jeder siebten Frau (über 40) zur Schwangerschaft, oft erst nach mehreren psychisch und körperlich belastenden Hormonkuren[872] -, würden die Reproduktionsmediziner gern mehr als die zulässigen drei (§ 1 I Nr. 4 EschG), nämlich die möglichen zwölf Eier in einem Menstruationszyklus ernten, sie im Labor zu Embryonen heranreifen lassen, die gesamte Ausbeute unter dem Mikroskop begutachten

868 Der Spiegel, Nr. 29/01, S. 155
869 Der Spiegel, Nr. 24/01, S. 217
870 FAZ vom 21. August 00, S. 11
871 Molekularbiologin Regine Kollek in: Der Spiegel, Nr. 1/01, S. 147
872 Der Spiegel, Nr. 29/01, S. 72

und nur die Besten einsetzen. Die Kehrseite davon wäre, daß die restlichen Embryonen mit weniger optimalem Potential bei minus 196 Grad in flüssigem Stickstoff eingefroren werden müßten. Auf diese Art und Weise würden sie sich schon bald zu Zigtausenden aufaddieren. Was soll dann mit ihnen geschehen? Sollen sie tiefgefroren dem Jüngsten Gericht entgegendämmern? Sollen sie nach Ablauf einer Haltbarkeitsfrist vernichtet werden? Oder dürfen sie als kostbarer Rohstoff der medizinischen Forschung dienen?[873]

Gegen letztere Möglichkeit protestieren die Reproduktionsmediziner, die sich nicht als Zulieferindustrie für die Forschung verstehen wollen, sondern eher für eine Adoption der Embryonen plädieren.[874] Eine solche wirft jedoch mehr Schwierigkeiten auf, als daß sie Lösungen für die Verfahrensweise mit übriggebliebenen Embryonen bietet. Verschiedene Varianten der Embryoadoption können in den USA studiert werden, wo Ei- und Samenzellen getrennt eingefroren werden (hier gemäß § 9 EschG Nr. 3 nicht vorgesehen, nur Konservierung entweder eines Embryos oder eines Vorkernstadiums, d.h. Ei- und Samenzelle sind bereits verschmolzen, nicht jedoch deren Zellkerne). Ein New Yorker Arzt z.B. befruchtet übrig gebliebene Eizellen mit Spendersamen und verkauft das embryonale Produkt für 3000 Dollar pro Stück. Die Agentur „Creating Families" wiederum bietet ihren Kunden an, sich ihr Wunschkind selbst zu komponieren, indem sie Samen- und Eispender im Katalog auswählen.[875]

In der Bundesrepublik erscheint eine solche Entwicklung schon angesichts der Regelungen in § 1 EschG II, der es verbietet, die befruchtete Eizelle auf eine andere Person als die Spenderin zu übertragen, undenkbar. Zudem würde das Allgemeine Persönlichkeitsrecht und die Menschenwürdegarantie zu unübersehbaren Problemen führen, wenn man die Embryonenadoption zuließe. Jeder hat einen Anspruch auf Einsicht in Unterlagen über die eigene Abstammung.[876] Was würde es für ein Kind bedeuten zu erfahren, daß es als Embryo adoptiert wurde? Würden Eltern nicht dazu tendieren, dem als Embryo adoptierten Kind seine Herkunft zu verheimlichen, zumal der Unterschied zwischen eigenen und adoptierten Kindern aufgrund der Einpflanzung als Embryo mehr und mehr verschwimmt? Diese Entwicklung halten heute fast alle Jugendämter und Adoptionsvermittlungsstellen für einen Fehler, denn dann werde das Geheimnis oft im Affekt gelüftet. Und damit würden schwere Persönlichkeits- und Würdeverletzungen einhergehen, wenn z.B.

---

873 Der Spiegel, Nr. 26/01, S. 209
874 Der Spiegel, Nr. 20/01, S. 241; 26/01, S. 208
875 Der Spiegel, Nr. 26/01, S. 211
876 BVerfGE 79, 256, 268 ff.

das Kind von enttäuschten Eltern eines Tages zu hören bekäme: ‚Ohne uns wärest du im Ausguß gelandet'.[877]

Die Frage der Zulässigkeit der Präimplantationsdiagnostik (PID) ist für sich gesehen bereits umstritten. Manche sehen darin eine verbotene Selektion menschlichen Lebens.[878] Sich im Rahmen der Diskussion an dem von den Nationalsozialisten gebrauchten Begriff der „Selektion" festzuhalten, der eigentlich aus dem – ehrwürdigen!? – Darwinismus stammt, ist jedoch ebenso verfehlt und unsachlich wie der Vergleich der Euthanasie-Mordaktionen der Nazis mit der Euthanasie-Bewegung in den Niederlanden unzutreffend ist. Die Bioethik-Konvention des Europarates vom 4. April 1997 erlaubt in Art. 12 prädiktive genetische Untersuchungen zu Gesundheitszwecken oder für gesundheitsbezogene wissenschaftliche Forschung. Die Bundesrepublik hat dieses Übereinkommen über Menschenrechte und Biomedizin bis heute nicht ratifiziert, zumal in Art. 13 auch Interventionen in das menschliche Genom zu präventiven, diagnostischen oder therapeutischen Zwecken für zulässig erklärt werden. Diese Regelung wäre mit § 5 ESchG nicht zu vereinbaren, der jede künstliche Veränderung der Erbinformation menschlicher Keimbahnzellen unter Strafe stellt.

Wer aber die PID hinterfragt, müsse im selben Atemzug die Pränataldiagnostik (PND) im Mutterleib hinterfragen.[879] Wenn ein Fötus bis zu drei Monaten aus eugenischen Gründen völlig frei abgetrieben werden kann, ist nur schwer einzusehen, warum ein Embryo vor einer ebensolchen Auswahl über eine PID geschützt werden sollte. Das befruchtete Ei im Reagenzglas kann ja nicht höher bewertet werden als der eventuell schon viele Monate alte Fötus. Das Kernproblem der PID liegt daher wohl außerhalb der Abtreibungsproblematik in der gattungsethischen Frage, ob eine gentechnische Selektion menschlichen Erbguts zulässig sein kann. Übereinstimmung besteht nur dahingehend, daß es in Deutschland keine Menschenzüchtung geben darf, ob für den gentechnischen Ausschluss von Erbkrankheiten (ausschließlich) eine Ausnahme gemacht werden darf, ist noch offen. Sollte der Gesetzgeber diese Ausnahme zulassen, wäre noch zu bedenken, ob überhaupt kontrollierbar ist, ob in den Petrischalen nur Erbkrankheiten aussortiert, nicht aber menschliches Leben nach Augen- und Haarfarbe oder sonstigen Merkmalen selektiert wird.[880]

Ein eindeutiges Verbot der PID ist dem Embryonenschutzgesetz nicht zu entnehmen. § 5 I EschG verbietet lediglich die Veränderung der menschlichen Erbinformation, nicht aber die Aussortierung aufgrund eines Chromosomenfehlers. Eine

---

877 Vgl.: Der Spiegel, Nr. 26/01, S. 211

878 Der Spiegel, Nr. 20/01, S. 243, Herta Däubler-Gmelin (SPD), Ilja Seifert (PDS) zitierend.

879 Jörg-Dietrich Hoppe, Präsident der Bundesärztekammer in: Der Spiegel, Nr. 26/01, S. 210

880 Vgl. Ehmke in: Der Spiegel, Nr. 27/01, S. 42

solche Gendiagnostik im Mutterleib ist jedoch völlig unumstritten. Bei der Fruchtwasseruntersuchung werden fötale Zellen aus dem Fruchtwasser gewonnen und dann auf genetische Defekte und Chromosomen-Anomalien hin untersucht. Die PID könnte theoretisch bei Tausenden in vitro gezeugten Kindern die Fruchtwasseruntersuchung vorwegnehmen und damit der Frau eine mögliche Abtreibung ersparen. Eine einzige Zelle, mit der Pipette aus dem Embryo gezupft, würde ausreichen, um Defekte im Chromosomensatz zu erkennen. Zudem reift statistisch gesehen nur jeder vierte Embryo auch wirklich zum Kind heran, weil drei von vier befruchteten Eizellen aufgrund von Chromosomenstörungen schon zu Beginn der Schwangerschaft vom Körper der Mutter abgestoßen werden – ein Selektionsmechanismus der Natur.[881] Daher lasse sich mit Hilfe der PID die Erfolgsquote der für die Frau aufgrund der Hormonbehandlungen physisch und psychisch ohnehin belastenden künstlichen Befruchtung um mindestens 50 % steigern.[882] Es ist nicht einzusehen, warum das Strafrecht das ungeborene Leben stärker schützen sollte als die Natur selbst.

Fraglich bliebe bei grundsätzlicher Zulassung der PID allerdings, ob es auch zulässig sein könnte, entgegen § 1 I Nr. 4 und Nr. 5 EschG mehr als drei Eizellen zu befruchten bzw. mehr Eizellen zu befruchten, als der Frau innerhalb eines Zyklus übertragen werden sollen, um davon dann den besten Embryo auszusuchen. Dagegen spricht, daß möglicherweise 11 Embryonen nicht zum Zweck der Übertragung auf die Eizellenspenderin befruchtet würden. Dafür spricht, daß auch diese 11 Embryonen mindestens dazu hergestellt würden, der Eizellspenderin eine Schwangerschaft mit dem Embryo zu ermöglichen, der das beste Potential für die Entwicklung zur Person hat. Zudem steht bei der Befruchtung jeder einzelnen Eizelle noch nicht fest, ob nicht gerade der entstehende Embryo der geeignetste ist – zumindest weiß der Arzt das in diesem Augenblick noch nicht. Somit käme es in diesem Fall nicht zur absichtlichen Herstellung eines artspezifischen menschlichen Wesens, das von vornherein chancenlos wäre im Hinblick auf seine Entwicklung hin zur menschlichen Person.

Wenn man somit nur die absichtliche Herstellung eines Embryos zu anderen Zwecken als dem der Übertragung auf die Eizellspenderin verbieten möchte, hätte man mit dem Wunsch der Reproduktionsmediziner, ihre Technik zu verbessern, keine rechtlichen Probleme hinsichtlich der Zulässigkeit der Methode. Dann könnten auch die in Massen anfallenden überzähligen Embryonen für die Forschung verwendet werden. Wer aber auch die nur bedingt vorsätzliche Herstellung von Embryonen zu anderen Zwecken als zur Herbeiführung der Schwangerschaft

---

881 Der Bonner Frauenarzt Hans van der Ven in: Der Spiegel, Nr. 4/01, S. 186

882 Ludwig Bispink, Ärztlicher Direktor der Fortpflanzungsklinik in Bad Münder in: Der Spiegel, Nr. 20/01, S. 251 f.

der Frau, von der die Eizelle stammt, pönalisieren will, der kann ein Verfahren nicht erlauben, bei dem von vornherein klar ist, daß der Großteil der 12 befruchteten Eizellen nicht zur Übertragung verwendet werden wird.

Es ist hier aber sinnvoll, nur die Absicht (dolus directus I) unter Strafe zu stellen, denn bedingt vorsätzlich entstehen auch die bisher anfallenden „überzähligen Embryonen", - selbst wenn versucht wird, ihre Anzahl durch die Regelungen in § 1 I Nr. 4 und 5 EschG gering zu halten - so daß eine Pönalisierung der bedingt vorsätzlichen Herstellung von Embryonen zu anderen Zwecken als zur Übertragung auf die Eizellspenderin die In-vitro-Fertilisation, bei der davon auszugehen ist, daß überzählige Embryonen anfallen werden, grundsätzlich in Frage stellt. Daran ändert auch die deutsche Einfrierungsmethode im Vorkernstadium nichts, die zusätzlich der zahlenmäßigen Geringhaltung der bedingt vorsätzlich hergestellten überzähligen Embryonen dient. Das Leben selbst führe dazu, daß es überzählige Embryonen gäbe, weil die Frauen z.B. schwer erkrankt oder verstorben sind.[883]

Der unbeschränkte Einsatz der PID könnte somit erlaubt werden, auch wenn in der Folge eine größere Anzahl an Embryonen bei den Reproduktionsmedizinern übrigbleiben würden.

V. Risiken und Probleme der Forschung an überzähligen Embryonen bzw. an deren Stammzellen

Selbst wenn man es für zulässig hält, daß überzählige Embryonen auftreten und diesen dann Stammzellen entnommen werden, um mit deren Hilfe Ersatzgewebe für schwerkranke Menschen zu entwickeln, entstehen dadurch zu diesem frühen Zeitpunkt in der Medizinforschung viele Probleme, die einen hohen Bedarf an Kontrolle haben, um den - im Gegensatz zum Bereich der Sterbehilfe näherliegenden - Dammbruchsvisionen vorzubeugen.

So behauptet ein Bonner Arzt und Privatdozent, die Möglichkeit, daß aus den embryonalen Stammzellen (ES-Zellen) komplette Menschen erwachsen könnten, sei noch überhaupt nicht ausgeräumt.[884] Dann wäre die Gewinnung der ES-Zellen jedoch ebenfalls das Herstellen eines menschlichen Embryos bzw. einer totipotenten Zelle aus diesem Embryo, wodurch auch die ES-Zellen unter den Schutz des Embryonengesetzes fielen (§ 8 I EschG). Da eine Änderung des Embryonenschutzgesetzes insoweit, daß die Herstellung von totipotenten Zellen zu einem grundsätzlich anderen Zwecke als dem der Herbeiführung einer Schwangerschaft nach der hier vertretenen Ansicht nicht in Betracht zu ziehen ist, wäre eine Behandlung der ES-Zellen zum Zwecke der Differenzierung in unterschiedliche Ge-

---

883 Edelgard Bulmahn in: Der Spiegel, Nr. 20/01, S. 253

884 Thomas Heinemann in: Der Spiegel, Nr. 28/01, S. 179

websarten somit nicht zulässig. Die Forschung an ES-Zellen wäre dann im Gesamten zu verbieten. Daher muß zunächst zweifelsfrei ausgeschlossen werden, daß es sich bei den ES-Zellen nicht doch um totipotente Zellen handelt.

Zudem sei die Ausdifferenzierung der Stammzellen bislang noch bei weitem kein kontrollierter Prozess. Im ungünstigsten Fall blieben einige Stammzellen übrig, die sich nach wie vor noch spezialisieren könnten. Diese würden im Körper außer Kontrolle geraten und möglicherweise tumorartig zu wuchern beginnen. Weil noch nicht richtig verstanden worden ist, was sich bei der Differenzierung der Stammzellen eigentlich abspielt, sollte zunächst an Tieren weiter geforscht werden. Zudem würde der Körper auf das Einspritzen von fremden Zellen mit Immunabwehr reagieren.[885]

Da das medizinisch zur Vermeidung von immunologischen Reaktionen sinnvolle therapeutische Klonen wie gesehen nicht zu erlauben ist, weist somit viel in die Richtung der Therapie mit adulten Stammzellen – die allerdings wiederum nicht durch therapeutisches Klonen vermehrt werden dürften. Die Warnung des Bonner Stammzellenforschers Herzog, die Forschung mit ES-Zellen des Menschen ziehe das Klonen von Menschen unweigerlich nach sich[886], ist sehr ernst zu nehmen, da sowohl das Klonen zu Therapiezwecken als auch die unbegrenzte Vermehrung der Stammzellen zu Stammzelllinien nur – bzw. optimiert - über einen Embryo, nämlich durch Klonen des Individuums, dem die Zellen entnommen worden sind, funktioniert. Diese Vorgehensweise wäre für die Forschung die effektivste. Sie würde jedoch die Menschenwürde verletzen durch die Herstellung eines Individuums zu anderen Zwecken als zu dessen Entwicklung hin zu einer Person – von der möglichen heimlichen Weiterzüchtung zu einem geklonten Individuum und der damit einhergehenden Preisgabe der unverwechselbaren genetischen Indentität des Individuums ganz zu schweigen.

Ihre „Konstitutionsprinzipien", vor allem die Menschenwürde, darf die Bundesrepublik jedoch nicht zugunsten noch so bedeutsamer Forschungsziele relativieren. Denn langfristig haben Staat und Gesellschaft nur dann eine Überlebenschance, wenn sie eine tragfähige moralische Grundlage besitzen, wohingegen die internationale Konkurrenzfähigkeit in einem Detailbereich auch nicht annähernd die gleiche Bedeutung besitzt.[887] In zulässigen Grenzen ist eine vollständige Teilhabe an der Forschung mit Stammzellen allerdings sehr wünschenswert, um die theoretischen Segnungen für alle Menschen in Deutschland sicherzustellen und nicht nur für solche, die sich zur Not auch eine Behandlung im Ausland leisten könnten.

---

885 Volker Herzog (Stammzellforscher an der Uni Bonn) in: Der Spiegel, Nr. 28/01, S. 178
886 Volker Herzog in: Der Spiegel, Nr. 28/01, S. 178
887 So Classen in: MedR 1988, S. 282 ff.

VI. Ergebnis

Unter der Voraussetzung, daß es sich bei ES-Zellen nicht um totipotente Zellen handelt und unter der Voraussetzung, daß sich im Laufe der Zeit nicht herausstellt, daß die Gefahren die theoretischen medizinischen Möglichkeiten der Forschung an Stammzellen überwiegen, sollte das Embryonenschutzgesetz dahingehend geändert werden, daß die Entnahme von Stammzellen aus „überzähligen Embryonen“ sowie die Forschung daran für zulässig erklärt wird. Der Import von Stammzellen aus dem Ausland sollte dagegen grundsätzlich verboten werden, da zu befürchten ist, daß diese Stammzellen aus Embryonen gewonnen werden, die nur zu diesem Zweck hergestellt worden sind. Der unbeschränkte Einsatz von PID könnte für zulässig erklärt werden, wodurch es zwangsläufig mehr „übriggebliebene Embryonen“ geben wird. Diese Forschung sollte jedoch insofern zweckgebunden sein, als daß ihr einziges Ziel die möglichst schnelle Erforschung der Zurücksetzung von spezifischen adulten Stammzellen in ihren pluripotenten Zustand sein sollte. Das Ziel kann nur die möglichst zeitnahe Therapie mit adulten Stammzellen sein. Eine (Ethik-)Kommission sollte kontrollieren, ob es sich bei den vorhandenen Embryonen wirklich um Überbleibsel der Reproduktionsmedizin handelt, daß kein Klonen zum Zwecke der Forschung stattfindet und daß gezielt auf eine Therapie mit adulten Stammzellen hingearbeitet wird.

Dennoch wird die Transplantationsmedizin noch über Jahre bis Jahrzehnte nicht durch die Produkte der Stammzellenforschung ersetzt werden können, zumal noch völlig unklar ist, ob jemals ganze Organe gezüchtet werden können.[888] Bei der Ersetzung des gesamten menschlichen Organs im Falle des völligen Funktionsverlusts scheint die Medizin trotz größter Anstrengung bisher keine Alternative zur sicherlich insbesondere durch die lebenslange Immunsuppression belastenden Organtransplantation gefunden zu haben. So wird auch den künstlichen Herzen bestenfalls als unterstützende Pumpe eine Brauchbarkeit attestiert, nicht aber als vollständiger Organersatz.[889]

---

888 Vgl. Oliver Brüstle, Institut für Neuropathologie der Uniklinik Bonn, in: Der Spiegel, Nr. 1/01, S. 145; FAZ vom 21. August 00, S. 11

889 Der Spiegel, Nr. 28/01, S. 172 ff.

D. Strafbarkeit der Störung der Totenruhe durch (unbefugte) Organentnahme, § 168 I 1. Alt. StGB?

Wenn sich der Arzt durch die Entnahme von Organen bei einem (Groß-)Hirntoten nach dem zuvor Gesagten auch keines Tötungsdelikts schuldig machen kann, so käme stattdessen eine Strafbarkeit wegen Störung der Totenruhe in Betracht.

Es ist bereits zweifelhaft, ob die Vorschrift des § 168 I 1. Alt. StGB auf die unbefugte Organentnahme noch anwendbar ist. Sie könnte für diesen Regelungsbereich ersetzt worden sein durch die möglicherweise speziellere Regelung des § 19 I TPG, so daß § 168 I 1. Alt. StGB fortan nur noch für Sektionen einschlägig wäre.

I. Anwendbarkeit der Vorschrift auf die unbefugte Organentnahme/Verhältnis zu § 19 I TPG ?

§ 19 I TPG regelt explizit das Verbot eines Verstoßes gegen die Einwilligungs- und Zustimmungsvorschriften bei der Organentnahme. § 168 I 1. Alt. StGB verbietet die unbefugte Wegnahme des Körpers, von Teilen des Körpers eines verstorbenen Menschen, einer toten Leibesfrucht, von Teilen einer solchen oder der Asche eines verstorbenen Menschen aus dem Gewahrsam des Berechtigten. Daher spricht einiges dafür, daß die speziell auf die Wegnahme von Organen ausgelegte Vorschrift des § 19 I TPG dem § 168 I 1. Alt. StGB heute vorgeht, und § 168 StGB auf diesen Fall gar nicht anwendbar ist.

Um zu einem differenzierteren Ergebnis zu kommen, werden im folgenden die Schutzgüter der beiden Vorschriften angeführt. Im Anschluß daran kann festgestellt werden, ob § 168 StGB über § 19 I TPG hinausgehende Schutzgüter besitzt, die im Fall der unbefugten Organentnahme verletzt sein können. Diese Feststellung bestimmt den Anwendungsbereich des § 168 StGB für den Bereich der nicht gestatteten Organentnahme.

1. Rechtsgüter des § 19 I TPG

Mit der Strafbewehrung bei Verstößen gegen bestimmte Vorschriften der §§ 3 und 4 TPG soll ausweislich der Gesetzgebungsmaterialien insbesondere das Selbstbestimmungsrecht der als Organspender in Betracht kommenden Personen und das subsidiäre Recht anderer Personen, über eine Organentnahme zu entscheiden, geschützt werden.[890] Ist weder ein ausdrücklich erklärter noch ein mutmaßlicher Wille des Verstorbenen bekannt, so ist der nächste Angehörige im Rahmen seines

---

[890] Gesetzentwurf von CDU/CSU, SPD und FDP für ein TPG, BT Drs. 13/4355, Begründung zu § 18, S. 31

Totensorgerechts nach eigenem Ermessen zu einer Entscheidung über die postmortale Organentnahme berufen.[891]

Diese Regelung kommt im Wortlaut des § 4 I S. 3 TPG dadurch zum Ausdruck, daß der Angehörige bei **seiner** Entscheidung einen mutmaßlichen Willen des möglichen Organspenders zu beachten hat. In diesem Zusammenhang wäre es zudem unrealistisch zu verlangen, daß der Angehörige die Gefühle und Einstellungen des in Betracht kommenden Spenders in jedem Fall exakt beurteilen können soll. Der Angehörige kann nicht nur als Überbringer der Willens des Toten angesehen werden. Seiner Entscheidung liegt stets auch seine persönliche Interpretation zugrunde - insbesondere dann, wenn über das Thema Organspende zu Lebzeiten nie ausdrücklich diskutiert wurde. Da die Menschen nicht gerne über den eigenen Tod nachdenken, wird das in der Mehrzahl der Fälle so sein.

Nach den Vorstellungen des Gesetzgebers ist der nächste Angehörige Sachwalter des über den Tod hinaus fortwirkenden Persönlichkeitsrechts des Verstorbenen.[892] Gemäß § 4 II TPG sind die nächsten Angehörigen in der Rangfolge ihrer Aufzählung sowie volljährige Personen, die dem möglichen Organspender bis zu seinem Tode in besonderer persönlicher Verbundenheit offenkundig nahegestanden haben zu befragen.

Schutzgut ist somit insbesondere das Selbstbestimmungsrecht der als Organspender in Betracht kommenden Person, daneben aber auch das subsidiäre Recht anderer Personen, über eine Organentnahme zu entscheiden.[893]

---

891 Vgl. Änderungsantrag Dreßler/Seehofer, BT-Drs. 13/8027, Begründung zu § 4 I TPG, S. 9, wohingegen der vom Abgeordneten v. Klaeden zu § 4 eingebrachte Änderungsantrag (BT-Drs. 13/8028) dieses subsidiäre (eigene) Entscheidungsrecht der Ängehörigen ausschließen wollte.

892 Änderungsantrag Dreßler/Seehofer, BT-Drs. 13/8027, Begründung zu § 4 I TPG, S. 9

893 BT-Drs. 13/4355, zu § 18, S. 31

2. Rechtsgüter des § 168 I StGB

Einheitliche Aussagen zum geschützten Rechtsgut des § 168 StGB finden sich nicht in Literatur und Rechtsprechung. Es erfolgt auch keine Differenzierung im Hinblick auf die einzelnen Tatbestände dieser Vorschrift. § 168 StGB steht im 11. Abschnitt des Strafgesetzbuches, der sich hinsichtlich der hier in Betracht kommenden Thematik auf Religion Weltanschauung und Totenruhe bezieht.

a) Das Toten(für)sorgerecht als Schutzgut

Das Totensorge- oder Totenfürsorgerecht stellt eine besondere Ausprägung des totenrechtlichen Schutzgebots dar. Einerseits soll es dem Willen des Verstorbenen als beherrschendem Grundsatz des Leichenrechts zur Geltung verhelfen[894], darüber hinaus dient es der Erhaltung und Pflege seines Lebensbildes.[895]

Das Totenfürsorgerecht hat seinen Ausgangspunkt in Art. 2 I GG, dessen Selbstbestimmungsrecht auch die Anordnungen umfaßt, die jeder Mensch über das Schicksal seines Leichnams treffen kann, also auf welche Weise seine Leiche bestattet werden soll, wie seine Grabstätte zu gestalten ist, ob der Leichnam der Anatomie übergeben werden, oder für Organtransplantationen verwendet werden darf.[896] Da die Person nach ihrem Tod nicht mehr selbst für die Einhaltung der Anordnungen sorgen kann, steht die Wahrnehmung der Interessen des Verstorbenen (Totenfürsorge) nun den Angehörigen des Verstorbenen oder einem zu Lebzeiten ausdrücklich Benannten zu.[897]

Der Gedanke der Totenfürsorge – bestimmte lebende Personen nehmen gewisse Rechte hinsichtlich des Vorstorbenen wahr – ist nirgendwo umfassend geregelt, sondern vielmehr als eigenständiges Institut gewohnheitsrechtlich anerkannt.[898] Hinsichtlich der dogmatischen Einordnung dieses Rechts ist fraglich, ob es aus dem Persönlichkeitsrecht des Verstorbenen, dessen Rechtssubjektivität nicht mehr vorhanden ist, abgeleitet werden kann, oder ob es sich um ein eigenes Persönlichkeitsrecht der Angehörigen handelt.[899] Dieses eigene Recht der Angehörigen ist ein privates Recht, das sich aus der sittlichen Pflicht der familiären Verbundenheit, also gewohnheitsrechtlich[900] herleitet und durch die Persönlichkeit des Verstorbenen und seiner tatsächlichen Verbindung zu den Angehörigen geprägt ist.

---

894 RGZ 154, 269, 270 m.w.N.; Gaedke, Das Recht der Totenfürsorgen, S. 175

895 OLG Karlsruhe, MDR 1990, S. 443; Heldrich in: Festschrift für Lange, S. 163; Laufs, VersR 1972, S. 8

896 RGZ 100, 171, 108, 217; 154, 269, 270; BVerfGE 50, 256, 262; v. Mangoldt/Klein Starck, Art. 2 I, Rn. 97

897 RGZ 154, 269, 270; BGHZ 61, 238

898 RGZ 154, 269, 270; OLG Schleswig, NJW-RR 1987, S. 72; Forkel, JZ 1974, S. 596

899 Westermann, FamRZ 1969, S. 561 ff.; Buschmann, NJW 1970, S. 2081

900 OLG Frankfurt, NJW-RR 1989, S. 1160

Totenfürsorgeberechtigt sind in der Regel die nächsten Angehörigen in erster Linie.[901] Zum Teil wird auch angenommen, daß dem Ehepartner vor den anderen Angehörigen stets als derjenige, der die stärkste Verbindung zum Verstorbenen gehabt habe, das Totenfürsorgerecht vor allen anderen einzuräumen sei.[902] Diese Regelung ist rechtlich jedoch nicht zwingend, sondern alle Angehörigen und Personen mit einer besonderen Nähebeziehung zum Verstorbenen sind als Totenfürsorgeberechtigte anzusehen, wobei der Verstorbene die Möglichkeit hat, anderen Personen als seinen Angehörigen die Totenfürsorge zu übertragen. Daraus wird deutlich, daß das Totenfürsorgerecht kein originäres Recht der Angehörigen ist, sondern ein an den Verstorbenen gebundenes und von dessen Willen abgeleitetes Recht. Das Recht am Leichnam wird daher auch als ein „Nachwirken" des familienrechtlichen Verhältnisses, das den Toten zu Lebzeiten mit den nun Überlebenden verbunden habe, bezeichnet.[903]

Da § 168 I StGB nach dem Inkrafttreten des TPG geändert wurde, kann der Kreis der nächsten Angehörigen in Anlehnung an § 4 II S. 1 u. 6 TPG bestimmt werden, auch wenn § 4 II S. 1 ausdrücklich den Begriff der nächsten Angehörigen nur für das TPG definiert. Dort ist die Rangfolge nach Ehegatten, volljährigen Kindern, Eltern oder anderen Sorgeinhabern, volljährigen Geschwistern, Großeltern und Personen, die dem Verstorbenen bis zu seinem Tode in besonderer persönlicher Verbundenheit offenkundig nahegestanden haben, geregelt.

Betrachtet man die Persönlichkeitsrechsprechung des BGH, so läßt sich feststellen, daß das Gericht in zwei wichtigen Entscheidungen das Fortwirken auch des allgemeinen Persönlichkeitsrechts bejaht hat, indem es konstatierte, daß die schutzwürdigen Werte der Persönlichkeit die Rechtsfähigkeit ihres Subjekts, die mit dem Tod der Person erlischt, überdauern. Der Verstorbene hinterlasse immaterielle Güter, die auch nach seinem Tod schutzwürdig seien.[904]

Zwar lehnte das Bundesverfassungsgericht die Fortwirkung eines Persönlichkeitsrechts entgegen dem BGH mit der Begründung ab, das Grundrecht aus Art. 2 I GG setze die Existenz einer wenigstens potentiell oder zukünftig handlungsfähigen Person voraus[905], bejahte die Notwendigkeit des Schutzes des Andenkens des Verstorbenen aber aus Art. 1 I GG. Zur Frage, von wem die Interessen des Verstorbenen wahrzunehmen seien, mußte es sich nicht äußern.

---

901 T/F-Fischer/Tröndle, § 168, Rn. 3

902 OLG Schleswig, NJW-RR 1987, S. 72

903 von Blume, AcP 112, S. 390, 392

904 BGHZ 15, 249, 259 (Cosima-Wagner-Entscheidung); BGHZ 50, 133, 136 f. (Mephisto)

905 BVerfG NJW 1971, S. 1645

Es geht somit bei dem Totenfürsorgerecht um ein Recht zur Wahrung des Persönlichkeitsrechts des Toten. Die Berechtigten sind bei der Ausübung der Totensorge an den geäußerten oder mutmaßlichen Willen des Verstorbenen gebunden. Für eine eigene Entscheidung bleibt nur dann Raum, wenn sich keinerlei Anhaltspunkte für den Willen des Verstorbenen ergeben.[906]

Da der Mensch zu Lebzeiten zudem die Möglichkeit hat, von der üblichen Übertragung der Totenfürsorge an die Angehörigen abzuweichen und andere Personen zu beauftragen, wird deutlich, daß das Totensorgerecht kein originäres Recht der Angehörigen ist, sondern ein an den Verstorbenen gebundenes, von seinem Willen abgeleitetes Recht.

Das Totenfürsorgerecht beginnt mit dem Todeseintritt und dauert über die Bestattung fort. Insbesondere haben der oder die Totenfürsorgeberechtigten die sichere Verwahrung der Leiche, die Vorbereitung der Bestattung und die Bestattung zu regeln.[907] Sie sind bei der Ausübung dieses Rechts (Art der Beisetzung, Auswahl der letzten Ruhestätte) nicht frei, sondern an seine ausdrücklichen oder nach seinem bisherigen Verhalten mutmaßlichen Willen gebunden.[908] Folglich ist das Totenfürsorgerecht weniger durch eine enge Lebensbeziehung zum Verstorbenen als vielmehr durch das Persönlichkeitsrecht des Verstorbenen bestimmt. Die Totenfürsorgeberechtigten sind im Rahmen der Ausgestaltung ihres Rechts zugleich Treuhänder des postmortalen Persönlichkeitsrechts des Verstorbenen.[909]

Da die Totenfürsorgeberechtigten sich aber auch in einem durch Gepflogenheiten gesteckten Rahmen bewegen können, was mangels detaillierter Regelung durch den Verstorbenen in der Mehrzahl der Fälle auch notwendig sein wird, ist ihre Aufgabe darin zu sehen, die Vorstellungen des Toten auszugestalten und zu konkretisieren. Darum handelt es sich nicht um ein Recht des Verstorbenen, das die Totenfürsorgeberechtigten lediglich für diesen wahrnehmen, sondern vielmehr um ein Recht des Totenfürsorgeberechtigten, in das die Vorstellungen des Verstorbenen maßgeblich einfließen, um ein Pflichtenrecht.

Da das Totenfürsorgerecht ein Recht gibt, die Behandlung des Verstorbenen zu bestimmen, erscheint es als Schutzgut des § 168 StGB geeignet. Der Berechtigte i.S.d. § 168 StGB ist nach einhelliger Auffassung der zur Totenfürsorge Berechtigte.[910] Dies ergibt sich z.B. aus der Begründung des Entwurfs des Strafgesetzbu-

---

906 So schon RGZ 154, 269, 272; heute aber auch ausdrücklich in § 4 I TPG

907 Palandt-Edenhofer, § 1968, Rn. 6; Gaedke, Handbuch des Friedhofsrechts, S. 94

908 OLG Frankfurt a.M. NJW-RR 89, S. 1159

909 Hirsch/Schmidt-Didczuhn, Transplantation und Sektion, S. 18

910 RGSt 64, S. 313; LK-Dippel, § 168, Rn. 20; S/S-Lenckner, § 168, Rn. 5; D/T, § 168, Rn. 3

ches (1960), wo die Totenfürsorgeberechtigten ausdrücklich als diejenigen aufgeführt werden, die zum Gewahrsam berechtigt sind, nämlich die, denen das Verfügungsrecht über den Leichnam, insbesondere das Recht, Art, Zeit und Ort der Bestattung zu bestimmen, zusteht.[911]

b) Die Pietät der Angehörigen als Schutzgut

Nach Auffassung der Literatur schützt § 168 StGB die Pietät der Angehörigen des Verstorbenen.[912] Dieser Pietätsschutz habe sich auf kultureller und religiöser Grundlage aus dem Gedanken entwickelt, daß beim Tod eines Menschen die Betroffenheit der nächsten Angehörigen und eine daraus resultierende, besondere Sorge und Ehrfurcht gegenüber dem Verstorbenen zu schützen sei. Daher wird den Angehörigen das Recht zugesprochen, ihr Ehrfurchtsgefühl dadurch zu schützen, daß sie fremde Einwirkungen auf den Leichnam verhindern und ihn von jedermann herausverlangen können.[913] Anhaltspunkte dafür ergeben sich bereits aus dem Vorentwurf zu einem Deutschen StGB aus dem Jahre 1909, wo in der Begründung zum Schutzzweck des § 168 StGB dargelegt wird, er solle zum einen die Verletzung des Herrschafts- oder Besitzrechts an dem Leichnam verhindern, zum anderen die Rücksicht auf das mit dem religiösen Gefühl verwandte Gefühl der Pietät gegenüber Verstorbenen gewährleisten.[914]

Wer Angehöriger ist, wurde für den Bereich der Organtransplantation in § 4 II TPG geregelt. Danach kann jemand mit einer faktischen persönlichen Verbindung zum Verstorbenen im Hinblick auf dessen Interessenlage gleichberechtigt neben den nächsten Angehörigen treten.

In der Rechtsprechung wird die Frage nach dem Rechtsgut des § 168 StGB lediglich mit einem kurzen Hinweis auf das verletzte Pietätsgefühl beantwortet, ohne den Begriff genauer zu erklären oder darzulegen, wessen Pietätsgefühl zu schützen ist.[915] Diese Hinweise können für die Bestimmung des Rechtsguts keine weiterführende Rolle spielen.

c) Die Pietät der Allgemeinheit als Schutzgut

Auch die Pietät der Allgemeinheit könnte als ein zu schützendes Rechtsgut des § 168 StGB in Betracht kommen. Teilweise wird es als unmittelbar mit dem Rechtsgut der Angehörigen verbunden angesehen[916], teilweise aber auch als ei-

---

911 StGB E-1960, S. 320, BR-Drucksache 270/60, vor § 187

912 T/F, § 168, Rn. 1; Lackner, § 168, Rn. 1; Berger, Das Recht des Arztes zur Leichenobduktion, S. 25

913 Berger, S. 25 f.

914 Vorentwurf zu einem Deutschen StGB (1909), Bd. 2, § 158, S. 519

915 RGSt 39, 155, 158; OLG Frankfurt, NJW 1975, S. 271 f.

916 Bohne in: Festschrift für Schmitdt, S. 129

genständiges Rechtsgut.[917] Begründet wird die Auffassung, § 168 StGB schütze auch die Pietät der Allgemeinheit damit, daß die Störung der Totenruhe jedermann in seinem allgemein auf den Tod bezogenen, allgemeinen Gefühl der Pietät verletze.[918] Auch wenn keine Nähebeziehung zum Toten besteht, werde die Vorstellung, daß im Fall des Versterbens seine Angehörigen und er selbst vor einem Eingriff in den Leichnam verschont bleiben, auf jeden Toten übertragen. Da die meisten Menschen, die von einer unbefugten Wegnahme von Leichenteilen erfahren, darauf mit einem religiösen Unlustempfinden eigener Art, dem sogenannten Pietätsempfinden reagierten, schütze § 168 StGB nicht nur die Angehörigen, sondern das Empfinden jedes Menschen.[919]

Da man leztlich eine Pietätsverletzung aber erst dann annehmen kann, wenn der konkrete Fall zur Kenntnis genommen worden ist, wird in bezug auf die Allgemeinheit selten eine solche Verletzung vorliegen können. Zudem steht eine Pietät aller Überlebenden nicht im Einklang mit dem Wortlaut des § 168 I 1. Alt. StGB, der vom „Berechtigten" spricht und dadurch einen Individualschutz und keinen Allgemeinschutz vorgibt.

Folglich ist das Rechtsgut der „Pietät der Allgemeinheit" jedenfalls für diese Gesetzesalternative, die im Rahmen der Organtransplantation allein einschlägig sein kann, weder vom Wortlaut noch vom Gesetzeszweck gedeckt. Es scheidet darum als mögliches Rechtsgut aus.

d) Das fortwirkende Persönlichkeitsrecht des Verstorbenen als Schutzgut

Wenn das Persönlichkeitsrecht auch über den Tod der Person heraus zu schützen wäre, könnte es Schutzgut des § 168 StGB sein. Eine Fortwirkung könnte unmittelbar aus Art. 1 I und Art. 2 I GG, den Grundlagen des allgemeinen Persönlichkeitsrechts hergeleitet werden. Die Fortwirkung der Unantastbarkeit der Menschenwürde ist in der verfassungsrechtlichen Literatur anerkannt.[920] Hinsichtlich ihrer Geltungsdauer ist die Menschenwürde nicht an die Rechtsfähigkeit der Person gebunden. Indiz hierfür ist das Recht auf Achtung der Menschenwürde, das bereits dem nasciturus zukommt, der noch nicht Rechtssubjekt ist.[921] Indem das Bundesverfassungsgericht bei der Abwägung zwischen dem Selbstbestimmungsrecht bzw. der freien Entfaltung der Mutter und den Rechten des nasciturus den Maßstab der Menschenwürde zur Bewertung der Verfassungswerte der Mutter

---

917 LG Hamburg, NStZ 1982, S. 511 f.

918 Schrag, S. 52

919 Seinsch, S. 19

920 Maunz-Dürig-Herzog, Art. 1, Rn. 23, 26; Bonner Kommentar-Zippelius, Art. 1, Rn. 22, 25, 30

921 Maunz-Dürig-Herzog, Art. 1 I, Rn. 24

anlegte, räumte es dem nasciturus ein Recht auf Beachtung seiner Menschenwürde ein.[922]

Da der Wortlaut des Art. 1 I GG nicht daran hindert, die Vorschrift auch bei Verstorbenen anzuwenden, kann die Würde des Menschen auf den menschlichen Leichnam weiterwirken.[923] Verletzt wird dann die durch die Persönlichkeit geprägte Menschenwürde[924], unabhängig von seiner Persönlichkeit als der Lebendigkeit des Rechtsträgers und seiner aktiven Mitgliedschaft in der menschlichen Gemeinschaft.[925] Als objektiver Wert kann die Würde nämlich unabhängig vom subjektiven Gefühl des Betroffenen verletzt werden.[926]

Folglich ist ein fortwirkender Schutz der Würde des Menschen über den Tod hinaus aus Art. 1 I GG abzuleiten.

Hinsichtlich des Art. 2 I GG, der ebenfalls zur Begründung des fortwirkenden Persönlichkeitsrechts herangezogen wird, wird in der verfassungsrechtlichen Literatur vertreten, daß dieses Grundrecht nur die im natürlichen Sinne handlungsfähigen Personen schütze.[927] Bei dem Grundrecht der Allgemeinen Handlungsfreiheit nach Art. 2 I GG deckten sich Grundrechtsträgerschaft und Rechtsfähigkeit i.S. des § 1 BGB. Eine Allgemeine Handlungsfreiheit des Toten komme somit nicht in Betracht. Da gemäß Art. 93 I Nr. 4 a GG i.V.m. § 90 BverfGG eine Verfassungsbeschwerde nur erheben kann, wer selbst, *gegenwärtig* und unmittelbar in seinen Grundrechten verletzt ist, könne einer Fortwirkung der Rechte aus Art. 2 I GG die nicht mehr existierende aktuelle Betroffenheit des Verstorbenen entgegengehalten werden.[928] Wer nicht in der Lage ist, ein Grundrecht zu verteidigen, der könne es nicht mehr für sich in Anspruch nehmen.

Mit diesem Argument könnte und müßte aber auch die Menschenwürde als zu schützendes Grundrecht ausgeschlossen werden. Außerdem wird der Auffassung entgegengehalten, daß ein wirksamer Schutz der Handlungsfreiheit der lebenden Person nur möglich sei, sofern sie die Gewißheit habe, daß die Wirkung ihrer Handlungsfreiheit über den Tod hinausgehend geschützt werden.[929] Ein nicht vorhersehbarer Persönlichkeitsschutz nach dem Tode wäre ein Hemmnis, den in Art. 2 GG verbrieften Freiheitsraum zu nutzen. Die freie Entfaltung der Persön-

---

922 BVerfGE 37, 43; 35, 202, 225
923 Maunz-Dürig-Herzog, Art. 1 I, Rn. 26
924 Bonner Kommentar-Zippelius, Art. 1, Rn. 9
925 BVerfG NJW 1971, S. 1647
926 BVerfGE 39, 41, 44
927 Maunz-Dürig-Herzog, Art. 2 I, Rn. 66
928 Hoch, S. 25
929 Hilchenbach, S. 78 f.

lichkeit zu Lebzeiten sei nur dann gewährleistet, wenn der Mensch damit rechnen könne, auch nach seinem Tod von Entstellungen seines Persönlichkeitsbildes und von ehrenrührigen Angriffen verschont zu bleiben.[930]

Dagegen führt das Bundesverfassungsgericht wiederum an, nach dem Tode könne der Mensch sein Handeln nicht mehr beeinflussen, weswegen der Schutz der allgemeinen Handlungsfreiheit leerlaufe, der das Recht gewährleiste, sein Handeln so einzurichten, wie es ihm beliebt.[931]

Da die Ausgestaltung eigenen Handelns unzweifelhaft eine Persönlichkeit und die Umsetzung eigenen Handelns erfordert, was nur der lebenden Person möglich ist, kann ein fortwirkendes Persönlichkeitsrecht verfassungsrechtlich nur aus Art. 1 GG hergeleitet werden. Nach der Auffassung des Bundesgerichtshofes findet das fortwirkende Persönlichkeitsrecht insofern eine Einschränkung, als mit dem Tod das Wirken der Person nicht mehr vorhanden sei, und somit ihr Persönlichkeitsrecht entsprechend ihres kleineren Wirkungskreises eingeschränkt sei.[932] Das fortwirkende Persönlichkeitsrecht stelle somit eine Abschwächung gegenüber dem allgemeinen Persönlichkeitsrecht dar und werde im Laufe der Zeit geringer, bis es die Existenz ganz einbüße. Der Geschützte ist somit der Lebende, von dem etwas fortwirkt und nicht der Tote, weswegen darin kein Widerspruch zum System der zivilrechtlichen Dogmatik gesehen werden kann[933], wonach nur der lebende Mensch fähig ist, Träger von Rechten und Pflichten zu sein.

---

930 BGHZ 50, 133, 138
931 BVerfGE 30, 173, 194
932 BGH 50, 133, 136
933 So aber Westermann, FamRZ 1969, S. 567

II. Ergebnis

Da auch der Umgang mit der Leiche nach dem Tod unter das Bestimmungsrecht des einzelnen Menschen fällt und somit Teil seines allgemeinen, fortwirkenden Persönlichkeitsrechts ist, ist dieses Recht Schutzgut § 168 StGB, auch wenn in erster Linie die Wegnahme der Leiche „aus dem Gewahrsam des Berechtigten" geschützt ist. Darüber hinaus dient die Strafvorschrift dem Bestimmungsrecht der Hinterbliebenen, wofür ein Schutz des postmortalen Persönlichkeitsrechts des Verstorbenen allein nicht ausreicht.

Folglich sind die Rechtsgüter des § 19 I TPG mit denen des § 168 StGB identisch. Es geht jeweils um die Selbstbestimmung des Verstorbenen auf der einen und um das Bestimmungsrecht von nahestehenden Personen auf der anderen Seite. Im Hinblick auf den identischen Schutzzweck der Norm ist daher bei einer durch eine Handlung gegebenen tatbestandlichen Erfüllung des § 19 I TPG und des § 168 StGB keine Idealkonkurrenz möglich, denn die Organentnahme speziell zum Zwecke der Transplantation ist im Transplantationsgesetz geregelt, weswegen für diesen Wirklichkeitsbereich § 19 I TPG dem § 168 StGB vorgeht (Gesetzeskonkurrenz).

Im Rahmen des § 168 StGB wären die Rechtsgüter sowieso nur lückenhaft geschützt, da hinsichtlich der Wegnahme des Körpers oder von Teilen davon aus dem Gewahrsam des Berechtigten anzumerken ist, daß nach vorherrschender Ansicht in Rechtsprechung[934] und Literatur[935] auch die Krankenhausleitung zu den Berechtigten zählte. Somit wäre die von der Krankenhausleitung als Gewahrsamsinhaber gebilligte und angeordnete Weitergabe des Körpers eines Verstorbenen oder von Teilen davon schon nicht tatbestandsmäßig.[936]

Im folgenden wird im Rahmen der Strafbarkeit gemäß § 19 TPG untersucht werden, ob die Strafbarkeitslücke durch das Transplantationsgesetz geschlossen worden ist, und welche gesetzlichen Wertungen für den Fall eines Konflikts zwischen den beiden Schutzgütern getroffen worden sind.

---

934 OLG Zweibrücken, JR 1992, S. 212; OLG München NJW 1976, S. 1805; AG Berlin-Tiergarten, NStZ 1996, S. 544

935 S/S-Lenckner, § 168, Rn. 5; SK-Rudolphi, § 168, Rn. 3

936 S/S-Lenckner, § 168, Rn. 6; kritisch dazu T/F-Fischer/Tröndle: der Gewahrsam der Totenfürsorgeberechtigten gehe dem zufälligen Gewahrsam der Krankenhausträger vor, § 168, Rn. 3; differenzierende,umfassende Darstellung bei U.Steffen, Strafbarkeit der klinischen Sektion gemäß § 168 StGB, S. 111 ff., insbesondere, S. 117, 134, 160 f., wonach die Strafbarkeitslücke darin bestehe, daß bis zur Benachrichtigung der Totenfürsorgeberechtigten durch den Krankenhausträger Gewahrsam durch den Totenfürsorgeberechtigten noch nicht gegeben sei.

Zuvor soll jedoch noch ein Anwendungsmöglichkeit des § 168 StGB durch unbefugte Organentnahme im Rahmen eines Humanexperiments angesprochen werden.

E. Strafbarkeit der Störung der Totenruhe durch (unbefugte) Organentnahme im Rahmen eines Humanexperiments, § 168 I 1. Alt. StGB

Wenn der § 168 I 1. Alt. StGB auch bei der Organentnahme zu Transplantationszwecken wegen des spezielleren § 19 I TPG auch nicht mehr anwendbar ist, könnte sich dennoch eine Anwendbarkeit bei der Organentnahme zu anderen Zwecken ergeben. Da der Kortikaltod der Tod des Menschen ist, fallen Humanexperimente zu Forschungszwecken nach Eintritt des Kortikaltods, aber vor Eintritt des Gesamthirntods nicht unter die Tötungsdelikte i.S.d. §§ 211 ff. StGB. Weil der Gesetzgeber sich im Fall der Organentnahme zu Transplantationszwecken aber für ein Verfahren entschieden hat, nach dem die Entnahme erst nach Eintritt des Gesamthirntods zulässig sein soll, ist noch ungeklärt, ob sich die Entnahme zu anderen Zwecken in einem rechtsfreien Raum abspielt oder die Zulässigkeitsvoraussetzung Gesamthirntod auch im Rahmen des § 168 StGB gültig ist. Dann wäre die Organentnahme beim Humanexperiment nach dem Kortikaltod, aber vor dem Gesamthirntod, gemäß § 168 I 1. Alt. StGB strafbar, weswegen das Transplantationsgesetz evtl. als eine Art Ausführungsgesetz von § 168 StGB zu verstehen sein könnte.

Eine mittelbare analoge oder durch Auslegung gewonnene Anwendung des Transplantationsgesetzes erscheint aufgrund einer vergleichbaren Interessenlage – Schaffung von Vertrauen in die Apparatemedizin[937] – durchaus angezeigt. Da durch die Übertragung der verfahrensrechtlichen Erfordernisse aber die Strafbarkeit erweitert wird, ist insoweit zwischen verbotener Analogie und zulässiger Auslegung der Vorschrift abzugrenzen.
Analogie ist die Ausdehnung eines Rechtssatzes auf einen im Gesetz nicht geregelten oder vom Gesetzeswortlaut nicht mehr erfaßten Fall. Ihr Ziel ist die Ausfüllung von Gesetzeslücken durch Erweiterung und Weiterentwicklung eines Rechtssatzes (Rechtsneuschöpfung).[938] Demgegenüber ist Ziel der Auslegung die Klarstellung des Gesetzessinns, ggf. die Anpassung des Gesetzes an die veränderten Bedürfnisse und Anschauungen der Gegenwart.[939]

Bei der Frage der Einhaltung einer Verfahrensvorschrift aus dem Transplantationsrecht im Rahmen des § 168 StGB handelt es sich um eine Anpassung des Gesetzes an veränderte Bedürfnisse und nicht um eine Rechtsneuschöpfung. Es geht bei dem Verbot der Organentnahme vor Feststellung des Gesamthirntodes um das

937 Imbach in: Roxin, Medizinstrafrecht, S. 190
938 BverfGE 82, 6; Wessels/Beulke, Strafrecht Allgemeiner Teil, Rn. 53, 56
939 Wessels/Beulke, a.a.O., Rn. 56

Pietätsgefühl, nicht nur der Angehörigen, sondern wie gesehen auch der Allgemeinheit. Vor diesem Hintergrund erscheint die Übertragung der verfahrensrechtlichen Vorschriften des Transplantationsgesetzes (Gesamthirntod, Einwilligungserfordernis, §§ 3, 4 TPG), aber auch des Verbotes des gewinnorientierten Organhandels (§ 18 TPG) notwendig.

Es kann nämlich der Fall eintreten, daß der Betroffene noch spontan atmet, während sein Großhirn schon tot ist. In diesem Fall würde die Organentnahme von einem noch atmenden Wesen von der Gesellschaft nicht verstanden werden. Wie bei der Diskussion um die Behandlung des Anencephalus bereits angesprochen, kennt unsere Kultur die Behandlung eines atmenden Wesens als Leiche – die dann auch beerdigt werden könnte – nicht. Grundsätzlich muß daher bei jedem Wesen das Versagen der Spontanatmung abgewartet werden. Alternativ dazu könnte das Versagen der Spontanatmung auch gezielt herbeigeführt werden, da Tötungsdelikte und die Regelungen zur Sterbehilfe bei einem Kortikaltoten oder dem Sonderwesen des Anencephalus nicht mehr zu berücksichtigen wären.

Das Vertrauen in die Wahrung der Pietätsinteressen der Angehörigen und der Allgemeinheit würde durch das Verbot der Organentnahme vor Beendigung der Spontanatmung folglich gestärkt. Der Gesetzeszweck des Transplantationsgesetzes, d.h. der Vertrauensaufbau in die Transplantationsmedizin als Teil der Apparatemedizin, würde ferner nicht dadurch torpediert, daß man bloß den Zweck der Organentnahme umzudefinieren bräuchte, um die strengere Verfahrensvoraussetzung der Gesamthirntodfeststellung auszuhebeln.

Da die Gemeinsamkeiten der potentiellen Situationen der Organentnahme aufgrund der identischen Schutzgüter den Unterschied (Zweck Humanexperiment statt Transplantation) übertreffen, bzw. im Hinblick auf den Toten, dem jeweils die Organe entnommen werden, kein Unterschied vorhanden ist, liegt kein vom Gesetz nicht geregelter Fall vor, der die Weiterentwicklung eines Rechtssatzes erforderte. Eine Gesetzeslücke ist aufgrund der Regelungen im Transplantationsgesetz nicht vorhanden. In der Kommentierung zu § 168 StGB wird ausdrücklich auf diese Regelungen verwiesen.[940]

Daher handelt es sich bei der Übertragung der Vorschriften aus dem Transplantationsgesetz in den Regelungsbereich des § 168 StGB nicht um eine verbotene Analogie, sondern um die Anpassung des Gesetzes an die veränderten Bedürfnisse und Anschauungen der Gegenwart angesichts des Fortschritts der Biomedizin über die Errungenschaften der Transplantationsmedizin hinaus.

---

940 T/F-Fischer-Tröndle, § 168, Rn. 4 a

Für die Auslegung spricht ferner, daß der „Gesamthirntod" als Maßstab des Transplantationsgesetzes für eine Organentnahme im Hinblick auf den Grundsatz „Einheit der Rechtsordnung" auch auf den § 168 StGB anzuwenden sein sollte.

Die Voraussetzung „Gesamthirntod" ist somit als zulässige Auslegung auch im Rahmen des § 168 StGB für andere Entnahmezwecke als ungeschriebene Verfahrensvoraussetzung gültig – auch ohne explizites Verbot der Organentnahme vor Gesamthirntod zu Forschungszwecken. Hier eröffnet sich somit noch ein Anwendungsbereich des § 168 StGB für die Organentnahme. Das Humanexperiment vor Eintritt des Gesamthirntodes findet somit nicht im rechtsfreien Raum statt, da das Transplantationsgesetz als Ausführungsgesetz von § 168 StGB anzusehen ist.

F. Strafbarkeit gemäß § 19 I TPG

Ein Arzt, der ohne Einwilligung des Verstorbenen i.S.v. § 3 I Nr. 1 TPG und ohne Zustimmung von dessen Angehörigen i.S.v. § 4 I S. 2 TPG Organe explantiert, könnte sich, auch wenn die Organentnahme der Rettung anderer Menschenleben dient, gemäß § 19 I TPG strafbar machen. Da die unbefugte Organentnahme wie gesehen durch keine andere Strafvorschrift tatbestandlich pönalisiert ist, schließt § 19 I TPG insofern eine Strafbarkeitslücke.

I. Tatbestandsmäßigkeit

1. Entscheidung des Organspenders oder anderer Personen

Zur Feststellung des tatbestandsmäßigen Handelns i.S.d. § 19 TPG ist zu klären, wer sich wie zur Organentnahme äußern muß, damit sie zulässig ist. Während des Gesetzgebungsverfahrens des 13. Bundestages wurden zwei Modelle zur Äußerung über eine Organentnahme erörtert, die enge Zustimmungslösung[941] und die erweiterte Zustimmungslösung[942].

a) Die enge Zustimmungslösung

Nach der engen Zustimmungslösung ist eine Organentnahme nur dann zulässig, wenn der Organspender selbst der Entnahme zugestimmt hat. Wenn er keine Erklärung zur Organspende abgegeben hat, würde das somit als Ablehnung gewertet werden.

---

941 Antrag der Abgeordneten Dr. Wodarg, Dr. Däubler-Gmelin u.a., BT-Drs. 13/4114; Antrag der Abgeordneten v. Klaeden, Dr. Götzer, Dr. Schmidt-Jortzig, BT-Drs. 13/6591; Gesetzentwurf der Fraktion Bündnis 90/Die Grünen, BT-Drs. 13/2926

942 Antrag der Abgeordneten Dreßler, Seehofer, Dr. Thomae, Zöller u.a., BT-Drs. 13/4368

b) Die erweiterte Zustimmungslösung

Nach der erweiterten Zustimmungslösung wird eine fehlende Erklärung zur Organspende weder als Ablehnung noch als Zustimmung gewertet. Es liegt lediglich eine Nichterklärung vor. Deshalb sind dann die Angehörigen einzuschalten. Stimmen sie zu, ist die Organentnahme zulässig.

Die Vorschrift des § 19 I TPG ist so konstruiert, daß das Einverständnis ihren Tatbestand ausschließt, der Mangel eines Einverständnisses den Tatbestand automatisch erfüllt. Der Gesetzgeber hat sich dabei für eine **erweiterte Zustimmungslösung** entschieden, d.h. wenn weder eine schriftliche Erklärung noch ein schriftlicher Widerspruch des Organspenders vorliegt, wird der nächste Angehörige befragt, ob ihm von diesem eine Erklärung bekannt ist. Ist ihm keine Erklärung bekannt, so ist die Entnahme zulässig, wenn der Angehörige ihr zugestimmt hat, wobei er den mutmaßlichen Willen des Organspenders zu beachten hat, § 4 I TPG.

Derzeit werden nur etwa 5 % der Organentnahmen aufgrund einer zu Lebzeiten dokumentierten Einwilligung des Verstorbenen durchgeführt. Nach allen bisherigen Erfahrungen sei – auch bei umfassender Aufklärung der Bevölkerung – nicht zu erwarten, daß jeder Bürger zu Lebzeiten eine Erklärung zur postmortalen Organspende abgebe. Die Nichtabgabe einer solchen Erklärung könne die unterschiedlichsten persönlichen Gründe haben und ist vom Gesetzgeber als Ausdruck der Würde und des Selbstbestimmungsrechts des Menschen gerade auch in Angelegenheiten, die seinen Tod betreffen, zu respektieren. Dies gelte um so mehr, als nur etwa 0,6 % der Verstorbenen als Spender lebenswichtiger Organe in Betracht kommen. Daher bedürfe es einer Regelung darüber, ob und inwieweit den nächsten Angehörigen ein Entscheidungsrecht über die Organentnahme zusteht, wenn der Verstorbene sich nicht dazu geäußert hatte. Es sei ein Gebot der Pietät, diejenigen in die Entscheidung über eine postmortale Organentnahme einzubeziehen, die dem Verstorbenen am nächsten gestanden haben.[943]

Insoweit regelt das Transplantationsgesetz die Frage, wer zur Abgabe eines Einverständnisses berechtigt ist, sowie in welchem Verhältnis das Einverständnis des Verstorbenen zu dem der Angehörigen steht. Letztere ist subsidiär zu Ersterer. Stehen sich somit der Wille des Verstorbenen, die Explantation zuzulassen oder zu verbieten und der entgegenstehende Wille der Angehörigen gegenüber, so ist ihr „Totensorgerecht" nicht verletzt, da es sich vom Willen des Verstorbenen ableitet, wenn es sich wie bei der Entscheidung über eine Explantation nicht um Gepflogenheiten hinsichtlich des Umgangs mit einer Leiche handelt, in die die Vorstellungen des Verstorbenen lediglich einfließen. Die Angehörigen eines Rechts-

---

943 Begründung des Antrags der Abgeordneten Dreßler, Seehofer, Dr. Thomae, Zöller u.a., BT-Drs. 13/4368, S. 7

subjekts sind nach dessen Tod nicht dazu berufen, ihren eigenen Willen durchzusetzen. Vielmehr sollen sie dem Willen des Verstorbenen Geltung verschaffen. Dies wird in § 4 I 3 TPG deutlich, wenn es dort heißt, daß der Angehörige bei seiner Entscheidung den **mutmaßlichen Willen** des möglichen Organspenders zu beachten hat.

Folglich stellt sich die Frage, ob und in welchen Fällen mit einer mutmaßlichen Einwilligung gearbeitet werden kann und ob man die Einwilligung durch einen anderen Rechtfertigungsgrund ersetzen kann, wenn keine Befragung von Angehörigen möglich ist. Außerdem ist der Frage nachzugehen, ob sich für die Angehörigen eventuell eine Pflicht ergeben könnte, die Einwilligung abzugeben.

2. Die Konstruktion der tatbestandsausschließenden Einwilligung

Während Notwehr und Notstand eine Konfliktsituation zwischen zwei Interessen darstellen, wobei ein Interesse in Gefahr ist, und die Gefahr auf Kosten eines anderen Interesses beseitigt wird, geht es bei der Einwilligung um Preisgabe eines Interesses. Dadurch ist die Rechtsordnung nicht mehr dazu aufgerufen, dieses Interesse zu schützen. In neuerer Literatur[944] führt das zu der Auffassung, daß eine Einwilligung nicht erst Rechtfertigungsgrund, sondern bereits - wie das Einverständnis - Tatbestandsausschlußgrund ist. Bei Tatbeständen, die ausdrücklich das Fehlen einer Einwilligung voraussetzen, die ihren Unwert also gerade daraus ableiten, daß die gesetzliche Verhaltensbeschreibung gegen oder ohne den Willen des Verletzten erfolgt, ist dies auch völlig unstreitig. § 19 TPG ist ein solcher Tatbestand, der durch seine Verweisung auf §§ 3, 4 TPG ausdrücklich dieses Fehlen voraussetzt. Folglich geht es im Rahmen der Prüfung dieses Tatbestandes unstreitig um eine tatbestandsausschließende Einwilligung.

3. Anforderungen an die Einwilligung des Spenders zu Lebzeiten

Selbst bei ausdrücklich erteilter Einwilligung des Spenders in die Explantation ergeben sich noch Fragen zur Wirksamkeit der Einwilligung im Entnahmezeitpunkt. Nur die im Zeitpunkt der Organentnahme noch wirksame Einwilligung kann den Eingriff in die Rechte des Spenders oder der Angehörigen tatbestandlich neutralisieren. Da der Hirntod eines möglichen, zur Explantation geeigneten Spenders zumeist unerwartet eintreten wird, ist es in der Regel nicht möglich, ihn selbst um die Einwilligung zu bitten. Daher muß auf schriftliche, früher abgegebene Erklärungen zurückgegriffen werden, wie zum Beispiel einen ausgefüllten Organspendeausweis. Dann stellt sich die Frage, ob diese Erklärungen noch gültig sind oder ob sie möglicherweise unter ganz anderen Bedingungen abgegeben worden sind.

---

944 Roxin, Strafrecht AT, § 13, Rn. 23 ff; SK-Horn, § 226 a, Rn. 2

Die Einwilligung in die Organentnahme setzt für ihre Wirksamkeit nicht die Geschäftsfähigkeit des Einwilligenden voraus, denn es geht um die Verfügung über höchstpersönliche Rechtsgüter, die keinen rechtsgeschäftlichen Charakter besitzen. Daher kommt es auf die natürliche Einsichts- und Urteilsfähigkeit an.[945] Diese wird in Literatur und Rechtsprechung auch schon vor dem 18. Lebensjahr als gegeben angesehen.[946] Einen Orientierungspunkt könnte die Testierfähigkeit nach dem 16. Lebensjahr darstellen. Da Minderjährige ab dann über ihre vermögenswerten Gegenstände verfügen können, dürfte die Einsichtsfähigkeit in eine Organentnahme im Regelfall so weit vorhanden sein, daß wirksam eingewilligt werden kann.

a) Form der Einwilligung

aa) Gründe für ein Formerfordernis

Kein Zweifel dürfte an der Wirksamkeit einer Einwilligung in testamentarischer Form bestehen. Schwieriger wird es bei einer Erklärung in einfacher Schriftform oder bei einer formlosen Erklärung gegenüber einer Vertrauensperson.

Zu prüfen ist daher, ob es im Rahmen der Einwilligung in die Explantation einen Grund für ein besonderes Formerfordernis gibt. Im Zivilrecht zum Beispiel werden Erfordernisse hinsichtlich einer bestimmten Form zur Feststellung von Inhaber und Inhalt von Ansprüchen verlangt (§§ 313, 518 BGB). Es stellt sich somit die Frage, ob durch die Einwilligung des Spenders in eine Organexplantation Rechte Dritter unmittelbar berührt sind.
Das Totensorgerecht ist inhaltlich durch den Willen des Verstorbenen bestimmt und im Falle der Einwilligung des Spenders auch gegen den Willen der Angehörigen beschränkt. Das eigene Persönlichkeitsrecht der Angehörigen, etwa ihr Anspruch auf Pietät, könnte sich höchstens in dem Ausnahmefall der sittenwidrigen Verfügung des Verstorbenen gegen dessen Willen durchsetzen, denn dabei handelte es sich um ein Abwehrrecht der Angehörigen gegenüber Dritten.[947] Folglich wird nur das Persönlichkeitsrecht des Einwilligenden selbst durch die Einwilligung als Verfügung über dieses Recht betroffen.

Auch Ansprüche des Organempfängers entstehen durch die Einwilligung nicht. Durch die Histokompatibilitätsprüfung wird kein Organ einem bestimmten Empfänger zugeordnet. Es sind darüber hinaus weitere Kriterien wie z.B. die Dringlichkeit der Operation zu berücksichtigen, so daß eine günstig erscheinende

---

945 Arbeitskreis Organspende, Broschüre: Organspende rettet Leben! Antworten auf Fragen, S. 28

946 Trockel, NJW 1972, S. 1493; BGHZ 29, S. 33; BGHSt 12, S. 379; OLG München, NJW 1958, S. 633

947 Lilie, MedR 1983, S. 133

Transplantationssituation schnell durch eine noch günstigere verdrängt werden könnte. Ansprüche auf Empfängerseite würden diesen durch §§ 9-12 TPG geregelten Verteilungsmodus unmöglich machen und somit eine medizinisch sinnvolle Verteilung auf die Organempfänger vereiteln. Ansprüche entstehen außerdem aufgrund von vertraglichen Übereinkünften, die hier nicht vorliegen.

Rechte Dritter stellen somit kein Argument für die Einhaltung einer Form bei der Einwilligung in die Explantation dar. Als Argumente dafür bleiben allerdings noch die **Beweissicherung** sowie die **Warnfunktion** vor übereilter Einwilligung. Letztere könnte möglicherweise entbehrlich sein, denn des Schutzes einer notariellen Beurkundung bedarf es hier nicht. Typische Fälle dafür sind Grundstückskäufe und Schenkungsversprechen, wo die Gefahr besteht, daß der Verfügende über sein gesamtes Vermögen oder wesentliche Teile davon durch eine unüberlegte Entscheidung verfügt und seine finanzielle Existenzgrundlage verliert. Da bei der Organexplantation jeder kommerzielle Hintergrund von vornherein zu vermeiden ist (Verbot des Organhandels, §§ 17, 18 TPG), gelten diese Gesichtspunkte hier nicht. Eher herangezogen werden könnten die Vorschriften über eine letztwillige Verfügung, § 2247 BGB. Sie kann jedoch nicht der Warnung des Testierenden dienen, da sie gerade keine notarielle Beurkundung verlangt. Vielmehr kann der Testierende ohne rechtliche Beratung und ohne das Wissen darum, ob sich seine Vorstellungen überhaupt durchführen lassen, sein Testament erstellen. Es dient lediglich der **Beweissicherung**, der bei widerstreitenden Erbeninteressen eine große Bedeutung zukommt. Da es bei der Abgabe und dem Inhalt der Einwilligungserklärungen oder Verweigerungen hinsichtlich der Organentnahme ebenfalls um Beweissicherung geht, könnten die Erfordernisse der Schriftform und Eigenhändigkeit aus dem Erbrecht darauf übertragen werden.

Andererseits geht es hierbei lediglich um die Durchsetzung der Interessen des Erklärenden selbst, so daß die Wahl der Form für die Einwilligungs- bzw. Untersagungserklärung dem Erklärenden überlassen werden kann.[948] Das Risiko der Mißachtung seines Willens bei nicht ausreichender schriftlicher Beweissicherung hat er dann selbst zu tragen. Der Vorteil davon ist, daß der wie auch immer zum Ausdruck kommende Wille Beachtung findet. Bei Einführung von Formvorschriften wäre dies unter Umständen nicht gewährleistet, da der bekannte Wille mangels Form unberücksichtigt bleiben könnte.[949] Folglich würde eine Formvorschrift im Falle der unbeachtlichen Einwilligung den Interessen potentieller Organempfänger widersprechen. Auch für die explantierenden Ärzte würde das Formerfordernis eine weitere zu überprüfende Hürde auf dem Weg zur straflosen Explantation darstellen, die eventuell mit einem erheblichen Zeitverlust verbunden sein könnte.

---

948 So auch: Lilie, MedR 1983, S. 133; Strätz, S. 57
949 Lilie, MedR 1983, S. 133

bb) Medizinisch sachkundige Aufklärung?

Im Gegensatz zur Einwilligung in einen ärztlichen Heileingriff bedarf es zur Wirksamkeit der Einwilligung in die Organentnahme keiner vorherigen Aufklärung des Einwilligenden.[950] Der Grund dafür ist, daß der Patient hier nicht zwischen Erfolgschance des Eingriffs für ihn und einem Risiko abwägen muß, so daß für die Entscheidung keine Sachkunde erforderlich ist. Der Einzelne kann nur für sich selbst aufgrund von ethischen, gefühlsmäßigen und religiösen Einstellungen abwägen, was mit seinem Körper nach dem Tode geschehen soll. Eine Aufklärung würde die das Persönlichkeitsrecht prägende eigenverantwortliche Gewissensentscheidung möglicherweise sogar verhindern. Eine Aufklärung als Wirksamkeitsvoraussetzung der Einwilligung ist also nicht nur unnötig, sondern sogar abzulehnen.

b) Geltung über den Tod hinaus

Fraglich ist, inwieweit eine irgendwann einmal abgegebene Erklärung noch zum Zeitpunkt des Todes Gültigkeit besitzt. Bei Vorliegen eines Testaments ist das der Fall, wenn der Verstorbene zwischen Abfassung des Testaments und dem Todesfall keine entgegengesetzte Verfügung getroffen hat. Zwar sind die Grundsätze des Erbrechts nicht unmittelbar auf die Situation der Einwilligung in eine Organexplantation anzuwenden, dennoch kann bei früherer Zustimmung von einer Aufrechterhaltung dieser Entscheidung ausgegangen werden, wenn keine gegenteiligen Äußerungen bekannt sind. Bei einmal erklärter Einwilligung ist davon auszugehen, daß dieser Zustand fortbesteht[951], es sei denn, es liegt ein ausdrücklicher Widerruf oder jedenfalls ein Anhaltspunkt dafür vor, daß die Erklärung keine Gültigkeit mehr besitzen soll.

Es ist allerdings sehr schwierig zu beurteilen, ob der Erklärende, hätte er die später eingetretene Situation gekannt, sich ebenso entschieden hätte, denn der potentielle Spender befaßt sich mit Einwilligung oder Verweigerung einer Organexplantation zu einem Zeitpunkt, zu dem er das später zur Organexplantation führende Ereignis weder zeitlich noch vom Geschehensablauf her überblicken kann. Insoweit unterscheidet sich diese Situation von der Einwilligung in eine Operation, die in allen Einzelheiten bereits vorher bekannt ist. Sie ähnelt vielmehr der Situation eines Schwerverletzten oder Moribunden, der in gesunden Tagen, in Unkenntnis zukünftiger Umstände, entschieden hat, ob lebensverlängernde Maßnahmen im Fall einer schweren Erkrankung mit infauster Prognose durchgeführt werden sollen oder nicht. Daher stellt sich die Frage, ob auch hier wie beim Patiententestament eine ständige Wiederholung der Willenserklärung verlangt werden muß.

---

950 Lilie, MedR 1983, S. 133

951 Deutsch, NJW 1979, S. 1906

Wie soll man sich aber in der Praxis anders entscheiden als der potentielle Organspender, wenn dieser Jahre zuvor eine Einwilligung oder ein Verbot abgegeben hat? Der Arzt hat nicht danach zu fragen, "ob der Patient, die Erklärung im gegenwärtigen Augenblick vernünftigerweise widerrufen würde oder nicht".[952] Der gegenwärtige mutmaßliche Wille kann nur dann eine Rolle spielen, wenn sich ernste Zweifel an der Fortgeltung der Einwilligung zeigen. Die erklärte Einwilligung erzeugt die Vermutung, daß die geäußerte Zustimmung fortbesteht, falls es keinen Widerspruch gibt.[953]

Da dem potentiellen Organspender Art und Form der Erklärung selbst überlassen sind, und die zum Beispiel in Form eines Organspendeausweises abgegebene Einwilligung frei widerruflich ist, kann dem Einwilligenden zugemutet werden, den Ausweis zu vernichten, wenn er seine Meinung ändert.

Einwilligung und Verbot der Organexplantation sind somit auch dann grundsätzlich als wirksam zu betrachten, wenn die Erklärung lange Zeit vor Eintritt der Organexplantation abgegeben wurde.[954] Dieses Ergebnis ist im Vergleich zu den Erfordernissen in der Situation der schweren Erkrankung mit infauster Prognose und den Voraussetzungen an eine Erklärung über die Inanspruchnahme lebensverlängernder Maßnahmen, die möglichst zeitnah erfolgen muß, unbedenklich, da in letzterem Fall der Betroffene über sein Leben und dessen eventuell vorzeitige Beendigung entscheiden muß, weswegen einer zeitnahe Reflektion besondere Bedeutung beizumessen ist. Bei der Frage nach einer Organentnahme nach dem Tode ist es dagegegen dem Betroffenen weitaus eher zuzutrauen, daß er diese Entscheidung endgültig trifft, ohne sie im nachhinein zu revidieren. Für den Fall, daß der Betroffene seine Meinung noch zu einem späteren Zeitpunkt geändert hat, könnte diese Änderung durch den Bericht der Angehörigen zur Geltung kommen. Die Frage nach der Anerkennung einer mutmaßlichen Erklärung wird nachfolgend[955] untersucht werden.

---

952 Laufs, NJW 1978, S. 1180

953 So auch: Deutsch, NJW 1979, S. 1906

954 Uhlenbruck, NJW 1978, S. 569

955 Unter Punkt 6.

4. Anforderungen an die Einwilligung der Angehörigen nach dem Tode des Spenders

Bei der von den Angehörigen abgegebenen Erklärung gab es Zweifel, ob nicht die belastende Ausnahmesituation der Todesnachricht eine Beeinträchtigung der Wirksamkeit darstellt.[956] § 4 TPG zeigt jedoch, daß den Angehörigen die Möglichkeit gegeben werden soll, durch Einwilligung in die Organexplantation ihr Totensorgerecht entsprechend dem Willen des Verstorbenen geltend zu machen. Auch im Verhältnis Arzt zu Patient bzw. den Angehörigen spielt die Befragung aufgrund eines Gesprächs eine wichtige Rolle für die Aufrechterhaltung eines Vertrauensverhältnisses. Der Arzt darf auch nicht in der Unsicherheit gelassen werden, die Einwilligung könnte nachträglich unwirksam sein wegen eines schwer feststellbaren Schockzustands zum Zeitpunkt der Abgabe der Erklärung. In einer Ausnahmesituation befindet sich zudem auch jeder Patient, der in eine Operation einwilligt. Auch hier darf der Arzt auf die Wirksamkeit dieser Einwilligung vertrauen. Nur bei ernsthaften Zweifeln an der Einwilligungsfähigkeit der Angehörigen, muß sich der Arzt somit anderweitig absichern, etwa durch rechtfertigenden Notstand. Diese Zweifelsfälle sind wegen des Bestimmungsrechts der Angehörigen – begrenzt durch den Willen des Verstorbenen - aber in Kauf zu nehmen.

5. Pflicht der Angehörigen, die Einwilligung zu erteilen, § 323 c StGB

Fraglich ist, ob nicht eine Pflicht der Angehörigen, die Einwilligung zu erteilen nach § 323c StGB besteht. Dann müßte ein Unglücksfall im Sinne eines plötzlich eintretenden Ereignisses, das eine erhebliche Gefahr für Menschen mit sich bringt[957], vorliegen. Erkrankungen, zu deren Therapie eine Organtransplantation notwendig und sinnvoll ist, treten aber im allgemeinen nicht plötzlich auf, sondern sind chronisch i.S. eines langsamen Funktionsausfalls des betroffenen Organs. Eine plötzlich eintretende Gefahr für das Leben eines potentiellen Organempfängers, die durch Transplantation zu beseitigen ist, wird daher im Regelfall nicht gegeben sein.

Weiterhin ist das Tatbestandsmerkmal „erforderliche Hilfe“ sehr zweifelhaft, denn bei Organen, die nicht unbegrenzt lagerbar sind, steht nicht fest, wem sie letztendlich eingepflanzt werden. Zum Zeitpunkt der Verweigerung der Einwilligung in die Explantation steht somit noch nicht fest, ob erforderliche Hilfe verweigert wurde. Darauf muß sich aber der Vorsatz des Täters beziehen. § 323c ist folglich schon mangels Tatbestandsmäßigkeit nicht gegeben.

---

956 Schneider, DBÄ 1983/4, S. 275

957 T/F-Fischer, zu § 323 c, Anm. 3

6. Mutmaßliche tatbestandsausschließende Einwilligung?

Nach der Regelung in § 4 I TPG ist auf eine Fahndung nach dem mutmaßlichen Willen des Spenders durch die Angehörigen Wert zu legen. Von einer mutmaßlichen Einwilligung des Spenders ist somit auszugehen, wenn besondere Umstände auf eine Einwilligung schließen lassen, im Ergebnis aber gerade keine ausdrückliche Einwilligung vorliegt.[958] Dafür spricht insbesondere der Wortlaut des § 4 I 1 TPG, wo es heißt, daß der nächste Angehörige zu befragen ist, ob ihm von dem Spender eine Erklärung zur Organspende bekannt ist, wenn dem Arzt, der die Organentnahme vornehmen soll, weder eine schriftliche Einwilligung noch ein schriftlicher Widerspruch des möglichen Organspenders vorliegt. Daß die Fahndung nach einer mutmaßlichen Einwilligung des Betroffenen nicht in das Ermessen des Arztes gestellt worden, sondern durch eine Sollvorschrift („ist zu befragen") geregelt ist, betont die Intention, dem Willen und Selbstbestimmungsrecht des Betroffenen weitestmögliche Wirkung zu ermöglichen, sei es auch aufgrund einer nur mutmaßlichen Einwilligung. Diese Regelung ist parallel zu der Anerkennung einer mutmaßlichen Einwilligung beim tödlichen Behandlungsabbruch zu sehen, wo über möglichst zeitnahe Erklärungen wie Patiententestamente der Wille des Sterbenden ermittelt werden soll.[959] Die mutmaßliche Einwilligung bzw. im Umkehrschluß die mutmaßliche Versagung – festgestellt durch z.B. die Befragung nahestehender Personen – begrenzt somit das Einwilligungsrecht der Angehörigen.

II. Rechtswidrigkeit: Rechtfertigung durch Notstand, § 34 StGB?

1. Das dogmatische Verhältnis von § 34 StGB zum Transplantationsgesetz

Bereits nach altem Recht war es umstritten, ob neben der (mangels Tatbestandes, der ausdrücklich das Einverständnis in eine Organentnahme erforderte, damals rechtfertigenden) Einwilligung des Spenders zu Lebzeiten oder seiner Angehörigen nach dem Tode auch eine Rechtfertigung durch Notstand in Betracht kommen kann.

Eine Meinung ging davon aus, gegenüber der Einwilligung sei die Notstandsrechtfertigung jedenfalls subsidiär. Zunächst müsse man sich um eine Einwilligung bemühen, während der Notstand erst dann eingreifen könne, wenn die Einwilligung nicht zu erlangen sei.[960] Diese Ansicht wurde mit dem Argument des Spezialitätsverhältnisses zwischen Einwilligung und Notstand untermauert.[961]

---

958 So auch schon vor dem Transplantationsgesetz für den Regelfall: v. Bubnoff, GA 1968, S. 74; LG Bonn, JZ 1971, S. 56, 58

959 Siehe oben B., IV., 2.

960 v. Bubnoff, GA 1968, S. 74 f; LG Bonn, JZ 1971, S. 60

961 Zum Vorrang der Rechtfertigungsgründe untereinander: S/S-Eser, Vorbem. §§ 32 ff., Rn. 28

Samson, Heimsoth[962] und Trockel[963] lehnten eine Rechtfertigung durch (übergesetzlichen) rechtfertigenden Nostand sogar generell ab. Samson und Heimsoth, weil sie davon ausgehen, daß die Spendebereitschaft in der Bevölkerung so sehr motiviert werden könne, daß eine Rechtfertigung durch Notstand nicht nötig sei. Die erforderliche Anzahl an Transplantaten stehe durch Einwilligung der Betroffenen zur Verfügung.[964] Da die Einwilligung nur in rund 68% der Fälle erteilt wird[965], und - wie bei der Diskussion um den Todesbegriff bereits gesehen - nicht genügend Organe zur Verfügung stehen, ist das Heranziehen einer Notstandsrechtfertigung für diesen Wirklichkeitsbereich allerdings nicht überflüssig. Trockel verneint die Zumutbarkeit für den Spender bzw. dessen Angehörige.[966] Dies ist jedoch im Rahmen einer Güterabwägung innerhalb der Notstandsrechtfertigung zu prüfen und kein Grund dafür, sie generell abzulehnen.

Eine extreme Meinung der gegenteiligen Ansicht, die dafür plädiert, die Beurteilung der Zulässigkeit der Organtransplantation vom Vorliegen eines rechtfertigenden Notstands abhängig zu machen, geht davon aus, daß die Einwilligung des Spenders oder seiner Angehörigen für die Rechtfertigung der Organentnahme gar nicht herangezogen werden kann.[967] Roesch ist der Ansicht, daß der Arzt grundsätzlich durch eine vermutete Einwilligung gerechtfertigt sei, während sich bei ausdrücklicher Verweigerung der Einwilligung die Rechtfertigung aus dem rechtfertigenden Notstand ergebe. Einen Anspruch auf Unterlassung der Organentnahme spricht er den Angehörigen ab. Ihren Anspruch auf Bestattung eines unversehrten Leichnams bezeichnet er ohne nähere Begründung als das mindere Rechtsgut, das hinter der Lebensrettung potentieller Organempfänger zurücktreten müsse.[968]

Nach dieser Meinung tritt die Notstandsrechtfertigung somit nicht hinter der ausdrücklichen Verweigerung der Einwilligung zurück. Ihr ist jedoch entgegenzuhalten, daß sie mit §§ 3, 4TPG möglicherweise nicht mehr zu vereinbaren ist, da diese Vorschriften unter Berücksichtigung des nachwirkenden Persönlichkeitsrechts des Verstorbenen, und des Pietätsinteresses sowie des Totensorgerechts der Angehörigen eine lex specialis zu § 34 StGB darstellen könnten.

Die Idee der grundsätzlichen mutmaßlichen Einwilligung der Angehörigen für den Fall, daß sie gar nicht zu Wort gekommen sind, ist heute ebenfalls nicht mehr

---

962 Samson/Heimsoth, DMW 1975, S. 259 ff.
963 Trockel, MDR 1969, S. 811 ff.
964 Samson/Heimsoth, DMW 1975, S. 259
965 BT-Drucksache 13/4355, Begründung zum Gesetzesentwurf, S. 10
966 Trockel, MDR 1969, S. 812
967 Kohlhaas, NJW 1970, S. 1225; NJW 1967, S. 1492; Roesch, MMW 1970, S. 2278
968 Roesch, MMW 1970, S. 2278

vertretbar, da das Transplantationsgesetz eine Zustimmungslösung und keine Widerspruchslösung beinhaltet. Außerdem wäre es danach für den Arzt einfacher, die Befragung von vornherein zu unterlassen, da er dann gerechtfertigt wäre, ohne sich über die Vorsaussetzungen des rechtfertigenden Notstands überhaupt Gedanken machen zu müssen. Bei diesem bewußten Unterlassen der Befragung der Angehörigen ist die Annahme einer mutmaßlichen Einwilligung allerdings erst recht zweifelhaft.

Kohlhaas[969] führt als Argument für die Ungeeignetheit der Einwilligung als Rechtfertigungsgrund die Gefahr der Kommerzialisierung an. Damit wird jedoch das Selbstbestimmungsrecht des Einzelnen sehr gering bewertet.[970] Zudem kann dieser Gefahr, auch ohne das Persönlichkeitsrecht zu belasten, durch die Strafbestimmung des § 18 TPG, der den Handel mit Organen verbietet, begegnet werden.

Eine weitere Auffassung dieser Position ging davon aus, daß ein etwaiger Einspruch eines Angehörigen bei bestehender Notstandslage stets überwunden werden könne.[971] Diese Ansicht könnte heute ebenfalls gegen den Wortlaut des § 4 I 2 TPG verstoßen. Somit interessiert inzwischen in erster Linie die Frage nach einer Notstandsrechtfertigung für die Fälle, in denen keine Erklärung des Verstorbenen vorliegt und die Angehörigen nicht erreichbar, nicht vorhanden oder seit 2 Jahren nicht mehr zu dem Verstorbenen in Kontakt getreten sind. Diese Frage bleibt nach dem Wortlaut von § 4 I 2 TPG ungeklärt, da dieser die Notwendigkeit einer Zustimmung der Angehörigen nur für den Fall bestimmt, daß die Angehörigen erreicht und unterrichtet worden sind. Lediglich die Bundestagsdrucksachen zur Gesetzesberatung in der Begründung des Antrags zur "Entscheidung der Angehörigen, wenn sich der Verstorbene zur Organspende nicht erklärt hat", enthalten den Hinweis, daß wenn der Verstorbene keine nächsten Angehörigen oder diesen gleichgestellte Personen hat oder keine dieser Personen erreichbar ist, eine Organentnahme unzulässig sein soll.[972] Damit würde aber ohne lex specialis das Lebensinteresse des Organempfängers hinter nicht feststellbaren anderen Interessen zurücktreten müssen, was im Widerspruch zu unserem verfassungsrechtlichen Wertesystem stünde, nach dem das Lebensrecht einen Höchstwert darstellt, so daß ein gewichtiger Grund für dessen Zurücktreten erforderlich wäre.

a) Bei keiner Willensäußerung

Wenn man sich die Konstruktion des § 19 I TPG mit Verweis auf §§ 3 und 4 TPG ansieht, wird deutlich, daß es sich dabei immer nur um die tatbestandliche Unzu-

969 Kohlhaas, NJW 1970, S. 1225

970 So auch Strätz, S. 50

971 Schreiber, Internist 1974, S. 555; Geilen, JZ 1971, S. 47

972 BT-Drucksache 13/4368, S. 7

lässigkeit handelt. § 19 TPG ist durch die Verweisung ein Delikt gegen den Willen des Betroffenen, und die in den Straftatbestand integrierten §§ 3 und 4 TPG erklären die Explantation ohne Einwilligung des Spenders oder seiner Angehörigen für unzulässig. Über die Rechtfertigungsebene ist damit noch nichts gesagt.

Es ist nicht leicht einzusehen, warum ein Regelungswerk, das für Transparenz und Klarheit sorgen soll[973], den rechtfertigenden Notstand nicht ausdrücklich ausschließt, wenn dies denn so gemeint sein soll. Der abgelehnte Gesetzesentwurf von Bündnis 90/Die Grünen zum Beispiel enthielt in seinem § 7 eine Regelung, die besagte, daß das Erfordernis der Einwilligung in die Entnahme nicht durch eine Berufung auf den Tatbestand des Rechtfertigenden Notstandes nach § 34 des Strafgesetzbuches entfällt.[974]

Einer eindeutigen Klärung des Falles der Unerreichbarkeit der Angehörigen bedarf es angesichts fast keiner durch den Verstorbenen persönlich getroffenen Entscheidungen (3%)[975] und Kreislaufzusammenbrüchen bei Hirntoten innerhalb von i.d.R. wenigen Tagen.[976] Vergegenwärtigt man sich, daß eine Organübertragung nur dann Aussicht auf Erfolg haben kann, wenn sie in Todesnähe erfolgt, wird es dem Arzt in den meisten Fällen nicht gelingen, rechtzeitig eine entsprechende Erklärung der Angehörigen einzuholen.[977]

Um eine Abwägung der widerstreitenden Rechtsgüter überhaupt vornehmen zu können, ist der rechtfertigende Notstand zumindest auf die Fälle, in denen Angehörige oder andere nahestehende Personen nicht zu erreichen sind, anwendbar. Vorrangig muß sich der Arzt jedoch um eine ausdrückliche Zustimmung bemühen, § 4 I TPG. Wird diese verweigert, ist der Tatbestand des § 19 TPG erfüllt. Anderenfalls wäre das Schutzinteresse der Angehörigen verletzt.

Lediglich auf Rechtfertigungsebene könnte die Organentnahme nach einer Güter- und Interessenabwägung im besonderen Fall doch noch gerechtfertigt sein – jedenfalls dann, wenn eine Benachrichtigung unmöglich war. Wenn gegenteilige Willensäußerungen von Spendern und Angehörigen nicht vorliegen, gibt es keinen Grund, sich einer Güter- und Interessenabwägung sowie den weiteren, teilweise sehr strengen Voraussetzungen, des rechtfertigenden Notstands zu entziehen.[978]

---

973 Begründung zum Gesetzesentwurf der Fraktionen der CDU/CSU, SPD und F.D.P., BT-Drs. 13/4355, S. 11

974 BT-Drucksache 13/2926, S. 4

975 Smit et al., Organspende und Transplantation in Deutschland 1997, S. 6

976 Schlaake/Roosen, S. 15

977 So auch Wichmann, S. 53

978 So im Ergebnis auch: Schneider, DBÄ 1983/4, S. 275

b) Bei entgegenstehendem Willen des Spenders

Nicht zulässig dürfte die Notstandsrechtfertigung nach dem Wortlaut des § 3 II Nr. 1 TPG sein, wenn der Spender die Einwilligung zu Lebzeiten ausdrücklich verweigert hat.[979] Rüping bezeichnet die bei Vorrang der Rechtfertigung nach § 34 StGB zugrundeliegende Vorstellung[980] einer totalen Sozialpflichtigkeit des toten Körpers als mit dem geltenden Recht nicht vereinbar, das vom Schutz der Individualinteressen ausgeht. Daher sei der ausdrücklich erklärte entgegenstehende Wille des Verstorbenen nicht durch § 34 StGB überwindbar.

Der Einzelne muß die Möglichkeit haben, die postmortale Organentnahme verhindern zu können, ohne daß die Entscheidung von Dritten dahingehend überprüft wird, ob sie in sich oder bezogen auf andere Interessen sinnvoll ist. Daher besteht auch keine Begründungspflicht des Spenders für seine innere Haltung, die mit dem Selbstbestimmungsrecht nicht zu vereinbaren wäre, denn mit diesem wird zugestanden, auch irrationale Entscheidungen zu treffen, was sie einer positiven oder negativen Beurteilung unzugänglich macht.

So ließ es das LG Bonn[981] auch offen, ob bei entgegenstehendem Willen des Spenders die Organentnahme durch Notstand gerechtfertigt sein kann.

aa) Auslegung der §§ 3, 4 TPG nach dem Wortlaut

Das Transplantationsgesetz erklärt die Entnahme von Organen in § 3 II Nr. 1 TPG für **unzulässig**, wenn die Person, deren Tod festgestellt ist, der Organentnahme widersprochen hatte. Die Formulierung der Unzulässigkeit, weist aber lediglich auf das Vorliegen eines Verstoßes gegen einen Tatbestand hin. Ein Verhalten wird als normalerweise gesellschaftlich unerwünscht charakterisiert. Damit wird aber noch nichts darüber ausgesagt, ob die konkrete Tat als Unrecht angesehen werden kann. Somit hätte das Transplantationsgesetz, um eine Notstandsrechtfertigung von vornherein auszuschließen, formulieren müssen, daß die Entnahme im Falle des ausdrücklichen Widerspruchs **unrechtmäßig** sei. Die Unzulässigkeit läßt vom Wortlaut her durchaus noch Raum für eine Rechtfertigung der Tat in einem besonders gelagerten Fall.

bb) Teleologische Auslegung

Das Transplantationsgesetz wurde jedoch mit dem Ziel verabschiedet, mehr Vertrauen in die Transplantationsmedizin in der Bevölkerung zu erzeugen und damit die Bereitschaft zur Organspende zu fördern. Die Zustimmung der Angehörigen zur Organspende war nämlich seit 1990 von etwa 90 % auf rund 68 % im Jahre

979 So schon vor dem Transplantationsgesetz: Rüping, GA 1978, S. 136; T/F, § 34, Anm. 16

980 So z.B. Westermann, FamRZ 1973, S. 617

981 JZ 1971, S. 60

1995 zurückgegangen, so daß die Zahl lebenswichtiger Organtransplantationen insgesamt stark rückläufig war.[982] Zu diesem Rückgang hatten Berichte in den Medien, insbesondere über den illegalen internationalen Organhandel sowie Rechtsunklarheiten über die Voraussetzungen von Organspende und Organentnahme geführt. Sie ließen Unsicherheiten, Ängste und Mißtrauen in der Bevölkerung gegenüber der Transplantationsmedizin aufkommen.

Ziel der gesetzlichen Regelung mußte somit die zivil- und strafrechtliche Absicherung der Organspende und Organentnahme zum Zwecke der Übertragung auf andere Menschen sein. Rechtsunsicherheiten sollten ausgeräumt, und es sollte sichergestellt werden, daß jeder Bürger die Möglichkeit behält, eine Organspende ausdrücklich abzulehnen, damit sich möglichst viele Bürgerinnen und Bürger zu Lebzeiten mit der Frage einer Organspende auseinandersetzen, eine persönliche Entscheidung treffen und eine entsprechende Erklärung zur Organspende abgeben, sei es eine Einwilligung, sei es ein Widerspruch oder eine Übertragung der Entscheidung auf eine namentlich benannte Person ihres Vertrauens.[983]

Dieses Ziel kann nur dann erreicht werden, wenn im Falle eines ausdrücklichen Willens des Spenders das Transplantationsrecht als lex specialis den Rechtfertigenden Notstand verdrängt. Ansonsten müßten die Bürgerinnen und Bürger trotz Widerspruchs aufgrund der hochrangigen Güter (Leben, Gesundheit) auf der Empfängerseite immer damit rechnen, daß ihr postmortales Persönlichkeitsrecht im Wege der Güterabwägung nachträglich auf der Strecke bleiben könnte. Eine Sicherheit für die Nichtentnahme von Organen wäre damit für den Spender nicht erreicht. Zum selben Ergebnis, d.h. eine Notstandsrechtfertigung kann gegen den geäußerten entgegenstehenden Willen des Verstorbenen nicht durchgreifen, kamen vor Erlaß des Transplantationsgesetzes bereits Eichholz und Schreiber.[984] Den Grund dafür stellte das Persönlichkeitsrecht des Verstorbenen dar, dem großes Gewicht und Vorrang beigemessen wurde.

Die Güterabwägung des § 34 StGB wurde somit vom Gesetzgeber durch die §§ 3, 4 TPG zugunsten des Organspenders entschieden. Die materielle Richtigkeit dieser Entscheidung kann man dann bejahen, wenn man die Selbstbestimmung und den Vertrauensschutz in ein rechtmäßiges Verfahren über das Leben stellt. Hinsichtlich der Selbstbestimmung entspricht diese Wertung wie gesehen sowohl der Regelung des Abtreibungsrechts als auch des Rechts der Sterbehilfe.

---

982 BT-Drucksache 13/4355, S. 10

983 BT-Drucksache 13/4355, S. 11, 12

984 Eichholz, NJW 1968, S. 2275; Schreiber, Internist 1974/15, S. 555

Hinsichtlich des Abtreibungsrechts gab Rüpke schon Anfang der siebziger Jahre „Veranlassung zu dem Versuch, das Problem des Lebensrechts des Nasciturus auf den zweiten Platz zu rücken und den Schutz des Persönlichkeitsrechts der Mutter in den Vordergrund zu stellen.[985] Im Hinblick auf die psychische und soziale Beeinträchtigung der Schwangeren insgesamt, auf die „langjährige Aufzwingung eines Kommunikationspartners“ und die tiefgreifende Umgestaltung der persönlichen Lebensverhältnisse, sei die Annahme vertretbar, das Persönlichkeitsrecht habe einen noch höheren Rang als das Recht auf Leben, „wenn es sich um das Leben eines werdenden Menschen handelt, dessen Persönlichkeitsentwicklung im Sozialisationsprozeß noch gar nicht begonnen hat.[986]

Bei der Organtransplantation ist jedoch zu berücksichtigen, daß es sich nicht um werdendes Leben handelt, dessen Recht verletzt wird und daß es auch nicht um eine tiefgreifende Umgestaltung der persönlichen Lebensverhältnisse geht, da das Leben des Spenders gerade beendet ist.

Zweifel könnte man zudem deshalb haben, weil das fortwirkende Persönlichkeitsrecht nach dem Tode nur noch eine abgeschwächte Form des Selbstbestimmungsrechts darstellt. Ob diese Bestimmung über den Umgang mit seiner Leiche dem Lebensrecht des Organempfängers vorgehen kann, ist dann aber eine Frage, die nur im Wege der Normenkontrolle vor dem Bundesverfassungsgericht entschieden werden kann. Ähnlich schief anmutende Wertungen finden sich auch in anderen Gesetzen, ohne daß jemals deren Verfassungswidrigkeit gerügt wurde. So darf zum Beispiel gemäß § 81 a StPO eine Blutentnahme beim Beschuldigten zur Feststellung von Tatsachen angeordnet werden, die für das Verfahren von Bedeutung sind, während dieselbe Blutentnahme wegen des Persönlichkeitsrechts des Betroffenen nicht zwangsweise angeordnet werden dürfte, um ein anderes Leben zu retten. Eine zwangsweise Blutentnahme zum Zweck der Rettung fremden Lebens ist nicht nach § 34 gerechtfertigt, da dies der Autonomie der Person, dem Freiheitsprinzip und der Menschenwürde, sämtlich Grundprinzipien unserer Rechtsordnung, widersprechen würde.[987] Der Patient wird somit zum Sterben verurteilt, wenn sich kein freiwilliger Spender findet, denn es „widerspräche der Menschenwürde.......einen anderen über seine Freiheitsrechte und seine verantwortliche sittliche Entscheidung hinweg zu zwingen, seinen Körper als bloßes Mittel zur Erreichung eines, wenn auch wünschenswerten, Zwecks verwenden zu lassen.[988]

---

985 Rüpke, ZRP 1974, S. 75

986 Rüpke, ZRP 1974, S. 75

987 Begründung zu § 39 E 62, S. 160; Wessels, AT § 8 IV 4; Teilweise abw. LK-Hirsch, § 34, Rn. 68

988 E 1962, S. 160

Der § 81 a StPO stellt dagegen eine lex specialis dar, die bei einer sonst notwendigen Güterabwägung zum gegenteiligen Ergebnis führen könnte. Zu beachten ist weiterhin, daß §§ 87 ff. StPO einen Eingriff in den Leichnam ohne lebzeitige Einwilligung zulassen. Niemand kann sicher sein, „heil und unversehrt" begraben zu werden. Diese Vorschriften stellen absolute Ausnahmen zur Sicherung des Strafverfahrens dar. Um das gesellschaftliche Zusammenleben zu ermöglichen, sind Eingriffe in das Selbstbestimmungsrecht dann – und nur dann - hinzunehmen, wenn sie für die Aufklärung einer Straftat unabdingbar sind.
Für den Lebensbereich der Organtransplantation hat der Gesetzgeber aber die Entscheidung getroffen, daß zur Stärkung des Vertrauens in die Transplantationsmedizin die Rechte auf der Spenderseite – insbesondere dessen Selbstbestimmungsrecht - im Grundsatz vorgehen sollen.

c) Bei entgegenstehendem Willen der Angehörigen des Spenders
Gleiches müßte nach § 4 I 2 TPG für den ausdrücklich erklärten, entgegenstehenden Willen der Angehörigen gelten. Eine Organentnahme ist danach nämlich nur zulässig, wenn ein Arzt die Angehörigen über eine in Frage kommende Organentnahme unterrichtet und dieser ihr zugestimmt hat. Erst recht ist eine Organentnahme dann unzulässig, wenn er ihr sogar widersprochen hat. Die erweiterte Zustimmungslösung billigt den Angehörigen somit im Rahmen ihres Totensorgerechts ein subsidiäres Entscheidungsrecht zu.

Eichholz und Schreiber maßen diesem Totensorgerecht im Gegensatz zum Transplantationsgesetz nicht so großes Gewicht bei, denn sie ließen eine Notstandsrechtfertigung gegen den Willen der Angehörigen zu.[989] Diese Auffassung würde jedoch dem Gesetzesziel der Vertrauensschaffung zuwiderlaufen, da berechtigte Interessen von Angehörigen – wenn auch nach Abwägung - übergangen würden, wollte man mit den Auffassungen des LG Bonn[990] oder von Bubnoffs[991] eine Rechtfertigung durch § 34 StGB nur dann ausschließen würde, wenn die Verletzung des Rechtes der Angehörigen so weit geht, daß ihre Befragung gänzlich unterblieben wäre.

Andererseits könnte bei grundsätzlicher Anwendbarkeit des Notstandes im Rahmen der Güterabwägung nach § 34 StGB danach differenziert werden, ob die Angehörigen wirklich als Treuhänder des postmortalen Persönlichkeitsschutzes tätig werden und die Einwilligung bzw. das Verbot lediglich an Stelle des verstorbenen Spenders zum Ausdruck bringen oder ob bei ihrer Entscheidung die Durchsetzung des eigenen Persönlichkeitsrechtes und Pietätsinteresses im Vordergrund steht. Im

---

989 Eichholz, NJW 1968, S. 2275; Schreiber, Internist 1974/15, S. 555
990 LG Bonn, JZ 1971, S. 59
991 v. Bubnoff, GA 1968, S. 74

Falle der Einwilligung oder des Verbotes durch die Angehörigen an Stelle des verstorbenen Spenders dürfte diese Willensäußerung nicht anders behandelt werden, als die zu Lebzeiten abgegebene Willensäußerung des Verstorbenen selbst. Wenn jedoch der Verweigerung der Organexplantation die Durchsetzung eines eigenen Persönlichkeitsrechts der Angehörigen zugrunde liegt (Untersagung von Veränderungen am Leichnam, Herausgabe), könnte man auch heute (§ 4 I 3 TPG) wie damals[992] zu dem Ergebnis gelangen, daß dieses Recht gegenüber dem Recht des Organempfängers auf Leben geringer zu veranschlagen sei, als das eigene Persönlichkeitsrecht des Spenders.

Diese Untersuchung, ob die Angehörigen nun im Interesse des Organspenders oder im eigenen Interesse handeln, wird jedoch schwer zu führen sein. Außerdem wurde ihnen im Rahmen eines Totensorgerechts ein eigenes Interesse zugebilligt[993], wenn dieses auch durch den Willen des Verstorbenen begrenzt wird. Hat der Verstorbene diese Grenze aber nicht gesetzt, und man ginge trotzdem über die Befragung der Angehörigen einfach hinweg, indem das ihnen gewährte Recht im Rahmen einer Güterabwägung hinter dem Recht des Organempfängers auf Leben zurücktritt, würde die gesetzliche Wertung des § 4 I 2 TPG, der ausdrücklich bestimmt, daß bei erfolgter Unterrichtung, der Angehörige auch zustimmen muß - unterlaufen und der Vertrauensschutz stark geschmälert.

Folglich stellt auch § 4 I TPG, der den entgegenstehenden Wille der Angehörigen berücksichtigt, eine lex specialis gegenüber der Notstandsrechtfertigung dar. Ein rechtfertigender Notstand kommt aber für den Fall in Betracht, wo die Angehörigen trotz aller zumutbaren Bemühungen nicht erreichbar waren oder seit zwei Jahren keinen Kontakt mehr zu dem Verstorbenen hatten. In letzterem Fall könnte man die Zustimmungsbefugnis des Angehörigen deshalb verneinen, weil er nach 2 Jahren nicht mehr in der Lage sein dürfte, die Einstellung des Verstorbenen zu beurteilen. Ohne Kontakt zum Verstorbenen sind auch Schutzinteressen des Angehörigen – jedenfalls materiell – nicht zu erkennen. Daher steht die Anwendung des Rechtfertigenden Notstands auch in diesem Fall den Regelungen des Transplantationsgesetzes nicht entgegen, sondern ergänzt das Gesetz, das für diese Fallvariante keine ausdrückliche Regelung vorsieht.
Nachdem festgestellt wurde, daß für eine Notstandsrechtfertigung auch im Rahmen einer Organexplantation nach dem Transplantationsgesetz noch Raum ist, sollen im Folgenden die Voraussetzungen des § 34 StGB erläutert werden.

---

992 LG Bonn, JZ 1971, S. 59
993 BT-Drucksache 13/4355, S. 13

2. Voraussetzungen des rechtfertigenden Notstands, § 34 StGB

Nach § 34 StGB handelt derjenige, der in einer gegenwärtigen, nicht anders abwendbaren Gefahr für Leib oder Leben eine Tat begeht, um die Gefahr von einem anderen abzuwenden, nicht rechtswidrig, wenn bei Abwägung der widerstreitenden Interessen bzw. der betroffenen Rechtsgüter und des Grades der ihnen drohenden Gefahren, das geschützte Interesse das beeinträchtigte wesentlich überwiegt. Dies gilt jedoch gemäß § 34 S. 2 StGB nur, soweit die Tat ein angemessenes Mittel zur Gefahrenabwehr darstellt.

Es müssen sich also zwei notstandsfähige Rechtsgüter gegenüberstehen, wobei zum Schutz des einen Rechtsguts die Verletzung des anderen Rechtsguts erforderlich ist.

a) Rechtsgüterabwägung

Hinsichtlich der abzuwägenden Rechtsgüter steht der Menschenwürde und dem Persönlichkeitsrecht des Verstorbenen bzw. seiner Hinterbliebenen das Bedürfnis eines Schwerstkranken nach einer unter Umständen lebensrettenden Organspende gegenüber. Alle diese Rechte sind notstandsfähig.[994]

Die Garantie der Menschenwürde erfaßt wie gesehen auch die sterblichen Reste, den Leichnam eines Menschen.[995] Die lege artis durchgeführte Organentnahme zu Zwecken der Transplantation stellt zwar an sich keine unwürdige Behandlung des Toten dar, die entscheidende Frage aber ist, ob die Entnahme von Organen beim Verstorbenen auch ohne dessen zu Lebzeiten ausdrücklich erklärten Willen die verfassungsrechtlich als unverletzlich verbürgte Garantie der Würde des Menschen verletzt. Das könnte dann der Fall sein, wenn der Respektierung der Selbstbestimmung des Menschen auch über den Tod hinaus als Ausdruck seiner Personenwürde der gleiche absolute und keiner Einschränkung zugängliche Gehalt zukommt wie beim Lebenden. Unter dieser Voraussetzung müßte man in der Situation der möglichen Organentnahme wohl respektieren, daß sich jemand nicht mit dem Thema beschäftigen wollte. Sein Schweigen könnte dann nicht einfach als Zustimmung gewertet werden.

Man könnte sich allerdings auf den Standpunkt stellen, daß nach dem Ableben unter bloßer Beeinträchtigung der Integrität des Leichnams dem grundsätzlichen Anspruch auf fortwirkende Selbstbestimmung unter bestimmten Voraussetzungen zum Schutz hochrangiger anderer Verfassungsgüter nicht Rechnung getragen werden muß.[996] Wie bei der Darstellung der Rechtsgüter des § 168 StGB gesehen

---

994 OLG Frankfurt, NJW 1975, S. 272

995 Vogel, NJW 1980, S. 627

996 Schmidt-Didczuhn, ZRP 1991, S. 265

ist das Selbstbestimmungsrecht nach dem Tod ein eingeschränktes fortwirkendes Persönlichkeitsrecht.

Das aus Art. 2 I i.V.m. Art. 1 I GG abgeleitete allgemeine Persönlichkeitsrecht des Menschen garantiert dem einzelnen die Befugnis, über den durch Art. 1 I GG als unantastbar gewährleisteten Bereich elementarster Selbstbestimmung hinaus umfassend den gesamten persönlichen Lebensbereich in individueller Selbstbestimmung ohne Überprüfung und Bewertung seiner Erwägungen frei zu gestalten. Nach der Rechtsprechung des BVerfG ist das Persönlichkeitsrecht des Menschen seiner Natur nach zwar unübertragbar und geht mit dem Tode seines Trägers unter.[997] Es besteht jedoch ein Recht des Lebenden, in Ausübung der Selbstbestimmung verbindliche Anordnungen, z.B. über die Behandlung des Leichnams und die Entnahme von Organen zu treffen, die erst nach dem Tod rechtliche Wirksamkeit entfalten. Dieses allgemeine Persönlichkeitsrecht besteht auch in Form der "negativen Selbstbestimmungsfreiheit", also in der Freiheit, sich nicht mit der Frage nach der Organspendebereitschaft zu befassen.[998]

Den Angehörigen steht wie gesehen ein subsidiäres Entscheidungsrecht über den Umgang mit dem Leichnam des Verstorbenen zu, wenn dieser selbst zu Lebzeiten keine Festlegung getroffen hat.[999] Dieses auf der persönlichen Verbundenheit mit dem Verstorbenen beruhende Totensorgerecht wird durch Art. 2 I GG als eigenes Recht der Angehörigen geschützt, die nicht lediglich Sachwalter der ausstrahlenden Selbstbestimmung des Verstorbenen sind[1000], auch wenn ihr Recht stets durch den Willen des Verstorbenen begrenzt ist.

Im Gegensatz zu § 32 StGB, der hier mangels gegenwärtigen rechtswidrigen Angriffs nicht anwendbar ist, löst § 34 StGB die Interessenkollision nicht durch Rechtsbewährung, sondern durch Güterabwägung. Dabei ist das Interesse des Organempfängers an der Erhaltung oder Wiederherstellung seiner Gesundheit, ganz zu schweigen von seinem Interesse an der Erhaltung seines Lebens zweifellos als hochwertig einzuschätzen.

Schwierig und in der Literatur kontrovers diskutiert ist die Frage, ob die Interessen des Organempfängers grundsätzlich als höherwertig zu bewerten sind als die Interessen des Verstorbenen oder seiner Angehörigen.[1001] Zu diesem Ergebnis kommt Kohlhaas[1002], der die sich gegenüberstehenden Interessen verkürzend als

---

997 BVerfGE 30, 173 (194)
998 Schmidt-Didczuhn, ZRP 1991, S. 266
999 Maurer, DÖV 1980, S. 14
1000 Maurer, DÖV 1980, S. 14
1001 So LG Bonn in: JZ 1971, S. 56 ff.
1002 Kohlhaas, DMW 1968, S. 1612

Lebenserhaltung auf der einen und Pietät auf der anderen Seite darstellt. Bei diesen am weitesten auseinanderliegenden Rechtsgütern ergibt sich dann natürlich leicht ein eindeutiges Rangverhältsnis zugunsten der Lebenserhaltung.

Es ist jedoch auf seiten des Organempfängers zu berücksichtigen, daß längst nicht jede Organtransplantation der Lebenserhaltung dient. So gibt es zum Beispiel zur Nierentransplantation als Alternative die Dialyse.

Bei der Entnahme von Organen ohne Einwilligung des Spenders muß bei der Güterabwägung berücksichtigt werden, daß nicht nur der postmortale Rest des Persönlichkeitsrechts den Empfängerinteressen gegenübersteht, sondern daß bereits das Persönlichkeitsrecht des Lebenden betroffen ist, wenn es ihm nicht möglich ist, sich im Sinne des negativen Selbstbestimmungsrechts der Beschäftigung mit dem Thema Umgang mit seinem Körper nach dem Tode gänzlich zu entziehen, ohne durch die Notstandsrechtfertigung auf diesem Wege absehbare Folgen für die Frage nach der Zulässigkeit einer Explantation auszulösen. Der Wunsch, den Körper nach dem Tod unversehrt bestattet zu wissen, spielt bei Naturreligionen eine große Rolle, die für ein Leben nach dem Tode diese Unversehrtheit gerade voraussetzen.[1003] Zwar bestünde die Möglichkeit, durch einen Widerspruch die Notstandsrechtfertigung auszuschließen, jedoch kann es Fälle geben, wo der Spender sich nicht mit dem Thema postmortale Organtransplantation beschäftigt hat oder beschäftigen wollte, die Angehörigen nicht erreichbar sind und trotzdem religiös oder weltanschaulich begründete Vorstellungen von der Unversehrtheit des Körpers nach dem Tode vorliegen.

Wenn diese besonderen Vorstellungen nicht bekannt sind, ist die Wahrscheinlichkeit groß, daß sie bei der Güterabwägung übergangen werden. Es wäre jedoch auch der Fall denkbar, daß die Angehörigen zwar erreichbar sind, die Vorstellungen des Verstorbenen mitteilen, selbst aber keine Entscheidung für ihn treffen wollen. Dann müßte der Arzt eine Interessenabwägung vornehmen.

Da viele Religionen das Leben als Vorbereitung oder Durchgangsstadium für das eigentliche Leben nach dem Tode sehen, können die Lebens- oder Gesundheitsinteressen des Empfängers nicht einfach als höherwertig angesehen werden. Der Spender hat dadurch, daß er kein ausdrückliches Verbot ausgesprochen hat, nicht etwa auf sein Selbstbestimmungsrecht verzichtet, sondern im Gegenteil von seiner "negativen Selbstbestimmungsfreiheit" Gebrauch gemacht.

1003 Strauss, ZStW 85/1973, S. 744

Wie der Spender sich aufgrund seiner religiösen oder weltanschaulichen Vorstellungen entschieden hätte, wird für den Arzt jedoch kaum beurteilbar sein, wenn sich nicht einmal die Angehörigen dazu in der Lage sehen.

In der Literatur wurden vor dem Transplantationsgesetz unterschiedliche Auffassungen zur Frage der Höherwertigkeit der beteiligten Rechtsgüter vertreten, wobei nicht einmal eine herrschende Meinung erkennbar war.
Trockel[1004] erklärt das mit der Pietät und dem Totensorgerecht der Hinterbliebenen geschützte Selbstbestimmungsrecht des Verstorbenen für unantastbar. Dies sei sogar dann so, wenn das Selbstbestimmungsrecht des Verstorbenen nur unter Lebensgefahr für den potentiellen Organempfänger zur Geltung kommen könnte.

Da das Selbstbestimmungsrecht des Verstorbenen – wie bei der Darstellung der Rechtsgüter des § 168 StGB gesehen - durch den Tod aber eine wesentliche Einschränkung erleidet, dürfte diese Auffassung zu weit gehen, insbesondere wenn man bedenkt, daß der Organspender die Zustimmung in die Explantation nicht verweigert, sondern sich lediglich nicht geäußert hat.

Im Gegensatz dazu hat nach Kohlhaas[1005] das Lebensrettungsinteresse des Organempfängers immer den Vorrang vor der Pietät und dem Totensorgerecht der Angehörigen. Seiner Ansicht nach spielt es dabei keine Rolle, ob der Organspender zu Lebzeiten zugestimmt, abgelehnt oder gar nichts gesagt hat, da die Einwilligung als denkbar ungeeignetster Rechtfertigungsgrund für die Organexplantation ohnehin ausscheide. Ebenso spielt die Einwilligung bei Spann[1006] keine Rolle, da die Sozialpflichtigkeit den Bürger zur Organspende verpflichte. Diese Meinungen sind durch das Transplantationsgesetz, das ausdrücklich auf die Bedeutung der Einwilligung verweist (§§ 3, 4 TPG), überholt.

Roesch[1007] würdigt das Selbstbestimmungsrecht ebenso wie Kohlhaas nicht angemessen, wenn er auf Seiten des Organspenders lediglich das Recht auf Bestattung eines unversehrten Leichnams sieht. So kommt er nämlich ohne nähere Begründung im Rahmen der Rechtsgüterabwägung zu der Ansicht, der Anspruch der Angehörigen auf Bestattung eines unversehrten Leichnams sei gegenüber dem Anspruch auf Leben und Gesundheit des Organempfängers das mindere Rechtsgut und habe zurückzutreten.

1004 Trockel, MDR 1969, S. 812
1005 Kohlhaas, DMW 1968, S. 1612; NJW 1967, S. 1492
1006 Spann, Medizinische Welt 1981, S. 1782
1007 Roesch, MMW 1970, S. 2281

Eingehender beschäftigt sich Kallmann[1008] mit den Rechten des Organspenders. Ihm zufolge ist durch Art. 2 GG sowohl das Persönlichkeitsrecht des Verstorbenen als auch das der Angehörigen geschützt. Beim Organspender beruhe die Anerkennung des über den Tod hinauswirkenden Persönlichkeitsrechts auf dem Gedanken, daß das Lebensbild des Verstorbenen erhalten bleibe. Da eine Organspende als Akt der Nächstenhilfe zweifellos einen hohen Wert genießt, geht Kallmann davon aus, daß dadurch das Andenken an den Verstorbenen nicht beeinträchtigt werden kann. In der eigenmächtigen Organentnahme kann er deshalb grundsätzlich keine Verletzung des Selbstbestimmungsrechts erkennen, weshalb er ebenfalls zu dem Ergebnis kommt, daß das Leben und die Gesundheit des Organempfängers in allen Fällen vorgehen. Dabei vernachlässigt er wie die anderen, daß durch einen Zwang, nach dem Tode Organe spenden zu müssen, sowohl Art. 2 GG als auch Art. 4 GG, unter dessen Schutz er einschränkend lediglich das Pietätsgefühl der Angehörigen stellt, bereits zu Lebzeiten des Organspenders verletzt werden können, wenn er mit dem Gedanken leben muß, keine Regelung hinsichtlich des Umgangs mit seinem Körper nach dem Tode treffen zu können.

Dieser Zwang ist jedoch heute wesentlich dadurch abgemildert, daß ein Verbot der Explantation wie oben gesehen der Notstandsrechtfertigung als lex specialis vorgeht. Es besteht lediglich der Zwang, auf das "negative Selbstbestimmungsrecht" zu verzichten, wenn man sicherstellen will, daß die eigenen religiösen und weltanschaulichen Überzeugungen berücksichtigt werden. Angesichts der hochrangigen Rechtsgüter auf der Empfängerseite (Leben, Gesundheit), ist dieser Zwang aber erträglich. Schließlich soll das Transplantationsgesetz der Bevölkerung einen Anstoß geben, über ihre Einstellung zur Organentnahme nachzudenken. Wenn man dabei zu einer konkreten Entscheidung kommen will oder muß, wird dieser Gesetzeszweck weitaus eher von Erfolg gekrönt sein.

Ein eindeutiges Verbot wenigstens auf seiten der Angehörigen ist somit erforderlich, damit die Rechte auf der Spender- und Angehörigenseite sich durchsetzen können. Wenn dieses Verbot vorliegt, kommt es nach der teleologischen Auslegung von § 4 I TPG zum Zwecke des Vertrauensschutzes zu keiner Güterabwägung innerhalb einer Notstandsrechtfertigung. D.h. für den einzigen Fall der Anwendbarkeit des rechtfertigenden Notstands - weder vom Spender noch von den Angehörigen liegt eine Erklärung vor - wird dem Interesse des Empfängers an der Erhaltung seines Lebens oder seiner Gesundheit durch die Regelung des Transplantationsgesetzes der Vorzug vor lediglich potentiellen Interessen auf Spenderseite zu geben sein. Das gilt insbesondere auch deshalb, weil der tote Körper in seiner Gesamtheit weitgehend erhalten bleibt, und die Bestattung ohne seine übermäßige Entstellung erfolgt. Im Wirkungsbereich der christlichen Religion

---

1008 Kallmann, FamRZ 1969, S. 577

kommt noch hinzu, daß der Leichnam für ein Weiterleben nach dem Tode keine Rolle spielt. So sind im Rahmen der Güterabwägung die Interessen des Organempfängers auf jeden Fall dann höherwertig, wenn die Transplantation dessen Lebenserhaltung dient.[1009]

Zu diesem Ergebnis dürfte man aber nicht nur dann kommen, wenn die Explantation und die Transplantation die einzige und letzte Möglichkeit zur Erhaltung der Gesundheit oder des Lebens eines gefährdeten Patienten sind[1010], sondern auch dann, wenn immerhin eine wesentliche Verbesserung des Gesundheitszustands eintritt, wie zum Beispiel bei einer Nierentransplantation als Alternative zu einer kräftezehrenden Dialysebehandlung.

Da die Verteilung der Organe nach Dringlichkeit erfolgt, wird es sich in der Praxis zumeist um die letzte Möglichkeit zur Rechtsgutserhaltung handeln.

Wenn weder eine Einwilligung erteilt, noch eine Verweigerung geäußert wurde, kann die Notstandsrechtfertigung an der Rechtsgutsabwägung somit nicht scheitern. Im Interesse des Lebenden werden hierbei solche Vorbehalte gegen eine Organexplantation nicht berücksichtigt, die vom Betroffenen nicht artikuliert wurden. Legt der Spender im Rahmen seines Selbstbestimmungsrechts gesteigerten Wert darauf, nicht als Organspender herangezogen zu werden, so ist es ihm im Interesse der potentiellen Empfänger zuzumuten, die Verweigerung in irgendeiner Form, z.B. zum Ausdruck zu bringen, um seinen Interessen durch Sperrung der Notstandsrechtfertigung für jeden denkbaren Fall Geltung zu verschaffen.
Auf diese Weise sind sowohl die Interessen der potentiellen Organempfänger als auch die der Spendeunwilligen hinreichend berücksichtigt, da die Organentnahme generell möglich, die Selbstbestimmung des Einzelnen aber nicht gefährdet ist.

b) Gegenwärtige Gefahr

Eine weitere Voraussetzung für die Rechtfertigung einer Organentnahme nach § 34 StGB ist die gegenwärtige Gefahr für die Rechtsgüter Leben und Gesundheit des potentiellen Organempfängers.

Gegenwärtig ist die Gefahr für den Organempfänger dann, wenn gesundheitliche Schäden oder der Tod nur durch sofortiges Handeln im Sinne der unverzüglichen Implantation eines fremden Organs, abgewendet werden kann.[1011] Wann der Gesundheitsschaden oder der Tod sicher eintritt, ist unerheblich. Es kommt nur dar-

---

1009 Schreiber, Der Internist 1974/15, S. 555; Wolfslast, MMW 1982, S. 106
1010 v. Bubnoff, GA 1968, S. 74
1011 T/F, zu § 34, Anm. 4

auf an, daß eine bestehende Gefahrenlage bei natürlicher Weiterentwicklung vorhersehbar zu einem bestimmten Schaden führen wird.

Teilweise wird der Begriff der "gegenwärtigen, nicht anders abwendbaren Gefahr" restriktiv ausgelegt und nur bei Explantationen für einen bestimmten, namentlich festgelegten Empfänger angenommen.[1012] Diese Auffassung geht jedoch an der Realität vorbei, in der ein Organ über Eurotransplant oder ähnliche Organverteilungszentren an den Empfänger weitergeleitet wird, bei dem eine Abstoßungsreaktion aufgrund der Gewebemerkmale am wenigsten zu befürchten ist, wobei sich die Entscheidung jederzeit kurzfristig noch zugunsten eines besser geeigneten Empfängers ändern kann. Dann fehle es aber an der Unmittelbarkeit der Gefahr. Da der Name des Empfängers bei Entnahme des Organs noch nicht unbedingt feststeht, würde diese Einschränkung zu dem höchst unbefriedigenden Ergebnis führen, daß es aus Notstandsgesichtspunkten – bezogen auf das Tatbestandsmerkmal „gegenwärtige Gefahr" - zulässig wäre, unter Verletzung des Persönlichkeitsrechts eines Verstorbenen Organe auf einen vorher benannten Empfänger zu transplantieren, der sie mit hoher Wahrscheinlichkeit abstoßen und damit den ganzen Eingriff sinnlos machen würde, während eine Auswahl des bestmöglich kompatiblen Empfängers hingegen nicht möglich wäre.[1013] Auch wenn eine Explantation zum Zweck der Vorratshaltung unter Notstandsgesichtspunkten abzulehnen ist[1014], wird man der medizinischen Realität nur gerecht, wenn man die Annahme einer gegenwärtigen Gefahr auch dann zuläßt, wenn das Spenderorgan über das Verteilungszentrum baldmöglichst dem Empfänger zugeführt wird, bei dem ein Überleben des Transplantats am wahrscheinlichsten erscheint.[1015]

Die anerkannte Auslegung des Gesetzes bestätigt dieses Ergebnis, denn Gegenwärtigkeit der Gefahr liegt auch dann vor, wenn der Schadenseintritt - die Erkrankung des potentiellen Empfängers - zwar erst später zu erwarten ist, aber nur sofort eine Abwehrmaßnahme - die Explantation beim Hirntoten - möglich ist.[1016]

Bei Herz- und Nierentransplantationen ist allerdings zu berücksichtigen, daß die zur Auswahl und Beschaffung eines geeigneten Organs zur Verfügung stehende Zeit dadurch verlängert werden kann, daß eine Überbrückung des Funktionsausfalls der Organe beim Empfänger durch die Herz-Lungen-Maschine bzw. die Dialyse stattfindet. Im Gegensatz dazu steht bei ausgefallener Leberfunktion noch

---

1012 LK-Dippel, § 168, Rn. 34; T/F, § 168, Rn. 4; Deutsch, ZRP 1982, S. 174
1013 Penning/Liebhardt in: Festschrift für Spann, S. 448
1014 Samson, NJW 1974, S. 2030
1015 Bieler, JR 1976, S. 224
1016 S/S-Lenckner, § 34, Rn. 17; T/F, § 34, Rn. 4

keine Möglichkeit zur Verfügung, die fehlende Funktion mittels einer Maschine zu ersetzen.

Noch mehr Zeit steht beim Ausfall nicht lebenswichtiger Organe, wie der langsamen Eintrübung der Hornhaut oder der Verminderung der Hörfähigkeit durch Degeneration der Gehörknöchelchen, zur Verfügung.

Folglich ist es nicht ganz einfach, die Annahme einer gegenwärtigen Gefahr zu begründen. Sie ist beim Organempfänger nur dann gegeben, wenn eine bestimmte Entnahmehandlung die gegenwärtige Gefahr beseitigen kann. An einer krisenhaften Zuspitzung fehlt es, wenn der Organempfänger nicht auf ein bestimmtes, zur Zeit zur Verfügung stehendes Organ angewiesen ist, sondern noch eine Alternative hat. Diese kann zum Beispiel in der Einpflanzung eines anderen Organs zu einem späteren Zeitpunkt zu sehen sein, wenn die Zerstörung von Leben und Gesundheit maschinell hinausgezögert werden können. Bei der Transplantation von Augenhornhäuten und Gehörknöchelchen wird die Gefahrenlage noch dadurch entschärft, daß an die Gewebeverträglichkeit sehr geringe Anforderungen gestellt werden können.

Die Stellungnahmen in der Literatur zur gegenwärtigen Gefahr sind eher zurückhaltend. Samson[1017] lehnt die Gegenwärtigkeit der Gefahr für die Nierentransplantation grundsätzlich ab, da sie durch Dauerdialyse ersetzt werden kann. Ebenso verneint er die gegenwärtige Gefahr, wenn die Explantation der Vorratshaltung in Gewebebanken dient.

Da bei der Organexplantation zum Zweck der Vorratshaltung der unmittelbare Bezug zum Organempfänger fehlt, ist ihm insoweit zuzustimmen. Was die Gegenwärtigkeit der Gefahr für die Nierentransplantation anbetrifft, so ist festzustellen, daß dazu neben der akuten Lebensgefahr auch die dramatische Verschlimmerung der Krankheit sowie das absehbare Absinken der Heilungschancen für den Patienten durch Unterlassen einer Transplantation genügt.[1018] Die für die Bejahung der Rechtfertigung durch Notstand nach § 34 StGB notwendige gegenwärtige Gefahr ist zwar nicht in allen Fällen einer sich ständig verschlechternden chronischen Krankheit so ausgeprägt, daß sie den Eingriff in die Rechte des Organspenders rechtfertigen könnte, bei Nierenerkrankungen ist die Prozedur der Dialyse jedoch auf Dauer so qualvoll, daß eine gegenwärtige Gefahr zumindest für die Gesundheit des Transplantatempfängers anzunehmen ist.[1019]

1017 Samson, NJW 1974, S. 2032

1018 Wolfslast, MMW 1982, S. 107

1019 Siehe den Bericht von Edeltraud Bauer in: Oduncu, S. 124 ff.; Dort wird von schlimmen

Es besteht somit eine gewisse Unsicherheit darüber, welche Situationen noch vom Begriff der "gegenwärtigen Gefahr" umfaßt sind. Durch immer bessere Technik und durch die medikamentöse Beeinflussung der Abstoßungsreaktionen kann der Zeitpunkt einer Transplantationsoperation stetig weiter verschoben werden. Die Beziehung zwischen Organspender und Organempfänger wird zeitlich und örtlich immer lockerer. Während sie früher Patienten des gleichen Krankenhauses waren, werden die Organe heute durch Organvermittlungsstellen theoretisch über die ganze Welt verteilt. Möglicherweise werden in Zukunft nur noch in Organbanken gelagerte Organe ohne jeden Bezug zum Spender transplantiert.

Für den Arzt ist es nicht möglich zu prüfen, ob eine gegenwärtige Gefahr für den Patienten, der ein neues Organ benötigt, vorliegt, da er den Empfänger in der Regel nicht kennt. Zudem gäbe es wie gesehen keine allgemein anerkannten Maßstäbe zur Beurteilung der Rechtslage, auf die der Arzt sich stützen könnte. In diesem Punkt wurde das gesetzgeberische Ziel des Transplantationsgesetzes, Rechtssicherheit und –klarheit zu schaffen[1020], folglich nicht erreicht.

c) Erforderlichkeit der Organentnahme

Weitere Voraussetzung für die Rechtfertigung nach § 34 StGB ist die Erforderlichkeit der Entnahmehandlung. Die Gefahr darf nicht anders abwendbar sein als durch die Notstandshandlung. Das eingesetzte Mittel muß nach Auswahl und Anwendung geeignet sein, die Gefahr abzuwenden, und es muß das schonendste Mittel sein.[1021]

Die Transplantation ist zur Rettung des Lebens oder der Gesundheit eines Organempfängers geeignet.[1022] Fraglich war, ob eine ohne Einwilligung der Angehörigen durchgeführte Organexplantation das relativ mildeste Mittel sein kann. Das LG Bonn[1023] meinte dazu, daß die Verletzung eines minderwertigen Rechtsgutes nur dann das erforderliche und einzige Mittel zur Rettung eines höherwertigen Rechtsguts sei, wenn kein anderer Ausweg zur Rettung dieses höherwertigen Rechtsguts zu finden sei. Wenn ein solcher Ausweg zu finden sei, mangele es an einer echten Kollision als Voraussetzung des rechtfertigenden Nostands. In der Zustimmung der Angehörigen sieht das LG Bonn diesen anderen Ausweg. Die Befragung der Angehörigen wurde deshalb vom LG Bonn als Voraussetzung für die Anwendbarkeit des rechtfertigenden Nostands angesehen.

Krämpfen, Unruhe in den Beinen, Juckreiz, Blutdruckabfall, Schwäche durch Blutarmut berichtet.

1020 Begründung des Gesetzesentwurfs der Fraktionen der CDU/CSU, SPD und F.D.P., BT-Drs. 13/4355, S. 11

1021 T/F-Tröndle, § 34, Rn. 5, 12

1022 Samson, NJW 1974, S. 2032

1023 JZ 1971, S. 59

Hier geht es aber gerade um die Fälle, in denen versucht wurde, die Angehörigen zu befragen, diese aber nicht erreichbar waren. Auf diese Fälle ist die Auffassung des LG Bonn somit nicht anwendbar, zumal das LG Bonn bei einer Verweigerung der Zustimmung dennoch auf die Notstandsrechtfertigung zurückgreifen, Ärzten und Angehörigen somit ein sinnlos erscheinendes Gespräch aufzwingen wollte. Dies ist nach der Neuregelung im Transplantationsgesetz wie oben gesehen gerade nicht mehr möglich. Eine fehlende Äußerung kann bei Güterabwägung keine Berücksichtigung finden, während ein Verbot eine Sperre für den Notstand darstellt. Daher entfällt heute die vom LG Bonn angenommene Notwendigkeit, als Voraussetzung für die Anwendbarkeit des rechtfertigenden Nostands, die Angehörigen zu befragen.

Das LG Bonn äußerte sich weitergehend zu der Frage, in welchen Fällen der Organtransplantation eine durch Notstand zu rechtfertigende Explantation erforderlich ist. Es lehnt diese Voraussetzung des rechtfertigenden Notstands ohne weiteres dann ab, wenn ein anderes gleichwertiges Organ, etwa von einer Organbank zur Verfügung steht. Um so weniger Organe zur Verfügung stehen und um so zeitaufwendiger die Beschaffung ist, um so mehr kann folglich das Merkmal der Erforderlichkeit bejaht werden. Weiterhin ist die Dringlichkeit der Transplantation auf Empfängerseite zu berücksichtigen.

Im Zuge des technischen und organisatorischen Fortschritts wird dieses Merkmal - ebenso wie das der gegenwärtigen Gefahr - immer seltener erfüllt sein. Die immer weitere Ausdehnung dieser strengen Merkmale wird dann irgendwann nicht mehr dem Sinn des § 34 StGB entsprechen. Daher wäre es angezeigt, für die Zukunft eine klare Regelung der bisher ungeregelten Fälle im Transplantationsgesetz zu finden, um den Ärzten Rechtssicherheit zu geben.

Bis dahin ist festzuhalten, daß die eigenmächtige, i.S.d. § 19 I TPG tatbestandsmäßige Organentnahme des Arztes durch den rechtfertigenden Notstand gemäß § 34 StGB gerechtfertigt sein kann. Trotzdem ist der § 34 StGB wegen bestehender Unklarheiten darüber, in welchen Situationen seine Voraussetzungen zu bejahen sind, eher unpraktikabel für einen Arzt, der unter Zeitdruck eine Entscheidung treffen muß.

d) § 34 S. 2 StGB

Aus § 34 S. 2 StGB könnte sich eine weitere Einschränkung der Rechtfertigung von Organexplantationen ergeben. § 34 S. 2 hat jedoch keine zusätzliche Bedeutung, da die Angemessenheit des Mittels bereits im Rahmen der Merkmale des

§ 34 S. 1 StGB zu überprüfen ist.[1024] Folglich ergibt sich aus Satz 2 keine weitere Rechtfertigungseinschränkung der Organexplantation.

III. Schuld: Entschuldigung nach § 35 StGB?

Fraglich ist, ob im Falle der Nichterfüllung der strengen Notstandsvoraussetzungen § 35 StGB die Strafbarkeit des explantierenden Arztes beseitigen kann. In Betracht käme jedoch allenfalls eine Organexplantation zur Rettung eines Angehörigen oder einer dem Arzt nahestehenden Person. Durch diesen bestehenden Interessenkonflikt wäre der Arzt aber von der Feststellung des Todes bzw. der Entnahme der Organe bei dem Organspender ausgeschlossen (§ 5 II TPG). Während Ärzte, die im Interesse ihrer Angehörigen handeln, schon keine Möglichkeit haben, eine eigenmächtige Organexplantation vorzunehmen, greifen die Schuldausschließungsgründe bei den übrigen Ärzten mangels des geeigneten zu schützenden Personenkreises nicht ein. § 35 StGB spielt im Rahmen der Organtransplantation somit keine Rolle.

IV. Zusammenfassung und Ergebnisse

Rechtssicherheit besteht insoweit, als die erteilte (auch mutmaßliche) Einwilligung des Organspenders oder das von ihm erteilte Verbot den entsprechenden Erklärungen der Angehörigen vorgehen. Die positiven Erklärungen schließen den Tatbestand des § 19 I TPG aus. Die zu Lebzeiten vom Spender erteilte Einwilligung wirkt auch nach dem Tode fort, es sei denn, sie wurde widerrufen.

Die Einhaltung einer bestimmten Form für die Gültigkeit der Einwilligung ist nicht erforderlich. Das Risiko des Nichtbekanntwerdens seines Willens trägt der Erklärende selbst.

Die Angehörigen sind nicht gemäß § 323 c StGB verpflichtet, in die Organexplantation einzuwilligen.

Das Verhältnis der Verbote der Organentnahme zum rechtfertigenden Notstand ist gesetzlich nicht eindeutig geregelt. Im Rahmen einer teleologischen Auslegung des § 4 I TPG wird folgende Lösung vorgeschlagen: Das Transplantationsrecht als lex specialis verdrängt den § 34 StGB.

Die Möglichkeit einer Notstandsrechtfertigung, im Falle der Nichteinholbarkeit der Einwilligung von den Angehörigen ist gesetzlich nicht einmal ansatzweise geregelt. Die Formulierung, daß eine Explantation nur bei Zustimmung der Angehörigen zulässig sein soll, gilt nach § 4 I 1 TPG nur für den Fall, daß überhaupt eine Befragung stattgefunden hat. Die Unerreichbarkeit wurde nicht bedacht. Für

1024 S/S-Lenckner, zu § 34, Anm. 46

diesen Fall wird vorgeschlagen, eine Güterabwägung zwischen dem Persönlichkeitsrecht des Spenders, dem Totensorgerecht der Angehörigen und dem Recht auf Leben und Gesundheit des potentiellen Organempfängers vorzunehmen.

Hierbei ist zu berücksichtigen, daß es beim Schutz der Spenderinteressen nicht lediglich um Nachwirkungen des Persönlichkeitsrechtes nach dem Tode geht, sondern daß schon das Persönlichkeitsrecht des Lebenden dadurch beeinträchtigt wird, daß er entgegen seiner weltanschaulichen oder religiösen Überzeugung nicht verhindern kann, daß mit seiner Leiche ohne Rücksicht auf seinen Willen verfahren wird. Im Normalfall wird eine Einwilligung des Organspenders nicht vorliegen, da sich nur sehr wenige Menschen zu Lebzeiten mit der Frage einer postmortalen Organexplantation beschäftigen. Dann ist der Arzt auf eine Rechtfertigung nach § 34 StGB angewiesen, die jedoch an sehr enge Voraussetzungen gebunden ist. Die Organverpflanzung muß der einzige Weg zur Lebenserhaltung oder Wiederherstellung einer schwer bedrohten Gesundheit eines bestimmten Empfängers sein. Wenn Organe zur Lagerung in einer Organbank entnommen werden, scheidet eine Rechtfertigung somit aus. Umstritten ist, ob die Rechtfertigung ebenfalls ausscheidet, wenn - was der Normalfall ist - für ein zu verpflanzendes Organ noch nicht feststeht, ob ein entsprechender Empfänger existiert oder dieser erst ermittelt werden muß.

Zwar müßte bei Nichtvorliegen einer Willensäußerung die Güterabwägung sowohl nach unseren sittlichen als auch nach unseren christlichen Anschauungen für den Lebenden ausfallen, andererseits könnte die Notstandsrechtfertigung dennoch an den dargestellten engen Voraussetzungen des § 34 StGB scheitern. Auf der sicheren Seite befindet sich der Arzt auch nach Verabschiedung des Transplantationsgesetzes nur, wenn er eine positive Willensäußerung eingeholt hat. Für die Fälle, in denen dies nicht möglich ist, besteht weiterhin noch Regelungsbedarf.

G. Strafbarkeit gemäß §§ 185 und 189 StGB

Da in der Organentnahme keine Kundgabe der Mißachtung oder ein beleidigendes, ehrverletzendes Verhalten liegt - zumal die Leiche nach der Explantation wieder hergerichtet und bekleidet wird, so daß sie keinen möglichen Anlaß zur Verachtung geben kann[1025] –, sondern die Organentnahme zum Wohl eines anderen Menschen erfolgt oder wissenschaftlich-medizinischen Zwecken dient[1026], ist wegen einer Organentnahme keine Strafbarkeit wegen Beleidigung bzw. Verunglimpfung des Andenkens Verstorbener gemäß §§ 185 und 189 StGB gegeben.

1025 v. Bubnoff, GA 1968, S. 75

1026 Wichmann, S. 44

H. Strafbarkeit gemäß § 223 StGB

Der explantierende Arzt kann sich auch nicht einer Körperverletzung gemäß § 223 StGB strafbar machen, weil dieser Tatbestand nur den lebenden Körper schützt.[1027]

I. Strafbarkeit gemäß §§ 303 und 242 StGB: Die Rechtsnatur des Leichnams

Zur Verwirklichung der objektiven Tatbestände der §§ 303 und 242 StGB müßte es sich bei der Leiche (bzw. bei deren Organen) für den Arzt um eine fremde Sache handeln.

I. Die persönlichkeitsrechtliche Anschauung

Die Sache ist in § 90 BGB als körperlicher Gegenstand definiert. Der Körper eines lebenden Menschen ist zivilrechtlich keine Sache, weil der Körper eine natürliche Einheit mit dem menschlichen Wesen darstellt und der Mensch als Träger von Rechten und Pflichten (Rechtssubjekt) nicht zugleich Gegenstand dieser Rechte und Pflichten sein kann.[1028]

Teilweise wird die Leiche in der Literatur als nachwirkender Rückstand der Persönlichkeit eines Menschen angesehen, der erst in dem Moment seine Existenzberechtigung verliere, in dem die Leiche nicht mehr Gegenstand der Totenehrung sei.[1029]

Diese persönlichkeitsrechtliche Anschauung geht bei ihrer Argumentation von der Rechtsbeziehung des Lebenden zu seinem Körper aus und sieht sich durch das Bundesverfassungsgericht bestätigt, das ein Fortwirken des allgemeinen Persönlichkeitsrechts über den Tod seines ursprünglichen Rechtsträgers hinaus anerkannt hat.[1030]

II. Der Leichnam als Sache i.S.v. § 90 BGB: Herrenlos, nicht verkehrsfähig, aneignungsfähig oder sogar eigentumsfähig?

Die Gegenmeinung unterstellt den Leichnam wegen der verlorengegangenen Einheit von Körper und Mensch dem Sachbegriff des § 90 BGB, denn die rechtliche Existenz des Menschen endet mit dem Tode. Die Vertreter dieses sachenrechtlichen Ansatzes unterscheiden dann im Rahmen der Rechtsnatur der Leiche danach,

---

1027 T/F-Tröndle, § 223, Rn. 1

1028 Eichholz, NJW 1968, S. 2273

1029 Soergel-Mühl, § 953, Rn. 2; Forkel, JZ 1974, S. 596

1030 BVerfG NJW 1971, S. 1647 im Rahmen der Mephisto-Entscheidung

ob sie als Sache herrenlos[1031], nicht verkehrs- und nicht aneignungsfähig[1032] oder verkehrs- und damit eigentumsfähig ist.[1033]

Diese Ansichten können die Frage nach der Fremdheit der Leiche als Sache beantworten, denn fremd ist eine Sache dann, wenn sie im Eigentum eines Dritten steht, also weder im Alleineigentum des Täters, noch eigentumsunfähig oder herrenlos ist.[1034]

Während die Meinung, die den Leichnam für herrenlos und nicht eigentumsfähig hält, mit der grundsätzlichen Unübertragbarkeit und Unvererblichkeit des Persönlichkeitsrechts argumentiert[1035], nimmt Brunner an, die Leiche gehöre den Erben, sie sei Nachlaßgegenstand.[1036] Für Brunners Gesamtkonzept ist das konsequent, weil er der Auffassung ist, jeder Mensch habe an seinem eigenen Körper sachenrechtliches Eigentum. Wenn das richtig ist, dann gehört der Körper zu den vermögenswerten Gütern des Erblassers und geht beim Erbfall im Wege der Universalsukzession auf die Erben/Angehörigen über. Dann könnte sich der explantierende Arzt, der die Erben/Angehörigen nicht zuvor um Erlaubnis gefragt hat, wenn der Verstorbene zu Lebzeiten auch nicht in eine Organentnahme eingewilligt hat, tatsächlich wegen eines Diebstahls oder einer Sachbeschädigung strafbar machen.

Dieser Ansicht ist jedoch nicht zu folgen, denn eine vererbbare Rechtsposition des Verstorbenen an seinem Körper besteht nicht.[1037] Da zu Lebzeiten des Verstorbenen sachenrechtliche Beziehungen an dessen Körper nicht begründet werden konnten, ist der Leichnam zunächst eine herrenlose Sache.

Die nächste Frage ist dann die nach seiner Aneignungsfähigkeit. Da hier die These von der grundsätzlichen Verkehrsunfähigkeit einer Leiche abgelehnt wird, bleibt nur noch zu überprüfen, inwieweit eine Aneignung zulässig ist und wo ihre Grenzen liegen.

Dazu gibt es widerum zwei Ansichten. Nach Eichholz kann sich jedermann gemäß § 958 BGB die Leiche und deren Organe aneignen, wenn die Organe dem billi-

---

1031 Bringewat, JA 1984, S. 63

1032 SK-Samson, § 242, Rn. 16; v. Bubnoff, GA 1968, S. 75; RGSt 64, 313; Rüping, GA 1978, S. 130; Erman-Schmidt, § 90, Rn. 8; LK-Ruß, § 242, Rn. 5; T/F, § 242, Rn. 6; S/S-Eser, § 242, Rn. 21

1033 Brunner, NJW 1953, S. 1173; Kallmann, FamRZ 1969, S. 578; Eichholz, NJW 1968, S. 2274; Peuster, S. 91

1034 S/S-Eser, § 242, Rn. 12; LK-Ruß, § 242, Rn. 6

1035 So bereits Gareis in: Festgabe für Schirmer, S. 92

1036 Brunner, NJW 1953, S. 1173

1037 Eichholz, NJW 1968, S. 2274

genswerten Zweck der Rettung eines anderen zugeführt werden und der Wille des Verstorbenen nicht entgegensteht.[1038] Unabhängig vom Gesetzeswortlaut des § 958 BGB werden Leichen und Leichenteile zudem als dem Rechtsverkehr zugängliche Sachen angesehen, soweit sie in befugter Weise zu medizinischen Zwecken verwendet werden.[1039] Demgegenüber will Kallmann den Angehörigen ein ausschließliches Recht zur Aneignung zubilligen, damit sie in die Lage gesetzt sind, ihre Pietätsinteressen möglichst wirksam wahrzunehmen. Daneben befürwortet er dann allerdings eine Abwägung dieser Pietätsinteressen gegen die als überwiegend bezeichneten Belange eines Dritten, der das entnommene Organ zur Rettung seines Lebens unbedingt braucht, wobei andere Möglichkeiten nicht eröffnet sind.[1040]

Im Ergebnis ist somit festzuhalten, daß der Leichnam zunächst herrenlos ist und bis zum Zeitpunkt seiner Inbesitznahme in niemandes Eigentum steht. Findet diese Inbesitznahme dann durch den explantierenden Arzt statt, so können die Organe frühestens mit dieser fachlichen Aneignung und Nutzbarmachung Verkehrsfähigkeit erlangen. Dann können der Leichnam und dessen Organe mangels Fremdheit für den Arzt kein taugliches Diebstahls- oder Sachbeschädigungsobjekt sein.

Gegen die Entstehung von Eigentumsrechten am Leichnam – ohne daß der Verstorbene seine Leiche etwa der Anatomie zur Verfügung gestellt hätte - spricht grundsätzlich, daß Eigentum gemäß §§ 958 und 872 BGB nur entstehen kann, wenn der Besitz am Leichnam – etwa vom Krankenhaus oder von den Angehörigen – mit dem Willen erworben wird, den Leichnam wie ein Eigentümer zu haben. Dies sei jedoch nicht der Fall[1041], schon deshalb nicht, weil mit einem Leichnam aus bestattungsrechtlichen Vorschriften nicht gemäß §§ 903 BGB nach Belieben verfahren werden kann.

III. Ergebnis

Der Leichnam ist eine herrenlose, der Aneignung nicht zugängliche Sache.[1042] Gegen die Eigentumsfähigkeit sprechen sowohl sachenrechtliche, als auch und vor allem persönlichkeitsrechtliche Argumente. Die Leiche als Gegenstand der Totenverehrung und Überbleibsel der Persönlichkeit ist – es sei denn, sie ist nicht mehr zur Bestattung bestimmt (in Anatomien oder Museen)[1043] – für vermögensrechtliche Verfügungen nicht vorgesehen und nicht geeignet. Somit verstößt die unerlaubte Explantation nicht gegen §§ 242, 303 StGB.

1038 Eichholz, NJW 1968, S. 2275
1039 Palandt-Heinrichs, vor § 90, Rn. 11
1040 Kallmann, FamRZ 1969, S. 578
1041 Zimmermann, NJW 1979, S. 570
1042 So auch:T/F-Tröndle, § 242, Rn. 6; Roxin, JuS 1976, S. 505; Rüping, GA 1978, S. 130
1043 T/F-Tröndle, § 242, Rn. 6a

2. Teil: Strafrechtliche Relevanz des ärztlichen Handelns bezogen auf die Entnahme vom lebenden Organspender

Im Folgenden wird zum Vergleich nunmehr die strafrechtliche Relevanz des ärztlichen Handelns bezogen auf die Organentnahme vom **lebenden** Spender untersucht werden.

A. Tatbestandsmäßigkeit

I. Tötungsdelikte

Nach dem im ersten Teil Gesagten kann davon ausgegangen werden, daß die Explantation lebenswichtiger Organe vor Feststellung des Kortikaltodes den Tatbestand der Tötungsdelikte verwirklicht.

II. Körperverletzungsdelikte

1. §§ 223 ff. StGB; Ärztlicher Heileingriff ?

Bei der Entnahme eines Organs müßte es sich um eine körperliche Mißhandlung und/oder um eine Schädigung der Gesundheit handeln. Eine körperliche Mißhandlung ist eine Störung des körperlichen Wohlbefindens in nicht unerheblichem Maße.[1044] Eine Operation, bei der ein Organ entnommen wird, stellt aufgrund der Narkose und der Operationswunde eine nicht unwesentliche körperliche Beeinträchtigung dar. Eine Gesundheitsbeschädigung liegt dann vor, wenn sich der Gesundheitszustand des Patienten für eine gewisse Zeit nicht ganz unerheblich verschlechtert hat.[1045] Da im Zuge des Heilungsprozesses Wundschmerzen zu erwarten sind, liegt auch die zweite Alternative des § 223 StGB im Falle der Organexplantation vor.

Die Organentnahme beim lebenden Spender erfolgt nicht zu Heilzwecken des Spenders selbst, sondern zu Heilzwecken des Empfängers. Sie kann daher als "Heilhilfe" verstanden werden.[1046] Solche medizinischen Eingriffe im fremden Interesse fallen folglich nicht in den Bereich der sogenannten Heilbehandlung. Sie bewirken im Gegenteil eine Schädigung der körperlichen Integrität, erfüllen somit den Tatbestand der Körperverletzung und können nur durch eine wirksame, nicht im Sinne von § 228 StGB n.F. sittenwidrige Einwilligung gerechtfertigt werden.

2. § 19 II TPG

Die Organentnahme bei lebenden Organspendern ist im Transplantationsgesetz speziell in § 8 TPG geregelt. Die Strafvorschrift des § 19 II TPG verweist auf diesen § 8 und regelt eine Strafbarkeit bei Verstoß gegen dessen Absatz 1 Satz 1

1044 S/S-Eser, § 223, Rn. 3 f; SK-Horn, § 223, Rn. 4-6; Lackner, § 223, Anm. 3a; BGHSt 25, 277

1045 S/S-Eser, § 223, Rn. 5; Lackner, § 223, Anm. 3 b; SK-Horn, § 223, Rn. 18

1046 Maurach/Schroeder/Maiwald, Strafrecht BT, § 8 IV 5. c)

Nr. 1 Buchstabe a, b, Nr. 4 oder Satz 2. Danach läge eine Strafbarkeit vor, wenn der lebende Spender im Zeitpunkt der Organentnahme nicht volljährig oder einwilligungsfähig wäre (Nr. 1, a)), nicht entsprechend aufgeklärt worden ist und damit keine wirksame Einwilligung abgegeben hat (Nr. 1, b)), der Eingriff nicht durch einen Arzt vorgenommen worden ist (Nr. 4) oder die Entnahme von sich nicht wieder bildenden Organen zum Zwecke der Übertragung auf andere Personen als Verwandte ersten oder zweiten Grades, Ehegatten, Verlobte oder dem Spender in besonderer persönlicher Verbundenheit offenkundig nahestehende Personen erfolgt (§ 8 I 2). Mit letzterer Regelung soll der Organhandel, also die entgeltliche Abgabe eines Organes ausgeschlossen werden.[1047]

Die in § 19 II TPG durch Verweisung als negatives Tatbestandsmerkmal enthaltene Einwilligung stellt entsprechend der Regelung in Absatz 1 eine tatbestandsausschließende Einwilligung dar. Da die Voraussetzungen sowohl der tatbestandsausschließenden als auch der rechtfertigenden Einwilligung identisch sind, und der Strafrahmen der Körperverletzung als Indiz für den Unrechtsgrad dem des Ungehorsamstatbestandes in § 19 II TPG entspricht, sollen die Voraussetzungen der auch für die Körperverletzung – dann aber zumindest nach der Rechtsprechung auf Rechtfertigungsebene[1048] – maßgeblichen Einwilligung einheitlich im Rahmen der Rechtfertigungsgründe erörtert werden.

3. Verhältnis von § 19 II TPG zu § 223 StGB

Soweit die aus den Zulässigkeitsvoraussetzungen nach § 8 I TPG folgenden Verbote die Befugnis des Spenders einschränken, in eine Verletzung seiner körperlichen Integrität einzuwilligen, kann ein Verstoß gegen § 7 I TPG auch als Körperverletzung strafbar sein.[1049] Da die gesetzgeberischen Zwecke des § 8 I nicht dem Schutz der körperlichen Integrität und der Gesundheit des Spenders dienen wie § 223 StGB, sondern in erster Linie dem Selbstbestimmungsrecht[1050], daneben der Minimierung der gesundheitlichen Risiken für die Organempfänger, der Chancengleichheit der in die jeweiligen Wartelisten der Transplantationszentren für die gleiche Organübertragung aufgenommenen Patienten, der Verteilungsgerechtigkeit in bezug auf die genannten Spenderorgane und der Wahrnehmung aller vorhandenen Möglichkeiten zur postmortalen Organspende sowie der Abwendung der Gefahr des Organhandels, stehen die beiden Vorschriften in Idealkonkurrenz zueinander.

1047 Begründung zum Gesetzesentwurf der Fraktionen der CDU/CSU, SPD und F.D.P., BT-Drs. 13/4355, S. 21

1048 Ständige Rechtsprechung: RG 25, 375; RGZ 68, 431; 88, 433; BGHZ 29, 46;176

1049 Vgl. Begründung zum Gesetzesentwurf der Fraktionen der CDU/CSU, SPD und F.D.P., BT-Drs. 13/4355, S. 31

1050 Nickel, Transplantationsgesetz, § 19, Rn. 15

B. Rechtfertigung

Da die Organentnahme bei einem lebenden Spender in jedem Fall zumindest einen Körperverletzungstatbestand, gegebenenfalls auch den Ungehorsamtatbestand des § 19 II TPG oder sogar einen Tötungstatbestand erfüllt, ist die Frage der Rechtfertigung eines solchen Eingriffs zu erörtern

I. Einwilligung

Die Einwilligung in eine Tötungshandlung wird entsprechend dem Gedanken des § 216 StGB nach der überwiegenden Ansicht abgelehnt, da der § 216 StGB eine für die gesamte Rechtsordnung verbindliche Einwilligungssperre enthalte.[1051] Dies wird sowohl mit Tabuisierungsaspekten als auch mit Mißbrauchsabwehr begründet.

Beachtlich sein kann die Einwilligung jedoch im Hinblick auf die Körperverletzungsdelikte und im Rahmen des Tatbestands des § 19 II TPG.

1. Voraussetzungen

a) Dispositionsbefugnis

Der Einwilligende muß zunächst zur Disposition über das betreffende Rechtsgut befugt sein.[1052] Die Dispositionsbefugnis bei einem höchstpersönlichen Rechtsgut wie der körperlichen Integrität hängt von der natürlichen Einsichts- und Urteilsfähigkeit der betreffenden Person ab.[1053] Durch die Regelung des § 8 I Nr. 1 a TPG wird jetzt das Erfordernis der Volljährigkeit und der Einwilligungsfähigkeit als zwingend erforderlich festgelegt. Daher ist im Falle des Fehlens dieser Voraussetzungen nicht wie bisher auf die Einwilligung des gesetzlichen Vertreters abzustellen, sondern eine Entnahme vom lebenden Spender ist bei fehlender Geschäftsfähigkeit oder fehlender Einsichts- und Urteilsfähigkeit jedenfalls über die Einwilligung nicht möglich.

b) Freiheit von Willensmängeln aufgrund ärztlicher Aufklärung

Die Einwilligung muß weiterhin selbstverantwortlich und frei von Willensmängeln abgegeben werden.[1054] Zur Wahrnehmung seines Selbstbestimmungsrechts muß der Patient umfassend über den Eingriff aufgeklärt worden sein. Die Qualität der Aufklärung ist ausdrücklich in § 8 II S. 1 TPG geregelt. Danach ist der Organspender über die Art des Eingriffs, den Umfang und mögliche, auch mittelbare Folgen und Spätfolgen der beabsichtigten Organentnahme für seine Gesundheit

---

1051 S/S-Eser, § 216, Rn. 13; § 212, Rn. 6; LK-Lange, § 216, Rn. 17; Bockelmann, S. 111; in Frage gestellt von: Herzberg, NJW 1986, S. 1635 ff.; Hoerster, NJW 1986, S. 1787

1052 S/S-Eser, § 223, Rn. 38; SK-Samson, vor § 32, Rn. 40; Geilen, FamRZ 1968, S. 121

1053 RGSt 41, 392 (396 f); BverfGE 10, 302 (309); BGHSt 4, 88 (90); NJW 1956, S. 1106

1054 S/S-Eser, § 223, Rn. 39; BGH MDR 1983, S. 26; Engisch, Chirurg 1967, S. 254

sowie über die zu erwartende Erfolgsaussicht der Organübertragung und sonstige Umstände, denen er erkennbar eine Bedeutung für die Organspende beimißt, durch einen Arzt aufzuklären. Durch das Fremdinteresse ist der Maßstab strenger als bei einer Einwilligung in z.B. eine Operation, die der eigenen Gesundheit dient.

c) Sittenwidrigkeit gemäß § 228 StGB, Anwendbarkeit im Rahmen von § 19 II TPG?

Damit die Einwilligung wirksam ist, darf die Tat nicht gegen die guten Sitten, also nicht gegen das Anstandsgefühl aller billig und gerecht Denkenden[1055] verstoßen, wobei es vor allem auf die Beweggründe und Ziele der Beteiligten sowie auf die Mittel und die Art der Verletzung ankommt.[1056] Im Bereich der Lebendspende wird als Beispiel dafür die kommerzielle Organentnahme am Lebenden angeführt, die für den Spender gefährlich und für den Empfänger bei nicht kompatiblen Organen sinnlos ist.[1057] Geht es also um eine nichtkommerzielle Organentnahme, und ist das Organ für den Empfänger kompatibel, liegt keine Sittenwidrigkeit vor.

Da die Organentnahme vom Lebenden eine Körperverletzung ist und in diese gemäß § 8 I S. 1, 1., b) TPG eingewilligt haben muß, damit die Organentnahme zulässig ist, könnte der Regelungsinhalt des § 228 StGB auch auf den Tatbestand des § 19 II TPG grundsätzlich anwendbar sein. Nach der Intention des Gesetzgebers des Transplantationsgesetzes wird sich dieser Anwendungsbereich im Rahmen des § 19 II TPG jedoch möglicherweise nicht ergeben, denn die Voraussetzungen der Sittenwidrigkeit – kommerzielle Organentnahme und Inkompatibilität des Spenderorgans – sollen bereits durch die Prüfungen des § 8 I S. 1, 1., c) TPG – ein Arzt beurteilt, ob der Spender geeignet ist – und des § 8 III S. 2 TPG – eine Kommission prüft, ob Kommerzialität der Organspende vorliegt – ausgeschaltet werden. Auch für den Fall, daß die Prüfungsinstanzen aufgrund von Täuschungen versagen, wären die Voraussetzungen der Sittenwidrigkeit bereits auf Tatbestandsebene der §§ 19 II, 18 I TPG berücksichtigt und würden zur Strafbarkeit nach diesen Vorschriften führen. Daher ist das Transplantationsrecht selbst nicht auf § 228 StGB angewiesen, um die rechtfertigende Wirkung der Einwilligung zurückzunehmen. Dafür hat es eigene Mittel in Form der genannten Tatbestände, hinter denen die Regelung des § 228 StGB im Wege der Spezialität zurücktritt.

1055 BGH 4, 32
1056 RG 74, 94
1057 T/F-Tröndle, § 228, Rn. 10

2. Form

Gemäß § 8 II S. 3 TPG sind der Inhalt der Aufklärung und die Einwilligungserklärung des Organspenders in einer Niederschrift aufzuzeichnen, die von den aufklärenden Personen, einem weiteren Arzt und dem Spender zu unterschreiben ist.

II. Mutmaßliche Einwilligung

Aufgrund der Regelung in § 8 I Nr. 1 a), b) wird deutlich, daß es bei der Lebendspende keine mutmaßliche Einwilligung geben kann. Der Spender muß nämlich aktuell einwilligungsfähig sein (a)) und ausdrücklich eingewilligt haben (b)). Die Situation, in der über eine mutmaßliche Einwilligung des Organspenders nachgedacht werden kann, liegt bei der Lebendspende auch nicht vor. Sie kommt nur dann in Betracht, wenn der Organspender gerade nicht einwilligungsfähig ist. Dies kann z.B. bei der Bewußtlosigkeit nach einem Unfall der Fall sein. Wenn ein Mensch sich nach einem Unfall aber nicht in Todesnähe befindet, wird man ihn nicht zusätzlich mit einer Organentnahme belasten wollen und können, nur weil er zufällig als Organspender in Betracht kommt. Eine mutmaßliche Einwilligung ist hier als Rechtfertigungsgrund somit unpassend.

III. Einwilligung durch Angehörige

Fraglich ist, ob es bei der Lebendspende wie bei der Entnahme vom hirntoten Organspender in irgendeiner Weise auf das Votum von Angehörigen ankommen kann. § 8 TPG trifft dazu keine Regelung. Da es sich bei den durch eine Organentnahme verletzten Rechtsgütern (körperliche Unversehrtheit, Leben, Selbstbestimmungsrecht über den eigenen Körper) um höchstpersönliche handelt, scheidet eine Einwilligung durch Dritte grundsätzlich aus.[1058] Wenn der Betroffene selbst entscheiden kann – und nur für diesen Fall ist eine Organentnahme beim lebenden Organspender gemäß § 8 I 1. a) TPG überhaupt vorgesehen – ist für eine Entscheidung Angehöriger, die selbst bei der Entnahme vom hirntoten Organspender nur subsidiär zur Anwendung gelangt (§ 4 I TPG), auch kein Raum mehr.

IV. Rechtfertigender Notstand

Der rechtfertigende Notstand nach § 34 StGB beruht auf einer Pflicht zur gegenseitigen Solidarität, welche sich für den einzelnen in einer Duldungspflicht niederschlagen kann. Durch den § 34 StGB unterstehen alle Rechtsgüter somit in einem gewissen Rahmen einer Sozialbindung. Inwieweit das auf die Organentnahme vom lebenden Spender zutreffen kann, soll im weiteren untersucht werden.

[1058] Samson, NJW 1974, S. 2032; Pennig/Liebhardt in: Festschrift für Spann, S. 441; Vogel, NJW 1980, S. 625

1. Notstandslage

Es müßte eine Notstandslage gegeben sein, die in einer gegenwärtigen Gefahr für ein Rechtsgut besteht, die nur durch eine tatbestandsmäßige Handlung abgewendet werden kann.[1059] Leib und Leben als bei einer bevorstehenden Transplantation auf Empfängerseite – die Gesundheit des Empfängers ist zumeist erheblich geschädigt, so daß ihm ohne Transplantation auf längere Sicht eine Lebensverkürzung droht - betroffene Rechtsgüter sind in § 34 ausdrücklich als rechtlich geschützte Interessen genannt. Dem stehen die Leib- und Lebensinteressen und das Selbstbestimmungsrecht des möglichen Spenders über seinen Körper gegenüber.

Nach einer Einschätzung der künftigen Entwicklung muß weiterhin eine gegenwärtige Gefahr für das durch die tatbestandsmäßige Handlung zu schützende Rechtsgut vorliegen.[1060]

Eine Gefahr liegt vor, wenn die Wahrscheinlichkeit eines schädigenden Ereignisses besteht, wobei sich dieses Wahrscheinlichkeitsurteil nicht auf die bloße gedankliche Möglichkeit, sonder auf tatsächliche Umstände gründen muß.[1061] Bei bereits eingetretener Gefahr genügt die Möglichkeit ihrer Intensivierung.[1062] Da der Organempfänger an einer chronischen Krankheit leidet, so daß sein Zustand sich stetig oder auch plötzlich verschlechtern kann, ist eine Gefahr im Sinne des § 34 StGB gegeben.

Diese Gefahr müßte auch gegenwärtig sein. Gegenwärtig ist eine Gefahr, wenn die Möglichkeit besteht, daß sie in nächster Zeit in einen Schaden umschlagen kann. Das ist bei einer sogenannten Dauergefahr der Fall, bei der die gefährdende Situation über einen längeren Zeitraum besteht, sich aber jederzeit manifestieren kann.[1063]

Teilweise wird vertreten, daß es genügen soll, daß eine bloße Verschlechterung des Gesundheitszustands in Aussicht steht.[1064] Da die Krankheit des Organempfängers jederzeit in einen lebensgefährlichen Zustand umschlagen kann, liegt nach der Ansicht eine gegenwärtige Gefahr im Sinne einer Dauergefahr vor.

1059 S/S-Lenckner, § 34, Rn. 8; SK-Samson, § 34, Rn. 5

1060 BGH NJW 1979, S. 2053

1061 S/S-Lenckner, § 34, Rn. 12; BGHSt 8, 28 (31)

1062 Schroeder, JuS 1980, S. 338 m.w.N.

1063 S/S-Lenckner, § 34, Rn. 17; SK-Samson, § 34, Rn. 7; Schroeder, JuS 1980, S. 338; BGH NJW 1979, S. 2053

1064 Vgl. Wolflast, Der Arzt im Krankenhaus 1982, S. 526

1. Notstandshandlung/Güterabwägung

Die Notstandshandlung muß erforderlich sein, was bedeutet, daß sie geeignet sein muß, die drohende Gefahr zu beseitigen und dabei das mildeste Mittel zur Gefahrabwendung sein muß.[1065]

Außer Frage steht, daß eine Organexplantation generell geeignet ist, ein Organ für den Empfänger zu gewinnen, um so dessen Gesundheit oder Leben zu retten. Zweifelhaft kann im Rahmen der Organtransplantation jedoch das Erfordernis sein, daß es sich um das mildeste der möglichen Mittel handeln muß. Wenn eine gleichwertige Ersatztherapie in Frage kommt, wäre das zu verneinen, eine Gesundheitsverbesserung bzw. Lebensrettung wäre auch auf dem Ersatzwege zu erreichen. Wie oben gesehen ist bei der zahlenmäßig häufigsten Transplantationsindikation, der nicht ausreichend funktionierenden Niere, zwar eine Ersatztherapie durch die Hämodialyse gegeben, jedoch ist diese aufgrund der Gesundheitsbeeinträchtigung dieser Therapie nicht gleichwertig verglichen mit einer Transplantation. Bei Leber und Herz ist eine Ersatztherapie bisher noch nicht gegeben bzw. im Falle des Herzens noch nicht ausreichend erforscht.

Das geschützte Interesse muß das beeinträchtigte zudem wesentlich überwiegen.[1066] Dies ist aufgrund einer Gesamtabwägung festzustellen, bei der die Wertigkeit der einzelnen geschützten Rechtsgüter sowie die Quantität der Verletzungen die entscheidenden Faktoren sind.

Im Falle der Organtransplantation steht auf der einen Seite die Gesundheit, das Leben und vor allem das Selbstbestimmungsrecht des Organspenders über seinen eigenen Körper, in welches durch die Explantation eingegriffen wird, auf der anderen Seite Gesundheit und Leben des Organempfängers. Wo der einzelne die Aufopferung seiner Rechtsgüter dulden muß, liegt die Grenze des Solidaritätsgedankens aus § 34 StGB.[1067] Eine Duldungspflicht schwerer Eingriffe, die auf eine Sozialpflichtigkeit des Körpers hinauslaufen würde, widerspräche unserem liberalen Gesellschaftsverständnis.[1068]

Folglich kann der gesunde Lebensspender nicht aus Gemeinwohlgesichtspunkten über eine Notstandsrechtfertigung dazu gezwungen werden, eine Niere abzugeben, mit dem Argument, daß er mit der verbleibenden Niere noch recht gut leben könne.

1065 S/S-Lenckner, § 34, Rn. 18; SK-Samson, § 34, Rn. 9

1066 LK-Hirsch, § 34, Rn. 53 ff; Lackner, § 34, Anm. 2 e

1067 SK-Samson, Vor § 32, Rn. 32; § 34, Rn. 18

1068 BVerfGE 17, 108 (117); Löwe-Rosenberg-Dahs, § 81 a StPO, Anm. 5

Das Transplantationsgesetz geht sogar noch weiter. Danach darf außerhalb von Verwandschaftsverhältnissen nicht einmal mit Zustimmung des gesunden Spenders explantiert werden. Damit soll schon auf Tatbestandsebene der Organhandel verhindert werden. Nach Notstandsgesichtspunkten könnte hier eine Rechtfertigung in Betracht kommen. Bei der Güterabwägung müßte das Rechtsgut Gesundheit des Organempfängers das Rechtsgut Gesundheit des Organspenders sowie sein Selbstbestimmungsrecht aber wesentlich überwiegen. In der Konstellation der Lebendspende handelt es sich jedoch um einen Menschen, der bei bester Gesundheit ist, im Gegensatz zum Organempfänger, dessen Gesundheitszustand aufgrund der chronischen Krankheit stark reduziert ist.

Wenn schon Leben und Gesundheit des Moribunden der Rechtsordnung nicht weniger wert sind als die Rechtsgüter eines jungen und gesunden Menschen[1069], dann können die Rechtsgüter eines gesunden Organspenders zugunsten eines kranken Organempfängers erst recht nicht überwunden werden.

Davon abgesehen ist das im 1. Teil bei der Diskussion der Rechtsgüter des § 168 StGB dargestellte Selbstbestimmungsrecht (hier des Lebenden) für sich schon nicht durch § 34 StGB überwindbar. Selbst diejenigen Stimmen, die eine Blutentnahme zugunsten eines anderen auch gegen den Willen desjenigen, in dessen Rechtsgut durch die Blutentnahme eingegriffen wird, aus § 34 StGB rechtfertigen wollen[1070], befürworten dies nur für geringfügige Eingriffe. Lebens- und gesundheitsgefährdende Eingriffe sind selbst nach dieser Mindermeinung nicht durch den rechtfertigenden Notstand gedeckt.

Darüber hinaus wäre wegen des verfassungsrechtlichen Gesetzesvorbehalts nach Art. 2 II 2 GG ein Eingriff in die körperliche Integrität ohne das Vorliegen eines Gesetzes ausgeschlossen.[1071] Hier gibt es mit § 8 I 1 b) TPG sogar ein Gesetz, das den Eingriff in die körperliche Integrität bei der Organentnahme vom Lebenden ohne dessen Einwilligung verbietet. Die Vorschrift regelt die Entnahme vom Lebenden somit abschließend.

Die Organentnahme vom lebenden Spender wäre aber bereits ohne Hinweis auf das Spezialitätsverhältnis von Transplantationsrecht und Strafgesetzbuch nicht gemäß § 34 TPG aus Notstandsgesichtspunkten zu rechtfertigen.

1069 Lackner, § 34, Anm. 2 e aa; Schroeder, NJW 1974, S. 251

1070 Löwe-Rosenberg-Dahs, § 81 a StPO, Anm. 5, 6; Roxin in: Festschrift für Welzel, S. 470

1071 Maunz/Dürig-Dürig, Art. 2, Rn. 12 m.w.N.

V. Schuldausschließungsgrund, § 35 StGB

Da zwischen Organempfänger und Arzt keine enge persönliche Beziehung besteht, fehlt es für die Unzumutbarkeit rechtmäßigen Verhaltens nach § 35 StGB bereits an dem Erfordernis, daß die Gefahr dem Täter selbst, einem Angehörigen oder einer ihm sonst nahestehenden Person drohen muß.

Eine Orgenexplantation vom Lebenden ohne dessen wirksame Einwilligung führt somit stets zur Strafbarkeit aus einem Körperverletzungsdelikt bzw. aus § 19 II TPG. Weder auf Rechtfertigungs- noch auf Schuldebene kommt ein Strafbarkeitsausschluß in Betracht.

Fazit und Thesen

1. Bei § 3 I Nr. 2 i.V.m. II. Nr. 2 TPG handelt es sich nicht um eine Definition des menschlichen Todes, sondern lediglich um eine Beweis- und Verfahrensregel, die besagt, daß im Zweifel, wenn der Hirntod aller Wahrscheinlichkeit nach vorgelegen hat, er aber nicht entsprechend § 5 TPG dokumentiert wurde, nur die Strafe des § 19 TPG für den Verfahrensverstoß und nicht die Strafe der Tötungstatbestände zu verhängen ist. Wann menschliches Leben und damit der Lebensschutz der §§ 211 ff. StGB endet, ist damit nicht gesagt.

   Somit existiert auch nach Inkrafttreten des Transplantationsgesetzes keine kodifizierte Todesdefinition.

2. Nach den Untersuchungen dieser Arbeit ist der juristische Todesbegriff - gestützt auf (verfassungs-)rechtliche, historische, anthropologische, ethische, medizinische und theologische Anforderungen - , der Kortikaltod, wobei es auf die **potentielle Funktion der Großhirnrinde** ankommt und nicht auf ihre Aktivität.

3. Der Nasciturus ist zwar auch eine potentielle Person. Sein Lebensrecht wird jedoch aufgrund des kollidierenden Selbstbestimmungsrechts der Schwangeren abgestuft.

4. Da das Bundesverfassungsgericht im ersten Abtreibungsurteil festgestellt hat, daß „die von Anfang an im menschlichen Sein angelegten potentiellen Fähigkeiten genügen, um die Menschenwürde zu begründen“[1072], ist davon auszugehen, daß potentielle Personalität zur Begründung eines Lebensrechts nicht nur genügt, sondern auch erforderlich ist.

   Dabei kommt es auf Bewußtseins**fähigkeit** an, nicht auf Bewußtseins**aktivität**.

5. **Der Kortikaltod ist wegen des endgültigen Erlöschens der spezifisch menschlichen Personeigenschaften der Tod des Menschen. Da auch Schwerstbehinderte und selbst irreversibel Komatöse noch Personeigenschaften besitzen – bzw. im Fall des irreversiblen Komas das Fehlen der Personeigenschaften jedenfalls nicht nachweisbar ist -, gehören sie zu den potentiellen Personen und fallen damit unter den Lebensschutz.**

1072 BverfGE 39, 1, 41

6. Todeskriterium ist der endgültige Ausfall der Neokortex. Der weitere Absterbeprozeß des Körpers (Großhirn, Kleinhirn, Hirnstamm, Organe, Gewebe usw.) ist dann vorprogrammiert, mag er sich auch noch über einen längeren Zeitraum hinziehen.[1073] Der Todeszeitpunkt ist wegen der Prozeßhaftigkeit des Sterbens medizinisch nicht bestimmbar. Es handelt sich vielmehr um einen Zustand, der zum Zeitpunkt der Feststellung der Voraussetzungen plus Hinzurechnung einer Sicherheitsspanne i.H.d. Wiederbelebungszeit der Cortex als eingetreten erklärt wird.[1074]

7. Humanexperimente zu werten Forschungszwecken nach Eintritt des Kortikaltods, aber vor Eintritt des Gesamthirntods sind keine Tötungen i.S.d. §§ 211 ff. StGB. Die Organentnahme im Rahmen eines Humanexperiments vor Eintritt des Gesamthirntods hat jedoch im Rahmen des § 168 StGB strafrechtliche Relevanz. Das Transplantationsgesetz kann insoweit als Ausführungsgesetz zu § 168 StGB verstanden werden.

8. Die Explantation von Kortikaltoten besitzt im Rahmen der Tötungsdelikte keine strafrechtliche Relevanz. Das Abstellen der Geräte, an denen ein Kortikaltoter angeschlossen ist, ist weder im Rahmen der Tötungsdelikte, noch mangels Eigentumsfähigkeit im Rahmen der Eigentumsdelikte als Sachbeschädigung strafrechtlich relevant. Handelt es sich jedoch um eine (gesamt-)hirntote Schwangere wie in dem Erlanger Fall, dann hat das Abstellen der Geräte im Hinblick auf den Nasciturus strafrechtliche Relevanz im Rahmen des § 218 StGB.

9. Bei dem Anencephalus handelt es sich um eine eigene Kategorie, auf die Delikte zum Schutz des Lebens und auch das Transplantationsgesetz keine Anwendung finden. Die Organe dieser Wesen könnten bei Einwilligung der Eltern explantiert werden.

10. Eine aktive Sterbehilfe durch Organexplantation muß am Gebot der Unverletzlichkeit der Menschenwürde scheitern. Grundsätzlich – zum Zweck der Überwindung schweren Leidens - wäre eine aktive Sterbehilfe jedoch möglich. Die unterschiedliche strafrechtliche Bewertung von Tun und Unterlassen ist nicht gerechtfertigt und sollte daher aufgegeben werden. Das Selbstbestimmungsrecht geht dem Recht auf Leben vor. Es sollte eine ähnliche Regelung zur ärztlichen aktiven Sterbehilfe wie in den Niederlanden getroffen werden.

1073 Funck, MedR 92, S. 187

1074 Funck, MedR 92, S. 188 f.

11. Es müßte zwingend der positive Wille – ausdrücklich oder mutmaßlich – des Patienten, durch medizinische Hilfe zu sterben, ermittelt werden. Einen einseitigen Behandlungsabbruch bei irreversiblem Bewußtseinsverlust wird es demnach nicht mehr geben. Es gibt nur einen Todesbegriff für alle Rechtsgebiete, und das ist der Kortikaltod, der den irreversiblen Bewußtseinsverlust bedeutet. Die Situation des einseitigen Behandlungsabbruchs, der den irreversiblen Bewußtseinsverlust voraussetzt[1075] wäre danach keine Situation der Sterbehilfe mehr. Die Kriterien für Exitusbehandlungen im Bereich der Sterbehilfe haben mit den (Teil-) Hirntodkonzepten nichts zu tun.[1076]

12. Überzählige Embryonen sind keine potentiellen Personen. Das Embryonenschutzgesetz sollte deshalb dahingehend geändert werden, daß die Entnahme von Stammzellen aus ihnen sowie die Forschung damit für zulässig erklärt werden. Demgegenüber ist die Herstellung von Embryonen nur zum Zwecke der Forschung auf der Rechtfertigungsebene zu verbieten. Aus diesem Grunde ist auch der Import von Embryonen aus dem Ausland zu verbieten. Dort werden bereits Embryonen nur zu Forschungszwecken hergestellt, weswegen die bestellenden Ärzte als Anstifter zu dieser verbotenen Herstellung zu bestrafen wären. Zulässig nach dem Embryonenschutzgesetz ist die Präimplantationsdiagnostik, die zulässig bleiben und ausdrücklich geregelt werden sollte. Es wäre sogar zulässig, zu erlauben, daß Reproduktionsmediziner die maximale Anzahl an Eizellen pro Menstruationszyklus (12) befruchten und durch die PID den besten Embryo für die Einpflanzung aussuchen. Die übriggebliebenen Embryonen könnten dann für Forschungszwecke eingesetzt werden. Diese Forschungen sind jedoch näher zu bestimmen. Ziel kann nur sein, möglichst zeitnah die ethisch unbedenkliche Therapie mit adulten Stammzellen zu ermöglichen.

13. § 19 I TPG schließt eine Strafbarkeitslücke, da die unbefugte Organentnahme durch den Arzt vor Inkrafttreten des Transplantationsgesetzes keinen Straftatbestand erfüllte.

14. Die §§ 3, 4, 19 I TPG stellen eine gesetzgeberische Konkretisierung der Güterabwägung im Rahmen des § 34 StGB und damit eine lex specialis zu § 34 StGB dar - jedenfalls für den Fall, daß der Spender oder seine Angehörigen die Explantation abgelehnt haben. Ein rechtfertigender Notstand kommt aber für den Fall in Betracht, in dem der Spender sich nicht geäußert hat, und die Angehörigen trotz aller zumutbaren Bemühungen nicht

---

1075 Funck, MedR 92, S. 185

1076 a. A. Funck, MedR 92, S. 182 ff.

erreichbar waren oder seit zwei Jahren keinen Kontakt mehr zu dem Verstorbenen hatten.

Die Möglichkeit einer Notstandsrechtfertigung für den Fall der Nichteinholbarkeit der Einwilligung (sowohl vom Spender als auch von den Angehörigen) ist gesetzlich nicht einmal ansatzweise geregelt. Die Formulierung, daß eine Explantation nur bei Zustimmung der Angehörigen zulässig sein soll, gilt nach § 4 I 1 TPG nur für den Fall, daß überhaupt eine Befragung stattgefunden hat. Die Unerreichbarkeit wurde nicht bedacht. Es wird vorgeschlagen, eine Güterabwägung zwischen dem Persönlichkeitsrecht des Spenders, dem Totensorgerecht der Angehörigen und dem Recht auf Leben und Gesundheit des potentiellen Organempfängers vorzunehmen.

Zwar müßte bei Nichtvorliegen einer Willensäußerung die Güterabwägung sowohl nach unseren sittlichen als auch nach unseren christlichen Anschauungen für den Lebenden ausfallen, andererseits könnte die Notstandsrechtfertigung dennoch an den dargestellten engen Voraussetzungen des § 34 StGB scheitern. Auf der sicheren Seite befindet sich der Arzt auch nach Verabschiedung des Transplantationsgesetzes nur, wenn er eine positive Willensäußerung eingeholt hat. Für die Fälle, in denen dies nicht möglich ist, besteht weiterhin noch Regelungsbedarf.

15. Die Organentnahme vom lebenden Spender ist bereits ohne Hinweis auf das Spezialitätsverhältnis von Transplantationsrecht und Strafgesetzbuch nicht gemäß § 34 TPG aus Notstandsgesichtspunkten zu rechtfertigen. Eine Organexplantation vom Lebenden ohne dessen wirksame Einwilligung führt - neben anderen Anforderungen (keine kommerzielle Organspende eines ungeeigneten Spenders!) - somit stets zur Strafbarkeit aus einem Körperverletzungsdelikt bzw. aus § 19 II TPG. Weder auf Rechtfertigungs- noch auf Schuldebene kommt ein Strafbarkeitsausschluß in Betracht.

16. Es bleibt abzuwarten, ob sich die für die Transplantationsmedizin dringend notwendige echte Spendebereitschaft auf lange Sicht durch die Betonung des Selbstbestimmungsrecht des Patienten und den davon erhofften Vertrauenszuwachs wesentlich erhöht. Bis zu einem wirklichen gesamtgesellschaftlichen Konsens hinsichtlich der Frage, was den Menschen ausmacht und inwieweit sein Leben, seine Würde und sein Selbstbestimmungsrecht im Zeitalter vom Reanimationsmedizin und Bioforschung zu schützen sind, ist es noch ein langer Weg. Das Transplantationsgesetz – möglichst mit ergänzender Regelung einer Notstandrechtfertigung -, eine Fortführung der Diskussion zur Neuregelung der Sterbehilfe sowie zur Änderung des

Embryonenschutzgesetzes stellen dabei wichtige Schritte in die richtige Richtung dar.

Gesetz über die Spende, Entnahme und Übertragung von Organen (Transplantationsgesetz - TPG)

Vom 5. November 1997 (BGBl. I S. 2631)

§ 1 Anwendungsbereich

(1) Dieses Gesetz gilt für die Spende und die Entnahme von menschlichen Organen, Organteilen oder Geweben (Organe) zum Zwecke der Übertragung auf andere Menschen sowie für die Übertragung der Organe einschließlich der Vorbereitung dieser Maßnahmen. Es gilt ferner für das Verbot des Handels mit menschlichen Organen.

(2) Dieses Gesetz gilt nicht für Blut und Knochenmark sowie embryonale und fetale Organe und Gewebe.

§ 2 Aufklärung der Bevölkerung, Erklärung zur Organspende, Organspenderegister, Organspendeausweise

(1) Die nach Landesrecht zuständigen Stellen, die Bundesbehörden im Rahmen ihrer Zuständigkeit, insbesondere die Bundeszentrale für gesundheitliche Aufklärung, sowie die Krankenkassen sollen auf der Grundlage dieses Gesetzes die Bevölkerung über die Möglichkeiten der Organspende, die Voraussetzungen der Organentnahme und die Bedeutung der Organübertragung aufklären. Sie sollen auch Ausweise für die Erklärung zur Organspende (Organspendeausweise) zusammen mit geeigneten Aufklärungsunterlagen bereithalten. Die Krankenkassen und die privaten Krankenversicherungsunternehmen stellen diese Unterlagen in regelmäßigen Abständen ihren Versicherten, die das sechzehnte Lebensjahr vollendet haben, zur Verfügung mit der Bitte, eine Erklärung zur Organspende abzugeben.

(2) Wer eine Erklärung zur Organspende abgibt, kann in eine Organentnahme nach § 3 einwilligen, ihr widersprechen oder die Entscheidung einer namentlich benannten Person seines Vertrauens übertragen (Erklärung zur Organspende). Die Erklärung kann auf bestimmte Organe beschränkt werden. Die Einwilligung und die Übertragung der Entscheidung können vom vollendeten sechzehnten, der Widerspruch kann vom vollendeten vierzehnten Lebensjahr an erklärt werden.

(3) Das Bundesministerium für Gesundheit kann durch Rechtsverordnung mit Zustimmung des Bundesrates einer Stelle die Aufgabe übertragen, die Erklärungen zur Organspende auf Wunsch der Erklärenden zu speichern und darüber berechtigten Personen Auskunft zu erteilen (Organspenderegister). Die gespeicherten

personenbezogenen Daten dürfen nur zum Zwecke der Feststellung verwendet werden, ob bei demjenigen, der die Erklärung abgegeben hat, eine Organentnahme nach § 3 oder § 4 zulässig ist. Die Rechtsverordnung regelt insbesondere

1. die für die Entgegennahme einer Erklärung zur Organspende oder für deren Änderung zuständigen öffentlichen Stellen (Anlaufstellen), die Verwendung eines Vordrucks, die Art der darauf anzugebenden Daten und die Prüfung der Identität des Erklärenden,
2. die Übermittlung der Erklärung durch die Anlaufstellen an das Organspenderegister sowie die Speicherung der Erklärung und der darin enthaltenen Daten bei den Anlaufstellen und dem Register,
3. die Aufzeichnung aller Abrufe im automatisierten Verfahren nach § 10 des Bundesdatenschutzgesetzes sowie der sonstigen Auskünfte aus dem Organspenderegister zum Zwecke der Prüfung der Zulässigkeit der Anfragen und Auskünfte,
4. die Speicherung der Personendaten der nach Absatz 4 Satz 1 auskunftsberechtigten Ärzte bei dem Register sowie die Vergabe, Speicherung und Zusammensetzung der Codenummern für ihre Auskunftsberechtigung,
5. die Löschung der gespeicherten Daten und
6. die Finanzierung des Organspenderegisters.

(4) Die Auskunft aus dem Organspenderegister darf ausschließlich an den Erklärenden sowie an einen von einem Krankenhaus dem Register als auskunftsberechtigt benannten Arzt erteilt werden, der weder an der Entnahme noch an der Übertragung der Organe des möglichen Organspenders beteiligt ist und auch nicht Weisungen eines Arztes untersteht, der an diesen Maßnahmen beteiligt ist. Die Anfrage darf erst nach der Feststellung des Todes gemäß § 3 Abs. 1 Nr. 2 erfolgen. Die Auskunft darf nur an den Arzt weitergegeben werden, der die Organentnahme vornehmen soll, und an die Person, die nach § 3 Abs. 3 Satz 1 über die beabsichtigte oder nach § 4 über eine in Frage kommende Organentnahme zu unterrichten ist.

(5) Das Bundesministerium für Gesundheit kann durch allgemeine Verwaltungsvorschrift mit Zustimmung des Bundesrates ein Muster für einen Organspendeausweis festlegen und im Bundesanzeiger bekannt machen.

§ 3
Organentnahme mit Einwilligung des Organspenders

(1) Die Entnahme von Organen ist, soweit in § 4 nichts Abweichendes bestimmt ist, nur zulässig, wenn

1. der Organspender in die Entnahme eingewilligt hatte,
2. der Tod des Organspenders nach Regeln, die dem Stand der Erkenntnisse der

medizinischen Wissenschaft entsprechen, festgestellt ist und
3. der Eingriff durch einen Arzt vorgenommen wird.

(2) Die Entnahme von Organen ist unzulässig, wenn

1. die Person, deren Tod festgestellt ist, der Organentnahme widersprochen hatte,
2. nicht vor der Entnahme bei dem Organspender der endgültige, nicht behebbare Ausfall der Gesamtfunktion des Großhirns, des Kleinhirns und des Hirnstamms nach Verfahrensregeln, die dem Stand der Erkenntnisse der medizinischen Wissenschaft entsprechen, festgestellt ist.

(3) Der Arzt hat den nächsten Angehörigen des Organspenders über die beabsichtigte Organentnahme zu unterrichten. Er hat Ablauf und Umfang der Organentnahme aufzuzeichnen. Der nächste Angehörige hat das Recht auf Einsichtnahme. Er kann eine Person seines Vertrauens hinzuziehen.

§ 4
Organentnahme mit Zustimmung anderer Personen

(1) Liegt dem Arzt, der die Organentnahme vornehmen soll, weder eine schriftliche Einwilligung noch ein schriftlicher Widerspruch des möglichen Organspenders vor, ist dessen nächster Angehöriger zu befragen, ob ihm von diesem eine Erklärung zur Organspende bekannt ist. Ist auch dem Angehörigen eine solche Erklärung nicht bekannt, so ist die Entnahme unter den Voraussetzungen des § 3 Abs. 1 Nr. 2 und 3 und Abs. 2 nur zulässig, wenn ein Arzt den Angehörigen über eine in Frage kommende Organentnahme unterrichtet und dieser ihr zugestimmt hat. Der Angehörige hat bei seiner Entscheidung einen mutmaßlichen Willen des möglichen Organspenders zu beachten. Der Arzt hat den Angehörigen hierauf hinzuweisen. Der Angehörige kann mit dem Arzt vereinbaren, daß er seine Erklärung innerhalb einer bestimmten, vereinbarten Frist widerrufen kann.

(2) Nächste Angehörige im Sinne dieses Gesetzes sind in der Rangfolge ihrer Aufzählung

1. Ehegatte,
2. volljährige Kinder,
3. Eltern oder, sofern der mögliche Organspender zur Todeszeit minderjährig war und die Sorge für seine Person zu dieser Zeit nur einem Elternteil, einem Vormund oder einem Pflegerzustand, dieser Sorgeinhaber,
4. volljährige Geschwister,
5. Großeltern.

Der nächste Angehörige ist nur dann zu einer Entscheidung nach Absatz 1 befugt, wenn er in den letzten zwei Jahren vor dem Tod des möglichen Organspenders zu diesem persönlichen Kontakt hatte. Der Arzt hat dies durch Befragung des Angehörigen festzustellen. Bei mehreren gleichrangigen Angehörigen genügt es, wenn einer von ihnen nach Absatz 1 beteiligt wird und eine Entscheidung trifft; es ist jedoch der Widerspruch eines jeden von ihnen beachtlich. Ist ein vorrangiger Angehöriger innerhalb angemessener Zeit nicht erreichbar, genügt die Beteiligung und Entscheidung des nächsterreichbaren nachrangigen Angehörigen. Dem nächsten Angehörigen steht eine volljährige Person gleich, die dem möglichen Organspender bis zu seinem Tode in besonderer persönlicher Verbundenheit offenkundig nahegestanden hat; sie tritt neben den nächsten Angehörigen.

(3) Hatte der mögliche Organspender die Entscheidung über eine Organentnahme einer bestimmten Person übertragen, tritt diese an die Stelle des nächsten Angehörigen.

(4) Der Arzt hat Ablauf, Inhalt und Ergebnis der Beteiligung der Angehörigen sowie der Personen nach Absatz 2 Satz 6 und Absatz 3 aufzuzeichnen. Die Personen nach den Absätzen 2 und 3 haben das Recht auf Einsichtnahme. Eine Vereinbarung nach Absatz 1 Satz 5 bedarf der Schriftform.

§ 5
Nachweisverfahren

(1) Die Feststellungen nach § 3 Abs. 1 Nr. 2 und Abs. 2 Nr. 2 sind jeweils durch zwei dafür qualifizierte Ärzte zu treffen, die den Organspender unabhängig voneinander untersucht haben. Abweichend von Satz 1 genügt zur Feststellung nach § 3 Abs. 1 Nr. 2 die Untersuchung und Feststellung durch einen Arzt, wenn der endgültige, nicht behebbare Stillstand von Herz und Kreislauf eingetreten ist und seitdem mehr als drei Stunden vergangen sind.

(2) Die an den Untersuchungen nach Absatz 1 beteiligten Ärzte dürfen weder an der Entnahme noch an der Übertragung der Organe des Organspenders beteiligt sein. Sie dürfen auch nicht Weisungen eines Arztes unterstehen, der an diesen Maßnahmen beteiligt ist. Die Feststellung der Untersuchungsergebnisse und ihr Zeitpunkt sind von den Ärzten unter Angabe der zugrundeliegenden Untersuchungsbefunde jeweils in einer Niederschrift aufzuzeichnen und zu unterschreiben. Dem nächsten Angehörigen sowie den Personen nach § 4 Abs. 2 Satz 6 und Abs. 3 ist Gelegenheit zur Einsichtnahme zu geben. Sie können eine Person ihres Vertrauens hinzuziehen.

§ 6
Achtung und Würde des Organspenders

(1) Die Organentnahme und alle mit ihr zusammenhängenden Maßnahmen müssen unter Achtung der Würde des Organspenders in einer der ärztlichen Sorgfaltspflicht entsprechenden Weise durchgeführt werden.

(2) Der Leichnam des Organspenders muß in würdigem Zustand zur Bestattung

übergeben werden. Zuvor ist dem nächsten Angehörigen Gelegenheit zu geben, den Leichnam zu sehen.

§ 7
Auskunftspflicht

(1) Dem Arzt, der die Organentnahme bei einem möglichen Spender nach § 3 oder § 4 beabsichtigt, oder der von der Koordinierungsstelle (§ 11) beauftragten Person ist auf Verlangen Auskunft zu erteilen, soweit dies zur Feststellung, ob die Organentnahme nach diesen Vorschriften zulässig ist und ob ihr medizinische Gründe entgegenstehen, sowie zur Unterrichtung nach § 3 Abs. 3 Satz 1 erforderlich ist. Der Arzt muß in einem Krankenhaus tätig sein, das nach § 108 des Fünften Buches Sozialgesetzbuch oder nach anderen gesetzlichen Bestimmungen für die Übertragung der Organe, deren Entnahme er beabsichtigt, zugelassen ist oder mit einem solchen Krankenhaus zum Zwecke der Entnahme dieser Organe zusammenarbeitet. Die Auskunft soll für alle Organe, deren Entnahme beabsichtigt ist, zusammen eingeholt werden. Die Auskunft darf erst erteilt werden, nachdem der Tod des möglichen Organspenders gemäß § 3 Abs. 1 Nr. 2 festgestellt ist.

(2) Zur Auskunft verpflichtet sind

1. Ärzte, die den möglichen Organspender wegen einer dem Tode vorausgegangenen Erkrankung behandelt hatten,
2. Ärzte, die über den möglichen Organspender eine Auskunft aus dem Organspenderegister nach § 2 Abs. 4 erhalten haben,
3. der Arzt, der bei dem möglichen Organspender die Leichenschau vorgenommen hat,
4. die Behörde, in deren Gewahrsam sich der Leichnam des möglichen Organspenders befindet, und
5. die von der Koordinierungsstelle beauftragte Person, soweit sie nach Absatz 1 Auskunft erhalten hat.

§ 8
Zulässigkeit der Organentnahme

(1) Die Entnahme von Organen einer lebenden Person ist nur zulässig, wenn

1. die Person
   a) volljährig und einwilligungsfähig ist,
   b) nach Absatz 2 Satz 1 aufgeklärt worden ist und in die Entnahme eingewilligt hat,
   c) nach ärztlicher Beurteilung als Spender geeignet ist und voraussichtlich nicht über das Operationsrisiko hinaus gefährdet oder über die unmittelbaren Folgen der Entnahme hinaus gesundheitlich schwer beeinträchtigt wird,

2. die Übertragung des Organs auf den vorgesehenen Empfänger nach ärztlicher Beurteilung geeignet ist, das Leben dieses Menschen zu erhalten oder bei ihm eine schwerwiegende Krankheit zu heilen, ihre Verschlimmerung zu verhüten oder ihre Beschwerden zu lindern,
3. ein geeignetes Organ eines Spenders nach § 3 oder § 4 im Zeitpunkt der Organentnahme nicht zur Verfügung steht und
4. der Eingriff durch einen Arzt vorgenommen wird.

Die Entnahme von Organen, die sich nicht wieder bilden können, ist darüber hinaus nur zulässig zum Zwecke der Übertragung auf Verwandte ersten oder zweiten Grades, Ehegatten, Verlobte oder andere Personen, die dem Spender in besonderer persönlicher Verbundenheit offenkundig nahestehen.

(2) Der Organspender ist über die Art des Eingriffs, den Umfang und mögliche, auch mittelbare Folgen und Spätfolgen der beabsichtigten Organentnahme für seine Gesundheit sowie über die zu erwartende Erfolgsaussicht der Organübertragung und sonstige Umstände, denen er erkennbar eine Bedeutung für die Organspende beimißt, durch einen Arzt aufzuklären. Die Aufklärung hat in Anwesenheit eines weiteren Arztes, für den § 5 Abs. 2 Satz 1 und 2 entsprechend gilt, und, soweit erforderlich, anderer sachverständiger Personen zu erfolgen. Der Inhalt der Aufklärung und die Einwilligungserklärung des Organspenders sind in eine Niederschrift aufzuzeichnen, die von den aufklärenden Personen, dem weiteren Arzt und dem Spender zu unterschreiben ist. Die Niederschrift muß auch eine Angabe über die versicherungsrechtliche Absicherung der gesundheitlichen Risiken nach Satz 1 enthalten. Die Einwilligung kann schriftlich oder mündlich widerrufen werden.

(3) Die Entnahme von Organen bei einem Lebenden darf erst durchgeführt werden, nachdem sich der Organspender und der Organempfänger zur Teilnahme an einer ärztlichen empfohlenen Nachbetreuung bereit erklärt haben. Weitere Voraussetzung ist, daß die nach Landesrecht zuständige Kommission gutachtlich dazu Stellung genommen hat, ob begründete tatsächliche Anhaltspunkte dafür vorliegen, daß die Einwilligung in die Organspende nicht freiwillig erfolgt oder das Organ Gegenstand verbotenen Handeltreibens nach § 17 ist *. Der Kommission muß ein Arzt, der weder an der Entnahme noch an der Übertragung von Organen beteiligt ist, noch Weisungen eines Arztes untersteht, der an solchen Maßnahmen beteiligt ist, eine Person mit der Befähigung zum Richteramt und eine in psychologischen Fragen erfahrene Person angehören. Das Nähere, insbesondere zur Zusammensetzung der Kommission, zum Verfahren und zur Finanzierung, wird durch Landesrecht bestimmt.

§ 9
Zulässigkeit der Organübertragung

Die Übertragung von Herz, Niere, Leber, Lunge, Bauchspeicheldrüse und Darm darf nur in dafür zugelassenen Transplantationszentren (§ 10) vorgenommen werden. Sind diese Organe Spendern nach § 3 oder § 4 entnommen worden (vermittlungspflichtige Organe), ist ihre Übertragung nur zulässig, wenn sie durch die Vermittlungsstelle unter Beachtung der Regelungen nach § 12 vermittelt worden sind. Sind vermittlungspflichtige Organe im Geltungsbereich dieses Gesetzes entnommen worden, ist ihre Übertragung darüber hinaus nur zulässig, wenn die Entnahme unter Beachtung der Regelungen nach § 11 durchgeführt wurde.

§ 10
Transplantationszentren

(1) Transplantationszentren sind Krankenhäuser oder Einrichtungen an Krankenhäusern, die nach § 108 des Fünften Buches Sozialgesetzbuch oder nach anderen gesetzlichen Bestimmungen für die Übertragung von in § 9 Satz 1 genannten Organen zugelassen sind. Bei der Zulassung nach § 108 des Fünften Buches Sozialgesetzbuch sind Schwerpunkte für die Übertragung dieser Organe zu bilden, um eine bedarfsgerechte, leistungsfähige und wirtschaftliche Versorgung zu gewährleisten und die erforderliche Qualität der Organübertragung zu sichern.

(2) Die Transplantationszentren sind verpflichtet,

1. Wartelisten der zur Transplantation angenommenen Patienten mit den für die Organvermittlung nach § 12 erforderlichen Angaben zu führen sowie unverzüglich über die Annahme eines Patienten zur Organübertragung und seine Aufnahme in die Warteliste zu entscheiden und den behandelnden Arzt darüber zu unterrichten, ebenso über die Herausnahme eines Patienten aus der Warteliste,
2. über die Aufnahme in die Warteliste nach Regeln zu entscheiden, die dem Stand der Erkenntnisse der medizinischen Wissenschaft entsprechen, insbesondere nach Notwendigkeit und Erfolgsaussicht einer Organübertragung,
3. die auf Grund der §§ 11 und 12 getroffenen Regelungen zur Organentnahme und Organvermittlung einzuhalten,
4. jede Organübertragung so zu dokumentieren, daß eine lückenlose Rückverfolgung der Organe vom Empfänger zum Spender ermöglicht wird; bei der Übertragung von vermittlungspflichtigen Organen ist die Kenn-Nummer (§ 13 Abs. 1 Satz 1) anzugeben, um eine Rückverfolgung durch die Koordinierungsstelle zu ermöglichen,
5. vor und nach einer Organübertragung Maßnahmen für eine erforderliche psychische Betreuung der Patienten im Krankenhaus sicherzustellen und
6. nach Maßgabe der Vorschriften des Fünften Buches Sozialgesetzbuch Maßnahmen zur Qualitätssicherung, die auch einen Vergleich mit anderen

Transplantationszentren ermöglichen, im Rahmen ihrer Tätigkeit nach diesem Gesetz durchzuführen; dies gilt für die Nachbetreuung von Organspendern nach § 8 Abs. 3 Satz 1 entsprechend.

(3) Absatz 2 Nr. 4 und 6 gilt für die Übertragung von Augenhornhäuten entsprechend.

§ 11
Zusammenarbeit bei der Organentnahme, Koordinierungsstelle

(1) Die Entnahme von vermittlungspflichtigen Organen einschließlich der Vorbereitung von Entnahme, Vermittlung und Übertragung ist gemeinschaftliche Aufgabe der Transplantationszentren und der anderen Krankenhäuser in regionaler Zusammenarbeit. Zur Organisation dieser Aufgabe errichten oder beauftragen die Spitzenverbände der Krankenkassen gemeinsam, die Bundesärztekammer und die Deutsche Krankenhausgesellschaft oder die Bundesverbände der Krankenhausträger gemeinsam eine geeignete Einrichtung (Koordinierungsstelle). Sie muß auf Grund einer finanziell und organisatorisch eigenständigen Trägerschaft, der Zahl und Qualifikation ihrer Mitarbeiter, ihrer betrieblichen Organisation sowie ihrer sachlichen Ausstattung die Gewähr dafür bieten, daß die Maßnahmen nach Satz 1 in Zusammenarbeit mit den Transplantationszentren und den anderen Krankenhäusern nach den Vorschriften dieses Gesetzes durchgeführt werden. Die Transplantationszentren müssen in der Koordinierungsstelle angemessen vertreten sein.

(2) Die Spitzenverbände der Krankenkassen gemeinsam, die Bundesärztekammer, die Deutsche Krankenhausgesellschaft oder die Bundesverbände der Krankenhausträger gemeinsam und die Koordinierungsstelle regeln durch Vertrag die Aufgaben der Koordinierungsstelle mit Wirkung für die Transplantationszentren und die anderen Krankenhäuser. Der Vertrag regelt insbesondere

1. die Anforderungen an die im Zusammenhang mit einer Organentnahme zum Schutz der Organempfänger erforderlichen Maßnahmen sowie die Rahmenregelungen für die Zusammenarbeit der Beteiligten,
2. die Zusammenarbeit und den Erfahrungsaustausch mit der Vermittlungsstelle,
3. die Unterstützung der Transplantationszentren bei Maßnahmen zur Qualitätssicherung,
4. den Ersatz angemessener Aufwendungen der Koordinierungsstelle für die Erfüllung ihrer Aufgaben nach diesem Gesetz einschließlich der Abgeltung von Leistungen, die Transplantationszentren und andere Krankenhäuser im Rahmen der Organentnahme erbringen.

(3) Der Vertrag nach den Absätzen 1 und 2 sowie seine Änderung bedarf der Genehmigung durch das Bundesministerium für Gesundheit und ist im Bundesanzeiger bekanntzumachen. Die Genehmigung ist zu erteilen, wenn der Vertrag oder seine

Änderung den Vorschriften dieses Gesetzes und sonstigem Recht entspricht. Die Spitzenverbände der Krankenkassen gemeinsam, die Bundesärztekammer und die Deutsche Krankenhausgesellschaft oder die Bundesverbände der Krankenhausträger gemeinsam überwachen die Einhaltung der Vertragsbestimmungen.

(4) Die Transplantationszentren und die anderen Krankenhäuser sind verpflichtet, untereinander und mit der Koordinierungsstelle zusammenzuarbeiten. Die Krankenhäuser sind verpflichtet, den endgültigen, nicht behebbaren Ausfall der Gesamtfunktion des Großhirns, des Kleinhirns und des Hirnstamms von Patienten, die nach ärztlicher Beurteilung als Spender vermittlungspflichtiger Organe in Betracht kommen, dem zuständigen Transplantationszentrum mitzuteilen, das die Koordinierungsstelle unterrichtet. Das zuständige Transplantationszentrum klärt in Zusammenarbeit mit der Koordinierungsstelle, ob die Voraussetzungen für eine Organentnahme vorliegen. Hierzu erhebt das zuständige Transplantationszentrum die Personalien dieser Patienten und weitere für die Durchführung der Organentnahme und -vermittlung erforderliche personenbezogene Daten. Die Krankenhäuser sind verpflichtet, dem zuständigen Transplantationszentrum diese Daten zu übermitteln; dieses übermittelt die Daten an die Koordinierungsstelle.

(5) Die Koordinierungsstelle veröffentlicht jährlich einen Bericht, der die Tätigkeit jedes Transplantationszentrums im vergangenen Kalenderjahr nach einheitlichen Vorgaben darstellt und insbesondere folgende, nicht personenbezogene Angaben enthält:

1. Zahl und Art der durchgeführten Organübertragungen nach § 9 und ihre Ergebnisse, getrennt nach Organen von Spendern nach den §§ 3 und 4 sowie nach § 8,
2. die Entwicklung der Warteliste, insbesondere aufgenommene, transplantierte, aus anderen Gründen ausgeschiedene sowie verstorbene Patienten,
3. die Gründe für die Aufnahme oder Nichtaufnahme in die Warteliste,
4. Altersgruppe, Geschlecht, Familienstand und Versichertenstatus der zu den Nummern 1 bis 3 betroffenen Patienten,
5. die Nachbetreuung der Spender nach § 8 Abs. 3 Satz 1 und die Dokumentation ihrer durch die Organspende bedingten gesundheitlichen Risiken,
6. die durchgeführten Maßnahmen zur Qualitätssicherung nach § 10 Abs. 2 Nr. 6.

In dem Vertrag nach Absatz 2 können einheitliche Vorgaben für den Tätigkeitsbericht und die ihm zugrundeliegenden Angaben der Transplantationszentren vereinbart werden.

(6) Kommt ein Vertrag nach den Absätzen 1 und 2 nicht innerhalb von zwei Jahren nach Inkrafttreten dieses Gesetzes zustande, bestimmt das Bundesministerium für Gesundheit durch Rechtsverordnung mit Zustimmung des Bundesrates die Koordinierungsstelle und ihre Aufgaben.

§ 12
Organvermittlung, Vermittlungsstelle

(1) Zur Vermittlung der vermittlungspflichtigen Organe errichten oder beauftragen die Spitzenverbände der Krankenkassen gemeinsam, die Bundesärztekammer und die Deutsche Krankenhausgesellschaft oder die Bundesverbände der Krankenhausträger gemeinsam eine geeignete Einrichtung (Vermittlungsstelle). Sie muß auf Grund einer finanziell und organisatorisch eigenständigen Trägerschaft, der Zahl und Qualifikation ihrer Mitarbeiter, ihrer betrieblichen Organisation sowie ihrer sachlichen Ausstattung die Gewähr dafür bieten, daß die Organvermittlung nach den Vorschriften dieses Gesetzes erfolgt. Soweit sie Organe vermittelt, die außerhalb des Geltungsbereichs dieses Gesetz entnommen werden, muß sie auch gewährleisten, daß die zum Schutz der Organempfänger erforderlichen Maßnahmen nach dem Stand der Erkenntnisse der medizinischen Wissenschaft durchgeführt werden. Es dürfen nur Organe vermittelt werden, die im Einklang mit den am Ort der Entnahme geltenden Rechtsvorschriften entnommen worden sind, soweit deren Anwendung nicht zu einem Ergebnis führt, das mit wesentlichen Grundsätzen des deutschen Rechts, insbesondere mit den Grundrechten, offensichtlich unvereinbar ist.

(2) Als Vermittlungsstelle kann auch eine geeignete Einrichtung beauftragt werden, die ihren Sitz außerhalb des Geltungsbereichs dieses Gesetzes hat und die Organe im Rahmen eines internationalen Organaustausches unter Anwendung der Vorschriften dieses Gesetzes für die Organvermittlung vermittelt. Dabei ist sicherzustellen, daß die Vorschriften der §§ 14 und 15 sinngemäß Anwendung finden; eine angemessene Datenschutzaufsicht muß gewährleistet sein.

(3) Die vermittlungspflichtigen Organe sind von der Vermittlungsstelle nach Regeln, die dem Stand der Erkenntnisse der medizinischen Wissenschaft entsprechen, insbesondere nach Erfolgsaussicht und Dringlichkeit für geeignete Patienten zu vermitteln. Die Wartelisten der Transplantationszentren sind dabei als eine einheitliche Warteliste zu behandeln. Die Vermittlungsentscheidung ist für jedes Organ unter Angabe der Gründe zu dokumentieren und unter Verwendung der Kenn-Nummer dem Transplantationszentrum und der Koordinierungsstelle zu übermitteln.

(4) Die Spitzenverbände der Krankenkassen gemeinsam, die Bundesärztekammer, die Deutsche Krankenhausgesellschaft oder die Bundesverbände der Krankenhausträger gemeinsam und die Vermittlungsstelle regeln durch Vertrag die Aufgaben der Vermittlungsstelle mit Wirkung für die Transplantationszentren. Der Vertrag regelt insbesondere

1. die Art der von den Transplantationszentren nach § 13 Abs. 3 Satz 3 zu meldenden Angaben über die Patienten sowie die Verarbeitung und Nutzung dieser Angaben durch die Vermittlungsstelle in einheitlichen Wartelisten für die jeweiligen Arten der durchzuführenden Organübertragungen,
2. die Erfassung der von der Koordinierungsstelle nach § 13 Abs. 1 Satz 4 gemeldeten Organe,

3. die Vermittlung der Organe nach den Vorschriften des Absatzes 3 sowie Verfahren zur Einhaltung der Vorschriften des Absatzes 1 Satz 3 und 4,
4. die Überprüfung von Vermittlungsentscheidungen in regelmäßigen Abständen durch eine von den Vertragspartnern bestimmte Prüfungskommission,
5. die Zusammenarbeit und den Erfahrungsaustausch mit der Koordinierungsstelle und den Transplantationszentren,
6. eine regelmäßige Berichterstattung der Vermittlungsstelle an die anderen Vertragspartner,
7. den Ersatz angemessener Aufwendungen der Vermittlungsstelle für die Erfüllung ihrer Aufgaben nach diesem Gesetz,
8. eine vertragliche Kündigungsmöglichkeit bei Vertragsverletzungen der Vermittlungsstelle.

(5) Der Vertrag nach den Absätzen 1 und 4 sowie seine Änderung bedarf der Genehmigung durch das Bundesministerium für Gesundheit und ist im Bundesanzeiger bekanntzumachen. Die Genehmigung ist zu erteilen, wenn der Vertrag oder seine Änderung den Vorschriften dieses Gesetzes und sonstigem Recht entspricht. Die Spitzenverbände der Krankenkassen gemeinsam, die Bundesärztekammer und die Deutsche Krankenhausgesellschaft oder die Bundesverbände der Krankenhausträger gemeinsam überwachen die Einhaltung der Vertragsbestimmungen.

(6) Kommt ein Vertrag nach den Absätzen 1 und 4 nicht innerhalb von zwei Jahren nach Inkrafttreten dieses Gesetzes zustande, bestimmt das Bundesministerium für Gesundheit durch Rechtsverordnung mit Zustimmung des Bundesrates die Vermittlungsstelle und ihre Aufgaben.

§ 13
Meldungen, Begleitpapiere

(1) Die Koordinierungsstelle verschlüsselt in einem mit den Transplantationszentren abgestimmten Verfahren die personenbezogenen Daten des Organspenders und bildet eine Kenn-Nummer, die ausschließlich der Koordinierungsstelle einen Rückschluß auf die Person des Organspenders ermöglicht. Die Kenn-Nummer ist in die Begleitpapiere für das entnommene Organ aufzunehmen. Die Begleitpapiere enthalten daneben alle für die Organübertragung erforderlichen medizinischen Angaben. Die Koordinierungsstelle meldet das Organ, die Kenn-Nummer und die für die Organvermittlung erforderlichen medizinischen Angaben an die Vermittlungsstelle und übermittelt nach Entscheidung der Vermittlungsstelle die Begleitpapiere an das Transplantationszentrum, in dem das Organ auf den Empfänger übertragen werden soll. Das Nähere wird im Vertrag nach § 11 Abs. 2 geregelt.

(2) Die Koordinierungsstelle darf Angaben aus den Begleitpapieren mit den personenbezogenen Daten des Organspenders zur weiteren Information über diesen nur gemeinsam verarbeiten und nutzen, insbesondere zusammenführen und an die Transplantationszentren weitergeben, in denen Organe des Spenders übertragen worden

sind, soweit dies zur Abwehr einer zu befürchtenden gesundheitlichen Gefährdung der Organempfänger erforderlich ist.

(3) Der behandelnde Arzt hat Patienten, bei denen die Übertragung vermittlungspflichtiger Organe medizinisch angezeigt ist, mit deren schriftlicher Einwilligung unverzüglich an das Transplantationszentrum zu melden, in dem die Organübertragung vorgenommen werden soll. Die Meldung hat auch dann zu erfolgen, wenn eine Ersatztherapie durchgeführt wird. Die Transplantationszentren melden die für die Organvermittlung erforderlichen Angaben über die in die Warteliste aufgenommenen Patienten nach deren schriftlicher Einwilligung an die Vermittlungsstelle. Der Patient ist vor der Einwilligung darüber zu unterrichten, an welche Stellen seine personenbezogenen Daten übermittelt werden. Duldet die Meldung nach Satz 1 oder 3 wegen der Gefahr des Todes oder einer schweren Gesundheitsschädigung des Patienten keinen Aufschub, kann sie auch ohne seine vorherige Einwilligung erfolgen; die Einwilligung ist unverzüglich nachträglich einzuholen.

§ 14
Datenschutz

(1) Ist die Koordinierungsstelle oder die Vermittlungsstelle eine nicht-öffentliche Stelle im Geltungsbereich dieses Gesetzes, gilt § 38 des Bundesdatenschutzgesetzes mit der Maßgabe, daß die Aufsichtsbehörde die Einhaltung der Vorschriften über den Datenschutz überwacht, auch wenn ihr hinreichende Anhaltspunkte für eine Verletzung dieser Vorschriften nicht vorliegen oder die Daten nicht in Dateien verarbeitet werden. Dies gilt auch für die Verarbeitung und Nutzung personenbezogener Daten durch Personen mit Ausnahme des Erklärenden, an die nach § 2 Abs. 4 Auskunft aus dem Organspenderegister erteilt oder an die die Auskunft weitergegeben worden ist.

(2) Die an der Erteilung oder Weitergabe der Auskunft nach § 2 Abs. 4 beteiligten Personen mit Ausnahme des Erklärenden, die an der Stellungnahme nach § 8 Abs. 3 Satz 2, die an der Mitteilung, Unterrichtung oder Übermittlung nach § 11 Abs. 4 sowie an der Organentnahme, -vermittlung oder -übertragung beteiligten Personen dürfen personenbezogene Daten der Organspender und der Organempfänger nicht offenbaren. Dies gilt auch für personenbezogene Daten von Personen, die nach § 3 Abs. 3 Satz 1 über die beabsichtigte oder nach § 4 über eine in Frage kommende Organentnahme unterrichtet worden sind. Die im Rahmen dieses Gesetzes erhobenen personenbezogenen Daten dürfen für andere als in diesem Gesetz genannte Zwecke nicht verarbeitet oder genutzt werden. Sie dürfen für gerichtliche Verfahren verarbeitet und genutzt werden, deren Gegenstand die Verletzung des Offenbarungsverbots nach Satz 1 oder 2 ist.

§ 15
Aufbewahrungs- und Löschungsfristen

Die Aufzeichnungen über die Beteiligung nach § 4 Abs. 4, zur Feststellung der Untersuchungsergebnisse nach § 5 Abs. 2 Satz 3, zur Aufklärung nach § 8 Abs. 2 Satz 3 und zur gutachtlichen Stellungnahme nach § 8 Abs. 3 Satz 2 sowie die Dokumentationen der Organentnahme, -vermittlung und -übertragung sind mindestens zehn Jahre aufzubewahren. Die in den Aufzeichnungen und Dokumentationen nach den Sätzen 1 und 2 enthaltenen personenbezogenen Daten sind spätestens bis zum Ablauf eines weiteren Jahres zu vernichten; soweit darin enthaltene personenbezogene Daten in Dateien gespeichert sind, sind diese innerhalb dieser Frist zu löschen.

§ 16
Richtlinien zum Stand der Erkenntnisse der medizinischen Wissenschaft

(1) Die Bundesärztekammer stellt den Stand der Erkenntnisse der medizinischen Wissenschaft in Richtlinien fest für

1. die Regeln zur Feststellung des Todes nach § 3 Abs. 1 Nr. 2 und die Verfahrensregeln zur Feststellung des endgültigen, nicht behebbaren Ausfalls der Gesamtfunktion des Großhirns, des Kleinhirns und des Hirnstamms nach § 3 Abs. 2 Nr. 2 einschließlich der dazu jeweils erforderlichen ärztlichen Qualifikation,
2. die Regeln zur Aufnahme in die Warteliste nach § 10 Abs. 2 Nr. 2 einschließlich der Dokumentation der Gründe für die Aufnahme oder die Ablehnung der Aufnahme,
3. die ärztliche Beurteilung nach § 11 Abs. 4 Satz 2,
4. die Anforderungen an die im Zusammenhang mit einer Organentnahme zum Schutz der Organempfänger erforderlichen Maßnahmen einschließlich ihrer Dokumentation, insbesondere an
   a) die Untersuchung des Organspenders, der entnommenen Organe und der Organempfänger, um die gesundheitlichen Risiken für die Organempfänger, insbesondere das Risiko der Übertragung von Krankheiten, so gering wie möglich zu halten,
   b) die Konservierung, Aufbereitung, Aufbewahrung und Beförderung der Organe, um diese in einer zur Übertragung oder zur weiteren Aufbereitung und Aufbewahrung vor einer Übertragung geeigneten Beschaffenheit zu erhalten,
5. die Regeln zur Organvermittlung nach § 12 Abs. 3 Satz 1 und
6. die Anforderungen an die im Zusammenhang mit einer Organentnahme und -übertragung erforderlichen Maßnahmen zur Qualitätssicherung.

Die Einhaltung des Standes der Erkenntnisse der medizinischen Wissenschaft wird vermutet, wenn die Richtlinien der Bundesärztekammer beachtet worden sind.

(2) Bei der Erarbeitung der Richtlinien nach Absatz 1 Satz 1 Nr. 1 und 5 sollen Ärzte, die weder an der Entnahme noch an der Übertragung von Organen beteiligt sind, noch Weisungen eines Arztes unterstehen, der an solchen Maßnahmen beteiligt ist, bei der Erarbeitung der Richtlinien nach Absatz 1 Satz 1 Nr. 2 und 5 Personen mit der Befähigung zum Richteramt und Personen aus dem Kreis der Patienten, bei der Erarbeitung von Richtlinien nach Absatz 1 Satz 1 Nr. 5 ferner Personen aus dem Kreis der Angehörigen von Organspendern nach § 3 oder § 4 angemessen vertreten sein.

§ 17
Verbot des Organhandels

(1) Es ist verboten, mit Organen, die einer Heilbehandlung zu dienen bestimmt sind, Handel zu treiben. Satz 1 gilt nicht für

1. die Gewährung oder Annahme eines angemessenen Entgelts für die zur Erreichung des Ziels der Heilbehandlung gebotenen Maßnahmen, insbesondere für die Entnahme, die Konservierung, die weitere Aufbereitung einschließlich der Maßnahmen zum Infektionsschutz, die Aufbewahrung und die Beförderung der Organe, sowie
2. Arzneimittel, die aus oder unter Verwendung von Organen hergestellt sind und den Vorschriften des Arzneimittelgesetzes über die Zulassung oder Registrierung unterliegen oder durch Rechtsverordnung von der Zulassung oder Registrierung freigestellt sind.

(2) Ebenso ist verboten, Organe, die nach Absatz 1 Satz 1 Gegenstand verbotenen Handeltreibens sind, zu entnehmen, auf einen anderen Menschen zu übertragen oder sich übertragen zu lassen.

§ 18
Organhandel

(1) Wer entgegen § 17 Abs. 1 Satz 1 mit einem Organ Handel treibt oder entgegen § 17 Abs. 2 ein Organ entnimmt, überträgt oder sich übertragen läßt, wird mit Freiheitsstrafe bis zu fünf Jahren oder mit Geldstrafe bestraft.

(2) Handelt der Täter in den Fällen des Absatzes 1 gewerbsmäßig, ist die Strafe von einem Jahr bis zu fünf Jahren.

(3) Der Versuch ist strafbar.

(4) Das Gericht kann bei Organspendern, deren Organe Gegenstand verbotenen Handeltreibens waren, und bei Organempfängern von einer Bestrafung nach Absatz 1 absehen oder die Strafe nach seinem Ermessen mildern (§ 49 Abs. 2 des Strafgesetzbuchs).

§ 19
Weitere Strafvorschriften

(1) Wer entgegen § 3 Abs. 1 oder 2 oder § 4 Abs. 1 Satz 2 ein Organ entnimmt, wird mit Freiheitsstrafe bis zu drei Jahren oder mit Geldstrafe bestraft.

(2) Wer entgegen § 8 Abs. 1 Satz 1 Nr. 1 Buchstabe a, b, Nr. 4 oder Satz 2 ein Organ

entnimmt, wird mit Freiheitsstrafe bis zu fünf Jahren oder mit Geldstrafe bestraft.

(3) Wer entgegen § 2 Abs. 4 Satz 1 oder 3 eine Auskunft erteilt oder weitergibt oder entgegen § 13 Abs. 2 Angaben verarbeitet oder nutzt oder entgegen § 14 Abs. 2 Satz 1 bis 3 personenbezogene Daten offenbart, verarbeitet oder nutzt, wird, wenn die Tat nicht in § 203 des Strafgesetzbuchs mit Strafe bedroht ist, mit Freiheitsstrafe bis zu einem Jahr oder mit Geldstrafe bestraft.

(4) In den Fällen der Absätze 1 und 2 ist der Versuch strafbar.

(5) Handelt der Täter in den Fällen des Absatzes 1 fahrlässig, ist die Strafe Freiheitsstrafe bis zu einem Jahr oder Geldstrafe.

§ 20
Bußgeldvorschriften

(1) Ordnungswidrig handelt, wer vorsätzlich oder fahrlässig

1. entgegen § 5 Abs. 2 Satz 3 die Feststellung der Untersuchungsergebnisse oder ihren Zeitpunkt nicht, nicht richtig, nicht vollständig oder nicht in der vorgeschriebenen Weise aufzeichnet oder nicht unterschreibt,
2. entgegen § 9 ein Organ überträgt,
3. entgegen § 10 Abs. 2 Nr. 4, auch in Verbindung mit Abs. 3, die Organübertragung nicht oder nicht in der vorgeschriebenen Weise dokumentiert oder
4. entgegen § 15 Satz 1 eine dort genannte Unterlage nicht oder nicht mindestens zehn Jahre aufbewahrt.

(2) Die Ordnungswidrigkeit kann in den Fällen des Absatzes 1 Nr. 1 bis 3 mit einer Geldbuße bis zu fünfzigtausend Deutsche Mark, in den Fällen des Absatzes 1 Nr. 4 mit einer Geldbuße bis zu fünftausend Deutsche Mark geahndet werden.

§ 21
Änderung des Arzneimittelgesetzes

Das Arzneimittelgesetz in der Fassung der Bekanntmachung vom 19. Oktober 1994 (BGBl. I S. 3018), zuletzt geändert gemäß Artikel 3 der Verordnung vom 21. September 1997 (BGBl. I S. 2390), wird wie folgt geändert:

1. In § 2 Abs. 3 wird nach Nummer 7 der Punkt am Ende des Satzes durch ein Komma ersetzt und folgende Nummer 8 angefügt:
"8. die in § 9 Satz 1 des Transplantationsgesetzes genannten Organe und Augenhornhäute, wenn sie zur Übertragung auf andere Menschen bestimmt sind."

2. § 80 wird wie folgt geändert:
a) In Satz 1 wird nach Nummer 3 der Punkt am Ende des Satzes durch ein Komma ersetzt und folgende Nummer 4 angefügt:
"4. menschliche Organe, Organteile und Gewebe, die unter der fachlichen Verantwortung eines Arztes zum Zwecke der Übertragung auf andere Menschen entnommen werden, wenn diese Menschen unter der fachlichen Verantwortung dieses Arztes behandelt werden."
b) Nach Satz 2 wird folgender Satz angefügt:
"Satz 1 Nr. 4 gilt nicht für Blutzubereitungen."

§ 22
Änderung des Fünften Buches Sozialgesetzbuch

§ 115a Abs. 2 des Fünften Buches Sozialgesetzbuch - Gesetzliche Krankenversicherung - (Artikel 1 des Gesetzes vom 20. Dezember 1988, BGBl. I S. 2477), das zuletzt gemäß Artikel 39 der Verordnung vom 21. September 1997 (BGBl. I. S. 2390) geändert worden ist, wird wie folgt gefaßt:
"(2) Die vorstationäre Behandlung ist auf längstens drei Behandlungstage innerhalb von fünf Tagen vor Beginn der stationären Behandlung begrenzt. Die nachstationäre Behandlung darf sieben Behandlungstage innerhalb von 14 Tagen, bei Organübertragungen nach § 9 des Transplantationsgesetzes drei Monate nach Beendigung der stationären Krankenhausbehandlung nicht überschreiten. Die Frist von 14 Tagen oder drei Monaten kann in medizinisch begründeten Fällen im Einvernehmen mit dem einweisenden Arzt verlängert werden. Kontrolluntersuchungen bei Organübertragungen nach § 9 des Transplantationsgesetzes dürfen vom Krankenhaus auch nach Beendigung der nachstationären Behandlung fortgeführt werden, um die weitere Krankenbehandlung oder Maßnahmen der Qualitätssicherung wissenschaftlich zu begleiten oder zu unterstützen. Eine notwendige ärztliche Behandlung außerhalb des Krankenhauses während der vor- und nachstationären Behandlung wird im Rahmen des Sicherstellungsauftrags durch die an der vertragsärztlichen Versorgung teilnehmenden Ärzte gewährleistet. Das Krankenhaus hat den einweisenden Arzt über die vor- oder nachstationäre Behandlung sowie diesen und die an der weiteren Krankenbehandlung jeweils beteiligten Ärzte über die Kontrolluntersuchungen und deren Ergebnis unverzüglich zu unterrichten. Die Sätze 2 bis 6 gelten für die Nachbetreuung von Organspendern nach § 8 Abs. 3 Satz 1 des Transplantationsgesetzes entsprechend."

§ 23
Änderung des Siebten Buches Sozialgesetzbuch

§ 2 Abs. 1 Nr. 13 Buchstabe b des Siebten Buches Sozialgesetzbuch - Gesetzliche Unfallversicherung - (Artikel 1 des Gesetzes vom 7. August 1996, BGBl. I S. 1254), das zuletzt durch Artikel 3 des Gesetzes vom 29. April 1997 (BGBl. I S. 968) geändert worden ist, wird wie folgt gefaßt:
"b) Blut oder körpereigene Organe, Organteile oder Gewebe spenden,".

§ 24
Änderung des Strafgesetzbuchs

§ 5 des Strafgesetzbuchs in der Fassung der Bekanntmachung vom 10. März 1987 (BGBl. I S. 945, 1160), das zuletzt durch Artikel 1 des Gesetzes vom 13. August 1997 (BGBl. I S. 2038) geändert worden ist, wird wie folgt geändert:
1. In Nummer 14 wird der Punkt durch ein Semikolon ersetzt.
2. Nach Nummer 14 wird folgende Nummer 15 angefügt:
"15. Organhandel (§ 18 des Transplantationsgesetzes), wenn der Täter zur Zeit der Tat Deutscher ist."

§ 25
Übergangsregelungen

(1) Bei Inkrafttreten dieses Gesetzes bestehende Verträge über Regelungsgegenstände nach § 11 gelten weiter, bis sie durch Vertrag nach § 11 Abs. 1 und 2 abgelöst oder durch Rechtsverordnung nach § 11 Abs. 6 ersetzt werden.

(2) Bei Inkrafttreten dieses Gesetzes bestehende Verträge über Regelungsgegenstände nach § 12 gelten weiter, bis sie durch Vertrag nach § 12 Abs. 1 und 4 abgelöst oder durch Rechtsverordnung nach § 12 Abs. 6 ersetzt werden.

§ 26
Inkrafttreten, Außerkrafttreten

(1) Dieses Gesetz tritt am 1. Dezember 1997 in Kraft, soweit in Satz 2 nichts Abweichendes bestimmt ist. § 8 Abs. 3 Satz 2 und 3 tritt am 1. Dezember 1999 in Kraft.

(2) Am 1. Dezember 1997 treten außer Kraft:

1. die Verordnung über die Durchführung von Organtransplantationen vom 4. Juli 1975 (GBl. I Nr. 32 S. 597), geändert durch die Verordnung vom 5. August 1987 (GBl. I Nr. 19 S. 199),
2. die Erste Duchführungsbestimmung zur Verordnung über die Durchführung von Organtransplantationen vom 29. März 1977 (GBl. I Nr. 13 S. 141).

Bundesministerium für Gesundheit Bonn, den 17.03.1995

Entwurf

Gesetz über die Entnahme und Übertragung von Organen (Transplantationsgesetz – TPG)

.
.
.
.

§ 5
Feststellung des Todes

(1) Vor der Organentnahme bei einem Verstorbenen ist der Tod nach Regeln, die dem Stand der medizinischen Wissenschaft entsprechen, in dem nach § 15 Abs. 1 bestimmten Verfahren durch zwei dafür qualifizierte Ärzte festzustellen, die den Verstorbenen unabhängig voneinander untersucht haben. Diese Ärzte dürfen weder an der Entnahme noch an der Übertragung der Organe des Verstorbenen beteiligt sein. Sie dürfen auch nicht Weisungen eines Arztes unterstehen, der an diesen Maßnahmen beteiligt ist.

.
.
.
.

§ 15
Richtlinien und Empfehlungen der Bundesärztekammer

(1) Die Bundesärztekammer bestimmt in Richtlinien nach dem Stand der medizinischen Wissenschaft das Verfahren zur Feststellung des Todes nach § 5 und die zur Anwendung des Verfahrens erforderliche Qualifikation der Ärzte. Bei nur noch künstlich aufrechterhaltener Atmungs- und Kreislauffunktion ist der endgültige, nicht behebbare Ausfall der gesamten Hirnfunktion, in den anderen Fällen der endgültige, nicht behebbare Stillstand von Herz, Kreislauf und Atmung zur Feststellung des erfolgten Todeseintritts nachzuweisen.

Hirntod-Diagnose (Quelle: www.aerztekammer.de)

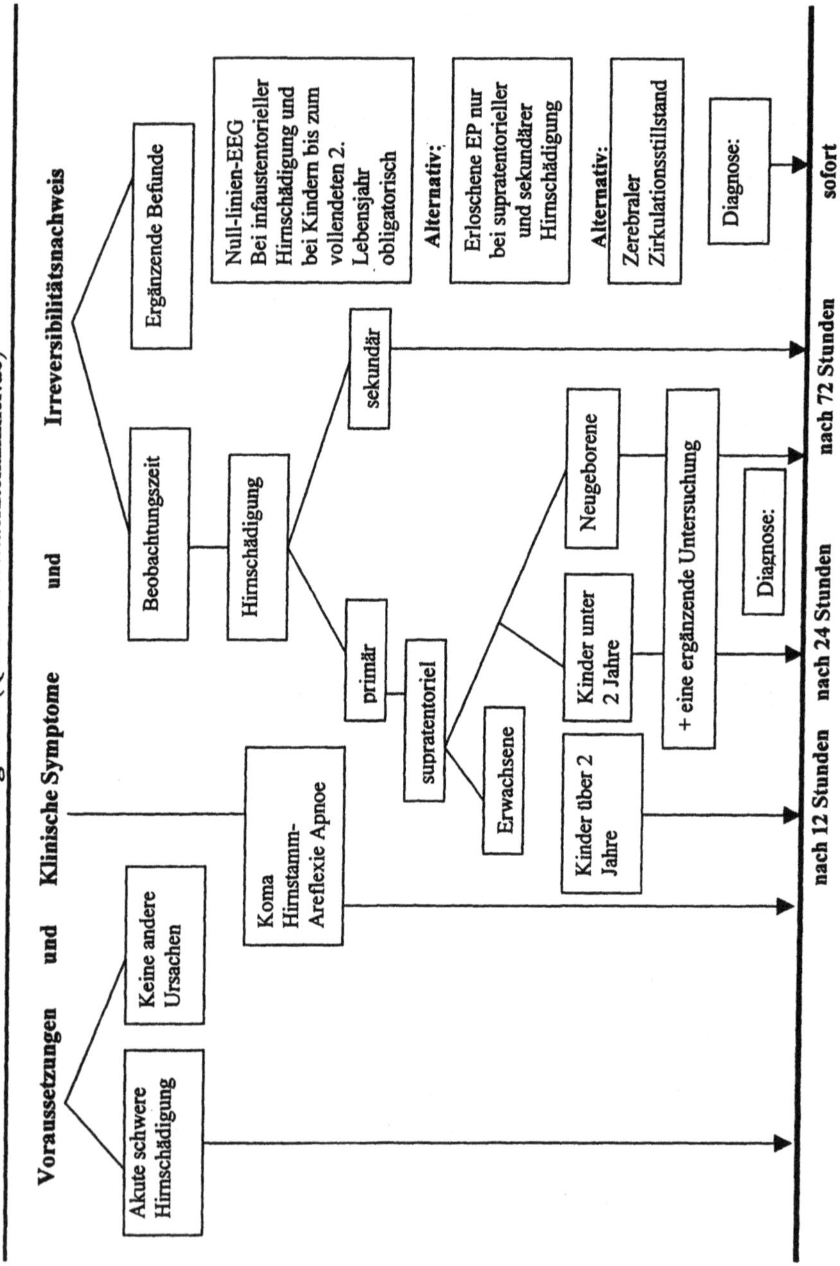

Embryonenschutzgesetz (ESchG)

Vom 13. Dezember 1990 – BGBI. IS.2747

§ 1
Mißbräuchliche Anwendung von Fortpflanzungstechniken

(1) Mit Freiheitsstrafe bis zu drei Jahren oder mit Geldstrafe wird bestraft, wer

1. auf eine Frau eine fremde unbefruchtete Eizelle überträgt,
2. es unternimmt, eine Eizelle zu einem anderen Zweck künstlich zu befruchten, als eine Schwangerschaft der Frau herbeizuführen, von der die Eizelle stammt,
3. es unternimmt, innerhalb eines Zyklus mehr als drei Embryonen auf eine Frau zu übertragen,
4. es unternimmt, durch intratubaren Gametentransfer innerhalb eines Zyklus mehr als drei Eizellen zu befruchten,
5. es unternimmt, mehr Eizellen einer Frau zu befruchten, als ihr innerhalb eines Zyklus übertragen werden sollen,
6. einer Frau einen Embryo vor Abschluss seiner Einnistung in der Gebärmutter entnimmt, um diesen auf eine andere Frau zu übertragen oder ihn für einen nicht seiner Erhaltung dienenden Zweck zu verwenden,
7. es unternimmt, bei einer Frau, welche bereit ist, ihr Kind nach der Geburt Dritten auf Dauer zu überlassen (Ersatzmutter), eine künstliche Befruchtung durchzuführen oder auf sie einen menschlichen Embryo zu übertragen.

(2) Ebenso wird bestraft, wer

1. künstlich bewirkt, daß eine menschliche Samenzelle in eine menschliche Eizelle eindringt, oder
2. eine menschliche Samenzelle in eine menschliche Eizelle künstlich verbringt, ohne eine Schwangerschaft der Frau herbeiführen zu wollen, von der die Eizelle stammt.

(3) Nicht bestraft werden

1. in den Fällen des Absatzes 1 Nr.1,2 und 6 die Frau, von der die Eizelle oder der Embryo stammt, sowie die Frau, auf die die Eizelle übertragen wird oder der Embryo übertragen werden soll, und
2. in den Fällen des Absatzes 1 Nr.7 die Ersatzmutter sowie die Personen, die das Kind auf Dauer bei sich aufnehmen will.

(4) In den Fällen des Absatzes 1 Nr.6 und des Absatzes 2 ist der Versuch strafbar.

§ 2
Mißbräuchliche Verwendung menschlicher Embryonen

(1) Wer einen extrakorporal erzeugten oder einer Frau vor Abschluß seiner Einnistung in der Gebärmutter entnommenen menschlichen Embryo veräußert oder zu einem nicht seiner Erhaltung dienenden Zweck abgibt, erwirbt oder verwendet, wird mit Freiheitsstrafe bis zu drei Jahren oder mit Geldstrafe bestraft.

(2) Ebenso wird bestraft, wer zu einem anderen Zweck als der Herbeiführung einer Schwangerschaft bewirkt, daß sich ein menschlicher Embryo extrakorporal weiterentwickelt.

(3) Der Versuch ist strafbar.

§ 3
Verbotene Geschlechtswahl

Wer es unternimmt, eine menschliche Eizelle mit einer Samenzelle künstlich zu befruchten, die nach dem in ihr enthaltenen Geschlechtschromosomen ausgewählt worden ist, wird mit Freiheitsstrafe bis zu einem Jahr oder mit Geldstrafe bestraft. Dies gilt nicht, wenn die Auswahl der Samenzelle durch einen Arzt dazu dient, das Kind vor der Erkrankung an einer Muskeldystrophie vom Typ Duchenne oder einer ähnlich schwerwiegenden geschlechtsgebundenen Erbkrankheit zu bewahren, und die dem Kind drohende Erkrankung von der nach Landesrecht zuständigen Stelle als entsprechend schwerwiegend anerkannt worden ist.

§ 4
Eigenmächtige Befruchtung, eigenmächtige Embryoübertragung und künstliche Befruchtung nach dem Tode

(1) Mit Freiheitsstrafe bis zu drei Jahren oder mit Geldstrafe wird bestraft, wer

1. es unternimmt, eine Eizelle künstlich zu befruchten, ohne daß eine Frau, deren Eizelle befruchtet wird, und der Mann, dessen Samenzelle für die Befruchtung verwendet wird, eingewilligt haben,

2. es unternimmt, auf eine Frau ohne deren Einwilligung einen Embryo zu übertragen, oder

3. wissentlich eine Eizelle mit dem Samen eines Mannes nach dessen Tode künstlich befruchtet.

(2) Nicht bestraft wird im Fall des Absatzes 1 Nr.3 die Frau, bei der die künstliche Befruchtung vorgenommen wird.

§ 5
Künstliche Veränderung menschlicher Keimbahnzellen

(1) Wer die Erbinformation einer menschlichen Keimbahnzelle künstlich verändert, wird mit Freiheitsstrafe bis zu fünf Jahren oder mit Geldstrafe bestraft.

(2) Ebenso wird bestraft, wer eine menschliche Keimzelle mit künstlich veränderter Erbinformation zur Befruchtung verwendet.

(3) Der Versuch ist strafbar.

(4) Absatz 1 findet keine Anwendung auf:

1. eine künstliche Veränderung der Erbinformation einer außerhalb des Körpers befindlichen Keimzelle, wenn ausgeschlossen ist, daß diese zur Befruchtung verwendet wird,

2. eine künstliche Veränderung der Erbinformation einer sonstigen körpereigenen Keimbahnzelle, die einer toten Leibesfrucht, einem Menschen oder einem Verstorbenen entnommen ist, wenn ausgeschlossen ist, da

   a. diese auf ein Embryo, Fötus oder Menschen übertragen wird oder

   b. aus ihr eine Keimzelle entsteht, sowie

3. Impfungen, strahlen-, chemotherapeutische oder andere Behandlungen, mit denen eine Veränderung der Erbinformation von Keimbahnzellen nicht beabsichtigt ist.

§ 6
Klonen

(1) Wer künstlich bewirkt, daß ein menschlicher Embryo mit der gleichen Erbinformation wie ein anderer Embryo, ein Fötus, ein Mensch oder ein Verstorbener entsteht, wird mit Freiheitsstrafe bis zu fünf Jahren oder mit Geldstrafe bestraft.

(2) Ebenso wird bestraft, wer einen in Absatz 1 bezeichneten Embryo auf eine Frau überträgt.

(3) Der Versuch ist strafbar.

§ 7
Chimären- und Hybridbildung

(1) Wer es unternimmt,

1. Embryonen mit unterschiedlichen Erbinformationen unter Verwendung mindestens eines menschlichen Embryos zu einem Zellverband zu vereinigen,

2. mit einem menschlichen Embryo eine Zelle zu verbinden, die eine andere Erbinformation als die Zellen des Embryos enthält und sich mit diesem weiter zu differenzieren vermag,

3. durch die Befruchtung einer menschlichen Eizelle mit dem Samen eines Tieres oder durch die Befruchtung einer tierischen Eizelle mit dem Samen eines Menschen einen differenzierungsfähigen Embryo zu erzeugen, wird mit Freiheitsstrafe bis zu fünf Jahren oder mit Geldstrafe bestraft.

(2) Ebenso wird bestraft, wer es unternimmt,

1. einen durch eine Handlung nach Absatz 1 entstandenen Embryo auf

    a. eine Frau oder

    b. ein Tier zu übertragen oder

2. einen menschlichen Embryo auf ein Tier zu übertragen.

§ 8
Begriffsbestimmung

(1) Als Embryo im Sinne dieses Gesetzes gilt bereits die befruchtete, entwicklungsfähige menschliche Eizelle vom Zeitpunkt der Kernverschmelzung an, ferner jede einem Embryo entnommene totipotente Zelle, die sich bei Vorliegen der dafür erforderlichen weiteren Voraussetzungen zu teilen und zu einem Individuum zu entwickeln vermag.

(2) In den ersten vierundzwanzig Stunden nach der Kernverschmelzung gilt die befruchtete menschliche Eizelle als entwicklungsfähig, es sei denn, daß schon vor Ablauf dieses Zeitraums festgestellt wird, daß sich diese nicht über das Einzellerstadium hinaus zu entwickeln vermag.

(3) Keimbahnzellen im Sinne des Gesetzes sind alle Zellen, die in einer Zell-Linie von der befruchteten Eizelle bis zu den Ei- und Samenzellen des aus ihr hervorgegangenen Menschen führen, ferner die Eizelle vom Einbringen oder Eindringen der Samenzelle an bis zu der mit der Kernverschmelzung abgeschlossenen Befruchtung.

§ 9
Arztvorbehalt

(1) Nur ein Arzt darf vornehmen:

1. die künstliche Befruchtung

2. die Übertragung eines menschlichen Embryos auf eine Frau

3. die Konservierung eines menschlichen Embryos sowie einer menschlichen Eizelle, in die bereits eine menschliche Samenzelle eingedrungen oder künstlich eingebracht worden ist.

§ 10
Freiwillige Mitwirkung

Niemand ist verpflichtet, Maßnahmen der in § 9 bezeichneten Art vorzunehmen oder an ihnen mitzuwirken.

§ 11
Verstoß gegen den Arztvorbehalt

(1) Wer, ohne Arzt zu sein,

1. entgegen § 9 Nr.1 eine künstliche Befruchtung vornimmt oder

2. entgegen § 9 Nr.2 einen menschlichen Embryo auf eine Frau überträgt, wird mit Freiheitsstrafe bis zu einem Jahr oder mit Geldstrafe bestraft.

(2) Nicht bestraft werden im Fall des § 9 Nr.1 die Frau, die eine künstliche Insemination bei sich vornimmt, und der Mann, dessen Samen zu einer künstlichen Insemination verwendet wird.

§ 12
Bußgeldvorschriften

(1) Ordnungswidrig handelt, wer, ohne Arzt zu sein, entgegen § 9 Nr.3 einen menschlichen Embryo oder eine dort bezeichnete Eizelle konserviert.

(2) Die Ordnungswidrigkeit kann mit einer Geldbuße bis zu DM 5000,- geahndet werden.

§ 13
Inkrafttreten

Dieses Gesetz tritt am 1. Januar 1991 in Kraft.

Literaturverzeichnis

Alternativkommentar	Kommentar zum Grundgesetz für die Bundesrepublik Deutschland, Gesamtherausgeber Rudolf Wassermann 2. Aufl., Neuwied 1989
Angstwurm, Heinz	Der vollständige und endgültige Hirnausfall (Hirntod) als sicheres Todeszeichen des Menschen, in: Johannes Hoff/Jürgen in der Schmitten (Hrsg.), Wann ist der Mensch tot? Reinbek bei Hamburg 1995, S. 41 ff.
	Differentialdiagnose und Akuttherapie In: Stöhr et al. (Hrsg.), Neurologische Syndrome der Intensivmedizin, 2., überarbeitete und erweiterte Auflage, Stuttgart 1998, S. 116 ff.
	Stellungnahme zur Anhörung des Gesundheitsausschusses des Deutschen Bundestages am 25.09.1996, Ausschußdrucksache 579/13, S. 2 ff.
v. Aquin, Thomas	Summa Theologica, in: Die Deutsche Thomas-Ausgabe, herausgegeben von der Philosophisch-Theologischen Hochschule in Walberg bei Köln Heidelberg 1934 ff.
Arbeitskreis Organspende	Organspende rettet Leben! Antworten auf Fragen Neu-Isenburg 1998
Bade, U.	Der Arzt an den Grenzen von Leben und Recht Lübeck 1988
Baumann, Jürgen	Körperverletzung oder Freiheitsdelikt? in: NJW 1958, 2092
Baumann, J./Weber, U./Mitsch, W.	Strafrecht Allgemeiner Teil 10. Auflage, Bielefeld 1995
Beckmann, Rainer	Die Behandlung hirntoter Schwangerer im Licht des Strafrechts MedR 1993, S. 121 ff.
Beller, Fritz K./Czaia, Kerstin	Hirnleben und Hirntod, erklärt am Beispiel des Anenzephalen Feten Zentrum für Medizinische Ethik Bochum 1988

Berger, Fritz	Das Recht des Arztes zur Leichenobduktion Halle 1932
Betz, Eberhard (u.a.)	Biologie des Menschen 13. Auflage, Heidelberg, Wiesbaden 1991
Bieler, Frank	Persönlichkeitsrecht, Organtransplantation und Totenfürsorge JR 1976, S. 224 ff.
Birkenbihl, Vera F.	Stroh im Kopf? Oder: Gebrauchsanweisung für`s Gehirn Speyer 1985
Blume, Wilhelm von	Fragen des Totenrechts Archiv für civilistische Praxis (112) 1914, S. 367 ff.
Bockelmann, Paul	Strafrecht des Arztes Stuttgart 1968
	Strafrecht, Allgemeiner Teil München 1973
	Operativer Eingriff und Einwilligung des Verletzten in: JZ 1962, 525
	Rechtliche Grundlagen und rechtliche Grenzen der ärztlichen Aufklärungspflicht in: NJW 1961, 945
	Tod, Todeszeitbestimmung und Grenzen der Behandlungspflicht Bayerisches Ärzteblatt 1973, S. 728 ff.
Böckenförde, Ernst-Wolfgang	Methoden der Verfassungsinterpretation – Bestandsaufnahme und Kritik NJW 1976, S. 2089 ff.
Boethius, A.M.S.	Die Theologischen Traktate Hamburg 1988
Bohne, Gotthold	Das Recht zur klinischen Leichensektion In: Festschrift für Schmidt Leipzig 1932, S. 105 ff.
Bonelli, Johannes	Leben – Sterben – Tod In: Markus Schwarz/Johannes Bonelli (Hrsg.), Der Status des Hirntoten Wien, New York 1995, S. 83 ff.

Bonner Kommentar	Kommentar zum Grundgesetz Heidelberg, 94. Lieferung, November 2000
Brenner, Günter	Arzt und Recht Stuttgart 1983
Bringewat, Peter	Die Wiederverwendung von Herzschrittmachern in: JA 1984, S. 61 ff.
Brunner, Johannes	Theorie und Praxis im Leichenrecht, NJW 1953, S. 1173 ff
v. Bubnoff, Eckart Organtransplantation	Rechtsfragen zur homologen aus der Sicht des Strafrechts in: GA 1968, S. 65 ff.
Buschmann, Arno	Zur Fortwirkung des Persönlichkeitsrechts nach dem Tode, NJW 1970, S. 2081 ff.
Caplan, A. L.	Should Foetuses Or Infants Be Utelized As Organ Donors? Bioethics (1987) 1: 119 – 140
Capron, Alexander Morgan/ Kass, Leon R.	A Statutory Definition of the Standards for Determining Human Death: An Appraisal an a Proposal, 121 University of Pennsylvania Law Review 87-118 (1972)
Classen, Claus Dieter	Gentechnologie, Reproduktionsmedizin und Völkerrecht unter besonderer Berücksichtigung des internationalen Menschenrechtsschutzes MedR 1988, S. 275 ff.
Dencker, Friedrich	Zum Erfolg der Tötungsdelikte NStZ 1992, S. 311 ff.
Descartes, R.	Von der Methode, neu übersetzt und herausgegeben von L. Gäbe Hamburg 1960
	Meditationen über die Grundlagen der Philosophie, neu übersetzt und herausgegeben von L. Gäbe Hamburg 1960
De Solages, Bruno	Einführung in das metaphysische Denken München 1967
Deutsch, Erwin	Die rechtliche Seite der Transplantation In: ZRP 1982, S. 174 ff.

Der Zeitpunkt der ärztlichen Aufklärung und die antezipierte Einwilligung des Patienten NJW 1979, S. 1905 ff.

Deutsche Bischofskonferenz/ Kirchenamt der Evangelischen Kirche in Deutschland — Organtransplantationen; Erklärung der Deutschen Bischofskonferenz und des Rates der Evangelischen Kirche in Deutschland Sonderdruck des Arbeitskreises Organspende Bonn, Hannover 1990

Deutsche Gesellschaft für Anästhesiologie Und Intensivmedizin; Deutsche Gesell-Schaft für Neurochirurgie; Deutsche Gesellschaft für Neurologie; Deutsche Physiologische Gesellschaft (Hrsg.) — Erklärung Deutscher Wissenschaftlicher Gesellschaften zum Tod durch völligen und endgültigen Hirnausfall Arbeitskreis Organspende Neu-Isenburg 1994

Dörner, Klaus — Leben mit Be-wußt-sein? In: Bienstein/Fröhlich (Hrsg.), Bewußtlos; eine Herausforderung für Angehörige, Pflegende und Ärzte, 3. Auflage Düsseldorf 2000

Dreier, Horst — Menschenwürdegarantie und Schwangerschafts-abbruch, DÖV 1995, S. 1036 ff.

Dürig, Günter — Der Grundrechtssatz von der Menschenwürde AöR 81 (1956), S. 117 ff.

Dusik, Peter — Grenzprobleme der Menschenwürde (Art.1 I GG) Diss. Würzburg 1976

Dworkin, Ronald — Die Grenzen des Lebens. Abtreibung, Euthanasie und persönliche Freiheit Reinbek 1994

Eccles, John C./Robinson, Daniel N. — Das Wunder des Menschseins – Gehirn und Geist München, Zürich 1985

Ehmke, Horst — Flucht ins Grundsätzliche? Der Spiegel, Nr. 27/01, S. 41 f.

Eichholz, Jürgen — Die Transplantation von Leichenteilen aus zivilrechtlicher Sicht in: NJW 1968, S. 2272 ff.

Eigler, F.W. — Probleme der Organtransplantation MedR 1992, S. 88 ff.

Engisch, Karl — Ärztlicher Eingriff zu Heilzwecken und Einwilligung in: ZStW 58 (1939), S. 1

	Konflikte, Aporien und Paradoxien bei der rechtlichen Beurteilung der ärztlichen Sterbehilfe in: H.H., Jescheck; H., Lüttger: Festschrift für Eduard Dreher Berlin, New York 1977
Englert, Nikolaus	Todesbegriff und Leichnam als Elemente des Totenrechts München 1979
Enzensberger, Hans Magnus	Vom „Größenwahn" der Biologen Putschisten im Labor Der Spiegel, Nr. 23/01, S. 216 ff.
Erman	Handkommentar zum Bürgerlichen Gesetzbuch 1. Band, §§ 1-853 10., neubearbeitete Auflage, Münster 2000
Eser, Albin	Das Humanexperiment in: Gedächtnisschrift für Horst Schröder 1978, Seite 191 ff.
	Medizin und Strafrecht: Eine schutzgutorientierte Problemübersicht ZStW 97 (1985), S. 26 ff.
Eser, Albin/von Lutterotti, Markus/ Sporken, Paul	Lexikon Medizin, Ethik, Recht Freiburg, Basel, Wien 1989
	Schwangerschaftsabbruch: Reformversuche in Umsetzung des BverfG-Urteils In: JZ 1994, S. 503 ff.
Feuerbach, Paul J. A.	Lehrbuch des gemeinen in Deutschland gültigen peinlichen Rechts Giessen 1820
Fink, Udo	Selbstbestimmung und Selbsttötung Köln, Berlin, Bonn, München 1992
Fischer, Ferdinand/ Fritsche, Paul/ Pribilla, Otto	Definition des Todes, Feststellung des Todes und Bestimmung des Todeszeitpunktes aus ärztlicher und juristischer Sicht In: Eid, Volker/Frey, Rudolf (Hrsg.), Sterbehilfe oder wie weit reicht die ärztliche Behandlungspflicht? 1. Auflage, Mainz 1978, S. 26 ff.
Forkel, Hans	Verfügungen über Teile des menschlichen Körpers, JZ 1974, S. 593 ff.

Forster, Balduin/Ropohl, Dirk — Rechtsmedizin, 5., durchgesehene Auflage
Stuttgart 1989

Frick, Hans et al. — Spezielle Anatomie II, 4., überarbeitete Auflage
Stuttgart 1992

Friedman, J.A. — Taking the camel by the nose: The anencephalic as a source for pediatric organ transplants
In. 90 Columbia Law Review (1990), S. 917 ff.

Funck, Jan-Robert — Der Todeszeitpunkt als Rechtsbegriff
MedR 1992, S. 182 ff.

Gaedke, Jürgen — Zwischen Tod und Bestattung. Das Recht der Totenfürsorge, in: Klemens Richter (Hrsg.), Der Umgang mit den Toten
Freiburg, Basel, Wien 1990, S. 171 ff.

Handbuch des Friedhofs- und Bestattungsrechts
6. Auflage, Köln 1992

Gareis, Karl — Das Recht am menschlichen Körper
in: Festgabe für Schirmer, Königsberg 1900, S. 61 ff.

Gebauer, Heinrich — Zur Frage der Zulässigkeit ärztlicher Experimente, 1949

Geilen, Gerd — Das Leben des Menschen in den Grenzen des Rechts
FamRZ 1968, S. 121 ff.

Medizinischer Fortschritt und juristischer Todesbegriff, in: Festschrift für Ernst Heinitz zum 70. Geburtstag
Berlin 1972, S. 373 ff.

Rechtsfragen der Organtransplantation
In: Martin Honecker (Hrsg.), Aspekte und Probleme der Organverpflanzung
Neukirchen 1973, S. 126 ff.
(zit.: Rechtsfragen)

Probleme der Organtransplantation
JZ 1971, S. 41 ff.

Rechtsfragen der Euthanasie
In: Festschrift für Friedrich Wilhelm Bosch
Bielefeld 1976, S. 277 ff.

	Rechtsfragen der Todeszeitbestimmung In: Krösl / Scherzer (Hrsg.), Die Bestimmung des Todeszeitpunkts, Wien 1973, S. 285 ff.
	Neue juristisch-medizinische Grenzprobleme JZ 1968, S. 145 ff.
	Anmerkung zum Urteil des OLG Frankfurt vom 29.11.1974 In: JZ 1975, S. 379 ff.
Giesen, Dieter	Biotechnologie, Verantwortung und Achtung vor dem menschlichen Leben, in: Dieter Schwab/ Dieter Giesen/Joseph Listl/Hans-Wolfgang Strätz (Hrsg.), Staat, Kirche, Wissenschaft in einer pluralistischen Gesellschaft. Festschrift zum 65. Geburtstag von Paul Mikat Berlin 1989, S. 55 - 79
Green, Michael B./ Wikler, Daniel	Brain Death and Personal Identity in: M. Cohen/ T. Nagel/ T. Scanlon (Hrsg.) S. 49 – 77
Grewel, Hans	Zwischen Lebensrettung und Euthanasie – das Tödliche Dilemma der Transplantationsmedizin ZRP 1995, S. 217
	Lohnen sich Organtransplantationen? Beiheft zur Berliner Theologischen Zeitschrift Berlin 1995
Gründler, Elisabeth C.	Koma – Bewußter als die Medizin erlaubt Psychologie Heute 1996, S. 36 ff.
Hackethal, Julius	Der Wahn, der mich beglückt Bergisch Gladbach 1995
Hallaschka, Markus	Leben im Koma Koma aus der Sicht eines ganzheitlichen Menschenbildes Diplomarbeit im Studiengang Behindertenpädagogik der Universität Bremen Bremen 1995
Harrison, M.R.	Commentary: The Anencephalic Newborn As Organ Donor Hastings Center Report (April 1986), 21-22
Hare, Richard M.	Abtreibung und die Goldene Regel In: Anton Leist (Hrsg.), Um Leben und Tod. Moralische Probleme bei Abtreibung, künstlicher

Befruchtung, Euthanasie und Selbstmord
Frankfurt a.M. 1990

Heldrich, Andreas — Der Persönlichkeitsschutz Verstorbener
In: Festschrift für Heinrich Lange
München 1970, S. 163 ff.

Herzberg, R.D. — Der Fall Hackethal:
Strafbare Tötung auf Verlangen?
NJW 1986, S. 1635 ff.

Heun, Werner — Der Hirntod als Kriterium des Todes des Menschen – Verfassungsrechtliche Grundlagen und Konsequenzen, JZ 1996, S. 213 ff.

Hilchenbach, Frauke — Die Zulässigkeit von Transplantatentnahmen vom Toten Spender aus zivilrechtlicher Sicht
Heidelberg 1973

Hilgendorf, Eric — Zur Leistungsfähigkeit der Moralphilosophie im Streit um den Schutz ungeborenen Lebens – Eine Entgegnung auf Norbert Hoerster
MedR 1995, S. 396 ff.

Forum: Zwischen Humanexperiment und Rettung ungeborenen Lebens – Der Erlanger Schwangerschaftsfall
JuS 1993, S. 97 ff.

Hirsch, Günter/
Schmidt-Didczuhn, Andrea — Transplantation und Sektion
Heidelberg 1992

Hirsch, Hans-Joachim — Behandlungsabbruch und Sterbehilfe
In: Festschrift für Karl Lackner
Berlin, New York 1987

Hoch, Hansgeorg — Fortwirken zivilrechtlichen Persönlichkeitsschutzes nach dem Tode
Köln 1975

Höfling, Wolfram — Um Leben und Tod:
Transplantationsgesetzgebung und Grundrecht auf Leben, JZ 1995, S. 26 ff.

Hirntodkonzeption und Transplantationsgesetzgebung
MedR 1996, S. 6 ff.

Plädoyer für eine enge Zustimmungslösung
Universitas 1995, S. 357 ff.

Hoerster, Norbert — Forum: Ein Lebensrecht für die menschliche Leibesfrucht?
JuS 1989, S. 172 ff.

Neugeborene und das Recht auf Leben
Frankfurt a.M. 1995

Ein Recht auf Ausbildung künftiger Wünsche? Zur Erwiderung von Leist, Lebensganzes oder Lebenswunsch? Archiv für Rechts- und Sozialphilosophie 1992, S. 104 ff.

Rechtsethische Überlegungen zur Freigabe der Sterbehilfe
NJW 1986, S. 1786 ff.

Warum keine aktive Sterbehilfe?
NJW 1988, S. 1 ff.

Hoff, Johannes/ In der Schmitten, Jürgen — Hirntote Patienten sind sterbende Menschen
Universitas 1995, S. 328

Kritik der „Hirntod"-Konzeption. Plädoyer für ein menschenwürdiges Todeskriterium
in: dies. (Hrsg.), Wann ist der Mensch tot?
Reinbek bei Hamburg 1995, S. 153 ff.

Hofmann, Hasso — Die Pflicht des Staates zum Schutz des menschlichen Lebens
In: Festschrift für Friedrich Wilhelm Krause
Köln, Berlin, Bonn, München 1990, S. 115 ff.

Holzgreve, Wolfgang — Überlegungen zum Problem der Organtransplantation von Anencephalen Spendern
Zentrum für Medizinische Ethik
Bochum 1989

Horn, Eckhard — Todesbegriff, Todesbeweis und Angiographie in juristischer Sicht
Internist 1974, S. 557 ff.

Horst, E. — Friedrich der Staufer
Eine Biografie
Düsseldorf 1975

Hüllen, Jürgen — Ethik und Menschenbild der Moderne
Köln, Wien 1990

	Entfremdung und Versöhnung als Grundstruktur der Anthropologie Freiburg, München 1982
Isemer, Friedrich-Eckart/Lilie, Hans	Rechtsprobleme bei Anencephalen MedR 1988, S. 66 ff.
Jarass, Hans/Pieroth, Bodo	Grundgesetz für die Bundesrepublik Deutschland 5. Auflage, München 2000
Jerouschek, Günter	Vom Wert und Unwert der pränatalen Menschen-Würde – Anmerkungen zu den Kontroversen um das Abtreibungsverbot der §§ 218 ff. StGB JZ 1989, S. 279 ff.
Jescheck, Hans-Heinrich	Lehrbuch des Strafrechts – Allgemeiner Teil 5., vollständig neubearb. und erw. Auflage Berlin 1996
Joerden, Jan C.	Tod schon bei „alsbaldigem" Eintritt des Hirntodes? – Anmerkung zu einer These von Dencker – NStZ 1993, S. 268 ff.
Jonas, Hans	Technik, Medizin und Ethik 2. Auflage, Frankfurt a.M. 1987
	Brief an Hans-Bernhard Wuermeling In: Johannes Hoff/Jürgen in der Schmitten (Hrsg.), Wann ist der Mensch tot? Reinbek bei Hamburg 1995, S. 21 ff.
Käufer, Ch./Penin, H.	Todeszeitbestimmung beim dissoziierten Hirntod In: DMW 1968, S. 679 ff.
Kaiser, Günther	Der Tod und seine Rechtsfolgen In: A. Mergen (Hrsg.), Bd. I, S. 31 ff.
Kallmann, Rainer	Rechtsprobleme bei der Organtransplantation in: FamRZ 1969, 572
Kant, Immanuel	Die Metaphysik der Sitten in der Ausgabe von Wilhem Weischel Werkausgabe Bd. VIII Frankfurt a.M. 1977
	Kritik der reinen Vernunft Herausgegeben von Jens Timmermann Hamburg 1998

	Anthropologie in pragmatischer Hinsicht Hamburg 1980
Kaufmann, Arthur	Die eigenmächtige Heilbehandlung in: ZStW, Band 73, 1961, S. 341 ff.
	Euthanasie – Selbsttötung – Tötung auf Verlangen MedR 1983, S. 121 ff.
Kern, Bernd-Rüdiger	Anmerkung: Zum Todeszeitpunkt des BGB MedR 1993, S. 112 ff.
Kiesecker, Regine	Die Schwangerschaft einer Toten Frankfurt am Main 1996
Klein, Martin	Hirntod: Vollständiger und irreversibler Verlust aller Hirnfunktionen? Ethik in der Medizin 1995, S. 6 ff.
Kloth, Karsten	Rechtsprobleme der Todesbestimmung und der Organentnahme von Verstorbenen Diss. Berlin, 1994
Kloth, Karsten	Anenzephale als Organspender – Eine rechtsvergleichende Betrachtung MedR 1994, S. 180 ff.
Klüber, Franz	Katholische Soziallehre, 1. Band Osnabrück 1968
Kluge, Norbert	Wann beginnt menschliches Leben? Sankt Augustin 1992
Kluxen, Wolfgang	Moral-Vernunft-Natur: Beiträge zur Ethik Hrsg. von Wilhelm Korff und Paul Mikat Paderborn, München, Wien, Zürich 1997
König, Bettina	Todesbegriff, Todesdeagnostik und Strafrecht Frankfurt am Main 1989
Kohlhaas, Max	Rechtsfragen zur Transplantation von Körperorganen NJW 1967, S. 1489 ff.
	Rechtsfolgen von Transplantationseingriffen NJW 1970, S. 1224 ff.

Organentnahmeverbot durch letztwillige Verfügung?
Deutsche Medizinische Wochenschrift 1968, S. 1612 ff., (zit.: DMW)

Kopp, Thomas — Die Entnahme der Strafbarkeit von Leichenteilen, dargestellt am Beispiel von Gehörknöchelchen (Ossicula) und Augenhornhäuten (Corneae)
MedR 1997, S. 544 ff.

Kramer, Hans-Jürgen — Rechtsfragen der Organtransplantation
Diss. Jur. 1987, Universität München

Krösl, W./Scherzer, E. — Die Bestimmung des Todeszeitpunktes
Wien 1973

Krüll, Marianne — Die Geburt ist nicht der Anfang
Stuttgart 1989

Kunig, Philip — Grundrechtlicher Schutz des Lebens
Jura 1991, S. 415 ff.

Kutzer, Klaus — Strafrechtliche Grenzen der Sterbehilfe
NStZ 1994, S. 110 ff.

Lackner, Karl/Kühl, Kristian — Strafgesetzbuch mit Erläuterungen
22., neubearbeitete Auflage
München 1999

Lagodny, O. — Strafrecht vor den Schranken der Grundrechte
Tübingen 1996

Lamb, David — Death, Brain Death and Ethics
London, Sydney 1985

Larenz, Karl — Methodenlehre der Rechtswissenschaft
6. Auflage, Berlin 1991

Laufs, Adolf — Arztrecht, 5., verbesserte und erweiterte Auflage
München 1993

Die Entwicklung des Arztrechts 1977/78
in: NJW 1978, 1177

Schutz der Persönlichkeitssphäre und ärztliche Heilbehandlung
VersR 1972, S. 1 ff.

	Rechtliche Grenzen der Organtransplantation In: Kamps/Laufs(Hrsg.), Arzt- und Kassenarztrecht im Wandel, Festschrift für Helmut Narr Heidelberg, New York 1988, S. 34 ff.
Laufs, Adolf/Uhlenbruck, Wilhelm	Handbuch des Arztrechts 2., neubearbeitete Auflage München 1999
Leibniz, Gottfried Wilhelm	Monadologie durchgesehene und erweiterte Ausgabe Stuttgart 1986
Leipziger Kommentar	Kommentar zum Strafgesetzbuch Großkommentar Vierter Band, §§ 80 – 184 c Zehnte, völlig neu bearbeitete Auflage Berlin, New York 1988
	Fünfter Bd., §§ 185 – 262 Zehnte, völlig neu bearbeitete Auflage Berlin, New York 1989
Leisner, Walter	Das Recht auf Leben Hannover 1976
Leist, Anton	Eine Frage des Lebens. Ethik der Abtreibung und künstlichen Befruchtung Frankfurt a.M. 1990
	Lebensganzes oder Lebenswunsch, Erwiderung zu Hoerster, Archiv für Rechts- und Sozialphilosophie 1992, S. 94 ff.
Lieser, Anja/Schleich, Ulrike	Am Ende menschlichen Lebens Stuttgart, New York 1998
Lilie, H.	Zur Verbindlichkeit eines Organspenderausweises nach dem Tode des Organspenders MedR 1983, S. 131 ff.
v. Liszt, Franz	Lehrbuch des Deutschen Strafrechts 14. u. 15. Auflage, Berlin 1905
Locke, John	Versuch über den menschlichen Verstand Hamburg, Ausg. 1975 u. 1981

v. Loewenich, V. — Definition, Diagnose und Prognose beim Anenzephalus
In: Hiersche/Hirsch/Graf-Baumann (Hrsg.), Rechtliche Fragen der Organtransplantation
3. Einbecker Workshop der Deutschen Gesellschaft für Medizinrecht
Heidelberg 1990, S. 106 ff.

Löwe-Rosenberg — Die Strafprozeßordnung und das Gerichtsverfassungsgesetz
Großkommentar
Erster Bd., Einleitung, §§ 1-111 a
24., neubearbeitete Auflage
Berlin, New York 1988

Lüttger, Hans — Der Tod und das Strafrecht
JR 1971, S. 309 ff.

MacIntyre, A. — Der Verlust der Tugend. Zur moralischen Krise der Gegenwart
Frankfurt a.M. 1987

Mangoldt, Hermann von/ Klein, Friedrich/Starck, Christian — Das Bonner Grundgesetz, Kommentar
4. Auflage, Band 1, München 1999

Mason, J.K./McCall Smith, R.A. — Law and Medical Ethics (2d ed. London 1987)

Maßhoff, W. — Zum Problem des Todes
MMW 1968 110: 2473-2482

Maturana, H.R./Varela, F.J. — Der Baum der Erkenntnis
Bern, München 1991

Maunz/Düring/Herzog/Scholz — Kommentar zum Grundgesetz
München 2000

Maurach, Reinhart/ Schroeder, Friedrich-Christian/ Maiwald, Manfred — Strafrecht, Besonderer Teil
Teilband 1, Straftaten gegen Persönlichkeits- und Vermögenswerte
8., neubearbeitete Auflage, Heidelberg 1995

Maurer, H. — Die medizinische Organtransplantation in verfassungsrechtlicher Sicht
Die Öffentliche Verwaltung 1980, S. 7 ff.
(zit. DÖV)

Meran, J.-G./Poliwoda, S. — Leben und Sterben lassen. Anthropologie und Pragmatik des Hirntodes.
In: Hoff, J./in der Schmitten, J.(Hrsg.): Wann ist der Mensch tot? Organverpflanzung und Hirntodkriterium.

Rowohlt, Reinbek bei Hamburg 1994, S. 68-81

Merkel, Reinhard
Früheuthanasie
Baden-Baden 2001
Zugleich Frankfurt a.M., Habil.-Schr. 2000

Mieth, Dietmar
Zur Anthropologie des Todes angesichts der Diskussion um den sogenannten Hirntod
In: Johannes Hoff/Jürgen in der Schmitten (Hrsg.)
Wann ist der Mensch tot?
Reinbek bei Hamburg 1995, S. 458

Mindell, A.
Schlüssel zum Erwachen. Sterbeerlebnisse und Beistand im Koma
Solothurn und Düsseldorf 1993

Mitsch, Wolfgang
Grundfälle zu den Tötungsdelikten
JuS 1995, S. 787 ff.

Mittermaier, Carl Joseph Anton (Hsg.)
Paul Johann Anselm Feuerbach:
Lehrbuch des gemeinen in Deutschland gültigen peinlichen Rechts
Giessen 1847

Morlock, Martin
Was heißt und zu welchem Ende studiert man Verfassungstheorie?
Berlin 1988

Müller, Max/Halder, Alois
Philosophisches Wörterbuch
Freiburg 1988

Müller, G.
Die Bedeutung der Verfassungsgerichtsbarkeit für das Verständnis des Grundgesetzes (1969)
In: Häberle, P. (Hrsg.),
Verfassungsgerichtsbarkeit,
Darmstadt 1976, S. 398 ff.

Neuhaus, Günter A.
Medizinische Probleme bei der Todeszeitfeststellung nach erfolgloser Reanimation, in: Festschrift für Ernst Heinitz zum 70. Geburtstag
Berlin 1972, S. 397 ff.

Nickel, Lars Christoph
Die Entnahme von Organen und Geweben bei Verstorbenen zum Zwecke der Transplantation nach dem Transplantationsgesetz vom 5. November 1997, unter Berücksichtigung der nationalen Regelungen der anderen europäischen Staaten
Inaugural-Dissertation
Rheinische Friedrich-Wilhelms-Universität Bonn

Tag der Promotion: 5. Januar 1999
(zit.: Nickel, Die Entnahme von Organen)

Transplantationsgesetz, Kommentar
Stuttgart, Berlin, Köln 2001

Palandt, Heinrich | Kommentar zum Bürgerlichen Gesetzbuch
60., neubearbeitete Auflage
München 2001

Penin, Heinz/Käufer, Christian (Hrsg.) | Der Hirntod, Todeszeitpunktbestimmung bei irreversiblem Funktionsverlust des Gehirns
Stuttgart 1969, S. 54 ff.
Diskussionsbeitrag von Röttgen

Pennig, R./Liebhardt, E. | Entnahme von Leichenteilen zu Transplantationszwecken – Straftat, ärztliche Pflicht oder beides?
In: Festschrift für Wolfgang Spann
Berlin, Heidelberg, New York, London, Paris, Tokyo, S. 440 ff.

Peuster, Witold | Eigentumsverhältnisse an Leichen und ihre transplantationsrechtliche Relevanz,
Dissertation Köln 1971

Pieroth, Bodo/Schlink, Bernhard | Grundrechte, Staatsrecht II
16., überarbeitete Auflage
Heidelberg 2000

Plester/Bootz | Transplantation von Gehörknöchelchen
In: Dietrich (Hrsg.), Organspende, Organtransplantationen
Percha 1985

Pohlmann-Eden, B. | Zur Problematik der Hirntod-Diagnose
Dtsch. Med. Wschr. 116 (1991), S. 1523 ff.

Popper, Karl R./Eccles, John C. | Das Ich und sein Gehirn
München 1982

Pschyrembel, Willibald (Begr.) | Klinisches Wörterbuch, 257. Auflage
Berlin, New York 1994

Puppe, Ingeborg | Anmerkung zum Urteil des BGH v. 12.2.1992 – 3 StR 481/91
JR 1992, S. 511 ff.

Redeker, K. | Rezension von Max Sachs (Hrsg.), Grundgesetz, Kommentar 1996
In: NJW 1996, S. 3266

Reuter, B.M./Linke, D.B./Kurthen, M. — Kognitive Prozesse bei Bewußtlosen?
Eine Brain-Mapping-Studie zu P300
Archiv für Psychologie 141 (1989), S. 155 ff.

Rickels, E. — Klinische Überwachung des Patienten
In: Piek, J./Unterberg, A.
Grundlagen neurochirurgischer Intensivmedizin
München 1999

Rixen, Stephan — Todesbegriff, Lebensgrundrecht und Transplantationsgesetz
ZRP 1995, S. 461 ff.

Lebensschutz am Lebensende
Berlin 1999

Roesch, Heinz — Transplantationsprobleme in Haftpflichtrechtlicher Sicht
Münchener Medizinische Wochenschrift 1970, S. 2278 ff., (zit. MMW)

Rommen, Heinrich — Der Staat in der katholischen Gedankenwelt
Paderborn 1935

Roth, Gerhard/Dicke, Ursula — Das Hirntodproblem aus der Sicht der Hirnforschung, in: Johannes Hoff/Jürgen in der Schmitten (Hrsg.), Wann ist der Mensch tot?
Reinbek bei Hamburg 1995, S. 51

Roxin, Claus — Zur Tatbestandsmäßigkeit und Rechtswidrigkeit der Entfernung von Leichenteilen (§ 168 StGB), insbesondere zum rechtfertigenden strafrechtlichen Notstand (§ 34 StGB)
JuS 1976, S. 505 ff.

Strafrecht, Allgemeiner Teil, Bd. I
Grundlagen, Der Aufbau der Verbrechenslehre
3. Auflage, München 1997

Über die mutmaßliche Einwilligung
In: Festschrift für Hans Welzel
Berlin, New York 1974, S. 447 ff.

An der Grenze von Begehung und Unterlassung
In: Festschrift für Karl Engisch
Frankfurt am Main 1969

Medizinstrafrecht: im Spannungsfeld von Medizin, Ethik und Strafrecht
Stuttgart, München, Hannover, Berlin, Weimar, Dresden 2000

Rüping, Hinrich — Individual- und Gemeinschaftsinteressen im Recht der Organtransplantation
Goldtammer`s Archiv 1978, S. 129 ff.

Rüpke, Giselher — Persönlichkeitsrecht und Schwangerschafts-Unterbrechung, ZRP 1974, S. 73 ff.

Salomon, Fred — Bewußtsein und Bewußtlosigkeit aus anästhesiologischer und intensivmedizinischer Sicht
In: Bienstein/Fröhlich (Hrsg.), Bewußtlos; Eine Herausforderung für Angehörige, Pflegende und Ärzte, 3. Auflage
Düsseldorf 2000

Samson, Erich — Rechtliche Probleme der Transplantation
In: Ziegler, Organverpflanzung, Medizinische, rechtliche und ethische Probleme
Düsseldorf 1977, S. 22 ff.

Legislatorische Erwägungen zur Rechtfertigung der Explantation von Leichenteilen
NJW 1974, S. 2030 ff.

Rechtsfragen beim Einsatz von Reanimatoren
Internist 15 (1974), S. 546 ff.

Samson, Erich/ Heimsoth, V.H. — Zum Transplantationsgesetz
Deutsche Medizinische Wochenschrift 1975, S. 259 ff. (zit.: DMW)

Savigny, Friedrich Karl von — System des heutigen römischen Rechts
Bd. 2, Neudruck der Ausgabe Berlin 1840
Aalen 1973

Sax, W. — Zur rechtlichen Problematik der Sterbehilfe durch vorzeitigen Abbruch der Intensivmedizin
JZ 1975, S. 137 ff.

Schlake, Hans-Peter/Roosen, Klaus — Der Hirntod als der Tod des Menschen
Neu-Isenburg, Nachdruck der 1. Auflage 1995

Schmid, Carlo — Erinnerungen
Bern, München, Wien 1980

Schmidt-Bleibtreu, Bruno/ Klein, Franz — Kommentar zum Grundgesetz
9. Auflage, Neuwied und Kriftel 1999

Schmidt-Didczuhn, Andrea — Transplantation in Ost und West im Spiegel des Grundgesetzes
ZRP 1991, S. 264 ff.

Schmidt, Robert F./Thews, Gerhard
Physiologie des Menschen
26., vollständig überarbeitete Auflage
Berlin, Heidelberg, New York 1995

Schmitt, Rudolf
Strafrechtlicher Schutz des Opfers vor sich selbst?
Festschrift für Reinhart Maurach
Karlsruhe 1972, S. 113 ff.

Schneider, Volkmar
Rechtsmedizinische Aspekte der Organtransplantation
Die Berliner Ärztekammer 1983/4, S. 269 ff.
(zit.: DBÄ)

Schönig, Roger
Zur Feststellung des Todeszeitpunkts
NJW 1968, S. 189

Schönke, Adolf/Schröder, Horst
Strafgesetzbuch, Kommentar
26., neubearbeitete Auflage
München 2001

Schrag, Herbert Carl
Gefühlszustände als Rechtsgüter im Strafrecht
Bonn 1936

Schreiber, Hans-Ludwig
Diskussionsbeitrag in: Gehirntod und Organtransplantation, Beiheft zur Berliner Theologischen Zeitschrift, S. 125 ff.

Der Schutz des Lebens durch das Recht an seinem Beginn und an seinem Ende
In: Festschrift für Günter Schewe
Herausgegeben von H.-J. Kaatsch, H. Schütz, H. Thomsen
Berlin, Heidelberg 1991, S. 120

Bewertung des Hirntodes sowie der engen und der erweiterten Zustimmungslösung in einem Transplantationsgesetz, in: Johannes Hoff/Jürgen in der Schmitten (Hrsg.), Wann ist der Mensch tot?, Reinbek bei Hamburg 1995, S. 424 ff.

Die rechtliche Zulässigkeit der Transplantatentnahme
Internist 1974, S. 551 ff.

Kriterien des Hirntodes
JZ 1983, S. 593 ff.

Notwendigkeit und Grenzen rechtlicher Kontrolle der Medizin, Göttinger Universitätsreden
Göttingen 1984, S. 29 ff.

Schröder, Horst — Eigenmächtige Heilbehandlung im geltenden Strafrecht und im StGB-Entwurf 1960
in: NJW 1961, 951

Schroeder, F.C. — Notstandslage bei Dauergefahr –
BGH NJW 1979, S. 2053
JuS 1980, S. 336 ff.

Schwab, Dieter — Anmerkung zum Beschluß des AG Hersbruck vom 16.10.1992
FamRZ 1992, S. 1471 ff.

Schwarz, Markus — Biologische Grundphänomene von Lebewesen
In: Markus Schwarz/Johannes Bonelli
Der Status des Hirntoten
Wien, New York 1995, S. 3 ff.

Schwarz, Gerhard — Dissoziierter Hirntod
Berlin, Heidelberg 1990

Schwerdt, Ruth — Eine Ethik für die Altenpflege
Bern, Göttingen, Toronto, Seattle 1998

Seidler, E. — Anenzephalus als Organspender: Ethische Fragen
In: Hiersche/Hirsch/Graf-Baumann (Hrsg.),
Rechtliche Fragen der Organtransplantation
Berlin 1990, S. 113 ff.

Seinsch, Hanjörg — Der Schutz des Pietätsempfindens
Rostock 1939

Seifert, K.-H./Hömig, D. — Grundgesetz, Kommentar
6. Auflage, Baden-Baden 1999

Singer, Peter — Praktische Ethik
2., revidierte und erweiterte Auflage
Stuttgart 1994

Skegg, P.D.G. — Law, Ethics, and Medicine
Oxford 1985

Smit, H. et al. — Organspende und Transplantation in Deutschland 1997, in: Deutsche Stiftung Organtransplantation
Neu-Isenburg 1998

Soergel — Bürgerliches Gesetzbuch
Bd. 6, Sachenrecht, §§ 854 – 1296
12., neubearbeitete Auflage
Stuttgart, Berlin, Köln 1990

Spann, Wolfgang
Liebhardt, Erich — Ärztliche Hilfeleistungspflich und Willensfreiheit des Patienten

Braun, Werner — in: Festschrift für Paul Bockelmann, 1979, S. 487 ff.

Spann, Wolfgang — Voraussetzungen der Explantation In: Hiersche/Hirsch/Graf-Baumann (Hrsg.), Rechtliche Fragen der Organtransplantation Berlin, Heidelberg 1990, S. 21 ff.

Vorstellungen zur Gesetzgebung über den tatsächlichen Todeszeitpunkt In: MMW 1969, S. 2253 ff.

Rechtliche Probleme der Organtransplantation Medizinische Welt 1981, S. 1782 ff.

Arzthaftung: Perspektiven der Rechtsmedizin, Beiträge zur gerichtlichen Medizin Bd. XLIII (1985), S. 23 ff.

Spittler, Johann Friedrich — Der Hirntod ist der Tod des Menschen Universitas 1995, S. 313 ff.

Der Hirntod – Tod des Menschen, Grundlagen und medizinethische Gesichtspunkte Ethik in der Medizin, S. 128 ff.

Starck, Christian — Die Verfassungsauslegung in: Josef Isensee /Paul Kirchhof (Hrsg.), Handbuch des Staatsrechts, Bd. VII, Heidelberg 1992, § 164, S. 189

Steffen, Ulrich — Zur Strafbarkeit der klinischen Sektion gemäß § 168 StGB 1. Auflage, Sinzheim 1996

Steigleder, Klaus — Die Unterscheidung zwischen dem „Tod der Person“ und dem „Tod des Organismus“ und ihre Relevanz für die Frage nach dem Tod des Menschen, in: Johannes Hoff/Jürgen in der Schmitten (Hrsg.), Wann ist der Mensch tot? Reinbek bei Hamburg 1995, S. 95 ff.

Steiner, Udo — Der Schutz des Lebens durch das Grundgesetz Berlin, New York 1992

Stern, Klaus — Das Staatsrecht der Bundesrepublik Deutschland Band III, 1. Halbband München 1988

Sternberg-Lieben, Detlev — Tod und Strafrecht JA 1997, S. 80 ff.

Stöhr, Manfred et al. — Neurologische Syndrome der Intensivmedizin
2., überarbeitete und erweiterte Auflage
Stuttgart 1998

Stotz, Gabriele — Person und Gehirn
Historische und neurophysiologische Aspekte
Zur Theorie des Ich bei Popper/Eccles
Hildesheim, Zürich, New York 1988

Strätz, Hans-Wolfgang — Zivilrechtliche Aspekte der Rechtsstellung des Toten unter besonderer Berücksichtigung der Transplantation
Paderborn, 1971

Strathenwerth, Günther — Zum juristischen Begriff des Todes
In: Festschrift für Karl Engisch
Frankfurt a.M. 1969, S. 528 ff.

Strauss, S.A. — Transplantation menschlicher Organe und Gewebe: Die neue südafrikanische Gesetzgebung
ZStW 85 (1973), S. 741 ff.

Systematischer Kommentar — Kommentar zum Strafgesetzbuch
Bd. I, Allgemeiner Teil (§§ 1-79 b)
7., neubearbeitete Auflage
34. Lieferung, Neuwied, Kriftel, Berlin, (Okt. 2000)

Bd. II, Besonderer Teil (§§ 80-358)
6., neubearbeitete Auflage
50. Lieferung, Neuwied u. Kriftel, (April 2000)

Taupitz, Jochen — Um Leben und Tod: Die Diskussion um ein Transplantationsgesetz
JuS 1997, S. 203 ff.

Thomas, Hans — Sind Hirntote Lebende ohne Hirnfunktionen oder Tote mit erhaltenen Körperfunktionen?
Ethik in der Medizin 1994, S. 189 ff.

Töllner, R. — Illustrierte Geschichte der Medizin, Bd. 1 u. 2
Salzburg 1990

Tolmein, Oliver — Wann ist der Mensch ein Mensch?
Wien 1993

Trockel, Horst — Die Einwilligung Minderjähriger in den Ärztlichen Heileingriff
NJW 1972, S. 1493 ff.

	Das Recht zur Vornahme einer Organ-Transplantation MDR 1969, S. 811 ff.
Tröndle, Herbert/Fischer, Thomas	Strafgesetzbuch 50., neubearbeitete Auflage München 2001 (zit.: T/F)
Uhlenbruck, Wilhelm	Recht auf den eigenen Tod? Strafrecht im Spannungsverhältnis zwischen Lebenserhaltungspflicht und Selbstbestimmung ZRP 1986, S. 209 ff.
	Der Patientenbrief – die privatautonome Gestaltung des Rechtes auf einen menschenwürdigen Tod NJW 1978, S. 566 ff.
United States President's Commission for the Study of Ethical Problems in Medicine and Biomedical and Behavioral Research	Defining Death - A Report on the Medical, Legal and Ethical Issues in the Determination of Death (Washington 1981)
Utz, Arthur-Fridolin/ Groner, Joseph-Fulko	Aufbau und Entfaltung des gesellschaftlichen Lebens; Soziale Summe Pius XII., I. Band Freiburg 1954
Veatch, Robert M.	Death, Dying, and the Biological Revolution Our Last Quest for Responsibility New Haven and London 1977
Verrel, Torsten	Selbstbestimmungsrecht contra Lebensschutz JZ 1996, S. 224 ff.
Vogel, H.J.	Zustimmung oder Widerspruch NJW 1980, S. 625 ff.
Vollmann, Jochen	Medizinische Probleme des Hirntodkriteriums In: Medizinische Klinik 91, Nr. 1, S. 39-45
Vultejus, Ulrich	Stellungnahme zur Anhörung im Gesundheitsausschuß des Deutschen Bundestags Am 28.6.1995 zur Vorbereitung des Transplantationsgesetzes Ausschuß-Drucksache 13/136
Wagner, Edgar/Brocker, Lars	Hirntodkriterium und Lebensgrundrecht ZRP 1996, S. 226 ff.

Walters, J.W./Ashwal, S. — Organ Prolongation In Anencephalic Infants: Ethical and Medical Issues
Hastings Center Report (Oct./Nov.1988), S. 19-27

Weiß, Axel — Statt Ethik „bloß" Dogmatik? Das Primat des Rechts, JR 1995, S. 53 ff.

Wessels, Johannes/Beulke, Werner — Strafrecht Allgemeiner Teil
Die Straftat und ihr Aufbau
30., neubearbeitete Auflage
Heidelberg 2000

Wessels, Johannes/Hettinger, Michael — Strafrecht Besonderer Teil/1
Straftaten gegen Persönlichkeits- und Gemeinschaftswerte
24., neubearbeitete Auflage
Heidelberg 2000

Westermann, Harm Peter — Das allgemeine Persönlichkeitsrecht nach dem Tode seines Trägers, FamRZ 1969, S. 561 ff.

Zur Rechtsfindung im medizinisch-juristischen Grenzbereich
FamRZ 1973, S. 614 ff.

Wichmann, Burkhard — Die rechtlichen Verhältnisse des menschlichen Körpers und der Teile, Sachen, die ihm entnommen, in ihn verbracht oder sonst mit ihm verbunden sind
Dissertation Düsseldorf 1995

Wiesing, Urban (Hrsg.) — Ethik in der Medizin. Ein Reader.
Stuttgart 2000

Wilms, Heiner/Jäger, York — Menschenwürde und Tötung auf Verlangen
ZRP 1988, S. 41 ff.

Winter, U. — Musiktherapie in der Intensivpflege
Tag der Intensivpflege -
Münster 1993

Wissenschaftlicher Beirat der Bundesärztekammer — Kriterien des Hirntodes, Entscheidungshilfen zur Feststellung des Hirntodes: Dt. Ärztebl. (1982) 79, S. 45-55; (1986) 83, S. 2940-2946; (1991) 88, S. 4396-4407; (1997) 94, S. 1032-1039

Wolfslast, Gabriele — Grenzen der Organgewinnung – Zur Frage einer Änderung der Hirntodkriterien –
MedR 1989, S. 163 ff.

Transplantation ohne Grenzen?
MMW 1982, S. 105 ff.

Rechtsfragen der Organtransplantation:
Gesetzliche Regelung wäre wünschenswert
Der Arzt im Krankenhaus 1982, S. 526 ff.

Younger, Stuart J./Arnold, Robert M. — Ethical, Psychosocial an Public Policy Implications of Procuring Organs from Non-Heart-Beating Cadaver Donors
Journal of the Americal Medical Association 1993, p. 2769 ff.

Zieger, Andreas — Informationen und Hinweise für Angehörige von Schädel-Hirn-Verletzten und Menschen im Koma und Wachkoma (sog. apallisches Syndrom)
4., überarbeitete und aktualisierte Auflage
Oldenburg: Eigenverlag 1999
(zit.: Zieger, Seite)

Lurijas Bedeutung für ein integriertes humanwissenschaftliches Verständnis im Umgang mit hirnverletzten Menschen
In: Wolfgang Jantzen(Hrsg.), Die neuronalen Verstrickungen des Bewußtseins. Zur Aktualität von A.R. Lurijas Neuropsychologie
Münster, Hamburg 1994
(zit.: Zieger in: Jantzen (Hrsg.), Seite)

Wofür leben wir überhaupt? Erinnerungsarbeit mit Anjas Körper-Selbst – eine Geschichte traumatischer, antidialogischer Bedingungen
Oldenburg 1994
(zit.: Zieger 1994)

Zielinski, Diethart — Behandlungsabbruch bei entscheidungsunfähigen Patienten, eine Anmerkung zum Urteil des Bundesgerichtshofes vom 13.9.1994 - 1 StR 357/94
Arztrecht 1995, S. 184 ff.

Zierl, Gerhard — Strafrechtliche Aspekte der Humangenetik und der Fortpflanzungsmedizin
Deutsche Richterzeitung 1986, S. 162 ff.

Zimmermann, Reinhard — Gesellschaft, Tod und medizinische Erkenntnis
Zur Zulässigkeit von klinischen Sektionen
In: NJW 1979, S. 569 ff.

Zippelius, Reinhold	Juristische Methodenlehre 6. Auflage, München 1994
Zwierlein, Eduard	Mensch – Ethik – Tod In: Gehirntod und Organtransplantation Beiheft zur Berliner Theologischen Zeitschrift 1995, S. 78 ff.
	(Hrsg.) Handbuch – Integration und Ausgrenzung Neuwied, Kriftel, Berlin 1996

www.ingramcontent.com/pod-product-compliance
Ingram Content Group UK Ltd.
Pitfield, Milton Keynes, MK11 3LW, UK
UKHW021916290926
8980IPUK00015B/1286

9 783631 501856